贝罗贝语言学论文集

〔法〕贝罗贝 著
Alain PEYRAUBE

图书在版编目(CIP)数据

贝罗贝语言学论文集：汉、英／（法）贝罗贝（Alain PEYRAUBE）著. —北京：商务印书馆，2024
ISBN 978-7-100-23921-9

Ⅰ.①贝…　Ⅱ.①贝…　Ⅲ.①汉语—语言学—文集—汉、英　Ⅳ.①H1-53

中国国家版本馆CIP数据核字(2024)第087071号

权利保留，侵权必究。

BÈILUÓBÈI YǓYÁNXUÉ LÙNWÉNJÍ
贝罗贝语言学论文集
〔法〕贝罗贝　著
Alain PEYRAUBE

商　务　印　书　馆　出　版
（北京王府井大街36号　邮政编码100710）
商　务　印　书　馆　发　行
北京盛通印刷股份有限公司印刷
ISBN 978-7-100-23921-9

2024年6月第1版	开本 850×1168　1/32
2024年6月北京第1次印刷	印张 20¼

定价：88.00元

序　言

文集的设想始于 2010 年代初，蒋绍愚先生提议将我在汉语历史句法领域的工作结集出版。说起来这无非是择优选列一份论文清单，而我却犯了难——并非出于过谦，我常以为我的工作或许无足轻重。

蒋绍愚先生的一再坚持与真挚善意最终打消了我的顾虑和迟疑。不仅如此，他还说服商务印书馆，将我这样一个外国学者加入享有崇高声誉的语言学论文集丛书。得益于此，文集的设想于 2015 年付诸实践，2016 年出版合同签订。

文集起初只选了大约十五篇中文文章，涵盖了我 80 年代初到 2000 年的工作。之后的第二阶段，一些与其他学者（如徐烈炯、吴福祥、曹茜蕾、李明、林征玲、熊慧如、刘华丽）合写的文章也入选，它们则涵盖了我直到 2015 年左右的工作。最后，新增了七篇原本以英文发表的文章，其中三篇又由袁健惠和张文译为汉语。

现在，这是一本六百多页、收录了二十九篇文章的集子，而全书其实在 2018 年就已接近定稿。尽管商务印书馆一直希望尽快将书稿付印，但受到新冠以及新冠之后大量积压的各项工作的影响，最终的定稿不得不一再延后。

至于文集的组成，我们希望选择那些自发表以来讨论最多、因而被引用最多的文章。它们或试图证实所提出的假说，或在某些特定的方面推进、修改、置疑相关假说。具体而言，则涉及汉语历史句法和历史语义学的诸多核心议题，如词序的演变，处置

1

式（把字句）的历时变化，被动式、使役式、情态助动词、不同形式的双宾语结构、量词的历时变化，还有中国及西方的语言学理论的历史，以及语言学与遗传学之间的关联。

必须承认的是，20 世纪 90 年代以来，中国学者在汉语的历时句法与历时语义方面的研究已有长足发展，相形之下，此文集中不少文章的观点可能会显得陈旧或完全过时。但它们无疑反映出了这门学科的历史。正如法国生物学家让·罗斯丹（Jean Rostand，1894—1977）所说："生物学家（和理论）会过去，青蛙却一直在。"（《一个生物学家的思虑》，*Inquiétudes d'un biologiste*，Paris：Stock，1967，1973：66）语言事实、从特定时期的文本中搜集的数据确实是不会变的，一直在那儿。

借此机会，我要感谢为此文集的出版做出贡献的所有同人，首先是发起人蒋绍愚教授，以及数篇英文文章的汉译者：除了已经提及的袁健惠、张文，还有吴福祥、孙梅青、颜玉娴和李明。

我要感谢授业恩师朱德熙、梅祖麟和刘坚先生，文集中好几篇都是响应他们的倡议而作。我还要感谢中国社会科学院、北京大学以及其他院校与研究机构的同人：江蓝生、曹广顺、吴福祥、杨永龙、李明、赵长才、祖生利、陈丹丹、陈伟蓉、杨荣祥、胡敕瑞、董秀芳、张美兰、敏春芳、曹嫄。

最后，感谢商务印书馆的大力支持和编校人员为本书出版所付出的努力和辛劳！

2023 年 7 月 28 日于巴黎
贝罗贝 Alain Peyraube

目 录

双宾语结构从汉代至唐代的历史发展 …………………… 1
早期"把"字句的几个问题 ……………………………… 26
汉语的语法演变
　——论语法化 ……………………………………………… 42
论"差不多""几乎""差点儿":一个汉语与法语的对比
　语言学问题 ……………………………………………… 70
古代汉语中的"动之名"结构 …………………………… 91
二十世纪以前欧洲汉语语法学研究状况 ……………… 107
上古、中古汉语量词的历史发展 ……………………… 120
清代《马氏文通》以前的语法知识 …………………… 148
中国与东亚的语言和基因 ……………………………… 162
上古汉语的语序 ………………………………………… 179
汉语拼音正词法评析 …………………………………… 192
论粤语的双宾结构和斜格结构 ………………………… 207
上古汉语疑问代词的发展与演变 ……………………… 230
近代早期闽南话分析型致使结构的历史探讨 ………… 262
语义演变理论与语义演变和句法演变研究 …………… 277
汉语意愿动词的历史演变 ……………………………… 314
《老乞大》的个体量词和语言循环现象之关系 ……… 348
关于连动式的历史及发展的几点考虑 ………………… 361
论汉语言说动词的历时发展 …………………………… 377

汉语"等待"义动词历时考察 ·················· 388
《老乞大》和《荔镜记》的指示代词"这"与"那"············ 413
汉语方位词的历时和类型学考察 ·················· 435
History of the passive constructions in Chinese until
 the 10th century ························ 455
History of the Comparative Construction in Chinese from the 5th
 Century B. C. to the 14th Century A. D. ············ 496
Motion events in Chinese: A diachronic study of directional
 complements ························· 534
Has Chinese changed from a synthetic language into an
 analytic language?
 (汉语从综合型语言变为分析型语言了吗?)············ 558
History of some coordinative conjunctions in chinese
 (汉语并列连词的历史)···················· 576
Problems relating to the history of different copulas in
 Ancient Chinese
 (上古汉语不同系动词的历史及其相关问题)············ 590
On the history of place words and localizers in Chinese:
 A cognitive approach ····················· 611

双宾语结构
从汉代至唐代的历史发展*

提要 本文主要讨论双宾语结构从汉代至唐代的变化过程。在战国时期，双宾语结构的基本形式是：A. 动词+间接宾语+直接宾语；B. 动词+直接宾语+于（於）+间接宾语；C. 以+直接宾语+动词+间接宾语；D. 动词+直接宾语+间接宾语。到了汉代，除了跟上古汉语后期同样的四种与格形式之外，又出现一个新结构"动$_1$+动$_2$+间接宾语+直接宾语"。到魏晋南北朝时期"动$_1$+动$_2$+间接宾语+直接宾语"已经很普遍了。同时，始自后汉的"动$_2$"词汇上的统一化更普遍了。"与"也越来越常见于"动$_2$"的位置上。从唐代起，上古汉语的基本结构继续维持："动词+间接宾语+直接宾语""动词+直接宾语+'于'+间接宾语""'以'+直接宾语+动词+间接宾语"。但其中最后两种，自此之后只用于文言文，只有第一种在白话中可以运用。汉代与魏晋时代的另外两种结构"动$_1$+动$_2$+间接宾语+直接宾语"和"动$_1$+直接宾语+动$_2$+间接宾语"继续存在，并在白话的文献里相当普遍。

零 引 论

本文主要讨论双宾语结构从汉代至唐代的变化过程。现代汉语中的双宾语结构是在公元1世纪至10世纪这段时间内定型的。

0.1 现代汉语中的双宾语结构

现代汉语中有五种基本的双宾语结构（所谓基本，即不是靠省略或移动而得到的结构）：1. 动词+间接宾语+直接宾语（简

---

* 本文原载《中国语文》1986年第3期。

称"动+间+直",下面简称同此);2.动+介词"给"+间+直;3.动+直+"给"+间;4."给"+间+动+直;5.介词"把"+直+动+介词"给"+间。这些不同的双宾语形式所采用的有"本义与格动词"(verbes à datif lexical)和"申延与格动词"(verbes à datif étendu)。"本义与格"式的动词分两类:+"给"式动词(例如"送、卖、传"等)和+"受"式动词(例如"买、取、受"等)。"申延与格"式的动词是+"给"和+"受"式的动词以外的其他动词。例如:

(1)他们送了一本书给我。
(2)人家偷了他一个手表。
(3)她打了一件毛衣给我。

例1中的动词是"本义与格"式的+"给"式动词。以下简称为"动a",例2中的动词是"本义与格"式的+"受"式动词,以下称为"动b"。例3中的动词是"申延与格"式的动词,以下称为"动c"。[①]

从语义上来看,上面这些双宾语结构的句子有以下特点:两人之间交换了直接宾语所指之事物;这种交换可以有两个方向:(一)从作主语的名词到作间接宾语的名词(例1),即间接宾语为直接宾语的"受者"(destinataire)或"得益者"(bénéficiaire);(二)从作间接宾语的名词到作主语的名词,即间接宾语为直接宾语的"来源"(source)(例2)。受者与得益者的分别如下:受者是直接接受直接宾语所指之事物的人,而"得益

---

① 有关"本义与格式"和"申延与格式"的概念,参看 C. Leclere(1978), A. Peyraube(1984, 25页及以下各页)。朱德熙(1979)也分列了三种动词:Va(表示"给予"的动词), Vb(表示"取得"的动词), Vc(既不表示"给予"又不表示"取得"的动词)。两种分类法非常接近。

者则为主语与直接宾语之间的动词关系在实践时所指的对象"。①

0.2 先秦汉语的双宾语结构

在战国时期（即公元前 5 世纪至公元前 3 世纪的上古汉语后期）的古汉语中，双宾语结构的基本形式如下：

  A. 动 + 间 + 直
  B. 动 + 直 + 于（於）+ 间
  C. 以 + 直 + 动 + 间
  D. 动 + 直 + 间。②

例如：

  （4）王使荣叔来锡桓公命（左传·庄公元年） A 式
  （5）大夫能荐人于诸侯（孟子·万章上） B 式
  （6）孔子以其兄之子妻之（论语·先进） C 式
  （7）使坚牛请之叔孙（韩非子·内储说上） D 式

我们曾在另外一篇论文中指出，除了少数例外，"动 b" 和"动 c" 类动词只可以用于 B 跟 D 式结构；③ "动 a" 类动词（动 a

---

① 参看 Paris（1982）。所引原文的法文是："Le destinataire est celui qui recoit directement l'objet direct alors que le bénéficiaire est celui à l'intention duquel se matérialise la relation exprimée par le verbe entre le sujet et l'objet direct."

② 有关"动 + 间 + 以 + 直"（C 式另外一种形式），我们认为"动 + 间 + '以' + 直"来自"'以' + 直 + 动 + 间"，并非如 D. Leslie（1964）所说的后者来自前者。D 式比前面三种（A，B，C）罕见得多。参看 A. Peyraube（即出）。
在甲骨文（公元前 14 至公元前 11 世纪）中甚至在上古汉语前期（公元前 11 至公元前 6 世纪）的部分文献中，我们也可以找到"'于' + 间 + 动 + 直"及"动 + '于' + 间 + 直"的结构；不过它们后来在上古后期消失了。参考 Serruys（1981），管燮初（1953），沈春晖（1936），Dobson（1960，63 页及以下），A. Peyraube（1984，105 页及以下；143 页及以下）。

③ 参看 A. Peyraube（即出）。这是一个有争论的问题。王力（1981，250 页）认为一般的动词（即不是"动 a"类动词）可以进入 A 式；动词后面可紧随着两个宾语（间接和直接宾语）。这看法亦牵涉到最近几年来在《中国语文》中有关"之"的性质的讨论（是宾语还是定语）。参看何乐士（1980），刘百顺（1981），刘乾先（1982），马国栋（1980），王冠军（1982）。

3

占上古后期双宾语结构动词的绝大部分）却可以用在 A、B、C 或 D 各句型中。

一 汉代：一个新结构"动$_1$+动$_2$+间+直"的产生

1.1 前汉

在前汉时期，我们可以看到跟上古后期同样的与格形式（A、B、C、D）。不过，值得注意的是，在这个时期，一个新的结构出现了，即"动$_1$+动$_2$+间+直"。在《史记》中，我们可以找到不少例子。"动$_1$"是任何一个"动 a"类动词，例如："分、赐、传、给（jǐ）、献"等。"动$_2$"则只包括三个动词："与、予、遗"。"动$_1$"与"动$_2$"的分别在于前者是语义上特定的（spécifique）"动 a"类动词，而后者是语义上中性的（neutre）"动 a"类动词。"动$_2$"只说明"简单的给予"，而不是像"动$_1$"一样"特别的给予"或"有特定意图的给予"。[①] 所以说"动$_1$+动$_2$+间+直"结构，在语义上而言，是一个重复性的结构，因为"动$_2$"重复了已表达了"给予"语义的"动$_1$"。以下是《史记》中"动$_1$+动$_2$+间+直"的例子：[②]

甲　动$_2$ = 与

(8) 卓王孙……而厚分与其女财（史记，117，3047）[③]
(9) 我有禁方，年老，欲传与公（史记，105，2785）
(10) 有贤者，窃假与之（史记，75，2357）

---

① 当"遗"是"动$_1$+动$_2$+间+直"形式的"动$_2$"时，它有"给予"的一般意义。参看《辞源》(1984，第四册，3090页)。

② 以下的例句不少引自 Ushijima, T.(1967, 49 页及以下各页)。

③ 第一个数字代表卷数，第二个数字代表页数。我们所用的是 1973 年北京中华书局的版本。

乙　动$_2$ = 予

(11) 卓王孙不得已，分予文君僮百人（史记，117，3001）
(12) 式辄复分予弟者数矣（史记，30，1431）
(13) 乃徙贫民……七十余万口，衣食皆仰给县官，数岁，假予产业（史记，30，1425）

丙　动$_2$ = 遗

(14) 人闻其能使物及不死，更馈遗之（史记，28，1385）
(15) 自是之后，孝景帝复与匈奴和亲，通关市，给遗匈奴（史记，110，2904）
(16) 乌氏倮……闲献遗戎王（史记，129，3260）

上述"动$_1$+动$_2$+间+直"的与格形式，直接宾语可以从缺（例9，10，12，14，15，16）。直接宾语的省略颇为常见，尤其是直接宾语上文中已出现过时。同样地，间接宾语亦可从缺（例13）。有时，两个宾语都可以被省略。例如：

(17) 贲赫自以为侍中，乃厚馈遗（史记，91，2603）

当直接、间接两个宾语均缺时（例17），两个"本义与格"的"动a"类动词的存在说明了这无疑是宾语被省略了的"与格式"结构。

"动$_1$+动$_2$+间+直"结构，在汉语语法的历史中突然出现。然而，历史语法学者一般以为句法上的变化是渐进的，所涵盖的时期亦相当长。[①]"动$_1$+动$_2$+间+直"的出现却说明与此相反，亦即是支持了D. Lightfoot（1979，I，5）的理论。他认为语法系统的演变过程中有"重新分析"（réanalyse）的发生，同时这些重新分析是突然的变化。我们也可以说"动$_1$+动$_2$+间+直"的出现是"突变"（catastrophe）的表现，即法国数学家R. Thom

---

[①] 参考 J. H. Greenberg（1977，63页）；S. Chung（1977）；S. Romaine（1981）。

所提出的"突变理论"中的现象。[1] R. Thom 认为:"某个系统的整体演变是延续的一连串的演变所构成的,但这些演变与跃进是不相同的。"[2] D. Lightfoot(1980)以水结冰过程相比于这些突然变化,水的温度有规律地逐渐降低,表面上并没有任何变化(水还是水),直至突然间结成冰。

我们虽然可以在上古汉语中偶然找到"动$_1$ + 动$_2$ + 间 + 直"的例子,但是这些例子都是个别的,并不能表示这个结构在这个时期已经存在。这些例子也可能是后人加添的。我们在《诗经》与《韩非子》中发现了"锡予""施与"的例子:

(18)君子来朝,何锡予之(诗经·小雅·采菽)
(19)施与贫困者(韩非子·奸劫弑臣,14,753)[3]

例18中的"锡"可能并不是动词,而是名词("礼物"的意思)。S. Couvreur(1896,300页)就是这样解释这句子的。例19中的动词"与",在大多数《韩非子》的版本中均有出现,但是在最早的宋乾道版中却没有(句子为:"施贫困者"),因此可以怀疑这是后人加上去的。[4]

我们如何能解释"动$_1$ + 动$_2$ + 间 + 直"这个结构在前汉时期的突然出现呢?我们认为以下的假设比较可信:由于当时的语言里本来已有"动$_1$ + 动$_2$"并列动词谓语句、连动式和"动 + 趋向补语",所以发生了一个类推(analogie)现象,即带来了

---

[1] 法文名词 catastrophe 的意思是"突然降临的灾难"。英文翻译为 catastrophe theory。

[2] 参看 R. Thom(1983,60页)。原文为"L'évolution globale d'un système se présente comme une succession d'évolutions continues, mais qui sont séparées par des sauts brusques de nature qualitativement différente."

[3] 我们所用的版本为1982年北京中华书局的《韩非子索引》。第一个数字是卷数,第二个数字代表页数。

[4] 参看《韩非子索引》753—754页。

"动₁＋动₂＋间＋直"这个与格结构的诞生。

如果这个新结构的诞生的确像上文所说的是一种突然变动的征象，那么如 D. Lightfoot（1979，I）所提出的理论一样，我们应该在这个结构出现的同时或稍前，发现其他导致大变动的小变化，而且这些变化应该互相关联着，并依赖着同一个重新分析，即基本的重整（réanalyse radicale）。的确，这个新结构的出现并不是单独的现象。在公元一世纪左右，出现了一连串语法上的变化，形成了构词法上大量的双音节动词，以及在句法上的并列动词谓语句、连动式或动补结构。①

"动₁＋动₂"连动式或"动＋趋向补语"动补结构可能并非产生在前汉时代，不过肯定在前汉时期已发展得相当成熟了。②从而"动＋间＋直"结构产生了牵涉两个在语义上相近的动词的"动₁＋动₂＋间＋直"的形式。像"动＋间＋直"一样，"动₁＋动₂＋间＋直"结构在当时只可以应用于"动 a"类的"动₁"动词，而且两个结构所表达的意义也完全一样。③

1.2 后汉

在后汉的佛经等文献中，④"动₁＋动₂＋间＋直"格式出现

---

① 关于这些变化，参看何乐士（1984）和程湘清（1984）。

② 关于汉代并列动词谓语句和连动式的发展，参看何乐士（1984）。她指出《左传》里有连动式，不过大都有"而、以"连接；《史记》里则几乎不用连词了。至于动补结构的产生和发展，意见相当分歧。王力（1958，403页）和祝敏彻（1958）都认为"动＋补"结构在前汉开始出现；潘允中（1980），尹玉（1957）都找到了上古后期的"动＋补"结构的不少实例。梅祖麟（即出）给动补结构下了新的严格定义，并提出一般的"动补"结构产生在 5—6 世纪的魏晋时代。所以我们只提到汉朝的"动＋趋向补语"结构。这结构在汉代已存在，是没有人否认的事实。

③ 这否定了 R. Stockwell（1976，32 页）的看法："我认为所有语法变化都是来自语义或语音上的因素。"原文为："I claim that all syntactic changes are motivated by semantic and/or phonetic considerations." D. Lightfoot（1979，152 页）提出了相反的看法。

④ 《大正新修大藏经》里的后汉佛教文献一共有九十六篇。E. Zurcher（1977）证实了其中二十九篇。我们就是以这二十九篇作为材料。

次数非常多。直接宾语往往从缺，或在"动₁"之前，因此带来"(直)+动₁+动₂+间"的形式（如下例21、25）。间接宾语亦可能从缺，直接宾语不在动词之后而在动词之前，因此产生了以下形式"动₁+动₂"（例20、24）。最后，也有"以+直+动₁+动₂+间"这个结构（例22、23）。例如：

(20) 若有求索者，已所喜而施与（大正藏·阿处佛国经，313号，11本，754页）

(21) 十九者菩萨布施与人（大正藏·伅真陀罗所问如来三昧经，624号，15本，356页）

(22) 比丘即以密饼授与之（大正藏·阿阇世王经，626号，15本，394页）

(23) 以净水浆给与众僧（大正藏·成具光明定意，630号，15本，457页）

(24) 其所有物而施与（大正藏·伅真陀罗所问如来三昧经，624号，15本，366页）

(25) 其人所行处，满中珍宝布施与佛（大正藏·般舟三昧经，418号，13本，917页）

赵岐(？—201)在用当时的语言来解释《孟子》时，也使用了先秦没有的"以+直+动₁+动₂+间"形式，例如：

(26) 以天下传与人尚易也（孟子正义，230页）①

例中第一个动词"动₁"仍是"动 a"类动词（就是说表示了用某种特别方式，或以某种特别意图来"给予"）。但是第二个动词（"动₂"），《史记》时期在"动₁+动₂+间+直"中占"动₂"位置的"与""予""遗"的三个语义上中性的"动 a"类动词再不能全部都适用。在赵岐的注译《孟子》及后汉的佛教文献里，

---

① 我们所用的版本是1957年北京中华书局的《孟子正义》。

"动₂"几乎可说只有"与"一个词了。①

因此,"动₂"的不同动词的词汇统一化(unification)——最后只剩下"与"一个动词,——这一过程已经开始了。我们也可以比较《史记》跟《汉书》(公元二世纪的文献)中的"动₁+动₂+间+直"与格式来证实这个过程。这个比较工作是建立在以下的预设之上的:《史记》早于《汉书》,所以《汉书》的编著者在撰写《汉书》时,必已熟悉《史记》。②通过《汉书》跟《史记》的比较,我们指出以下三点:

甲 当《史记》中"动₁+动₂+间+直"的与格式中的"动₂"="与"时,《汉书》原封不动地把《史记》的句法搬过去。例如:

(27)卓王孙……乃厚分与其女财(汉书,57下,2581)③(即例8)

乙 《史记》中同样的结构中当"动₂"="予"时,《汉书》整体上以"与"代替"予"。因此例11、12、13变为28、29、30:

(28)卓王孙不得已,分与文君僮百人(汉书,57上,2531)
(29)式辄复分与弟者数矣(汉书,58,2624)
(30)乃徙贫民……七十余万口,衣食皆仰给于县官,数岁,贷与产业(汉书,24下,1162)

丙 《史记》中同样的结构,当"动₂"="遗"时,《汉书》中若不是原封不动地重复这些句子,便是把结构简略为"动₁+间+直"(就是说"遗"被省略了)。因此例31跟例14一样,而例

---

① 其中有些例外,较突出的是在《大正藏》里几个"馈"+"遗"的罕见例子,特别是第418号文献。

② 这也牵涉到一个观点上的争论。我们认为左景权Dzo Ching-Chuan(1978, p.271)的看法比较有说服力。他本人的看法与较早的E. Chavannes(1895)一样。E. Chavannes认为"我们今天所看到的《史记》绝大部分地保留了原来《史记》的面目"。

③ 第一个数字代表卷数,第二个数字代表页数。所用的是1975年北京中华书局的版本。

16则变成例32：

(31) 人闻其能使物及不死，更馈遗之（汉书，25上，1216）（同例14）

(32) 乌氏嬴……间献戎王（汉书，91，3685）

在后汉时代，毫无疑问"动$_2$"统一化为"与"的过程展开了。不过，这个过程从开始至完全完成要经过一段很长的时间。这个演变是一个缓慢的过程，在性质上跟"动$_1$+动$_2$+间+直"在前汉的突然产生是完全不同的。可能是因为这次过程所牵涉的是简单的词汇方面的替换，而不是结构上的革新。

二 魏晋南北朝时代："动$_1$+直+动$_2$+间"的产生

2.1 动$_1$+动$_2$+间+直

魏晋南北朝时代，"动$_1$+动$_2$+间+直"形式已经非常普遍了。同时，始自后汉的"动$_2$"词汇上的统一化，在此时更为普及了。当"动$_1$+动$_2$+间+直"这个结构越来越普遍的时候，"与"也越来越常见于"动$_2$"的位置上；而且不久变为唯一可以放在这个位置上的动词了。例如：

(33) 桓公见谢安石作简文谥议，看竟，掷与坐上诸客（世说新语·文学，156页）

(34) 时远方民，将一大牛肥盛有力，卖与此城中人（大正藏·生经，154号，3本，98页）

(35) 此经是诸佛秘要之藏，不可分布妄授与人（大正藏·妙法莲华经，262号，9本，31页）

(36) 乃令人买大筍送与之（宋书，93，2291）

(37)谢万寿春败后还，书与王右军（世说新语·轻诋，527页）[①]

(38)时方给与姜维铠仗[②]

像上述汉代的例子一样，33—38的例子（其中直接宾语往往从缺或在动词前面）中的间接宾语是"动$_1$"以及"动 a"所表示的行为的受者。"动$_1$"跟"动$_2$"一样都是"动 a"类动词。不过也有几个"动 c"类动词作为"动$_1$"的例子。只是"动 b"类动词仍然不能用于"动$_1$+动$_2$+间+直"这个结构中。[③]例如：

(39)公于是独往食，辄含饭箸两颊边还吐与二儿（世说新语·德行，15页）

(40)所得赐遗，悉用与卿（大正藏·生经，154号，3本，75页）

在这些例子里，间接宾语再不同时是"动$_1$"和"动$_2$"的受者，而只是"动$_2$"的受者。

当"动$_1$"是"动 a"类动词时，"动$_2$"（"与"）是否仍然保持"给予"的意义，还是它已丧失这个意义，变为一个虚词，这是很难概括地回答的问题。

不过我们还是坚持"与"在魏晋南北朝时期仍是动词的看法。[④]当"动$_2$"动词统一化为"与"这个过程还没有完全完成之前，"与"不大可能已经变为一个介词。而我们仍可找到几个"遗"处在"动$_2$"位置上的罕见例子来说明这个过程还没有完成。如例40以及：

---

① 所用的《世说新语》版本是1966年台北世界书局的。所用的《宋书》版本是1974年北京中华书局的。

② 这个例子引自Ushijima, T.（1971, 29页）。作者并没有引出处。前面的例子亦有不少引自Ushijima, T.。

③ 现代汉语中的"动+给+间+直"结构，并不适用于"动 c"或"动 b"类动词。

④ 我们只能找到一个不符合这个假设的例子："教与群下"（三国志·蜀9·董和。1975年北京中华书局的版本，979页）。

（41）长者即见，进其所赍馈遗之具（大正藏·生经，154号，3本，87页）

2.2 动$_1$ + 直 + 动$_2$ + 间

在这时期还出现了另一个新的与格结构："动$_1$ + 直 + 动$_2$ + 间"。这新结构在4—5世纪出现，在此之前，我们只在后汉佛教文献中找到一个例子：

（42）让国与叔（大正藏·大安般守意经，602号，15本，163页）

在开始的时候，它只适用于有限的动词，而且普遍程度不及"动$_1$ + 动$_2$ + 间 + 直"。在"动$_2$"位置上一般是动词"与"，就像"动$_1$ + 动$_2$ + 间 + 直"格式一样。但有时"动$_2$"不是"与"而是"遗"，这种例子，我们目前只找到了一个例子：

（43）送一船米遗之（世说新语·方正，213页）

这例句说明"动$_2$"的统一化过程还没有完成；所以把"与"仍旧看成一个独立动词比较妥当。在"动$_1$"的位置上，我们可看到不同的"动 a"类动词。例如：

（44）阮家既嫁丑女与卿（世说新语·楼逸，421页）
（45）时跋跋提国送狮子儿两头与乾陀罗王（洛阳伽蓝记·城北，151页）①
（46）临去，留二万钱与潜（宋书，93，2288页）
（47）妇故送新衣与（世说新语·贤媛，436页）

在"动$_1$ + 直 + 动$_2$ + 间"这个结构里，我们也可以看到"动 c"类动词，就如在"动$_1$ + 动$_2$ + 间 + 直"的结构一样。不单如此，我们甚至也可以在同一位置上看到"动 b"类动词；不过"动 b"

---

① 所用的版本是1974年台北世界书局。

类动词就不能像"动c"一样，适用于"动₁+动₂+间+直"的结构。例如：

　　甲　"动c"类动词：

（48）作笺与殷（世说新语·排调，512页）

　　乙　"动b"类动词：

（49）帝令取鼓与之（世说新语·豪爽，375页）
（50）把粟与鸡呼朱朱（洛阳伽蓝记·城西，109页）①
（51）即持此宝与诸兄弟（大正藏·生经，154号，3本，88页）

这个结构是怎样出现的呢？一个说法是："动₁+直+动₂+间"形式的出现是为了要代替上古汉语的"动+直+于+间"结构。在魏晋南北朝时期"动+直+于+间"结构仍旧存在，可是比在先秦及汉代少见得多。那从"动+直+于+间"到"动₁+直+动₂+间"只有一个词汇上的替换："动₂"代替"于"。这个说法不能令人满意，因为我们不可能假定介词"于"变为动词"与"的这样一种词类转变；这种转变在语法历史中是不存在的。

我们这里想提出另外一个假设，即"动₁+直+动₂+间"来自"动₁+动₂+间+直"；其中"动₂+间"的成分移到直接宾语后面了。这转移的原因是因为当时已经有了一个"动+宾语+趋向补语"结构。这同样是一个类推现象。

我们以在上文在先秦时代已出现的，并在汉代普及的连动式及"动+趋向补语"结构来解释"动₁+动₂+间+直"的产生；当宾语后来在后汉时代出现于"动+趋向补语"结构的动词和补语之间时，它又推动了来自"动₁+动₂+间+直"的"动₁+直+

---

① 我们的看法与太田辰夫（1958，259页）和潘允中（1982，262页）的相反。我们认为例57中的"把"是具有"拿"意义的动词而不是处置式的介词"把"。参看 A. Peyraube（1985）。

动$_2$+间"这个新结构的产生。

胡竹安(1960)提出了以下的看法："动+直+与+间"通过直接宾语的省略或移动产生了"动+与+间"。他这个看法在历史上是站不住脚的。"动+与+间(+直)"形式远在"动+直+与+间"之前已经产生了。一个较早就存在的结构当然不可能来自一个较后期的结构。这可能是由于他没有看出"动+与+间(+直)"结构在前汉已经出现，在魏晋时代已经运用得很普遍了。

前文所引的例子表明了"动+与+间(+直)"的结构早在西汉时代已存在，在魏晋时已非常普遍。至于"动+直+与+间"这形式，则出现在魏晋时代。所以我们提出的是与胡竹安相反的观点："动$_1$+动$_2$+间+直" > "动$_1$+直+动$_2$+间"（>表示历史转换）。

有关这个历史上的变化（dérivation historique）还有最后一个问题。是否所有"动$_1$"动词都能进入这些转换的结构，抑或只有"动a"类动词可以？这个问题之所以值得关注，是因为"动b"类或"动c"类动词的表现跟"动a"类动词的表现不同。我们可以指出几点：

（一）当动词为"动b"类或"动c"类动词时，间接宾语只是"动$_2$"（一般的是"与"）的受者而并非同时是"动$_1$"或"动$_2$"的受者。这跟当"动$_1$"为"动a"类动词时的情况相异。

（二）"动c"类动词在"动$_1$+直+动$_2$+间"形式中，比在"动$_1$+动$_2$+间+直"的形式中常见得多。

（三）当"动$_1$"为"动b"类动词，只可能有"动$_1$+直+动$_2$+间"的格式；"动b"类动词不能用于"动$_1$+动$_2$+间+直"结构中的"动$_1$"里。

这几点指出当"动$_1$"是"动b"或"动c"类动词时，认为

"动₁+直+动₂+间"来自"动₁+动₂+间+直"并不是很妥当的看法。

所以我们主张"动₁+动₂+间+直"＞"动₁+直+动₂+间",这历史上的变化只限于当"动₁"是"动 a"类动词。同时,我们估计首先只适用于"动 a"类动词的"动₁+直+动₂+间"结构里,后来在普及的时候,"动₁"位置的动词的语义范围扩大了(extension),逐渐能接受"动 b"或"动 c"类动词。

当"动₁+直+动₂+间"形式发展到能轻易地接受"动 b"类或"动 c"类动词时,接着产生了以下的变化:"动₁(动 c 类的)+直+动₂+间"＞"动₁(动 c 类的)+动₂+间+直"。①

三 唐宋时期:"动 ＞ 介"虚化产生

从唐代起,上古汉语的基本结构继续维持:"动+间+直""动+直+'于'+间""'以'+直+动+间"。但其中最后两种自此之后只用于文言文。只有第一种在白话中亦可以运用。汉代与魏晋时代的另外两种结构"动₁+动₂+间+直"及"动₁+直+动₂+间"继续并存,并在白话的文献里相当普遍。有关"动₁+动₂+间+直"形式自后汉开始的词汇上的统一过程,在唐初已完全结束。这个与格式中的所有"动₂"都只用一个动词"与"来表达。为什么用"与"来代替"予"及"遗"呢?大概是因为"与"是表示"给予"概念的动词中最普遍的一个。

因此,从唐初起,实现了如下所示的变化:

动₁+动₂('与'、'予'、'遗')＞动₁+动₂('与')

适用于"动₁"的动词越来越多:最主要的还是"动 a"类

---

① 要注意的是这个新的变化还只是涉及"动 c"类动词而不涉及"动 b"类动词。

动词，但也有一些"动 c"类动词。只是仍然不见"动 b"类动词。例如：

（52）单于闻语，遂度与天使弓箭（敦煌变文集，205 页）[①]
（53）某因说与他道（朱子语类 11·学五·读书法下，306 页）[②]
（54）自是天理付与自家双眼（朱子语类 114·朱子十一·训门人二，4396 页）
（55）须说与己共南朝约定与了燕京（三朝北盟会编卷 4·燕云奉使录 4 上页）[③]
（56）女王遂取夜明珠五颗白马一匹赠与和尚（大唐三藏取经诗话，18 页）[④]
（57）譬如一片地作契卖与你（祖堂集 19，361 页，96 号）[⑤]
（58）今嫁与辽东太守毛伯达儿（敦煌变文集，871 页）
（59）如把屎块子向口里含了吐过与别人（大正藏·古存宿语录，103 号）[⑥]

双音节的动词也可在"$动_1$"的位置上：

（60）教某甲分付与啊谁？（祖堂集 11，210 页，80 号）
（61）物若作怪，必须转卖与人（敦煌变文集，367 页）

同样地，在"$动_1$ + 直 + 动_2$ + 间"的结构中，从此只有"与"这个动词才可以处于"$动_2$"的位置上。这个结构的"$动_1$"包含"动 a"类动词，以及"动 c"类动词，甚至"动 b"类动词。例如：

（62）取三两粉与这个上座（祖堂集 6，119 页，54 号）

[①] 所用的版本是 1957 年北京人民文学出版社的。
[②] 所用的版本是 1962 年台北正中书局的。
[③] 所用的版本是 1977 年台北文海出版社的。
[④] 所用的版本是 1978 年台北广文书局的。
[⑤] 所用的版本是 1979 年台北广文书局的。
[⑥] 例子是引自 H. Maspero（1914，19 页）。

(63)你若输则买糊饼与老僧。老僧若输则老僧买糊饼与你(祖堂集18,336页,45号)
(64)意欲寄书与人(敦煌变文集,37页)
(65)天使我送苾一双与汝来(敦煌变文集,867页)
(66)自作饭饨与客僧(入唐求法巡礼行记2,59页)[①]
(67)写数百卷与澄三藏(入唐求法巡礼行记3,64页)

间接宾语有时在"动+直+与+间"的结构中从缺,我们因此得到"动+直+与"的结构。例如:

(68)师拈一个钱与(祖堂集18,333页,40号)
(69)相公处分左右,取纸笔来度与,远公接得纸笔(敦煌变文集,177页)

上文提到过,魏晋时代(汉代更不在话下了)"动$_1$+动$_2$(与)+间+直"及"动$_1$+直+动$_2$(与)+间"结构是连动式或并列动词谓语句;换言之,"与"是一个真正的动词,是一个实词,即"给予"的意思。在"动$_2$"统一化为"与"还没有完成之前,"与"不大可能已经失去了它的本义。

但是,从唐起,"与"是否为动词这个问题就很难解答了。我们刚说过,词汇统一化过程已经完成了。似乎带来了一个新的语法变化过程:"与"好像已失去了"给予"的意义,而变成一个与格介词。以"说"为"动$_1$"类动词的例句,如53、55,就很清楚地说明了这一点。我们认为"与"这词素再不能被视为实义动词而是引入间接宾语的介词。[②]

其实在上述例52—69所有以"动a"类动词为"动$_1$"的例

[①] 所用的版本是1976年台北文海出版社的。
[②] 有学者认为"与"像后来代替它的"给"一样,从来没有变为介词,一直都是实词素。例如胡竹安(1960)。我们承认(但在这里为了避免冗长,不作解释)"与"跟后来的"给"一样,同时是动词以及介词。当它们没有"给予"的实义时,它们是语法词素,可以说是介词。有关"给"的不同看法,请参看朱德熙(1979)。

句之中,"与"都可以被解释为一个引入受者间接宾主的与格介词。不论"动＋与＋间＋直"还是"动＋直＋与＋间"结构都有上述这个情况。①

当"动＋与＋间＋直"及"动＋直＋与＋间"结构的动词是"动 b"类或"动 c"类动词时,"与"仍然保留"给予"的意义,因此仍是动词。

所以刚才提出的"动$_1$＋动$_2$（'与'）＋间＋直"或"动$_1$＋直＋动$_2$（'与'）＋间"的"动$_2$""与"变成介词"与"这个变化适用于以下情形:"动$_1$"应是一个"动 a"类动词。

要指出动词"与"的语法化的准确时期是非常困难的。整个演变是一个渐进的、涵盖几个世纪的过程。不过,我们认为这语法变化不会产生在"与、予、遗"统一化为"与"的过程之前。这过程始于后汉,发展于魏晋南北朝,完成于唐初。另一方面,我们只能在"与"跟像"说"一类动词并用时,才能肯定"与"的意义虚化;在这样的情况下,我们不能把"与"仍然看成真正具有"给予"意义的动词。然则,我们在魏晋南北朝时期的文献中并没有找到"说＋与＋间（＋直）"或"说＋直＋与＋间"的例子。② 所以我们认为"动词'与'＞介词'与'"的变化不是在唐初以前开始的。

直至10世纪,我们仍然可以把"动＋与＋间＋直"结构中的"与"作为动词来分析,比如下面这样的例子:

---

① 例69与例70中的"与"甚至也可以说是已经失去了动词的实义。"与"在句子煞尾这一点并不重要。我们确实没有任何理由认为中古汉语,甚至近代汉语中的介宾结构的宾语,像现代汉语一样不能省略。

② 魏晋时期中唯一"与"可能已是介词的例子见于前述（本书11页脚注④）。不过,一个单独的例子并不能推翻我们的看法,即"与"在魏晋南北朝时期,在"动＋与＋间＋直"及"动＋直＋与＋间"结构中,仍是动词。

(70)家财分作于三亭,二分留与于慈母(敦煌变文集,756页)

这个"动$_1$+动$_2$+'于'+间"结构亦显示了"与"不可能是介词,因为它本身就在介词"于"的前面。不过这种例句是很少见的。

最后,如果说"与"的语法化最晚在十世纪完成,那是因为是在这时期,"'与'+间"词组可以转移到动词之前。一个新的与格式随之产生:"'与'+间+动+直"。"'与'+间"词组在动词前的时候,我们不能认为"与"仍然保持了原来"给予"的意义。我们可以合理地假定"'与'+间"的转变,只有在"与"的虚化完成之后才能实现。以下是"与+间+动+直"的例子:

(71)与老僧过净瓶水(祖堂集2,58页,116号)
(72)他也略不与人说待了方与说(朱子语类103·罗氏门人,4133页)
(73)陛下受命不过一百年,(欲)秾此桃,与谁人食之?(敦煌变文集,162页)
(74)请君与我说来由(敦煌变文集,798页)①

这个新的形式在此时只适用"动a"类动词。② 它是怎样产生的呢,当"'与'+间"不是连动动词结构而是介词结构时,"与+间"的位置便可能被移动了,因为大部分的介词结构自几个世纪以来,是在动词之前的。例如自魏晋南北朝以来,表示处所、方位的介词结构就是这样。③ 因为介词结构的正常位置是在动词之前,所以当"与+间"的与格式结构变为介词结构时,就

---

① 有关这些结构,我们往往很难确知究竟它们是真正的与格式,还是替格式(forme bénéfactive),即"与"有"替"的意思。上下文不一定每次能帮助我们作出决定。不过这些解释上的困难,并不能推翻唐代已有动词前的与格式的介词结构的看法。例72、74、75的上下文指出这些句子有确定的与格式的介词结构。

② 例74的"食"有"给吃"的意思。

③ 詹秀惠(1973,382页)在《世说新语》里找到了103个在动词前的处所介词结构;只有12个动词后的处所介词结构。

自然地被移到动词之前了。

在这里，我们简单提及有关同类现象的说明。上文数次提到这个概念，因为许多历史语法上的变化都是明显的同类扩大。但是，如 D. Lightfoot（1981，P. 225）所强调："虽然许多重新分析可以被解释为类推现象的扩大，但是这个事实并没有使推类现象成为一个变化的原则，也更不能使类推现象成为某种解释原则。"[1]

最后，当"与+间+动+直"出现时（10世纪），另外一个新的与格式产生了："把（或"将"）+直+动（+与）+间"。这个新的结构也是一个介词结构到动词前的移动的例子。[2] 例如：

（75）我若将一法如微尘许与汝受持则不得绝（祖堂集13，247页，8号）

（76）如将一贯已穿底钱与人及将一贯散钱与人，只是一般都用得不成（朱子语类117·朱子14·训门人五，4514页）

（77）除是将燕京与南朝（三朝北盟会编卷4·燕云奉使录4上页）

（78）火急将吾锡杖与（敦煌变文集，730页）

这个新的与格式亦只能适用于"动a"类动词。

四　结　论

从中古后期开始，我们可找到以下五种基本的结构："动+间+直""动+'与'+间+直""动+直+'与'+间""'与'+间+动+直"及"'把'（或"将"）+直+动（+'与'）+间"。

---

[1] D. Lightfoot 的原文为："The fact that many re-analyses can be interpreted as analogical extensions does not make analogy a principle of change, least of all an explanatory principle."

[2] "把"/"将"的结构已经存在两个世纪了，但是并非在与格式里面。P. A. Bennett（1981）认为最早的"把"字句见于双宾语结构句子，这看法是不正确的。参看 A. Peyraube（1985）。

但与格式的演化并没有在中古后期停止。重要的变化以后仍然随之发生,只不过新的结构再没有出现。从宋末至清之间所发生的变化大致如下:

(一)"动 + 间 + 直"。从宋末开始,这个形式的动词可以是一个"动 b"类动词。间接宾语是直接宾语的来源。

(二)"动 + 与 + 间 + 直"与"动 + 直 + 与 + 间"形式中的动词是"动 b"或"动 c"类动词时,"与"直至宋代仍然是动词。这个"与"不久之后变成了一个介词。所引入的是一个"受益者"间接宾语而不是"受者"间接宾语。这个转变发生在元朝。①

(三)上文已提及"'与'+ 间 + 动 + 直"这个形式开始时只适用于"动 a"类动词。自元代起,很快地便扩大至"动 b"及"动 c"类动词。甚至后来主要适用于这两种动词,就像现代汉语一样。"与"也就变成了引入"得益者"间接宾语的介词。

(四)一个词汇替换(remplacement lexicai)随之发生:介词"给"非强制性地代替介词"与"。这变化发生在15世纪,涉及所有包含"与"的结构。可是我们只能在此时期的有关文献《老乞大》《朴通事》中看到这一变化。②到了15世纪,这变化才发展到成熟的地步。

不同的与格式经多个世纪的变化,显示了它们不同的历史变化阶段是相当复杂的。语法结构不像人们所想象的那么稳定不变;关于双宾语结构所涉及的亦不只是"'于'>'与'>给"的简单替换而已。这种复杂性来自动词句法性质及间接宾语语义性质所扮演的角色。这个角色不论是历时性的(diachronique)还是共时性的(synchronique),同样是最基本的。

研究汉语语法发展的历史过程,不能忽视汉语在各个时期的

---

① "动 + 给 + 间 + 直"在现代汉语中不适用于非"动 a"类动词。
② 关于《老乞大》《朴通事》的时代和介绍,参看梅祖麟(1984)。

语法描述细节。只有对语言的每个历史时期的不少语法问题具有详细的描述以后，我们才可能提出语法变化真正原因的假设，以及有关这方面的一些推断。目前，要做到这一点仍是为时过早。

参考文献

《辞源》 1979，1980，1982，1983 北京：商务印书馆，共四册。

程湘清 1984 《论衡》复音词研究，见程湘清主编《两汉汉语研究》，山东教育出版社，262—340页。

管燮初 1953 《殷虚甲骨刻辞的语法研究》，北京：中国科学院。

何乐士 1980 先秦"动·之·名"双宾语式中的"之"是否等于"其"？，《中国语文》第4期，283—291页。

何乐士 1984 《史记》语法特点研究，见程湘清主编《两汉汉语研究》，1—261页。

胡竹安 1960 动词后的"给"的词性和双宾语问题，《中国语文》第5期，222—224页。

刘百顺 1981 也谈"动·之·名"结构的"之"，《中国语文》第5期，384—388页。

刘乾先 1982 古汉语中应特殊理解的双宾语结构，《东北师大学报》第1期，33—36页。

马国栋 1980 "之"作"其"用小议，《中国语文》第5期，392—393页。

梅祖麟 1981 现代汉语完成貌句式和动词词尾的来源，《语言研究》第1期，65—77页。

梅祖麟 1984 从语言史看几本元杂剧宾白的写作时期，《语言学论丛》第13辑，111—153页。

潘允中 1980 汉语动补结构的发展，《中国语文》第1期，53—60页。

潘允中 1982 《汉语语法史概要》，郑州：中州书画社出版。

沈春晖 1936 周金文中之双宾语句式，《燕京学报》20期，375—408页。

王冠军 1982 古汉语双宾语问题刍议——兼与王力先生商榷，《齐鲁学刊》第2期，83—86页。

王　力　1958　《汉语史稿》中册，北京：科学出版社，210—492页。
王　力　1981　《古代汉语》，北京：中华书局。
尹　玉　1957　趋向补语的起源，《中国语文》第9期，14页。
詹秀惠　1973　《〈世说新语〉语法研究》，台北：学生书局。
朱德熙　1979　与动词"给"相关的句法问题，《方言》第2期，81—87页。
祝敏彻　1958　先秦两汉时期的动词补语，《语言学论丛》第2辑，17—18页。

P. A. Bennett 1981 The evolution of passive and disposal sentences, *Journal of Chinese Linguistics* 9：61-90.

E. Chavannes 1895-1905 *Les Mémoires Historiques de Sse-ma Ts'ien*. Paris：E. Leroux 367 + 620 + 710 + 559 + 544 p.

S. Chung 1977 On the gradual nature of syntactic change, in C. N. Li ed., *Mechanisms in Syntactic Change*. Austin：University of Texas Press, pp. 3-55.

S. Couvreur 1896 *Cheu King. Texte chinois avec une double traduction en français et en latin, une introduction et un vocabulaire*. Ho Kien fou：Imprimerie de la mission catholique, 464 p.

W. A. C. H. Dobson 1960 *Early Archaic Chinese*. Toronto：University of Toronto Press, 272 p.

Dzo Ching-chuan 左景权 1978 *Sseu-Ma Tsien et l'historiographie chinoise*. Paris：Publications Orientalistes de France, 356 p.

J. H. Greenberg 1977 *A New Invitation to Linguistics*. New York：Anchor Press, 147 p.

M. Hashimoto 1976 The double-object construction in Chinese, *Computational Analyses of Asian & African Languages* 6, 33-42.

Y. Hervouet 1974 La valeur relative des textes du Che-ki et du Han-chou, in *Mélanges de sinologie offerts à Monsieur Paul Demiéville vol. II*. Paris：Bibliothèque de l'Institut des Hautes Etudes Chinoises, pp. 55-76.

A. Hulsewe 1975 The problem of the authenticity of Shih-chi ch. 123, The Memoir on Ta-yüan *T'oung Pao* LXI-1/3, 83-147.

C. Leclere 1978 Sur une classe de verbes datifs, *Langue française* 39：66-75.

D. Leslie 1964 Fusion equations for 'zhu' in the Analects and Mencius: with an appendix on verbs and their prepositions, *T'oung Pao* LI-2/3: 140-216.

C. N. Li & S. A. Thompson 1974 Co-verbs in Mandarin Chinese: verbs or prepositions? *Journal of Chinese Linguistics* 2: 257-278.

D. W. Lightfoot 1979 *Principles of Diachronic Syntax*. Cambridge: Cambridge University Press, 429 p.

D. W. Lightfoot 1980 Sur la reconstruction d'une proto-syntaxe, *Languages* 60: 109-123.

D. W. Lightfoot 1981 Explaining syntactic change, in N. Hornstein & D. Lightfoot, *Explanations in Linguistics. The logical problem of language acquisition*. London: Longman, pp. 209-240.

H. Maspero 1914 Sur quelques textes anciens de chinois parlé, *Bulletin de l'Ecole Française d'Extrême-Orient* XIV, 1-36.

Ōta Tatsuo 太田辰夫 1957 说"给",《语法论丛》(上海), 127—143 页。

Ōta Tatsuo 太田辰夫 1958《中国语历史文法》, 东京: 江南书院。

M. C. Paris 1982 Sens et don en Mandarin: une approche de 'gei' en sémantique grammaticale, *Modèles linguistiques* IV-2: 68-88.

A. Peyraube 1984 *Syntaxe diachronique du chinois: évolution des construction's datives du 14e siècle av. J.-C. au 18e siècle*. Thèse de Doctorat d'Etat: Université de Paris VII, 588 p.

A. Peyraube 1985 Les structures en BA en chinois vernaculaire médiéval, *Cahiers de Linguistique-Asie Orientale* vol. XTV-2: 193-213.

A. Peyraube 将发表 The doube-object construction in Lunyu and Mengzi, in *Papers Presented to Wang Li on His Eightieth Birthday*. Hong Kong: The Chinese Language Society of Hong Kong.

S. Romaine 1981 The transparency Principle: what it is and why it does not work, *Lingua* 55-4: 277-300.

P. L. M. Serruys 1981 *Towards a Grammar of the Language of the Shang Bone Inscriptions*《中研院国际汉学会议论文集·语言文学组》。台北, 313—364 页。

R. Stockwell 1976 Reply to Light foot, *in* W. Christie ed., *Current Progress in Historica Linguistics*. Amsterdam: North-Holland, pp. 32-33.

R. Thom 1983 Paraboles et catastrophes, *Entretiens sur les mathématiques, la science et la philosophie*. Paris : Flammarion, 193 p.

Ushijima Tokuji 牛岛德次 1967《汉语文法论·古代编》,东京:大修馆书店,410页。

Ushijima Tokuji 牛岛德次 1971《汉语文法论·中古编》,东京:大修馆书店,472页。

E. Zurcher 1977 Late Han Vernacular Elements in the Earliest Buddhist Translations, *Journal of the Chinese Language Teachers Association* XII-3, 177-203.

早期"把"字句的几个问题[*]

○ 引论:现代汉语的"把"字句

"把"字句的形式一般是"NP_1 + 'ba' + NP_2 + VP"(NP_1 = 名词组,是主语;"ba"〔"把"或"将"〕是介词,用来引接充当宾语的NP_2;VP = 动词组)。现代汉语的"把"字句已经有许多人研究,如王还(1957;1985)、张洪年(1973)、梅广(1978)等。这些研究主要是提出"把"字句的各种限制。

(一)控制NP_2的动词必须能"处置"这个NP_2,这就是王力40年代提出"处置式"的原因。"处置式"说明一个人或物如何被处理或安排。"把"字句对动词的语意限制有许多例外:一些处置动词不能用于"把"字句(例如"摆弄");更重要的是很多"把"字句里面的动词的性质不明显,很难确定它们是不是处置动词。例如:

1. 他把路走错了。

(二)第二个限制是:NP_2必须是有定的(或特指的)。这个限制也有例外:

2. 我不小心把个杯子砸了。

(三)第三个限制主要在 VP 上:如果 VP 在句末,它不能只

---

[*] 本文原载《语文研究》1989年第1期。

是一个动词,必须跟着补语,或者另一个宾语,或者数量词组,或者时态助词,或者动词本身重叠。这个限制往往无效。只要这个动词是双音节的,单独的动词也可以出现在"把"字句的最后。例如:

  3. 我们建议把这个提议取消。

即便是单音节动词,如果前面有状语,也可以放在句子最后。例如:

  4. 他把被子往小孩身上拉。

我们应该把这个限制重新界定为:句子最后的 VP 不可能只是单音节动词。大部分语言学家都赞同吕叔湘(1955)的意见,认为这是"把"字句的主要限制。事实上,这个限制大概是必需的,只有 Li & Thompson(1981,489 页)认为这只是一个次要的限制,第一个限制(动词是处置式的)才是主要的。关于现代汉语的"把"字句,见吕叔湘(1980)及陆俭明等(1982)。

  现代汉语里似乎也有一个条件让所有的动词后面都不能跟着两个成分(这当然不包括双宾语结构)。所以"动词 + C_1 + C_2"这个格式是不可能的。黄宣范(1984)把这个条件称为"表面结构的条件"(surface structure condition)。黄正德(1984)则在他的 $\overline{\text{X}}$ 理论中谈到"词组表面的条件"(condition of syntagmatic structure)。他认为这个条件能解释为什么 a 是不合语法的而 b 是完全可以的:

  a. *我放书在桌子上
  b. 我把书放在桌子上

  黄正德的研究限于现代汉语,没有提到"把"的起源。黄宣范深入一层,他认为这个表面结构的条件可以解释宾格的"把"

字句的起源和它们的发展，是因为不能有"动 + C_1 + C_2"这个格式，所以作为宾语的 C_1 移动到动词的前面。

Bennett（1981）也提到了古代汉语里动词后面的成分的限制。他发现动词后面不可以有两个介词组（PP）。他又认为在"把"字句的最初形式里，动词后面一定有某个成分。他提出"把"字句是从古代汉语的"以"字句，通过类推现象（by analogy）发展来的。"以"字句最初用在双宾语结构中，然后用在带处所补语的结构中。例如：

5. 孔子以其兄之子妻之。（论语：先进）

我先要说明，这些假设都是不适当的。

一　中古汉语没有表面结构的条件

处置式"把"字句最初出现大概在 7 世纪末或 8 世纪初（参看 So Chung, 1976；王力, 1958；祝敏彻, 1957）。有些学者（太田辰夫, 1958, 页 259；潘允中, 1982, 页 262；董琨, 1986）找到了六朝时代的几个例句，但很难确定这些例句里的"把"字是不是介词。

6. 把粟与鸡呼朱朱（洛阳伽蓝记, 4）

"把"是否介词，很难确定。我认为在这时"把"仍然可以是动词。

7—8 世纪"把"字句刚出现时，动词后面不一定跟别的成分。所以黄宣范的表面结构条件，在"把"字句最初出现时根本没有起任何作用。甚至 8—9 世纪的一般"把"字句，后面都似乎没有任何成分。下面的例句里的动词都是在句子最后：

7. 独把梁州凡几拍（顾况：李湖州孺人弹筝歌）
8. 阿郎把数都计算（变，页111）①
9. 又将七宝依前施（变，页442）

这些句子说明"表面结构条件"在当时并不存在。如果这个条件不存在，就难以解释"把"字句的起源。但这些例句却很符合上面提过的第三个限制的第二个形式："句子最后的VP不可能只是单音节动词"。的确，例7、8、9里的动词组虽然在句子的最后面，但都不只是单音节的动词：动词前还有一个状语，而且例8的动词是双音节的。那是不是说这第三个限制在中古汉语时已经成立呢？并非如此。仔细一看就发现第三个限制也不适用于最初的"把"字句。下面的例句里的动词都在句子的最后，都是单音节的前面也没有任何状语。

10. 闲常把琴弄（任华：寄杜拾遗）
11. 徒把凉泉掬（宋之问：温泉庄卧病寄杨士炯）
12. 谁将此义陈（杜甫：寄李十二白）
13. 莫把杭州刺史欺（白居易：戏醉客）
14. 但愿春官把卷看（杜荀鹤：入关因别舍弟）
15. 欲把青天摸（皮日休：初夏游楞伽精舍）
16. 不把庭前竹马骑（变，页607）
17. 乾坤似把红罗展（变，页552）
18. 须把黄金炼（孟郊：交友）
19. 月下把书看（贯休：寄乌龙山贾泰处士）
20. 似把天河补（皮日休：吴中苦雨因书一百韵寄鲁望）
21. 未胜常将般若持（变，页433）
22. 早晚曾将智慧开（变，页583）
23. 火急将吾锡杖与（变，页730）
24. 却捉主人欺（变，页262）

---

① "变"，《敦煌变文集》；北京：人民文学出版社，1957；台北：世界书局，1977。

上面最后一个例子值得注意，因为用的不是"把"，也不是"将"，而是"捉"。这个"捉"较少见，大概只在敦煌变文中出现，唐以后就完全见不到了。还有几个有"捉"的例子：

25. 因便捉窠烧（变，页263）
26. 捉我巴毁（变，页251）
27. 捉妾陵持（变，页102）
28. 胥是捉我支配（变，页250）

例10到25都显示了"把"字句里的VP为单音节动词的限制在中古不起作用。

吕叔湘已经指出过"把"字句里的动词在唐代可以出现在句末。不过他认为这些例子具有特殊性，都是诗句。的确，我前面提到的例子除了用"捉"的以外都是诗句，变文例子也不例外。吕先生就用押韵的原因来解释为什么动词后面没有任何一个成分。

这个看法值得再作斟酌。我认为最初的"把"字句，无论是否诗句，动词后面一般没有跟宾语，也没有补语或任何时态助词等。最初的"把"字句最普遍的形式都往往以动词结尾，如，例26—28及29—31：

29. 料理中室将少府安顿（六祖坛经，1）
30. 五祖把艣自摇（六祖坛经，1）
31. 遂将其笔望空便掷（变，页170）

上面26—31例句都不是诗句，动词都在句末，不过这些动词都是双音节或者是以状语加动词这种形式组成的VP。但是我们也可以找到许多非诗句例子里面的VP是由一个单音节动词构成的：

32. 问有将无对问无将有对（六祖坛经，10）
33. 世界似将红锦展（变，页549）

34. 仰山便把茶树摇（祖堂集，16）
35. ＝24. 却捉主人欺
36. ＝25. 因便捉棄烧

我们得到的第一个结论是：最初的"把"字句多是动词在句末，而且有不少是单音节，前面也没有状语。大部分例子见于诗句，也有非诗句的。押韵的问题在这种情况下没有任何作用，因此黄宣范所提到的有关动词后成分的数目的这个条件并不能完美地解释"把"字句的产生。

不过这并不等于说最初的"把"字句里的动词后面都没有别的成分。"把"字出现之后，我们就可以找到几个"主语＋把（将）＋宾语＋动＋处所补语"的句子：

37. 将竹插于腰下（变，页8）
38. 每把金裆安膝上（变，页506）

祝敏彻也认为"'把（将）'＋直接宾语＋动＋与＋间接宾语"这个形式出现在中唐时期（"与"是引进间接宾语的介词）。例如：

39. 堪将指杯术，授与太湖公。（皮日休：射鱼）

到南宋时，以动词结尾的"把"字句才慢慢少于动词后有其他成分的"把"字句。那时大部分"把"字句里的动词后面都有一些成分（一般是慢慢普遍起来的时态助词"了"）：

40. 公只是将那头放重了（朱子语类，5）
41. 恐将本义失了（朱子全书，13）
42. 将防送军人杀了（大宋宣和遗事，页37）[①]

---

① 此处所用版本为《宋元平话四种》内的《大宋宣和遗事》；台北：世界书局，1977。

43. 将那姓花名约的拿了（大宋宣和遗事，页38）

南宋的《大宋宣和遗事》中，找到73个"把"字和"将"字句，其中只有两句以动词结尾而动词是单音节的。其中12句以双音节动词结尾。其余都是动词后面跟着某个成分。

不过这种以单音节动词结束的"把"字句一直到《水浒传》仍然可以见到：

44. 师把西堂鼻孔搜（景德传灯录）
45. 秋时又把什收，冬时又把什藏（朱子语类，页2047，1289）[①]
46. 且将一件书读（朱子语类，页4657，2913）
47. 又把俺打（水浒传，12）
48. 故意不把船开（水浒传，55）

据向熹（1958）研究，《水浒传》里百分之二点五的"把"字句仍以单音节动词结束。

除了"把"字句的问题之外，我们还进一步置疑黄宣范的理论，他提到的限制在中古和近代汉语中恐怕难以成立。至少直至16世纪，我们仍可找到动词后面跟着两个成分（一个宾语加一个补语）的许多例子。例如：

49. 谁知锁我在金笼里（雀踏枝）
50. 喷那毒气在洪太尉脸上（水浒传，1）
51. 王婆收拾房里干净了（水浒传，24）

这些句子在现代汉语中是不可能的。

总而言之，可以说最初的"把"字句的形式是："主语+'把'（将）+宾语+动词"。这个形式是"主+动+宾"形式的一个变体。两个格式实际上没有什么差别。中古的"把"字句似乎跟闽

[①] 此处所标页码，前为台北：正中书局，1962；后为北京：中华书局，1986。

南话的"把"字句一样;在闽南话里,如邓守信(1982)所说的,"'ba'+宾+动"和"动+宾"两个形式其实是互为变体。

这当然并不是说存在一个单一的历史性的演变:"主+动+宾">"主+把(将)+宾+动"。那"把"字句到底是怎样产生的呢?

二 "把"字句是从连动式变化而来的

所有的人都同意"把"和"将"本来是有"拿"、"持"意思的动词。它们在现代汉语也可以这样用,所以有些语言学家,如祝敏彻、王力、Li & Thompson(1974),提出宾格式"把"字句是来自"动$_1$+宾+动$_2$"这个连动式(动$_1$=把、将、捉)。动$_1$通过语法化(grammaticalization)的过程变成介词。我们认为这个假设是合理的。

Bennett反对这个看法,说变成介词的动词都没有用于连动式。不过只有上古汉语里的动词"把"或"将"没有用于连动式。到了中古时(祝敏彻认为是魏晋南北朝以后),"动$_1$+宾+动$_2$"里的动$_1$是"把"、"将"的例子已经不少了。之后我们会看到许多的例子。

黄宣范也反对语法化的理论。他在最近一篇文章里(1986)似乎放弃了他原来用来解释"把"的起源的表面结构条件。但是他还是不赞同动词"把">介词="把"这个语法化过程的观点。相反,他提出了另外一个他叫作"逆语法化"(anti-grammaticalization)的理论。他的论点是:"把"在唐代的连动结构里当动词的例子很少见。大部分情况,"把"还是以主要动词的姿态出现在简单句里。黄宣范所用的材料是各种"禅宗语录"。这些语录之中,除了《祖堂集》以外,其他的很难确定年代。《祖堂集》是公元952年的文献，这毫无疑问。其他的如《林齐语录》是哪个年代就难以肯定。因此这些语录作为材料并不十分理想。

同时，用《祖堂集》来分析"把"字句的起源也有些不妥当，因为这个10世纪的文献太晚了。"把"字句在当时已经通行了两个多世纪了。

最后，最重要的是黄宣范文章里的例子也不足以让他得到他预期的结论。请看看他分析《祖堂集》里面"把"字句出现情形的表：

作　　为	把	将
1. 主要动词	32	17
2. 加上趋向补语	8	83
3. 在连动式里面	19	65
4. 宾语的记号（object marker）	7	29
	63	194

这个表除了表示"将"比"把"常见以外（而这是大家共识的）并不能再说明什么。不过，话得说回来，"把"还是可以当介词（可以做宾语的标记），也可以作为连动式"动$_1$+宾+动$_2$"里面的'动$_1$'。

不解的是，黄宣范却不得不承认介词"将"是来自连动式的动$_1$"将"，他认为介词"把"的起源只是简单的词汇替换，就是"介词'将'">"介词'把'"。我想这个说法不令人满意。下面会看到"把"跟"将"一样，本来都是动词，在"动$_1$+宾+动$_2$"这个结构里占动$_1$的地位。所以没有理由不承认动词"把"也通过了一个语法化的过程变成介词"把"，就算"动'将'>介'将'"的语法化可能比"动'把'>介'把'"早，这一点其实也是有待证明的。在理论上，用同样的解释来分析类似的，甚至是相同的现象是比较合理的，而用单独个别解释来分析，尤其是用简单的词汇替换这个解释是难站得住脚的。因此我们认为"把"跟"将"一样，经过了语法化的过程。这个过程究竟是怎样进行的呢？

事实上，正如祝敏彻所说的，一共有两种有"把"字的形式：

（一）主语＋动$_1$＋宾$_1$＋动$_2$＋宾$_2$

这里"宾$_1$"是"动$_1$"的宾语，"宾$_2$"是"动$_2$"的宾语。"动$_1$"＝"把"或"将"。例如：

> 52. 恒将人代工（唐明皇：春晚宴两相及礼官丽正殿学士探得风字）
> 53. 诗句无人识，应须把剑看（姚合：关杜观罢举东游）

在53里，并没有"宾$_2$"，但从句子的内容看来，就可以知道"看"的宾语是"诗句"。

这个结构促使产生一个工具格格式，例如：

> 54. 轻将玉板敲花片（张祜：公子行）

（二）主语＋动$_1$＋宾＋动$_2$

这里"宾"同时是动$_1$（"把"或"将"）和动$_2$的宾语，因为动词"把"或"将"的语义性质让它的宾语可以同时是另一个动词所表示的另一个行为的对象。例：

> 55. 醉把茱萸仔细看（杜甫：九月蓝田崔氏庄）
> 56. 孙子将一鸭私用（张鹭：朝野金载）

从这第二个结构产生了"把"字句的宾格。所以说，下面两个变化是历史上的发展：

（一）动$_1$"把"（"将"）＋宾$_1$＋动$_2$（＋宾$_2$）＞介"把"（"将"）＋宾$_1$＋动（＋宾$_2$）。这是工具格式。

（二）动$_1$"把"（"将"）＋宾＋动$_2$＞介"把"（"将"）＋宾＋动。

这是以"把"(或"将")为标记的宾格格式。

这些历史上的变化产生自一个语法化的过程。如法国语言学家梅耶(Meillet)1912年指出,语法形式的建立主要经由两个主要过程:(一)类推现象(analogy)(一个形式因同类于另一形式而产生);(二)语法化,即是"一个本来独立的词转化为语法成分的功能"的过程。类推现象更新形式的细节,一般来说不会改变整个系统,而语法化则会制造新形式、新的词类而改变系统的整体性。

因此,"把"和"将"这两个动词原来的意思虚化了,变成虚词(介词),用来引进一个工具格或宾格。原因大概是因为在连动式里,动$_2$比动$_1$所起的作用更大。

这两个中古时的连动结构(工具格的和宾语格)引出一个问题:其中的两个动词之间的关系究竟是并列(连合)还是偏正?崔圭钵(1984)曾经讨论过这个问题,他进一步肯定了Cheung Yat-shin(1976,191页)的观点,反驳了祝敏彻的说法,认为两个动词的关系是并列联合的。我们也同意这个看法。

现在回顾"动$_1$'把'或'将'+宾+动$_2$"这个带来宾格格式的连动结构。它与"动$_1$'把''或'将'+宾$_1$+动$_2$(+宾$_2$)"工具格格式的连动结构不一样的是:第二个结构里有时会出现跟"宾$_1$"不同的一个"宾$_2$",而第一个结构没有这种"宾$_2$"。

不过,在这第一个结构里,我们可以在"动$_2$"后加一个"宾$_2$",这个"宾$_2$"应该跟"宾$_1$"是同一个词。

T'sou(1972)提出过例55里在动$_2$"看"后面可以重建"茱萸"这个名词而认为例55是从例57演变来的:

57. 醉把茱萸仔细看茱萸

这个变化是把第二个名词省略掉,因为这第二个名词跟第一个名词是同一个词。

这个假设在我看来是完全合理的。为了对其进一步肯定,我们找出代词"之"在动$_2$后面的一些例子。这个"之"的功能代替了动$_1$后面的宾$_1$。例如

58. 就将符一法命焚之(冯翊:桂花丛谈)
59. 船者乃将此蟾以油熬之(陆勋:志怪)
60. 即将梁元纬等罪人于真墓前斩之讫(变,876页)
61. 汝将此人安徐杀之勿损皮肉(佛说长阿含经,7,后秦)

"之"在例58里代替了"符",在例59里代替了"此蟾",在例60里代替了"梁元纬等罪人",在例61里代替了"此人"。这些例子表示,例55及57里动词后的NP与动词前的NP为同一名词,这个重建并非荒诞,因为我们在当时的文献中可以找到一些例句,动词后的代词所指的是动词前的NP。

动词后的代词"之"替代动词前的名词组的过程称为"代词化"(pronominalization),目的是避免重复同类的名词词组。不过汉语碰到这种情况时,大部分是采取省略一个名词组这个方式,比较少用代词化这个方式,所以像58—61这样的例子并不多。

因此,先有过下面的共时的变化(synchronic derivation):主+动$_1$"把"("将")+宾$_1$+动$_2$+宾$_2$→主+动$_1$"把"("将")+宾+动$_2$",条件是宾$_2$ = 宾$_1$;然后历时的变化(diachronic derivation)才发生,通过语法化的过程,动词"把"变成介词"把":主+动$_1$"把"(或"将")+宾+动$_2$>主+介"把"(或"将")+宾+动。

这个历时的变化并不一定需要前面说过的共时的变化。的确,一些例句里面,动$_2$后面还有宾$_2$,而"把"("将")不再是动词而是介词。这种例子当然进一步加强了在动$_2$后面可以重

建一个宾$_2$这个假设,例如:

62. 还把身心细识之(变,页583)

祝敏彻也找出了这样的一个例子:

63. 猴行者当下怒发,却将主人家新妇,年方二八,美貌过人,行动轻盈,西施难比,被猴行者作法,化此新妇作一束青草,放在驴子口伴(大唐三藏取经诗话)

不过这个例句有些问题。这里的"将"不一定是介词,很可能还是动词。

因此,"把"字句的形式在历史上产生自"动$_1$'把'+宾+动$_2$"的连动式,其中宾语同时是动$_1$和动$_2$的宾语,这个连动结构本身是来自"动$_1$'把'('将')+宾$_1$+动$_2$+宾$_2$",当"宾$_1$"="宾$_2$"时,"宾$_2$"省略掉。

三 结 论

一、语法化在汉语句法变化中起到了非常重要的作用。我们不认为词汇替换可以很好地解释汉语历史上的新形式的出现。我也不相信从其他语言借来的语法现象是解释新形式的充足理由。句法结构上的变化必须从汉语本身的句法结构中去找。

二、动词的语法化(虚化)为介词或宾格记号表示PP来自连动式。批评这个看法的人都没有提出令人满意的理由,可能是因为他们没有看到合适的材料,例如中古白话文献。这类材料对研究语法结构变化是必要的。我们不能只是依赖文言文的材料,因为文言文从公元前5世纪到公元19世纪期间没有显著的变化。研究法国历史语法的学者在分析法语的句法变化时,也不会把拉丁文和现代法语作比较。

三、上文讨论的语法化发生在7至9世纪。我们曾研究过的双宾语结构及比较句语法变化内也有类似的语法化过程。"与"从有"给予"意思的动词虚化为宾格介词"与",表示"比较"意思的"比"则虚化为比较介词"比"。这些变化都发生在7—8世纪之间。梅祖麟(1981)说明"了"的语法化过程——从有"完结"意思的动词变为时态助词——也发生在8—9世纪。这个时间上的吻合大概不是偶然。在7至9世纪之间,汉语内部发生了重要的变化,导致汉语语法结构的重新分析(reanalysis)。而这些重新分析是突然的变化。R. Thom的"突变理论"(catastrophic theory)认为某个系统的整体演变是许多连续性的小演变所构成的,但这些小演变是由一些突然的、具有不同性质的跃进所相隔。7至9世纪之间某些动词虚化为介词的语法化过程,可能是这类突然的跃进。

参考文献

BENNETT P. A. 1981 The evolution of passive and disposal sentences, *Journal of Chinese Linguistics* 9-1, 61-90.

CHEUNG S. H. 1973 A comparative study in Chinese grammars : the *ba* construction, *Journal of Chinese Linguistics* 1-3, 343-382.

CUI Guibo(崔圭钵) 1984 《朱子语类所表现的几个白话语法现象》,台湾大学硕士学位论文。

DONG Kun(董琨) 1985 汉魏六朝佛经所见若干新兴语法成分,《研究生论文选集—语言文学分册》,南京:江苏古籍出版社,页144—128。

HUANG J. C. 1984 Phrase structure, Lexical integrity and Chinese compunds, *Journal of the Chinese Language Teachers Association* XIX-2, 53-78.

HUANG Shuan-fan 1984 Morphology as a cause of syntactic change : the Chinese evidence, *Journal of Chinese Linguistics* 12-4, 54-85.

HUANG Shuan-fan 1986 The history of the disposal construction revisited—Evidence from Zen dialogues in the Tang dynasty, *Journal of Chinese Linguistics* 14-1, 43-52.

LI C. N. & THOMPSON S. A. 1974 An explanation of word order change SVO > SOV", *Foundations of Language* 12, 201-214.

LI C. N. & THOMPSON S. A. 1981 *Mandarin Chinese: A Funciionnal Reference Grammar*, Berkeley & Los Angeles : University of California Press.

LIGHTFOOT D. 1979 *Principles of Diachronic Syntax*, Cambridge (G. B.) : Cambridge University Press.

LU Jianming(陆俭明等) 1982 《现代汉语虚词例释》，北京：商务印书馆。

LÜ Shuxiang(吕叔湘) 1948 把字用法的研究,《金陵齐鲁华西大学中国文化汇刊》第8卷，又见《汉语语法论文集》增订本，页176—199，北京，商务印书馆，1984。

LÜ Shuxiang(吕叔湘主编) 1980 《现代汉语八百词》，北京，商务印书馆。

MEI Kuang(梅广) 1978 "把"字句，台北《文史哲学报》，页1—80。

MEI Tsu-lin(梅祖麟) 1981 现代汉语完成貌句式和动词词尾的来源,《语言研究》创刊号，页65—73。

MEILLET A. 1912 L'évolution des formes grammaticales, *Linguistique historique et linguistigue générale*. Paris : Champioa, 1948.

ŌTA Tatsuo(太田辰夫) 1958 《中国语历史文法》，东京：江南书院；北京：北京大学出版社，1987。

PAN Yunzhong(潘允中) 1982 《汉语语法史概要》，郑州：中州书画社。

PEYRAUBE A. 1985 Les formes en *ba* eu chinois vernaculaire médiéval et moderne, *Cahiers de Linguistique Asie Orientate* XIV-2, 193-213.

PEYRAUBE A.(贝罗贝) 1986 双宾语结构——从汉代至唐代的历史发展,《中国语文》第3期，页204—216。

SO Chung 1976 The *ba* construction and the verb final drift in Chinese, *Computational Analyses on Asian and African Languages* 3, 87-96.

TENG Shou-hsin 1982 Disposal structures in Amoy, *Bulletin of History*

and *Philology* 53-2，331-352.
THOM R. 1983 *Paraboles et catas trophes. Entretiens sar les mathematiques, la science et la philosophie.* Paris：Flammarion.
T'SOU B. K. 1972 From Morphology to Syntax：Developments in Chinese Causative, International Conference on Sino-Tibetan Languages.
WANG Huan（王还） 1957 《把字句和被字句》，上海：新知识出版社。
WANG Huan（王还） 1985 把字句中的"把"字宾语，《中国语文》第1期，页48—51。
WANG Li（王力） 1958 《汉语史稿》，北京：科学出版社。
XIANG Xi（向熹） 1958 水浒中的把字句、将字句和被字句，《语言学论丛》第2辑，页84—90。
ZHU Minche（祝敏彻） 1957 论初期处置式，《语言学论丛》第1辑，页17—33。

汉语的语法演变*
——论语法化

○ 引 言

正像 75 年前法国语言学家梅耶所指出的,语法形式的形成主要有两个过程:一是**类推**(一个形式因类同于另一个形式而产生),二是**语法化**,即"一个本来独立的词演变为一个具有语法功能的成分(Meillet 1912)"。

类推现象迄今已得到广泛的研究。研究表明,大量的句法重新分析现象可以被视为现存表层模式(existing surface patterns)的类推性扩展(analogical extensions)(Anttila 1977,Lightfoot 1981)。然而,类推并不是语法演变的原则,"很多重新分析现象可以解释为类推性扩展,但这并不意味着可以将类推视为演变的原则,更不能看做一种解释性原则"(Lightfoot 1981a:225)。

同样,最近才重新受到关注的语法化现象,也不是一种具有解释功能的过程。语法化可以告诉我们语法演变的**机制**是什么,但它并不能提供这类演变的**原因**;而且也不能解释重新分析为什

---

* 本文原题 Syntactic Change in Chinese:On Grammaticalization,原载台北"中研院"《历史语言研究所集刊》第五十九本第三分,617—652 页,1991 年。吴福祥、孙梅青译,载吴福祥主编《汉语语法化研究》,北京:商务印书馆 2005 年,44—72 页。

么会发生。(参见 Harris 1984)

尽管在下面的讨论中我们会经常提到类推,但本文主要讨论的问题是语法化。我们将详细探讨汉语中的四个语法化过程,这些语法化过程都发生在唐代,它们导致若干动词演变为介词或助词(particles)。

自从 Li & Thompson(1974)提出由动词变为介词的语法化发生于连动式(即"V_1 + NP_1 + V_2 +(NP_2)> Prep. + NP_1 + V + (NP_2")这一假设以来①,很多学者提出不同的看法,尤其是 Tai (1976)、Huang(1978)、Bennett(1981)和陈初生(1983),他们认为,连动式与语法化没有任何关系,因为在上古汉语阶段,那些后来演变为介词的动词并没有用于连动式结构。②

最近,有些语言学家力主一种"逆语法化"(anti-grammaticalization)的观点,他们试图用简单的词汇替代过程来解释某些介词的来源(陈初生1983,Huang 1986),或者用向具有 SOV 语序的阿尔泰语言的外部借用来解释汉语中位于动词之前的介词结构的来源(胡双宝1986)。③

不过我将证明,汉语中动词变为介词或助词是通过语法化过程来实现的,这类语法化过程发生于连动式之中。事实上,Li & Thompson(1974)早就提出过这样的假设,但他们并没有提供足够的证据来支持其假设。我们这里提出的实例是:(a)处置式;

---

① 20世纪50年代末,祝敏彻(1957)和王力(1958)等语言学家已指出这种演变是经由连动式发生的。但他们使用的术语是虚化而不是语法化。

② Tai(1976)提到,"上古汉语中没有任何源句式(连动式)可以作为该语法化过程输入端的",但他并没有完全否认语法化假设。因为他承认,"语法化过程应该是发生在语序变化以及随之而来的动词系列化之后"。他假设以下两个演变阶段:
(a)NP – V –(NP)– Prep. + NP > NP – Prep. + NP – V –(NP)
(b)NP – Prep. + NP – V –(NP)> NP – V_1 – NP – V_2 –(NP)

③ Tai(1976)也认为,上古汉语中介词结构由动词之后移至动词之前,导源于汉语与北方阿尔泰语密切、频繁的接触。但他也不否认语法化的说法。

(b)比较句;(c)双宾结构;(d)完成体助词"了"。[1]

一 处置式

汉语的处置式指的是"NPO + PA + NP_1 + VP"这样的结构。其中 NPO 是主语;PA 是用来引导 NP_1 的介词,在中古汉语的白话(vernacular)文献里,PA 可以是"把""将",也可以是"捉"。

我们知道,"把""将""捉"同时也是动词,其意义为"拿、持、握";它们在上古汉语(Archaic Chinese)一直都是动词。有些学者(如祝敏彻 1957,王力 1958,Li & Thompson 1974)据此认为 PA 的宾格标记(accusative forms)用法源于连动式"$V_1 + O_1 + V_2$",其中的 V_1 可以是"把""将"或"捉"[2]。我认为,这是寻求 PA 来源的一个正确的方向。

不过,就像 Bennett(1981)、Huang(1978)以及其他学者所观察的那样,作为动词的"把""将""捉"确实并未在上古汉语的连动式中出现。[3] 另一方面,中古汉语前期以来,大量的例子提示我们,这些动词曾在当时的"$V_1 + O + V_2$"结构中充当 V_1。事实上,有两种连动式始见于六朝时期,唐代仍然沿用。下面我们分别来讨论。

---

① 处置式和比较句经常被作为反驳 Li & Thompson 观点的证据。
② 据我所知,"捉"只在敦煌变文中用作宾格标记。
③ 一种理想的解释是,连动式实际上直到战国末期甚至汉代初期才可以见到。不过,我们目前还不知道连动式产生的确切时间。兼语式(pivotal construction)"$V_1 + O_1 + V_2 (+ O_2)$"在上古汉语早期(Early Archaic Chinese)已经存在(见张之强 1987),而其他的连动式结构要晚多才可以见到。按照余志鸿(1984)的说法,"$V_1 + O + V_2$"格式可以追溯到汉代初期,这种格式来源于"$V_1 + O_1 + V_2 + O_2$"格式。在"$V_1 + O_1 + V_2 + O_2$"格式中,当 $O_1 = O_2$ 时,删去 O_2 就形成了"$V_1 + O + V_2$"格式。另外,李平(1987)将"$V_1 + O + V_2$"格式的出现时间确定在魏晋南北朝,Pulleyblank(1987)举出《孟子》中若干连动式的用例。

A. "$S + V_1 + O_1 + V_2 (+ O_2)$"

这种格式中的 O_1 是 V_1 的宾语，O_2 是 V_2 的宾语（S 是主语）。例如：

（1）于是即将雌剑往见楚王（搜神记）
（2）恒将人代工（唐明皇：春晚宴两相及礼官丽正殿学士探得风字）
（3）诗句无人识，应须把剑看（姚合诗）
（4）轻将玉板敲花片（张祜：公子行）

B. "$S + V_1 + O + V_2$"

这种格式中的 O 既是 V_1 的宾语，也是 V_2 的宾语。这种情形可能是由 V_1 PA 的语义性质造成的，因为 V_1 PA 表达的动作可以允许其宾语受另一个动作的影响。例如：

（5）醉把茱萸仔细看（杜甫：九月蓝田崔氏庄）
（6）孙子将一鸭私用（张鹭：朝野佥载）
（7）五祖把舻自摇（六祖坛经·1）

考察表明，B 类连动式是处置式的来源。例如：

（8）独把梁州凡几拍（顾况：李湖州孺人弹筝歌）
（9）阿郎把数都计算（变，p. 111）[①]
（10）闲常把琴弄（任华：寄杜拾遗）
（11）因便捉稾烧（变，p. 263）
（12）捉妾陵持（变，p. 102）
（13）问有将无对，问无将有对（六祖坛经·10）
（14）世界似将红锦展（变，p. 549）[②]

[①] "变"指的是《敦煌变文集》。
[②] 处置式更多的例子，可以参见 Peyraube（1989b）。我注意到最初处置式的例子是单音节动词用于句末（甚至前面没有任何副词修饰），这个事实证明 Huang（1984）的假设无效。Huang（1984：54）假设他的"表层结构条件"（它预测一个句子的主要动词后面不能跟随两个或两个以上的结构成分）"导致了宾格宾语标记的产生"。

这样，我们就有了下面两种历时演变的过程：
(i) V_1 PA + O_1 + V_2 (+ O_2) > Prep. PA + O_1 + V (+ O_2)（工具式）
(ii) V_1 PA + O + V_2 > Prep. PA + O + V（处置式）

这两种演变都是由语法化过程实现的。在这两种演变中动词 PA 丧失了词汇意义，变成引介工具成分或宾格成分的语法标记。演变的诱因很可能是，在这类连动式中 V_2 表达的意义比 V_1 更为重要，这就使得 V_1 的意义发生虚化。不过，当 V_1 是主要动词时，它就没有演变为介词。唐代以来直到现代汉语中，我们仍可见到 PA 用作 V_1 的连动式。事实上，上述（i）(ii) 两种演变从来都不是强制性的。例如：

(15) 闲将酒壶出，醉向人家歇（白居易诗）
(16) 将石返国（变）[①]

这些历时演变所具有的非强制性的特性正好与 Hopper (1988) 提出的"分层"（layering）和"歧变"（divergence）这两个语法化原则相一致。这两个语法化原则显示了普遍的历时趋向，并提供了一种可据以描写演变的发现程序（discovery procedure）。Hopper (1988) 对"分层"和"歧变"的界定是：

分层（layering）：在某一个范围较广的功能领域里，当新层次不断出现时，旧层次不会立即消失；相反，旧层次往往会与新层次共存并相互影响。

歧变（divergence）：当一个词汇形式语法化为一个附着形式（clitic）或词缀（affix）后，其源形式仍可能作为一种独立的词汇形式而存在，并且还可能发生像通常的词汇项一样的演变。

这里有一个重要的问题需要回答：我们如何能肯定在上述演变中确实发生过语法化过程？我们怎么知道"把""将""捉"不

---

① 这些例子祝敏彻（1957）引过，但他没有提供进一步的出处。

再是动词而已成为宾格标记？的确，没有任何可靠的句法或形态标志能让我们确信 PA 不再是完全动词，事实上我们所能依靠的只是语义（semantics）证据。很难相信，在（8）(9)（12）以及（13）这类例子中 PA 还是一个"执持"义动词。因此我们推断，这个语法化过程大约发生在 8 世纪或者可能更早的时期。我们在隋代的佛教文献中就找到了这样的例子：

（17）时诸比丘将此白佛（佛本行集经·15）

事实上，"执持"义动词用作工具格标记是很容易理解的。（参见 Hyman 1975）至于"执持"义动词演变为宾格标记在世界语言中也普遍可见，特别是在 Benue-Kwa 语族的西非语言中，位于动词之前的宾语标记通常源于连动式中的"执持"义动词。(Lord 1982)

让我们更仔细地来观察一下导致处置式产生的（ii）类演变。实际上，这种演变跟导致工具式产生的（i）类演变之间并没有太多的不同。

在 A 类结构里，O_2 有时可以不出现，特别是当它在上文语境里已被提及的时候；如果 O_2 在话语中出现，那么其所指总是不同于 O_1。在 B 类结构里，通常没有 O_2 这种句法成分，但我们可以重建（reconstructing）出一个 O_2 来，这时它一定与 O_1 同指。事实上 T'sou(1972)早已提出重建 NP O_2 这样的假设。他认为，在例（5）中可以在 V_2 "看"的后面重建"茱萸"这样的 NP，并认为例（5）实际上是由下面的例（18）通过同词删除而得来的：

（18）醉把茱萸仔细看茱萸

我认为这个假设是可信的，而且我可以用实例来证明。比如在下面的例子中，动词 V_2 后面有一个复指代词"之"，其所指

与 O_1 相同:

(19) 就将符依法命焚之（冯翊: 桂花丛谈）
(20) 船者乃将此蟾以油熬之（陆勋: 集异记）
(21) 即将梁元纬等罪人于真墓前斩之讫（变, p.876）
(22) 汝将此人安徐杀之, 勿损皮肉（佛说长阿含经·7）
(23) 还把身心细识之（变, p.583）

这些例子表明, 在 "$V_1 + O_1 + V_2$" 格式中动词 V_2 之后重建一个 NP(O_2) 的假设是非常正确的。不过, 复指代词用于 O_2 位置这样的例子并不太多。因为在汉语中, 通常是删除两个具有同指关系的 NP 中的一个, 而很少用代词来使其中的一个 NP 代词化（pronominalization）。因此实际发生的不是某个 NP 的代词化, 而是下面这种共时衍生:

NPO + V_1 PA + NP_1 + V_2 + NP_2 → NPO + V_1 PA + NP_1 + V_2 ($NP_2 = NP_1$ 时删除 NP_2)[①]

在这种共时衍生之后, 紧接着发生的是下面的历时演变:

NPO + V_1 PA + NP_1 + V_2 > NPO + Prep. PA + NP_1 + V

总之我们相信, 在历时层面, 把字句是由连动式 "$V_1 + O + V_2$" 演变而来的, 其中的 O 同时是 V_1 和 V_2 的宾语, 通过语法化 V_1 变为介词（宾格标记）。而在共时层面, 作为输入端的结构式 "$V_1 + O + V_2$" 本身是由 "$V_1 + O_1 + V_2 + O_2$" 派生而来的, 即当 "$V_1 + O_1 + V_2 + O_2$" 结构式中 O_2 与 O_1 同指时通过删除 O_2 而得到 "$V_1 + O + V_2$" 这一结构式。

[①] 还有另外一些连动式 "$V_1 + O_1 + V_2 + O_2$" 的例子, 在这个格式中当 V_1 不是动词 PA 时, $O_1 = O_2$。例如:

(ⅰ) 攻秦信梁军破之（史记: 赵世家）
(ⅱ) 击李由军破之（史记: 曹相国世家）

详见李平（1987）。

类推在处置式的形成过程中起到了作用吗？很可能。就像很多学者（如 Bennett 1981，Peyraube 1988）所观察到的那样，上古汉语中的"以"常用来引进双宾结构式中位于动词之前的直接宾语。此前业已存在的句法格式"Prep. + Direct Object + V. + Indirect Object"可能被用作"把"字处置式的类推模式（model）。然而，最初的把字句显然不是双宾结构（参见 Huang 1986，Peyraube 1989b），可见"以"字结构充当把字句类推模式的可能性是很小的。而且当把字句兴起的时候，"以"字结构已不再使用，或者只用于书面语。此外，我们还知道，一个业已存在的老结构要充当新结构的类推模式，那么在结构形式上老结构与新结构的距离不能太大（参见 Lehmann 1986）。无论如何，如果确实存在这样的类推过程，那么"以"字结构也不可能是处置式的来源（因为我们并没有发现"以 > 将/把/捉"这样简单的词汇替换），而且也不可能像陈初生（1983）所推测的那样，用类推或简单的词汇替代能解释介词"把"的来源。[①]

　　外部借用在把字句的产生中发挥过作用吗？不可能。如果像本文前面所解释的那样，把字句处置式是通过语法化机制由"把"字连动式演变而来的，那么它就不可能是从阿尔泰语言中借来的，而对于阿尔泰语言我们目前所知甚少。胡双宝（1986）提出的"把"和"行"（另一个用于动词之前的宾语标记）之间存在的平行现象颇有意思，但这种平行现象只与元代汉语有关，而在这个时期介词"把/将"已使用了四个世纪。

[①] Huang（1986）的观点非常有意思。关于把字句的产生，他不支持"以 > 把"的"词汇替代"说。相反，他提出另外一种他本人称之为"逆语法化"的主张，他认为，在现代形式把字句的产生过程中，将字句可能充当了一个引导模式（guiding model），其演变的机制是一种词汇替换。但另一方面，他又承认"将"字句处置式本身是经由语法化过程来源于"将"字连动式。关于这一观点的讨论，可参见 Peyraube（1989b）。

二 比较句

比较句的历史为我们提供了发生于连动式中的另一个语法化过程的例证。

在上古汉语后期以及中古汉语前期（汉代），比较句的结构形式是"X + A + 比较标记 + Y"，其中 X 和 Y 是两个比较项，A 表示比较的维度（dimension）。

表"胜过程度"（superior degree），比较标记用"於"。例如：

(24) 季氏富於周公（论语：先进）
(25) 冰水为之而寒於水（荀子：劝学）

表"等同程度"（degree of equality），比较标记用"如"或"若"；而"不及程度"（degree of inferiority）则是通过对"等同程度"的否定来表达的（否定词"不"通常加在比较标记之前）。例如：

(26) 君子之交淡若水，小人之交甘若醴（庄子：山水）
(27) 尽信书则不如无书（孟子：尽心下）

在上古和汉代汉语中，也有另一个比较标记"比"，但它一直是个动词，意为"与……相比"（或"像……一样"、"仿佛"）。例如：

(28) 夫世愚学之人比有术之士也，犹蚁垤之比大陵也（韩非子：奸劫弑臣）

在上古汉语中动词"比"从未在连动式中出现过。正如 Huang（1978）所指出的，它是"一个带直接宾语的简单及物动词"。正因为如此，Huang（1978）用比较句来证明 Li & Thompson 的下述假设无效：S – V – O > S – O – V 这一词序演变的主要路径就是复杂的连动式结构瓦解为一个简单句。

我不想参与有关汉语词序演变的争论,我想说明的是,"比"也曾在连动式"$V_1 + O_1 + V_2 (+ O_2)$"中充当过V_1,并且也语法化为一个比较标记(介词)。

在六朝时期,比较标记"比"仍是一个义为"比较"的简单及物动词。例如:

(29)王比使君(世说新语:品藻)
(30)王夷甫以王东海比乐令(世说新语:品藻)

不过,在这个时期的文献里我们也可以看到不见于上古汉语后期的"X + 比 + Y + VP"格式。在这个格式里,第二个比较项之后出现一个VP,这个VP用来表示被比较事物的性质和属性。例如:

(31)周比臣有国士门风(世说新语:品藻)
(32)阿奴比丞相,但有都长(世说新语:品藻)

这种"X + 比 + Y + VP"格式最早出现在中古早期。它具有"$NPO + V_1 + NP_1 + V_2 + NP_2$"这样的形式,其中,$V_1$是"比较"义动词"比",NPO和$NP_1$是两个比较项。尽管其中的$VP_2$并不表示一个真正独立的动作而只是提供一个比较的结果,但这个结构式确实是一个连动式。它很可能是在当时业已存在的其他连动式的类推作用下产生的。

这里有一个问题需要思考:我们应该把这里的"比"看作动词呢,还是像现代汉语一样将它分析为介词呢?Mather(1976)对例(31)的翻译表明,他认为"比"是个介词,因为他将"比"译为"比……更……":"周比臣有更多的国士门风"。事实上,上述问题很难用绝对令人信服的证据来回答。不过我觉得这儿的"比"很可能还是个动词,因为"V_1 比 + O_1 + V_2 + O_2"的例子在这个时期文献里还相当少见,而且这个格式中 V_2 的位置几乎都为动词"有"(义为"拥有")所占据。在 V_2 位置上我们找不到形容词,而由形容词充当 V_2 在现代汉语比较句中是非常普遍的。①

事实上,《史记》(公元前 1 世纪)中有两个"V_1 比 + O_1 + V_2"的例子,其中的 V_2 为形容词。例如:

(33)故其比诸将最亲(史记:樊哙列传)②
(34)比九世乱,於是诸侯莫朝(史记:殷本纪)

但是,这类例子在当时罕见而又零散。在汉代文献里,我们通常很难见到动词"比"用于连动式。

只有到了唐代,大约 8—9 世纪(即中古晚期),"V_1 + O_1 + V_2 + O_2"中 V_2 的位置才通常被谓语形容词所占据。例如:

(35)若比李三犹自胜(白居易诗)
(36)官职比君虽较小(白居易诗)
(37)色比琼浆犹嫩(郎士元诗)③

我们注意到,用于 VP 位置上的形容词总是被一个状语成分所修饰。

因为我们无法从结构上将这些中古晚期的例子与现代汉语中普通的比较句区别开来,所以我把"比"由"比较"义动词到"比……更……"义介词的语法化时间确定在中唐时期(8 世纪

---

① 在现代汉语中,比较句"X + 比 + Y + VP"中的 VP 限于级差形容词(scalar adjectives)或者可以受程度副词"很"修饰的动词,即那些能够描写相对属性或可量化属性的动词和形容词。(参见 Li 和 Thompson 1981,Paris1986)
② 这个例子是刘坚先生提供的。
③ 例(35)—(37)引自太田辰夫(1958:176)。

左右）[1]，而并非如 Li & Thompson（1980）所说的 15 世纪[2]。

像（35）—（37）这类例子在唐代还不很常见，但到了宋元时期就越来越多了，这个时期表"胜过程度"（superior degree）更常见的形式是"X + 比 + Y + VP"。例如：

（38）比李公等所述尤更详细（三朝北盟会编·107）
（39）（这桥）比在前十分好（老乞大）
（40）他和我近，我和他亲，你比他疏（元刊杂剧三十种：疏者下船）

因此，我认为，Li & Thompson（1974）的讨论在下述两个方面是正确的：一是他们提到动词"比"（"比较"义）经历了一个语法化过程，即动词"比"（"比较"义）在语义虚化之后演变为一个比较标记（表示"比……更……"的介词）；二是他们推断这个语法化过程发生在连动式之中。事实上，我们的确能发现下面的历时演变：

$$V_1 \text{ 比} + O_1 + VP_2 >$$
$$\text{Prep. 比} + O + VP（VP 绝大多数是谓词性的形容词）$$

这种演变过程很自然地让人认为，现代汉语里"他比我高"这类句子中的比较标记"比"应该被分析为介词。不过可能也有人认为，这类"比"仍是动词，它从未语法化为介词；因为它仍保持着某些动词特性。但我更愿意把"比"的演变历史视为 Hopper（1988）提出的"滞留"（persistence）原则（他的第四个语法化原则）的佳例。Hopper（1988）对"滞留"解释是：

---

① 将上古汉语的"於"和中古汉语的"比"译为"比……更……"较之将它们译为"与……比较"或"与……相比"在语义上更为可取，原因很简单，因为"不及比较"（comparison of inferiority），即表示"不及（less than）"关系并不用"於"或"比"。参见 Li 和 Thompson（1980）。

② 参见 Peyraube（1989a）。

滞留（persistence）：一个实义词演变为功能词以后，原来的实词义往往并未完全丧失，新出现的功能词多少还保留原来实义词的某些特征，这些残存的特征对功能词的用法会施加一定的制约。

无论如何，如果语法化确实发生了，那么这个语法化过程一定是发生在连动式结构之中。

三　双宾结构

双宾结构是一种最容易让人提到词汇替换的结构式。有人认为，从上古汉语到现代汉语，双宾语结构的演变只是一种词汇替代的过程。

在上古汉语中，有四种基本的双宾结构：

（a）V + IO + DO（IO = 间接宾语，DO = 直接宾语）
（b）V + DO + Prep. 於 + IO
（c）Prep. 以 + DO + V（+ Prep. 於）+ IO
（d）V + DO + IO

在中古汉语晚期和近代汉语（到18世纪）里，有以下五种结构：

（e）V + IO + DO
（f）V + DO + Prep. 与 + IO
（g）V + Prep. 与 + IO + DO
（h）Prep. 与 + IO + V + DO
（i）Prep. 把（或将）+ DO + V（+ Prep. 与）+ IO

最后，在现代汉语中有以下五种基本结构：

（j）V + IO + DO
（k）V + DO + Prep. 给 + IO
（l）V + Prep. 给 + IO + DO

(m) Prep. 给 + IO + V + DO
(n) Prep. 把 + DO + V + Prep. 给 + IO

于是有人认为,从上古汉语到中古汉语以及从中古汉语到现代汉语,双宾结构发生了这样的演变:上古汉语的"V + DO + IO"格式到中古汉语业已消失;上古汉语的"於">中古汉语的"与"(词汇替换);上古汉语的"以">中古汉语的"把/将"(词汇替换);介词结构"与 + IO"在中古汉语时期移位到V和DO之间;同样的介词结构在中古汉语时期移位到动词之前;中古汉语的"与">现代汉语的"给"(词汇替换)。

我想说明的是,双宾结构并非以上述方式发生演变。事实上,双宾结构演变的情形相当复杂,不仅涉及简单的词汇替换,而且也包含明显的语法化过程。

早在前中古时期(或者汉代),双宾结构就发生过一些演变。西汉时期,除了在上古汉语中已被证实(attested)的四种形式之外,又发现了"$V_1 + V_2 + IO + DO$"这种新的结构。在这个格式中,能进入V_1位置的动词都是具有[+ 给与]语义特征的动词(如"提供""留给""卖""分配",等等),而占据V_2位置的则是三个独特(distinct)的动词,即"与""予""遗"[①],其意义皆为"给"。因此,V_2是中性的(neutral)"给与"义动词,而V_1则是特指的(specific)"给与"义动词(即以特定方式"给与"或带有特定目的性的"给与")。因此,这个结构式在语义上是冗余的,因为V_2重复了已包含在V_1之中的"给与"义。这种情形正是Traugott(1988)所说的"信息强化"(strengthening of informativeness)。一般认为,"信息强化"通常发生在语法化的

---

① 当"遗"在"$V_1 + V_2 + IO + DO$"中用作V_2时,它具有比较宽泛的"给与"义。(参见《辞源》3090页,商务印书馆,1983年)

早期阶段。下面是"$V_1 + V_2 + IO + DO$"结构的例子：

（41）而厚分与其女财（史记：司马相如列传）
（42）欲传与公（史记：扁鹊仓公列传）
（43）分予文君僮百人（史记：司马相如列传）
（44）式辄复分予弟者数矣（史记：平准书）
（45）假予产业（史记：平准书）
（46）间献遗戎王（史记：货殖列传）

这种"$V_1 + V_2 + IO + DO$"结构是突然在汉语中出现的[①]。它无疑是由"$V + IO + DO$"发展而来的，因为这两种结构具有同样的制约，比如"$V_1 + V_2 + IO + DO$"格式中的 V_1 以及"$V + IO + DO$"格式中的 V 都只有具备 [+给与] 语义特征的动词才可以进入。

在几个世纪后的东汉时期，"$V_1 + V_2 + IO + DO$"结构得到广泛传播。在东汉的翻译佛经和赵岐的《孟子》注释中，可以发现很多例子。例如：

（47）比丘即以蜜饼授与人（阿闍世王经·大正藏 626 号，15 本，p. 394）[②]
（48）以天下传与人尚为易也（孟子正义，p. 23）[③]

在这个时期的"$V_1 + V_2 + IO + DO$"格式中，动词"与"几乎总是用作 V_2。而且在汉朝后期，所有 V_2 的词汇形式逐渐归并

---

① 这种结构在上古汉语中可能有少数例子，但它们零散而且多有歧义。比如下面这个例子：

施与贫困者（韩非子：奸劫弑臣）

这个动词"与"见于《韩非子》的很多版本，但它在最早的版本（宋代的《乾道》）中却没有见到。这种情形表明"与"很可能是后世加上的。（参见《韩非子索引》753 页，中华书局，1982 年）

② 更多的例子参见 Peyraube（1986）。在这篇文章里我将 Zurcher（1977）挑选的东汉 29 种翻译佛经全部查阅了一遍。

③ 参见台北中华书局 1957 年版。《孟子》的原句是"以天下与人易"（滕文公上）。

于"与"。这种"词汇归并"(lexical unification)过程可以通过《史记》(西汉)和《汉书》(东汉)中"$V_1 + V_2 + IO + DO$"格式的比较得到证实。如果我们承认《汉书》晚于《史记》,那么我们就能得出这样的结论:这种词汇归并过程在东汉即已开始,比如上举例(43)—(45)(引自《史记》)在《汉书》中则变为:

(49)分与文君僮百人(汉书:司马相如传)
(50)式辄复分与弟者数矣(汉书:公孙弘卜式兒宽传)
(51)假与产业(汉书:货殖传)

六朝时期,"$V_1 + V_2 + IO + DO$"变得普遍可见。例如:

(52)时方给姜维铠仗[①]
(53)将一大牛肥盛有力卖与此城中人(生经·大正藏154号,3本,p.98)

在这些例子中,"与"仍是一个"给与"义动词呢,还是一个引介间接宾语(IO)的语法标记(类似于上古汉语"於"的介词)呢?我们是仍有两个动作(一个由 V_1 来表达,一个由 V_2 来表达),还是只有一个动作(由 V_1 表达)呢?这些问题不容易回答。不过,我认为"与"在六朝时期仍是动词,主要理由是 V_2 向"与"的词汇归并过程尚未完成,在当时的文献里我们仍可找到"遗"用作 V_2 的例子。[②]

六朝时期发生的另一个重要变化是,一种新的双宾结构"$V_1 + DO + V_2 + IO$"得以产生[③]。就像"$V_1 + V_2 + IO + DO$"格式一样,

---

① 此例摘自牛岛德次(1971:29),该著没有提供出处。
② 我只找到一个与此观点相悖的例子,其中的"与"仍是一个具有完整词汇意义的动词:
    教与群下(三国志:蜀书·董刘马陈董吕传)
③ 这种结构我在东汉佛经文献中只找到下面一例:
    护国与叔(佛说大安般守意经·大正藏602号,15本,p.163)

"$V_1 + DO + V_2 + IO$"格式中的V_2位置也由"与"或"遗"填充。例如:

(54)阮家既嫁丑女与卿(世说新语:贤媛)
(55)时跋跋提国送狮子儿两头与乾陀罗王(洛阳伽蓝记:城北)
(56)送一船米遗之(世说新语:方正)

有人认为,"$V_1 + DO + 与 + IO$"源于上古汉语的"$V + DO + 於 + IO$",也就是说,是通过由"於"到"与"的词汇替代产生的。不过,这个结论意味着"与"和"於"都是介词。我们有很好的证据认为"与"直到唐代仍是动词,因为在有些例句中"与"字后面还可以带上介词"於"。例如:

(57)二分留与於慈母(变,p.756)

关于"$V_1 + DO + V_2 + IO$"的来源,我想提出另一种可能更为合理的假设,我认为"$V_1 + DO + V_2 + IO$"格式来源于"$V_1 + V_2 + IO + DO$",换言之,将"$V_1 + V_2 + IO + DO$"格式中的"$V_2 + IO$"移到DO之后,即可得到"$V_1 + DO + V_2 + IO$"格式。这种演变很可能是受到了当时业已存在的连动式"$V_1 + O_1 + V_2 + O_2$"的类推影响。胡竹安(1960)的意见与我相反,他提出这样的历时演变:"$V_1 + DO + V_2 + IO > V_1 + V_2 + IO + DO$"。但这种演变是不可能发生的,因为正如我已指出的,"$V_1 + V_2 + 与 + IO + DO$"格式的出现要比"$V_1 + DO + V_2 + 与 + IO$"格式早几个世纪。一个结构A历时地派生于另一个比它晚出的结构B,这当然是不可能的。因此,我提出这样的历时演变过程:

$V_1 + V_2 + IO + OD > V_1 + DO + V_2 + IO$(大约在4—5世纪)[①]

[①] 这种历时衍生只限于V_1是"给与"义动词这种情形。关于这一限制的原因,可参见Peyraube(1988)。

降至唐代，开始于东汉的由 V_2 向"与"的词汇归并过程业已完成，即：

$$V_1 + \begin{Bmatrix} V_2 \\ 与 \\ 予 \\ 遗 \end{Bmatrix} > V_1 + \begin{Bmatrix} V_2 \\ 与 \end{Bmatrix}$$

这样，V_2 的位置就被惟一的动词"与"所占据。这个词汇归并过程发生的原因目前还不太清楚。不过，也许可以认为"与"本身是强行占据 V_2 位置的，因为"与"是一个最常用于 V_2 位置的动词，同时也是一个使用最为频繁的"给与"义动词。因此，我们这儿又有一个可用来支持 Hopper(1988) 提出的"择一"(specialization) 原则（他的第三个语法化原则）的佳例：

> 择一（specialization）：在一个特定的功能聚合体里，语义上具有某些细微差别的多种形式并存，当语法化过程发生时，经过竞争和淘汰最后只剩下语法化程度高的一两种形式，从而缩小了这个聚合体的选择可能性。

唐宋时期，"$V_1 + yu$ 与 $+ IO + DO$"和"$V_1 + DO + yu$ 与 $+ IO$"这两个结构仍然广为使用。例如：

(58) 遂度与天使弓箭（变，p. 205）
(59) 说与他道（朱子语类 11·读书法下，p. 304）[①]
(60) 此说某不欲说与人（朱子语类，114·训门人二，p. 4401）
(61) 意欲寄书与人（变，p. 137）
(62) 天使我送苊一双与汝来（变，p. 867）

如前所述，六朝时期"$V + yu$ 与 $+ IO + DO$"和"$V + DO + yu$ 与 $+ IO$"这两种结构仍是连动式，这主要是因为 V_2 的词汇

---

① 参见台北正中书局 1962 年版。

归并过程尚未完成。入唐以后这一过程业已结束，这个时期的"与"不再是"给与"义动词，而应该是相当于英语"to"的与格介词。

因此我认为，导致"与"由"给与"义动词演变为与格标记的语法化过程发生在唐代的某个时期。这种历时演变是：

与 [+ V] > 与 [+ Prep.]（大约在 8 世纪）

要对这个语法化过程发生的时间作出精确的判断并不容易。我认为这个语法化过程不会发生在 7 世纪以前，因为那时词汇归并过程尚未完成。另一方面，要确定"与"的介词性质，我们只能依靠跟"与"共现的动词的语义性质。当这类动词是"说"类的言语动词时，"与"显然就不再是动词而已变为介词了。但在 7 世纪以前的文献里，我并没有发现"说 + 与 + IO + DO"或"说 + DO + 与 + IO"这类例子[①]。同时我也认为这个语法化过程在 9 世纪之前业已完成，因为那个时候出现了一种新的结构，即"yu 与 + IO + V + DO"。我们有理由相信，"与 + IO"向动词之前的移位一定是在这个短语变成介词结构之后，而且很可能是另外一些已位于动词之前的介词结构（如表处所的介词结构）类推影响的结果。

总之，双宾结构的演变历史为我们提供了另一个语法化实例，即一个动词在连动式结构中演变为一个介词。不过，双宾结构的演变历史与处置式和比较句略有不同，因为"将/把"和"比"是由连动式"$V_1 + O_1 + V_2 (+ O_2)$"中 V_1 语法化为介词，而"与"则是由"$V_1 + V_2 + IO + DO$"和"$V_1 + DO + V_2 + IO$"格式中的 V_2 语法化为介词。

---

① 可以确定为六朝时期的惟一例子是本书 57 页脚注 ② 所引，这个例子表明"与"已是介词了。但它是个孤例，应当看做例外。

四 体助词"了"的来源

体助词"了"的来源为由动词到助词的语法化过程提供了另一个实例。下面的讨论主要是基于梅祖麟(1981)、曹广顺(1986)、Cheung(1977)以及赵金铭(1979)的研究。

正如梅祖麟所指出的,六朝时期产生了"$V_1 + O + V_2$"这种完成体句式,其中 V_2 是"结束""完成"义动词。我们目前还不知道这种新形式是如何产生的,但我们认为它是"语义—语用强化"(semantic-pragmatic strenthening)的另一实例,这种新结构的出现很可能是当时业已广泛使用的另一种连动式结构"$V_1 + O + V_2$"的类推影响的结果。六朝时期直到唐代,在完成体句式"$V_1 + O + V_2$"中用于 V_2 的动词有四个,即"毕""讫""已""竟"。例如:

(63) 王饮酒毕……(世说新语:方正)
(64) 俱乞食讫……(增壹阿含经·大正藏Ⅱ,p. 637)
(65) 佛说此经已……(妙法莲花经·大正藏Ⅸ,p. 2)
(66) [张季鹰]作数曲竟……(世说新语:伤逝)

应当注意的是,这种"$V_1 + O + V_2$"结构只限于用作复句中的句首小句,它从不用于复句的句尾小句。这种完成体句式大约是在东汉时期出现的,因为在《史记》中没有发现这种句式,而在东汉的佛经文献中则出现过几次(参见曹广顺1987)。

用于 V_2 的"毕""讫""已""竟"唐代仍然使用。它们明显是动词,因为它们可以接受副词修饰:

(67) 须达买园既毕……(变,p. 372)

唐代,另一个完成动词"了"(义为"结束、完成")也可以进入 V_2 的位置,而且"了"比完成动词

"毕""讫""已""竟"的使用更为频繁。[①] 例如：

(68) 作此语了，遂即南行（变，p.8）
(69) 子胥解梦了……（变，p.26）
(70) 拜舞既了……（变，p.205）

上面的例（70）中，"$V_1 + O$"和"了"之间有一个副词，这说明这个"了"一定是动词。

在唐代尤其是中唐以后，"了"在 V_2 位置上占据明显的优势，并且逐渐取代了"毕、讫、已、竟"。"了"在 V_2 位置上重要性的逐渐提高导致"$V_1 + O + 了$"这一结构获得了自主性（autonomy），因此"$V_1 + O + 了$"既可以单独构成一个完整的句子，也可以用于复句的句尾小句（参见曹广顺1987）。随之而来的是词汇归并过程的发生，这个过程与上面讨论的双宾结构中 V_2 的词汇归并性质完全相同。即：

$$\begin{Bmatrix} V \\ 毕 \\ 讫 \\ 已 \\ 竟 \\ 了 \end{Bmatrix} > \begin{Bmatrix} V \\ 了 \end{Bmatrix}$$

于是我们又得到一个语法化"择一"原则（Hopper 1988）的新例证。我们注意到，类似的"择一"现象也见于印地语（Hindi）。印地语动词 *jaanaa*（"去"）在语法化为完成体助动词（perfective aspectual auxiliary）之前曾经历"矢量动词"（vector verb）阶段，从而跟另外六个矢量动词构成一个功能聚合体，后

[①] "$V_1 + O + V_2$ liao"格式可能已见于六朝时期。曹广顺（1987）在《三国志》中发现一个例子。但这种带"了"的格式在当时极为罕见，V_2 更常用的是"毕""讫""已"或"竟"。

来 jaanaa 淘汰了其他矢量动词并进而语法化为完成体助动词。（参见 Hook 1974）

词汇归并过程结束之后，紧接而来的是结构变化（change of structure）。即宾语移到第二动词之后：

$$V_1 + O + V_2 \text{了} > V_1 + V_2 \text{了} + O$$

根据王力（1958：306）和太田辰夫（1958：226），这一结构变化发生在魏晋南北朝时期，但梅祖麟（1981）则认为发生在唐代（大约在10世纪）。"$V_1 + V_2$ 了 + O"在《世说新语》中未见使用，在《敦煌变文集》（人民文学出版社，1957年）中也只发现四例。例如：

(71) 说了夫人及大王（变，p.774）
(72) 见了师兄便入来（变，p.396）

而且，梅祖麟在《祖堂集》（刊于952年）中也只找到"$V_1 + V_2$ 了 + O"的两个例子。

当"V_2 了"移到宾语之前以后，我们猜想动词"了"可能已丧失"结束、完成"等词汇意义，从而语法化为一个体助词，用来表示 V_1 这一动作的实现或完成。这个语法化过程的假设我们认为应该是正确的，证据是当"V + 了 + O"结构产生之后，"了"字前面不再出现任何副词，而在"V(+O) + 了"结构中"了"前则可以出现副词。

由此可见，发生了下面的历时演变：

$$\begin{Bmatrix} V \\ 了 \end{Bmatrix} > \begin{Bmatrix} \text{体助词} \\ 了 \end{Bmatrix}$$

这种演变很可能是由完成动词"了"的移位（"了"由宾语之后移到宾语之前）造成的。为了解释这种移位的动因，梅祖麟

(1981)提到了一个类推过程,他认为"了"的前移是受述补结构的类推作用而发生的:当时的述补结构有"V+O+R"和"V+R+O"两种不同的语序,述补结构中的结果补语R跟"了"的性质相类似,也是一个表达完成体(accomplished aspect)的动词。后来"V+O+R"格式中的R移到宾语之前,受此推类影响,"V+O+了"格式中的"了"也前移到动宾之间。

不过,我们也可以提出另一个类推过程。根据曹广顺(1987),唐代表达完成体还有另外一种格式,即"V+却+O"。在这个格式中"却"可能已变成了完成体标记。例如:

(73)汉帝不忆李将军,楚王放却屈大夫(李白诗)

这一格式在中唐以后已变得非常普遍,这样在当时的文献里完成体的表达就有了"V+O+了"和"V+却+O"这两种结构。① 因此我们可以推断,从"V+O+了"到"V+了+O"的语序变化也可能受到了"V+却+O"格式的类推影响。

纵观"了"的演变历史,我想着重强调的是,我们所观察到的又是一个语法化过程,这个语法化过程导致原来的完成动词变成了完成体标记。而且,这个语法化过程同样是发生在连动式里。

不过,"了"的语法化过程是在词序变化之前的"V+O+V₂了"连动式中发生的,还是在词序变化之后的"V₁+V₂了+O"连动式中发生的,目前还不太清楚。

相比较而言,我更倾向于认为上述语法化过程是发生在词序变化之后。尤其是,如果从"V+O+了"到"V+了+O"的语

---

① 曹广顺(1987)注意到,在《祖堂集》(952)中"却"也主要用作体助词,大约出现了200次,而且与70多个动词连用。"却"的语源也明显是动词性成分。唐代以后,"却"先表示"去",后来表示"掉"。

序变化确实是由"V—R—O"类推作用所推动的，那么我们更应该持如是观，因为"V—R—O"格式中的R是表结果的动词。另一方面，"V+却+O"格式的类推影响也可能对"了"的语法化过程起过作用，因为根据曹广顺（1987），"V+却+O"中的"却"已经是一个完成体标记。

不过，无论实际情形如何，有一点是可以肯定的，那就是"了"的语法化过程确实是在连动结构中发生的[①]。

五　结　论

本文讨论了汉语的四个语法化实例，这些实例表明语法化是汉语语法演变的主要机制。此外，类推在汉语语法演变中也起过作用，但类推并不是重新分析产生的根源，它最多只能决定语法演变采取何种形式，而语法化则是一种通常导致大量常用结构式不断产生的演变机制。在这种情况下，像 Mithun & Campbell（1982）所主张的，外部借用可能是语法演变的重要原因，我认为是不可能的。我宁愿赞同 Lightfoot（1981b）的说法："借助外来影响来解释演变的原因，实际上是用来掩盖我们对历时演变真正动因的无知。"

本文讨论的由动词到介词或助词的语法化演变都是在连动式结构中发生的。这个假设在15年前就被提出而后受到各种批评。批评这个假设的学者认为，那些后来变为介词的动词原本并没有用于连动式。我们认为这个说法不一定正确。

[①]　这就意味着，我们不能像 Huang（1978）所主张的那样，将连动式结构局限于惟一的"V_1（NP_1）V_2（NP_2）"形式，并且其中的 V_1 和 V_2 各自表示一个分离的动作。就体结构式（aspectual construction）而言，它跟比较句中一样，V_2 是用来表达 V_1 的某种结果。

这一误解的根源很可能是他们没有看到合适的资料，即中古汉语的白话文献。如果我们研究汉语的语法演变，就必须对这些白话文献特别关注，而不是那些中古汉语的文言作品，因为这些文言作品的语法面貌从公元前5世纪到公元19世纪并没有显著的变化。法国语言学家在研究法语语法演变时，也不会拿现代法语和拉丁文作比较。我所列举的四个语法化实例都发生在8到10世纪左右。我认为这些演变之间一定是互相联系的（interrelated）。而且，我相信这种时间上的吻合并非偶然，我猜想在8—10世纪的中古汉语中一定发生过一次比较大的语法变化，从而导致汉语语法结构的重组（restructuration）。按照Thom（1983）的"突变理论"（catastrophe theory），这种演变应该是一种突然的变化（sudden mutation）。Thom（1983）认为，"一个系统的整体性演变（global evolution）是由一系列连续性的局部演变构成的，但这些连续性的局部演变常被某些具有不同性质的突然跳跃（sudden leaps）所隔断（seperated）"。[1]

就像我们不了解语法化的原因一样，我们也不了解这种突然变化（mutation）的原因。不过像Postal（1968：283）那样的想法就未免太过于悲观了，他认为，"语言演变并没有多少原因可言，这正如今年给汽车装上饰品而明年又给撤下来，今年夹克上有三个扣子而明年又只有两个"。我们应该坚信，对事实的进一步的了解会让我们从那些看似不确定的现象中找到深藏其中的决定因素（determinism），而且我们应该牢记爱因斯坦的一句名言："上帝从不掷骰子。"

---

[1] 参见Thom（1983：60）。正如Greenberg（1977）或Cheung（1977）所指出的，通常情况下，句法演变被认为是渐进的。

参考文献

曹广顺　1986　《祖堂集》中的"底（地）""却（了）""著"，《中国语文》第3期。

曹广顺　1987　语气词"了"源流浅说，《语文研究》第2期。

陈初生　1983　早期处置式略谈，《中国语文》第3期。

胡双宝　1986　高瞻远瞩，一空依傍—读桥本万太郎《语言地理类型学》，《语文研究》第2期。

胡竹安　1960　动词后的"给"的词性和双宾语问题，《中国语文》第5期。

李　平　1987　《世说新语》和《百喻经》中的动补结构，《语言学论丛》第十四辑，北京：商务印书馆。

梅祖麟　1981　现代汉语完成貌句式和词尾的来源，《语言研究》创刊号。

牛岛德次　1971　《汉语文法论·中古编》，大修馆书店。

太田辰夫　1958　《中国语历史文法》，〔日〕江南书院。

王　力　1958　《汉语史稿》，北京：科学出版社。

余志鸿　1984　论古汉语的补语移位，《语言研究》第1期。

张之强　1987　古汉语"兼语式"的结构分析，《中国语文》第4期。

赵金铭　1979　敦煌变文中所见的"了"和"着"，《中国语文》第1期。

祝敏彻　1957　论初期处置式，《语言学论丛》第一辑，北京：新知识出版社。

Antilla, R. 1977 *Analogy*. The Hague：Mouton.

Bennett, P. A. 1981 The evolution of passive and disposal sentences. *Journal of Chinese Linguistics* 9：61-90.

Cheung, S. H-N. 1977 Perfective particles in the Bian-wen language. *Journal of Chinese Linguistics* 5, no. 1：55-74.

Greenberg, J. H. 1977 *A new invitation to linguistics*. New York：Anchor Press.

Harris, M. B. 1984 On the causes of word order change. *Lingua* 63, no. 2：175-204.

Hook, P. 1974 *The compound verb in Hindi*. Ann Arbor, Mich.：Center for South Asian Studies.

Hopper, P. J. 1988 Some Heuristic principles of grammaticallyzation. Paper presented at *the Symposium on GrammaticaLization* organized by T. Givón in Eugene (Oregon, USA).

Huang, Shuan-fan 1978 Historical change of preposition and emergence of SOV order. *Journal of Chinese Linguistics* 6, no. 2 : 212-214.

Huang Shuan-fan 1984 Morphology as a cause of syntactic change : The Chinese evidence. *Journal of Chinese Linguistics* 12, no. 1 : 54-85.

Huang Shuan-fan 1986 The history of the disposal construction revistited— Evidence from Zen dialogues in the Tang Dynasty. *Journal of Chinese Linguistics* 14, no. 1 : 43-52.

Hyman, L. 1975 On the change from SOV to SVO : evidence for Niger-Congo. In C. N. Li ed. *Word order and word order change* : 113-147. Austin : University of Texas Press.

Lehmann, C. 1986 Grammaticalization and Linguistic Typology. *General Linguistics* 26, no. 1 : 3-23.

Li, C. N. & S. A. Thompson 1974a An explanation of word order change : SVO > SOV. *Foundations of Language* 12 : 201-214.

Li, C. N. & S. A. Thompson 1980 Synchronic and diachrony : the Mandarin comparative. *Folia Linguistica Historica* 1, no. 2 : 231-250.

Li, C. N. & S. A. Thompson 1981 *Mandarin Chinese : A functional reference grammar*. Berkeley & Los Angeles ; University of California Press.

Lightfoot, D. 1981a Explaining syntactic change. In N. Hornstein & D. Lightfoot eds. *Explaining in linguistic, the Logical problem of acquisition*. London : Longman, pp. 209-240.

Lightfoot, D. 1981b A reply to some critics. *Lingua* 55, no. 4 : 351-368.

Lord, C. 1982 The development of object markers in serial language. *Syntax and Semantics* 15 : 277-299. New York : Academic. Press.

Mather, R. B. 1976 *A new account of tales of the world*. Minneapolis : University of Minnesota Press.

Meillet, A. 1912 L' évolution des formes grammaticales. In *Linguistique historique et linguistique générale* : 130-148, 1948. Paris : Champion.

Mithun, M. & Campbell L. 1982 On comparative syntax. *Papers from the 3rd International Conference on Historical Linguistics* : 273-291.

Amsterdam: John Benjamins.

Paris, M. -C. 1986 Quelques aspects de la gradation en Mandarin. *Actes du Colloque de Paris IV sur la comparaison.* Paris: Université de Paris IV.

Peyraube, A. 1986 双宾语结构——从汉代至唐代的历史发展,《中国语文》第3期。

Peyraube, A. 1988 *Syntaxe diachronique du chinois : évolution des constructions datives du 14e siècle av. J. -C. au 18e siècle.* Paris: Collège de France.

Peyraube, A. 1989a History of the comparative construction from the 5th century B. C. to the 14th century A. D., *Proceedings of the 2nd International Conference on Sinology*: 589-612. Academia Sinica.

Peyraube, A. 1989b 早期"把"字句的几个问题,《语文研究》第1期。

Postal, P. 1968 *Aspects of Phonological Theory.* New York: Harper and Row.

Pulleyblank, E. G. 1987 Some notes on embedding constructions in Classical Chinese. *Wang Li Memorial Volume*: 359-376. Hong Kong: Joint Publishing.

Tai, J. H-Y. 1976 On the change from SVO to SOV in Chinese. In S. B. Steever, C. A. Walker & S. S. Mufwene eds. *Papers from the Parasession on Diachronic Syntax*: 291-304. Chicago: Chicago Linguistic Society.

Thom, R. 1983 *Paraboles et catastrophes. Entretiens sur les mathématiques, la science et la philosophie.* Paris: Flammarion.

Traugott, E. C. 1988 The semantic-pragmatics of grammaticalization re- visited. Paper presented at *the Symposium on Grammaticalization* organized by T. Givón in Eugene (Oregon, USA).

T'sou, B. K., 1972 From morphology to syntax: Development in Chinese causative. Paper presented at the International Conference on Sino-Tibetan Language.

Zurcher, E. 1977 Late Han vernacular elements in the earliest Buddhist Translations. *Journal of the Chinese Language Teacher Association* XII, no. 3: 177-203.

论"差不多""几乎""差点儿"：
一个汉语与法语的对比语言学问题*

提要：本文处理三种在现代汉语中常见的有"近乎"意义的词："差不多""几乎""差一点"，大部分的字典把这三个词当作同义词处理。而本文在第一部分中比较"差不多"与"几乎"，然后在第二部分中比较"几乎"与"差一点"，以这些比较来说明这三个词各有不同意义。最后，在第三部分中，我们分析"差一点"在否定式中的情况。最后是把上述分析结论作形式化的概括。

○ 引 言

本文讨论三种常见的"近似词"（approximate words）："差不多"、"几乎"（或书面语中的"几乎"）、"差点儿"（或口语中的"差一点儿"）这几个词一般用作状语修饰句中的动词或形容词。在这三个词之中，"几乎"只可以充当状语，而"差不多"与"差点儿"亦可以用作定语、谓语、甚至补语。例：

1. 差不多的学生都能懂。（"差不多"作定语）
2. 再举一个例子就差不多了。（"差不多"作谓语）
3. 差点儿的学生也能懂。（"差点儿"作定语）

---

* 本文原载 *Proceedings of the 2nd International Conference on Teaching Chinese*，台北世界华文教育协进会，1991，161—176。

4. 那两个小伙子高矮差点儿。("差点儿"作谓语)
5. 他法语说得差点儿。("差点儿"作补语)

本文只讨论这三个近似词作为状语时的问题。一般而言,当这三个词用作状语时,是副词性质(吕叔湘等1980)。①

几年前,笔者对这三个词的语意差异感兴趣,尤其"差点儿"否定式的现象(Peyraube,1979)。此后,笔者亦曾提出一个数学形式化来解释所得到的结论(Peyraube & Song,1988)。

本文从另一个对比分析法的角度来再次分析这些曾讨论过的问题,即是说从比较汉语近似词与法语近似词的语意这个角度出发。

为法国学生而写的汉语教科书及汉法词典往往把这三个近似词当作同义词来处理。②

在1976年的《汉法小辞典》里,我们看到下列的词条:

——差不多:à-peu-près ; presque.
——几乎:environ ; presque.
——差点儿:1. presque 2. faillir.

---

① Charles N. Li(1975)提出两种依据来说明为什么"差点儿"不是副词的原因:
(i)"常常"类的副词前面可有否定词"不",而"差点儿"却不能有;
(ii)"常常"类副词不可以放到句子最前面而"差点儿"却可以。
这两个现象其实只证明一点:"差点儿"与"常常"有不同的句法表现方式。我们不能从中得到任何其他的结论。有其他一些副词前面不能有"不",也可以放在句子最前面,如"大概"等。而这些也是不折不扣的副词。
② 汉英词典也一样。例如1978年的《汉英词典》这样写:
差不多 = almost, nearly
几　乎 = nearly, almost, practically
差点儿 = almost, nearly, on the verge of
林语堂(1972)的词典这样写:
差不多 = almost
几　乎 = almost, nearly, within a trifle of
差点儿 = almost

以下的词条则见于 1979 年的《汉法综合辞典》：

—差不多：peu s'en faut ; à peu de choses près ; à-peu-près ; presque.
—几　乎：peu s'en faut ; presque ; près de ; sur le point da ; à-peu-près
—差　点：peu s'en faut de ; manquer de ; faillir ; presque.

1988 年的《简明汉法词典》则对这三个词作以下翻译：

—差不多：à-peu-près ; presque ; peu s'en faut.
—几　乎：1. environ ; à-peu-près ; presque.
　　　　　2. faillir ; s'en falloir de peu.
—差点儿：faillir ; s'en falloir de peu.

从上面例子中可看出混淆的情况。为了弄清楚这三个词，我们先比较"差不多"与"几乎"，然后再看"几乎"与"差点儿"，最后讨论"差不多"与"差点儿"。

1 "差不多"与"几乎"

1.1 "差不多"与"几乎"是同义词。

在许多句子里面，"差不多"与"几乎"的确可以互相替换而句子的意思不变。例：

6a. 他们俩差不多一样高。
 b. 他们俩几乎一样高。
7a. 他们几个人差不多同时到达。
 b. 他们几个人几乎同时到达。
8a. 他们差不多都来了。
 b. 他们几乎都来了。
9a. 他差不多吃完了。
 b. 他几乎吃完了。

在上述例子中，要区分"差不多"和"几乎"句子的意义真的不容易。不过我们也可以说"几乎"表达的意思比较强，更为"近似"。换句话说，在句6的"几乎一样高"的两个人的高度更为接近，句7的"几乎同时到达"的时间更加一致，而句8的"几乎都来了"的人更多。但就算这两个词能对上下文作更精确的描述，它们并不能因此得到语义上的区分。如下面例句10a与10b是相同的，11a与11b也没有基本的分别：

10a. 该来的一共有十五个人，他们差不多都来了，只少了五个人。
　b. 该来的一共有十五个人，他们几乎都来了，只少了五个人。
11a. 该来的一共有十五个人，他们差不多都来了，只少了一个人。
　b. 该来的一共有十五个人，他们几乎都来了，只少了一个人。

按理句11b与11a应该有点不自然，至少没有句10a与11b那么自然，但事实上并非如此。

所以说"差不多"与"几乎"是同义词，在许多句子可以相互交换。但在另外一些句子中，它们却有不同的意思。

1.2 具有不同意思的"差不多"与"几乎"

这两个词的区别在下列情况下变得明显：当它们修饰表达具体数量观念的动词词组或形容词词组时。例：

12. 差不多过了三年也没得到她的消息。
13. 几乎过了三年也没得到她的消息。

上面两个例句的意思并不一样。句12中，时间可能是超过或少于三年，甚至刚好三年。而句13所表达的时间只可以少于三年。下列句子更能说明两个词的分别：

14. 他和我差不多一样高。
　（他可能比我高或矮，甚至跟我一样高）

15. 他几乎和我一样高。
   （他一定比我矮）
16. 今天到会的差不多有五千人。
   （到的人可能多于或少于五千人，也可能刚好是五千人）[①]
17. 今天到会的几乎有五千人。
   （到的人一定少于五千人）

因此我们可以这样界定"差不多"与"几乎"的区别：

第一，"几乎"是一个可分解为"x + y + 几乎"（"几乎"修饰 y）的言辞 E(utterance)。E 所意味着的是在 y 的语义范畴中有一个比 y 稍微弱的 y′，以致"x + y′"可以成立，而"x + y"不能成立。

第二，"差不多"同样是可分解为"x + y + 差不多"（"差不多"也修饰 y）的言辞 E，而 E 所意味着的是在 y 的语义范畴中有一个比 y 稍弱或稍强的 y′，以致"x + y′"可以成立。

这个解释可以说明句 12 与 13、14 与 15、16 与 17 之间的分别，而且也可以说明为什么在句 6 及 7 中，"差不多"的"近似性"没有"几乎"那么精确。

1.3　现在让我们看看辞典中"差不多"与"几乎"法语翻译。我们发觉可以找出中文与法文近似词规律性的一一相

[①] 当我们有表示数量性质的句子，一些发言人（informant）只接受"差不多"有"几乎"的意思，即是说由"差不多 + N"形成的近似式，必然稍微少或弱于 N。以下例句被一些发音者接受，它们显示"差不多"句的近似或可能是多（或强）于或少（或弱）于 N：

(i) 签名的差不多有五百人左右。
(ii) 他差不多四十岁左右。

认为"差不多"表示对 N 而言是稍多稍强，或稍少稍弱的人同时接受句子的结果可能相等于 N。下列句子是正确的（沈家煊 1987）：

(iii) 我差不多等了两个小时，还就是两个小时。
(iv) 头发差不多全白了，还确实全白了。
(v) 你比我差不多高一头，还真的高一头。

对。我们可以把"差不多"翻译为"à peu près"而"几乎"为"presque",这样可以把在1.1及1.2两段中的例句说明清楚:

6′a. Ils sont à-peu-près de la même taille.
  b. Ils sont presque de la même taille.
7′a. Ils sont arrivés à-peu-près en même temps.
  b. Ils sont arrivés presque en même temps.
8′a. Ils sont à-peu-près tous venus.
  b. Ils sont presque tous venus.
9′a. Il a à-peu-près fini de manger.
  b. Il a presque fini de manger.

在上列句子中,就像上述6—9的中文"差不多"和"几乎"例句一样,à-peu-près和presque的语义并没有分别。

巧合的是,如果把"差不多"译成à-peu-près,"几乎"译成presque,我们也可以得到在例句12—17中所显示的分别:

12′. Cela fait à-peu-près trois ans que je n'ai pas eu de ses nouvelles.
  (时间上可以多于或少于三年,甚至刚好三年)
13′. Cela fait presque trois ans que je n'ai pas eu de ses nouvelles.
  (一定少于三年)
14′. Il est à-peu-près de la même taille que moi.
  (他可能比我高或矮,甚至跟我一样高)
15′. Il est presque de la même taille que moi.
  (他一定比我矮)
16′. A la réunion d'aujourd'hui, il y avait à-peu-près cinq mille personnes.
  (来的人可能多于或少于五千,甚至刚好五千)
17′. A la réunion d'aujourd'hui, il y avait presque cinq mille personnes.
  (人数必定少于五千)

结论:由于à-peu-près与presque的语义状态完全相符于"差不多"及"几乎",(在这方面它们有时是同义词,有时却有所分别）目前汉法词典把"差不多"同时译为 à-peu-près 与 presque，把"几乎"同时译为 à-peu-près 与 presque 的做法，并没有太大的效用。其实我们只需要做一简单而严谨的翻译：

差不多 = à-peu-près
几　乎 = presque

现在让我们看看"几乎"与"差点儿"。

2　"几乎"与"差点儿"

2.1　首先，在很多句子中，我们可以用"几乎"而不能用"差点儿"，尤其是在前述一些有"差不多"意思的"几乎"句中。例：

18a. 他们几乎一样高。
　b.*他们差一点儿一样高。
19a. 几乎过了三年也没得到他的消息。
　b.*差一点儿过了三年也没得到他的消息。

2.2　但是，一般来说，"几乎"与"差点儿"可以相互交换来用。所以说"几乎"与"差点儿"之间的分别是语体（level of speech）的分别："差点儿"多用在口语里，而"几乎"则多用在书面语里。下列句子中，"几乎"与"差点儿"可以相互交换而句子的意思不会因此而变：

20a. 你差一点儿（就）跟他一样高了。
　b. 你几乎跟他一样高了。
　（a 句与 b 句的意思一样：你比他矮）
21a. 他几乎跳起来了。
　b. 他差点儿跳起来了。

（a句与b句一样：他没有跳）

22a. 他几乎十八岁，快要去当兵了。

b. 他差一点儿十八岁，快要去当兵了。

（a句与b句一样：他还不到十八岁）

23a. 我几乎把虫子吃了。

b. 我差一点儿把虫子吃了。

（a句与b句一样：我没吃虫子）

2.3 在下列例句中，"几乎"与"差点儿"之间的区别十分明显，而且清楚地看出不是语体的分别：

24a. 他几乎死了。

b. 他差一点儿死了。

例句24a有两种解释：(ⅰ)他快要死了；(ⅱ)他险些儿死了。而句24b则只有第二种意思，并不可能有第一种意思。

因此，例句25a与25b都成立，而例句26中只有a句成立，b句并不成立。

25a. 他几乎死了，不过现在根本没有问题了。

b. 他差一点儿死了，不过现在根本没有问题了。

26a. 他几乎死了，去买棺材吧！

b. *他差一点儿死了，去买棺材吧！

下列句子亦显示了同样的区别：

27a. 他几乎输了。

b. 他差一点儿输了。

例句27a有两种解释：(ⅰ)他快要输了；(ⅱ)他险些儿输了。而例句27b则只有第二种意思。这个区别在下列句中很明显：

28a. 他几乎输了，没希望了。（第一种意思）

b. 他几乎输了，可是后来却赢了。（第二种意思）

29a. *他差一点儿输了，没希望了。(第一种意思)
　　b. 他差一点儿输了，可是后来却赢了。(第二种意思)

如果句中有数量的成分的话，"几乎"与"差一点儿"的分别更清楚。

"几乎"句有两种解释，而"差一点儿"句永远只有一种解释：

30a. 我几乎赚了一万块。
　　(ⅰ) 我快要赚到一万块。
　　(ⅱ) 我险些儿赚了一万块。
　b. 我差一点儿赚了一万块。
　　(ⅰ)*
　　(ⅱ) 成立

因此，31a与31b句都成立，而例句32中只有a才成立：

31a. 我几乎赚了一万块，结果一分钱都没有。
　　b. 我几乎赚了一万块，有九千八百块。
32a. 我差一点儿赚了一万块，绪果一分钱都没有。
　　b. ?? 我差一点儿赚了一万块，有九千八百块。

所以说"几乎"有两个意思，在吕叔湘等（1980）书中有很正确的说明：(ⅰ) 表示非常接近；(ⅱ) 表示眼看要发生而结果并未发生。至于"差点儿"，则只有一个意思，可以这样说明此一意思：表示某种事情几乎实现而没有实现。

换句话说，"几乎"与"差点儿"句子所产生的是以下的情况：

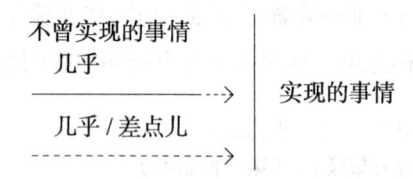

```
不曾实现的事情
   几乎
──────────→    实现的事情
 几乎 / 差点儿
- - - - - - - →
```

2.4 法语中的"几乎"与"差点儿"(用在 2.1、2.2 及 2.3 几段中的"几乎"与"差点儿"),我们可说"几乎"可译为 presque 及 s'en falloir de peu,而"差点儿"可译为 s'en falloir de peu。这个翻译可以把所有的情况都弄清楚:

18′a. Ils sont presque de la même taille.
19′a. Cela fait presque trois ans que je n'ai pas eu de ses nouvelles.

就像汉语里的"几乎"与"差点儿"一样,presque 与 s'en falloir de peu 在下列情况中属同义词:

20′a. Il s'en faut de peu que tu sois aussi grand que lui.
 b. Tu es presque aussi grand que lui.
(a 句与 b 句的意思跟中文句一样:你比他矮)
21′a. Il a'presque sauté.
 b. Il s'en est fallu de peu qu'il saute.
(意思一样:他没有跳)
22′a. Il a presque dix-huit ans,il va vite être soldat.
 b. Il s'en faut de peu qu'il ait dix-huit ans,il va vite être soldat.
(意思一样:他还不到十八岁)
23′a. J'ai presque mangé un ver.
 b. Il s'en est fallu de peu que je mange un ver.
(意思一样:我没吃虫子)

在下列例句中,presque 与 s'en falloir de peu 是不同的,就像汉语的"几乎"与"差点儿"。

24′a.(ⅰ)Il est presque mort.
 (ⅱ)Il s'en est fallu de peu qu'il meure.
 b. Il s'en est fallu de peu qu'il meure.

24′a 例句的两个法译相符于"几乎"在 24a 句的两种意思,而 24b 例句中"差点"的唯一一种意思则翻译成 24′b 的法语例句中。因此：

25′a. Il s'en est fallu de peu qu'il meure, mais maintenant il est complètement hors de danger.

b. Il s'en est fallu de peu qu'il meure, mais maintenant il est complètement hors de danger.

26′a. Il est presque mort, va acheter un cercueil!

b. *Il s'en est fallu de peu qu'il meure, va acheter un cercueil!

下列例句也属同样的情形：

27′a.(ⅰ)Il a presque perdu.

(ⅱ)Il s'en est fallu de peu qu'il perde.

b. Il s'en est fallu de peu qu'il perde.

28′a. Il a presque perdu, il n'y a plus d'espoir.

b. Il s'en est fallu de peu qu'il perde, mais ensuite il a gagné.

29′a.*Il s'en est fallu de peu qu'il perde, il n'y a plus d'espoir.

b. Il s'en est fallu de peu qu'il perde, mais ensuite il a gagné.

30′a.(ⅰ)J'ai gagné presque dix-mille dollars.

(ⅱ)Il s'en est fallu de peu que je gagne dix-mille dollars.

b. Il s'en est fallu de peu que je gagne dix-mille dollars.

31′a. Il s'en est fallu de peu que je gagne dix mille dollars, mais je n'ai même pas un centime.

b. J'ai presque gagné dix mille dollars, j'en ai neuf mille huit cents.

32′a. Il s'en est fallu de peu que je gagne dix mille dollars, mals Je n'ai même pas un centime.

b. ?? Il s'en est fallu de peu que je gagne dix mille dollars, j'en ai neuf mille huit cents.

相应的中文例句32b、32′b不是完全不能被接受。在某一些情况下可以被接受。

因此，我们可列出以下中法语中两词相对应的规律性：

几乎 = 1. presque

2. s'en falloir de peu

差点儿 = s'en falloir de peu

现在让我们比较"差不多"与"差点儿"

3 "差不多"与"差点儿"[①]

说到这里，我们认为"差不多"与"几乎"可以是同义词。而"几乎"与"差点儿"也可以是同义词，但"差不多"与"差点儿"则有不一样的意思。这点相当符合常见的情形：

3.1 "差不多"与"差点儿"不相同

如果用 P 表示副词"差不多"或"差点儿"修饰的词语，那么"差不多 P"和"差点儿 P"似乎都有"接近 P"和"非 P"的意思。可是它们的表现方式不一样。

"差不多 P"是在数量或程度上接近 P 而事实上还不是 P，或不完全是 P，P 通常包括数量或程度词语（或不包括数量及程度词语，只要 P 可以在数量或程度方面被衡量。而"差点儿 P"主要表示 P 接近于实现而没有实现，P 一般只包含表示动作或事件的词语。因此，如果 P 不能在数量或程度方面被衡量的话，就不能用"差不多"来修饰，只能用"差点儿"。例：

33a. 小王差点儿闹笑话。
　b. *小王差不多闹笑话。
34a. 火车差点儿就出轨了。
　b. *火车差不多就出轨了。

同样，如果 P 不是表示动作或事件，只是表示数量或程度，

---

① 至于"差不多"和"差点儿"间的异同，请参看沈家煊（1987）的论文，我们引用了他所举的许多例子。

就不能用"差点儿"修饰而只能用"差不多"。例:

35a. 走了差不多十五里山路。
   b. *走了差点儿十五里山路。
36a. 火车差不多快进站了。
   b. *火车差点儿快进站了。
(以上请参看沈家煊(1987))

3.2 "差不多"与"差点儿"为同义词。

不过,在另一些情况之下,"差不多"与"差点儿"仍可以相互交换而不改变句子的意思,尤其当"差点儿P"里的P也可以包含数量或程度(当然P必须同时能够被理解为可以实现的动作或事件)。例如:

37a. 这手牌黑桃差不多全了。
   b. 这手牌黑桃差点儿全了。
38a. 河水差不多结冰了。
   b. 河水差点儿结冰了。[①]

同时在某些情况下"差点儿+就"与"差不多"有同样的意思。例:

(i) 他差不多准备好了。
(ii) 他差一点儿就准备好了。

---

① 举这两个例句出处是沈家煊(1987),他指出以下的区别:
1. 例句38:a)是从数量或面积上讲,大部分河水已经结冰,但没有全结冰。
b)是讲结冰这件事情接近实现而事实上没有实现,河水的温度接近零度,但在数量或面积上还没有结冰的。
2. 例句37:a)主要讲接近于全,b)主要讲事实没有全。"差不多"和"差点儿"虽然都含有一个"差"字,但"差不多"侧重相差的距离或数量的"不多",词的重音落在"多"字上;"差点儿"侧重差距的存在,至于相差的这"点儿"有多大,不是语义重点,词的重音一般落在"差"字上。

但是在这类句子中,最好把"差点儿+就"和"差点儿"分别来处理,这样可以避免不必要的混淆(参看 Peyraube & Song,1988)

3.3 巧合的是,如果我们仍把"差不多"译为法文的 à-peu-près 及把"差点儿"译作 s'en falloir de peu,我们同样可以说明上述的异同。例:

33′a. Il s'en est fallu de peu que Wang fasse une gaffe.
  b. *Wang a à-peu-près fait une gaffe.
34′a. Il s'en est fallu de peu que le train déraille.
  b. *Le train a à-peu-près déraillé.
35′a. On a fait à pied à-peu-près quinze li de route de montagne.
  b. ? Il s'en est fallu de peu qu'on fasse à pied quinze li de rute de montagne.

这个法语句不是完全不能接受。意思是:"一里山路也没走过"。

36′a. Le train va à-peu-près bientôt entrer bientot en gare.
  b. *Il s'en est fallu de peu que le train entre en bíentôt gare.
37′a. J'ai à-peu-près tous les piques en main.
  b. Il s'en faut de peu que j'ai tous les piques en main.
38′a. L'eau de la rivière est à-peu-près gelée.
  b. Il s'en faut de peu que l'eau de la rivière soit gelée.

四 结 论

再把汉语及法语中的"近似词"的语义作系统的比较后,我们即能建立这两个语言词汇之间规律性的相对应。

"差不多"应译为 à-peu-près
"几乎"应译为 1. presque
      2. s'en falloir de peu

"差点儿"应译为 s'en falloir de peu

（i）"差不多"à-peu-près 与"几乎"presque 在某种情况下可以是同义词（在 1.1 段中所讨论的情况下），但是亦可以是具有不同意思的词（在 1.2 段中所讨论的情况下）。

（ii）"几乎"presque 与"差点儿"s'en falloir de peu 在某种情况下可以是同义词（在 2.2 段中所讨论的情况下）。但是"几乎"presque 与"差点儿"s'en falloir de peu 在其他语境中可以有不同的意思（2.3 段所讨论的情况）。事实上，"几乎"往往歧义，可以 a 表示非常接近，亦可以 b 表示眼看就要发生而结果没有发生。"几乎"的第一种意义如翻译为法语的 presque，第二种意义如翻译为法语的 s'en falloir de peu（相符于中文的"差点儿"）那么法语即可充分说明"几乎"的这种歧义。

（iii）"差不多"à-peu-près 与"差点儿"s'en falloir de peu 一般来说是不同的（见 3.1 段所讨论的情况），但是有时也可以是同义词（见 3.2 段的讨论）

5 附录："差点儿"与否定式

现在让我们从比较中法语义的角度来看"差点儿 P"中 P 否定式的各种问题。基本上中文与法语中这个问题所产生的现象是各有不同的。

在朱德熙（1959）一篇文章中，已指出"差点儿"及某些它所修饰的动词间的否定词可以不改变句子的意思。他因此把"差点儿"可以修饰的动词分为两类：A 与 B。

5.1 A 类动词：否定词并不改变句子的意思：

39a. 他差点儿死了。
 b. 他差点儿没死。

    a = b　两句说明同一情况：他没有死。
40a. 他差点儿输了。
 b. 他差点儿没输。
  a = b　两句都说明他没有输。
41a. 他差点儿摔了一跤。
 b. 他差点儿没摔跤。
  a = b　两句都说明他没摔跤。

在法语中，我们也有类推的所谓"赘词"（expletive）的否定式，这种否定式也不会改变句子的意思：例句 39 至 41 的法译为：

39′a. Il s'en est fallu de peu qu'il meure.
 b. Il s'en est fallu de peu qu'il ne meure.
40′a. Il s'en est fallu de peu qu'il perde.
 b. Il s'en est fallu de peu qu'il ne perde.
41′a. Il s'en est fallu de peu qu'il tombe.
 b. Il s'en est fallu de peu qu'il ne tombe.

  无论有没有否定副词，句中所描述的情况仍是不曾发生的。汉语与法语中的相对应的确出人意表，即使法语例句的否定词缺了它本有的第二部分。[①]

---

① 法语中否定词完整形式是 ne... pas，如果这个形式用于例句 39′，40′ 与 41′ 中，句子的意思就会不同：
 （i）Il s'en est fallu de peu qu'il ne meure pas.
  （结果是他死了）
 （ii）Il s'en est fallu de peu qu'il ne perde pas.
  （结果是他输了）
 （iii）Il s'en est fallu de peu qu'il ne tombe pas.
  （结果是他摔跤了）
但是单有 ne 的否定词在其他许多情况下也可以单独地达到否定效果。例：
 Je n'ose vous le dire = Je n'ose pas vous le dire.
 Je ne peux le faire = Je ne peux pas le faire.
在例句 39′—41′ 中，这个 ne 并不表达否定。

但是在汉语里的 B 类动词所表现的就很不一样。

5.2 B 类动词：否定副词改变句子的意思：

42a. 他差点儿赶上火车。（结果：他没赶上火车）
 b. 他差点儿没赶上火车。（结果：他赶上了火车）
43a. 他差点儿中奖。（结果是他没中奖）
 b. 他差点儿没中奖。（结果是他中了奖）
44a. 他差点儿买到这本书。（结果是他买不到这本书）
 b. 他差点儿没买到这本书。（结果是他买了书）

在上述句子中 a 与 b 的意思不一样（b 是 a 的否定式）。

法语的情况不同：

42′a. Il s'an est fallu de peu qu'il attrappe le train.
 b. Il s'en est fallu de peu qu'il n'attrappe le train.
（他没赶上火车）
43a. Il s'en est fallu de peu qu'il gagne le prix.
 b. Il s'en est fallu de peu qu'il na gagne le prix.
（他没中奖）
44′a. Il s'en est fallu de peu qu'il achète le livre.
 b. Il s'en est fallu de peu qu'il n'achète le livre.
（他没买书）

在上述译句中，如例句 39—41 一样，a 与 b 并没有分别。否定词 ne 并不能改变句子的意思。如果要真正地否定 a 句，必须要用完整的否定式 ne... pas：

42″. Il s'en est fallu de peu qu'il n'attrappe pas le train.
 （他赶上火车）
43″. Il s'en est fallu de pau qu'il ne gagne pas le prix.
 （他中了奖）
44″. Il s'en est fallu de peu qu'il n'achète pas le livre.
 （他买了书）

5.3 如何解释 A 类及 B 类动词在中文所显现的区别（在法文中并没有这个区别）？

A 类动词表示说话人不希望句中的事情发生。而 B 类动词则相反。当然，希望不希望某些事情发生并不是固定的，往往因情形而变化。例如在干旱之后希望下雨，但在水灾之后则希望停雨。

因此"差点儿没下雨"可能意味着没下过雨（A 类动词）或下过雨（B 类动词）。

同样地，希望不希望某些事情发生也得看说话人的主观意愿。朱德熙（1959）所举的例是一场足球赛的两个参赛球队。"（球）差点儿没射进去"可以表示球没有入网（A 类动词），或者入了网（B 类动词）：这得看说话人是哪一队的球迷。如果上下文清楚的话，我们可以批断。因此"差点儿没下雨"在例句 45 中表示没有下雨，但在例句 46 中则表示下过雨。

45. 我没带雨伞，真悬，差点儿没下雨。
46. 四个月没下雨，今儿风又挺大，又差点儿没下雨。

同样地，讲话者也可能希望看见某人死亡。下面例句中"死"为 B 类动词，而句子的意思是幸好他死了：

47. 他妈的，因为有人要救他，这个老王八蛋差点儿没死。

5.4 "差点儿没"的歧义情形

"差点儿没"的歧义已曾被讨论。Fred Wang（1966）曾指出如果例 48a 只有一个意思，48b 却有两个意思：（i）与（ii）：

48a. 我差点儿告诉他。
　　（结果是我没有告诉他）
　b. 我差点儿没告诉他。
　　（i）（结果是我没告诉他）

(ii)（结果是我告诉了他）

他这样解释 48b 的歧义："used with an unstressed mei, the negative meaning of mei is lost; used with a stressed mei, the negative meaning of mei remains". 小玲（1986）一方面承认"差点儿"句在书面语中所产生动词意义的分别显示了讲话者对情形发生与否的主观意愿，另一方面也提出北京口语中歧义的类似解释。

我觉得这种以音调来解释分别的方式并不令人信服。当然，如果把重音放在否定词"没"上，我们只可能有（ii）的意思：

49. 你听错了，我说我差点儿没告诉他。

问题是以平常音调说出的句子，即不在任何词上放重音的句子仍然有两种意思。

Charles N. Li（1975）也认为 50a 意思明显，而句 50b 却具有两种意思：第一种（i）意思是"预期中的"，第二种（ii）是"非预期中的"：

50a. 他差点儿走了。（结果他没走）
　b. 他差点儿没走。
　　（i）结果他没走（= a）
　　（ii）结果他走了

他指出如果把"差点儿"放到句子前面，50b 的歧义就会消失，因为第二种意思（ii）不再成立。他同时认为在第一种意思（i）说话人不希望句中所述的情形发生，而在第二种意思（ii）说话人希望句中所述的情形发生。

我认为这正是这个奇怪的歧义的真正解释。这个情况跟 5.3 段中所讨论的问题一样。下列句子并不具歧义：

51. 我差点儿没告诉他，好在刚出门的时候儿，我才想起来。

"好在"这个副词表示"告诉"这个行动是说话人希望发生的。因此"告诉"属 B 类动词，而句子所描述的情况结果是："我告诉了他"。

52. 我差点儿没告诉他，告诉了他就不得了了。

"不得了"表示"告诉"这个行动是说话人不希望发生的。因此"告诉"在这里属 A 类动词，而否定词并不改变句子的意思：结果是："我没告诉他"。

同样地：

53. 他差点儿没走，可是我把他赶走了。

句子的第二部分表示"走"是说话人希望发生的行为。因此"走"是 B 类动词，而结果"他走了"。

54. 他差点儿没走，幸亏有人把他叫住了。

句子的第二部分表示"走"是说话人不希望发生的行为。因此"走"是 A 类动词。而否定词并没有改变句子的意思："他没有走"。

因此用平常的音调说的"差点儿没"句子某些歧义完全在于说话人对动词所表达的事件发生与否的态度。音调不起主要的作用。

有关这点，汉语与法语的现象有所不同。在汉语里，否定副词"没"可能表示否定，也可能不表示否定，取决于动词的语义或语用性质。在法语里，否定词 ne 是赘语，不论动词的性质如何，ne 并没有任何重要性。否定句必须用完整的否定形词 ne... pas。

参考文献

Han-Fa xiao cidian《汉法小词典》 1976，北京：北京语言学院。
Han-Fa zonghe cidian《汉法综合辞典》 1979，台北：光启出版社。
Han-Ying cidian《汉英词典》 1978，北京：商务印书馆。
Jianming Han-Fa cidian《简明汉法词典》 1988，北京：知识出版社。
Charles N. Li 1975 A Functional Explanation for an unexpected case of ambiguity,（S or~S）, *Linguistic studies offered to J. Greenberg.*
Lin Yu-tang 1972 *Chinese-English Dictionary of Modern Usage.* Hong kong：The Chinese University of Hong Kong.
Lü Shuxiang et al.（吕叔湘等）1980 《现代汉语八百词》，北京：商务印书馆。
Alain Peyraube 1979 Les approximatifs chinois, *Cahiers de Linguistique-Asie Orientale* 6.
Alain Peyraube & Song Shiqi 1988 L'expression de l'à-peu-près dans la langue chinoise contemporaine, *Actes du Colloque international de mathématiques sur l'à-peu-près*, Paris-Urbino：EHESS.
Shen Jiaxuan（沈家煊）1987 "差不多"和"差点儿",《中国语文》第6期。
Fred Fangyu Wang 1966 *Mandarin-Chinese Dictionary.* South Orange（New Jersey）：Seton Hall University Press.
Xiao Ling（小玲）1986 北京话里的"差点儿"句式,《语文学习》第1期。
Zhu Dexi（朱德熙）1959 说"差点",《中国语文》第9期。

古代汉语中的"动之名"结构*

在古代汉语"动之名"这个结构里，当动词不是"给予"动词时，代词"之"的功能经常引起争议。目前有关这个问题的争议尤其激烈。

到底这个结构是双宾语结构、还是单纯的"动+宾"结构？换言之，人称代词"之"到底是间接与格（dative）宾语（等同于现代汉语中的"他"）后面的名词是直接宾语〔分析一〕？抑或是领格（genitive）人称代词充当定语，其作用是修饰后面的名词（等同于现代汉语中的"他的"）〔分析二〕？

（1）〔动〕〔之—间宾〕〔名—直宾〕
（2）〔动〕〔之—定语+名〕

例：

（3）夺之牛。（《左传·宣公十二年》）
　　夺他牛〔向他夺牛〕（分析一）
（4）夺之牛。（《左传·宣公十二年》）
　　夺他的牛（分析二）

当然，从语义的角度来看，两个句子之间的分别不大，但是在句法上，这两个不同的解释有不同的结果。

---

* 本文原载郭锡良主编《古汉语语法论文集》，北京：语文出版社1998年，pp. 392—407。何乐士先生译。

因此这个问题是许多争议的焦点,自从19世纪末开始,就困扰着许多研究古代汉语语法的专家。如《马氏文通》(1898)认为"之"可以在某些情况之下(尤其在上述例(4)的情况下)是相当于"其"的领格代词。后来杨树达(1920)也接受了这个看法。至今仍然同意这个分析的学者还有马国栋(1980)、刘百顺(1981)、王冠君(1982)、何九盈(1993)、唐钰明(1994)等。

而另一方面,王力(1962—1964)却认为这个解释在秦以前的古代汉语中不可能成立。他认为"之"在所有情形之下应分析为间接宾语。何乐士(1980)、颜景常(1980)、殷国光(1984)、Pulleyblank(1995:32—33)等人基本上同意王力的这个看法,这也是目前学界所普遍接受的看法。

回答这个问题,我们必须先分析代词"之"的性质,然后分析前面动词的词义。

1 代词"之"

1.1 在先秦汉语中,人称代词"之"主要是宾格(accusative),其主要的功能是作为动词或介词的宾语。在甲骨文及金文中,它主要是远指示代词("那个"的意思),可以做主语或宾语,或者是名词的定语。人称代词"之"可以被看作是从指示代词"之"来的。这个称代功用虽然出现较晚,但也是在前期上古汉语(Early Archaic)中就有,《尚书》及《诗经》中可找到例子。而当定语的指示词"之"则在上古汉语末期里很少见。①

---

① 我们只能在文献中找到罕见的几个例句,如《庄子》或《墨子》:如"之二虫又何知?"(《庄子·逍遥游》),参看郭锡良(1980)。

代词"其"则主要是领格,即修饰名词的定语。它的功能是替代了"名 + 之"(这里的"之"是自上古前期以来就存在结构助词"之")。有时"其"是动词的修饰语,但在这个情形下,动词名词化了。领属代词"其"在甲骨文、金文里没有出现,就算在《诗经》最早的部分也没有,后者有另一第三人称代词"厥"。不过,在上古前期及上古以前(Pre-Archaic)的这些文献里,仍然有一个语气词(modal)"其"。我们要谈的代词"其"不太可能来自这个语气词"其"。最后,在战国时代,代词"其"也是一个指示词,Pulleyblank(1995：80)这样形容它："more or less equivalent to a definite article"。[①]

这是先秦汉语中"之"与"其"大概情形：第三人称代词"之"主要是宾语(宾格或与格),而第三人称代词"其"主要是定语(领格)。例句："杀之"(杀他)、"其妻"(他的妻子)、"其来"(他的到来)。

中古汉语以前(Pre-Medieval 汉代汉语)的情形就改变了,这是大家都承认的：自此以后,有许多"之""其"及"其""之"的例子。但本文只讨论先秦的情形。

1.2 在双宾语结构中,代词"之"通常是与格：是间接宾语。例句：

(5) 公赐之食。(《左传·隐公元年》)
(6) 与之粟九百,辞。(《论语·雍也》)

不过,也有一些例句其中的"之"是直接宾语(宾格),如：

---

① 目前并不清楚这个指示代词"其"在前上古汉语中是否常见。因此说人称代词"其"来自指示代词"其"的这个说法不是明显地来自实际例证。郭锡良(1980)认为"其",像"之"一样,应该首先被解释为指示代词,这包括上古汉语后期。

（7）吾既已言之王矣（《墨子·公输》）
　　（8）献之武王（《韩非子·和氏》）

这些例子较少见，"动 + 直宾 + 间宾"的结构不是古代汉语中固定的形式。同时，在这个情况之下，很容易说明在直宾及间宾之间有一个被省略的介词"于"。请参看 Xu Liejiong 及 Peyraube（1997）。

1.3　在先秦汉语中，也有一些特别的例句，其中的"之"应该被解释为领格代词。例：

　　（9）白公父作簠择之金（白公父簠）
　　　　（这里的"之""其"）择之金　选择他的金属。
　　（10）楚叔之孙途为之盉（楚叔盉）
　　　　（这里的"之""其"）途自己做了他的盉。①
　　（11）天佑下民作之君作之师（《书·秦誓》）
　　　　（这里的"之""其"）

上面三个例句显示，"之""其"在金文中，即在前期上古汉语中已出现。② 唐钰明（1994）提供了其他例子。

因此"之"在先秦汉语中不能被解释为领格代词的这个说法是不能成立的。王力在这点上无疑太决断了。③

---

　　① 这里感谢李学勤教授给我解释这两个来自唐钰明（1994）的例句。
　　② 当然我们也可以有另一个解释：将"之"解释为指示代词，在例（11）中这并不肯定。有关例（11），请参考注⑩。
　　③ 相反，也有许多例句，其中的"其"应被解释为相等于"之"。这个相等于"之"的"其"可以是与格的间接宾语如（甲），或是在指示词后面的修饰结构助词如（乙）及（丙）。(参看 Pulleyblank1995：88）
　　（甲）使人给其食用（《战国策·齐策4》）
Harbsmeier（1981：32）的翻译是"(He)ordered somebody to supply her with food and necessities"。
　　（乙）此其故何也（《墨子》9/38）
　　（丁）彼其道远而险（《庄子》20/17）

现在让我们回到"动之名"结构中"之"的问题上来。要决定"之"到底是与格代词（间接宾语）或领格代词（定语），主要的是要看前面动词的语义性质。

2 动词的语义性质

2.1 〔+给予〕〔+接受〕与格式及伸延与格式

本人在拙作中（Peyraube 1988）分析了上古、中古、近代及现代汉语的与格结构，并分辨了两大类与格动词："本义与格式动词"（lexical datives）及"伸延与格式动词"（extended datives）。有关本义与格动词，与格的功能可以说已被包括在动词语义之中。语义上，两个参与者之间交换了直接宾语。这个交换可以有两个方向：从主语到间宾〔例（12）甲〕，或从间宾到主语〔例（12）乙〕。第一个情形属于〔+给予〕本义与格动词（verbs + give），第二个情形属于〔+接受〕本义与格动词（verbs + receive）。至于伸延与格式，与格解释并不包含在动词语义中，而是由一个与格宾语或补语引出来〔例（12）丙〕如：

(12) 甲 他们送了我一本书。〔给予与格式〕
　　 乙 我偷了他一个手表。〔接受与格式〕
　　 丙 我打了一件毛衣给他。〔伸延与格式〕

这个分类大致与朱德熙（1979）的相同，朱德熙分析了（i）〔给予〕动词（是一个不大的封闭的类）、（ii）〔取得〕动词（也是封闭的类）、（iii）〔制作〕动词（开放类别）。这三类动词并不是一律地用于所有的与格结构中，这些与格结构是：S1 动+给+间宾+直宾，S2 动+直宾+给+间宾，S3 给+间宾+动+直宾，

S4 动+间宾+直宾。①

现在让我们看看这三类动词在先秦汉语的与格结构中的情形。

2.2 先秦汉语中与格结构中的与格动词的分布

先秦汉语有三个基本的与格结构，总称为双宾语结构：（ⅰ）动+间宾+直宾；（ⅱ）动+直宾+"于"+间宾；（ⅲ）"以"+直宾+动+间宾，或动+间宾+"以"+直宾。Peyraube（1986、1987）曾经指出所有与格动词并不能都适用于这三个结构中，这个看法与王力（1962—1964：250）相反。

只有〔+给予〕与格动词能用于所有三个结构里。〔+接受〕与格动词或伸延与格动词只能用于结构（ⅱ）中，即"动+直宾+于+间宾"。

换句话说，如果"动之名"结构中的动词是属于〔+给予〕与格类（包括动词"说"与"教"）的话，"之"应是间接宾语，而名词应是直接宾语。这个形式的例句有很多，而且不会引起争议。除了上述例（5）及（6）外，我们还可以举出：

（13）多予之重器。（《战国策·赵策》）
（14）子文饮之酒。（《左传·僖公二十七年》）

（这个句子中的"饮"有〔+给予〕的性质，基于在这里它的词义是：使别人饮、给别人饮）

不过也有一些〔+接受〕与格动词或伸延与格动词，似乎可用于"动+间宾+直宾"结构中，而其中的间宾是"之"人称代词〔参看上述例句（3）〕。这些动词的数量有限。何乐士（1980）在《左传》的201个"动之名"结构中找到189个〔+给予〕动词，而只有12个〔+接受〕动词。因此可以说上面提及的规律——即〔+接受〕及伸延式动词只能接受"动+直宾+于+间

---

① 也请参看 Peyraube（1988：32）中稍为不同的分类。

宾"结构——也有个别的例外。其他常见的〔+接受〕动词,如"受、取、求、讫、获"等,则不见于"动+间宾+直宾"结构中。①Peyraube(1988:91)曾经提出这样的说法,即这个规律也有一些例外。

我们也可以讨论一些反例来说明这些句子不是与格结构(或双宾语结构),而是单一宾语结构,其中的"之"修饰后面的名词,即当领格代词的定语,或者是可以认为"之"前面的成分不是动词,而是介词。

这正是我们现在尝试分析的内容。

3 反例的讨论

这些反例现在已差不多众所周知。主要是涉及动词"夺"与"为"的例句,其他相关的动词有"立、闭、枕、斩、加、益、属"。在这里我只讨论前面四个动词,其他的动词的反例十分不明显,而且较为零散。②

3.1 动词"闭""立"

这两个可用在与格结构的动词只能是伸延与格动词。"闭"有关闭的意思,"立"有建立的意思。它们理论上不能适用于"动+间宾+直宾+"结构。不过,有不少不接受"之"="其"说法的学者把"动之名"结构里的"之"分析为间宾、后面的名词为直宾。例:

---

① 当然还有以下例句,其中动词"受"在"之"及名词之后:
一夫不耕民或受之饥一女不织民或受之寒(《管子·轻重甲》)。
但是"之"在这里不是间宾,而表达了因由。句子的解释应如何九盈(1993)说的:因之受饥。

② 有关"枕"的仔细讨论,可参看刘百顺(1981),有关加、益、属等动词,参看李人鉴(1981)。

(15) 天生民而立之君使司牧之。(《左传·襄公十四年》)

(16) 欲见贤人而不以其道犹欲其入而闭之门也。(《孟子·万章下》)

(17) 晋饥秦输之粟秦饥晋闭之籴故秦伯伐晋。(《左传·僖公十五年》)

有关这些句子的解释其实仍有问题。①

在例(15)里,"之"可以被解释为领格代词。如果这样,这句子更好的解释应该是"上天生民,并且设立他们的君主"。同样的解释也应用于上述的例(11)。②

至于例(16)及(17),它们作为与格句的可能性也不大。如王冠君(1982)一样,我们也可认为"闭之门"〔例(16)〕来自"闭之于门":代名词"贤人"的代词"之"是"闭"的宾语,而"于门"是处所介词结构当补语。③在这样的情形下,很难说这些是以"之"作为与格间宾的双宾语结构句子。这些句子应该属于"动+宾+处所补语"结构,其中介词"于"被省略了。在古代汉语中,省略"于"是很普遍的现象。

另一个反驳"之"与格间宾的说法的解释,是由赵岐(汉代,?—201)提出。他认为"之"="其",并将"孟子"中的例句这样翻译:

---

① Harbsmeier(1981:33)有例(15)翻译如下,"When Heaven gave birth to the people(it)established rulers, made them shepherd the people",即没有处理"之"的意思。Couvreur(1895:554)将例(16)翻译为:"c'est comme désirer qu'il entre et lui fermer la porte",即将"之"作为间宾。

② 将"之"这样分析为定语,而不认为是与格句子里面的间宾,可以让"之"被解释为人称代词或指示代词。我们认为它被解释为人称代词比较妥当。

例(11)也有另一解释的可能,唐钰明(1994)提到了,他引《公羊传·文公二年》的注解:句子里的"之"应该相等于"为之",句子因此应译为"为之作君为之作师"。我们认为没有任何理由来存在被省略介词"为"。

③ 同样地,"送之门"(《孟子·滕文公下》)应被解释为"送之于门",介词"于"被省略了,而"之"是"送"的唯一的宾语。

(18) 欲人之入而闭其门。(《孟子正义》147页)

我们比较赞同这个解释。

3.2 动词"夺"

"夺"有抢、强取的意思。显然是〔+接受〕与格动词。

"夺"字句的例句大概是最多的,也是最能引起争议的,如:

(19) 紾兄之臂而夺之食则得食(《孟子·告子下》)
(20) 牵牛以蹊人之田而夺之牛(《左传·宣公十二年》)
(21) 两弟无罪而再夺之国(《战国策·魏策三》)
(22) 夺之杖以敲之(《左传·定公二年附二》)
(23) 厚刀布之敛以夺之财重田野之税以夺之食(《荀子·富国》)
(24) 公攻而夺之币(《左传·哀公二十六年》)

同意"之"=间宾的学者,如何乐士(1980)提出两个论点:1."夺+之+名"(左传中共11个例句)比同时有的"夺+其+名"(只两例)的例句多得多。① 2.另外一个形式是"夺+之+以+名",这个形式必然是与格形式,并且证明了"之"不等同于"其",而是与格间宾。

第一个论点不具说服力。例句的统计数字不能说明什么,反而"夺之名"与"夺其名"两个形式的同时出现可以增加"之""其"说法的可能性(但也并不是支持这个分析的论点),尤其是这两个形式在同一段落中出现。事实上,这些例子真实存在,刘百顺(1981)、何九盈(1993)、唐钰明(1994)等人就提供了一些例句:

---

① 例:遂夺其妻(《左传·哀公十一年》);而夺其兄鄬般邑以为之(《左传·哀公十七年》)。其他例句在《左传》以外的文献中也可找到:彼夺其民时(《孟子·梁惠王上》)。

(25)（田恒）遂杀简公而夺之政……
皇嘉遂杀宋君而夺其政…（《韩非子·内储说下》）

另一个类似的例句是：

(26) 夺之资而益其灾（《国语·周语下》）

汉代及六朝的学者正确地把"之"解释为"其"，例如韦昭，他对最后一例作如下分析："夺其资民离叛"。请参看唐钰明（1994）。

即便第二个动词并非"夺"，同样的理由让我们自然认为以下例句的"之"＝"其"。

(27) 我姬姓也戎人安敢居吾国使夺之宅残其用。(《吕氏春秋·慎小》)

何乐士的第二个论点比较有说服力。如果"夺之名"像〔+给予〕动词一样可以被转化为〔夺之以名〕，或〔以名夺之〕，那么"之"只能被解释为间宾。这是无可置疑的事实。但是有关这些句子的转化，她只提出一个例句，而且这个例句也有疑问。

对这个问题做系统性研究的其他学者（马国栋1980，刘百顺1981，唐钰明1994）则一致认为这样的形式并不存在。事实上本人也从未找到"夺之以名"这样的例句，尤其是《左传》，而《左传》是何乐士研究的基本文献。

何乐士所举的例子如下：

(28) 夺之以土功……夺之以水事……夺之以兵事。(《吕氏春秋·上农》)

这个句子并不牵涉有双宾语的与格形式。上下文如下：

(29）农攻粟，工攻器，贾攻货，时事不共，是谓大凶。夺之以土功是谓稽……夺之以水事是谓籥……夺之以兵事是谓厉……

这个句子的解释应该是："为了大兴土木而夺取这个（时间），这叫作延误……为了治理水患而夺取这个（时间），这叫作'浸泡'……为了进行战争而夺取这个（时间），这叫作'虐害'……"

因此何乐士举出的例（28）（"夺之以名"）并非来自"之"是间宾而"名"是直宾的"夺之名"结构。

让我们回到例（19）（24）里的"之"的分析。的确，正如例（25）—（27）一样可以被解释为定语而非间宾。这样的解释比较适合。因此例（19）—（24）可以被解释为"抢他的食物"（19）、"抢他的牛"（20）、"抢他的国家"（21）、"抢他的杖"（22）、"抢他们的财产"（23）、"抢他们的礼物"（24）。

唯一对"之" = "其"这个假设有说服力的论点就是找到一些"之"后面有"其 + 名"的例句，即有一个领属代词加一个名词。而这样的例句并不曾出现。

Peyraube（1988：90）曾举出以下例句：

（30）百亩之田勿夺其时（《孟子·梁惠王上》）

如果否定副词"勿"的确是"毋"与"之"（他）的结合，这个句子即有两个代词：包含在"勿"里面的"之"，及修饰后面名词"时"的领属代词"其"（他们的）。那么动词"夺"的确有两个宾语，一个间宾（看不见的，因为包含在"勿"里），一个直宾，即"其时"。Pulleyblank（1995：108）也提出同样的解释："Do not deprive the hundred mu fields of their time (of cultivation)"。他同时这样分析这个句子："In this example, we should expect the preposed indirect object of duo 'deprive', bai mu zhi tian 'hundred mu fields', to be repeated by the pronoun zhi in its normal position between the negative and the verb and this could be represented by the final * t of wu 勿"。

事实上,我们认为这个句子不是双宾语结构,并没有包含在"勿"里面的代词"之",因而也没有任何"间宾"。这段的后文确定了这点:

(31)数口之家可以无饥矣

我们对例(30)的解释是:"拥有百亩之田(的人),如果不夺他们的时间,那么这些土地可足够养活数口之家。"

因此我们可以作如下的结论:当"动之名"结构中的动词是"夺"时,较合理的分析是"之"="其"。

3.3 动词"为"

当动词是"为"时,情况较为复杂,这是由于"为"的多义性程度很高。我们应该接受刘利(1995)的建议,分出不同的"为"。

(i)当"为"是意为"给与"的动词时,没有任何理由不认为"为之名"形式是双宾语结构,而其中的"之"是间宾。例:

(32)不如早为之所(《左传·隐公元年》)
(33)乃宣卿之适而为之田(《左传·宣公二年》)

多位学者曾提出这个"为"="给与"的解释(何乐士1980、颜景常1980、刘利1995),但是其中疑点仍有不少。[①]我们很难肯定在先秦汉语中"为"真正的有"给与"的意思。不过这并不是说非"+给予"的动词可以带两个宾语。事实上例(32)、(33)里的"为"大概不是动词。

[①] 俞樾在他的《群经平议》中也认为"为"="给与":"为,犹与也。"

我认为刘百顺（1981）对例句（32）的解释较可取："给他们安排住所"。"为"在这里应是介词而"之"（介词"为"的宾语）后面的名词可以有动词的解释。同样的分析可以用于例（33）："给他安排农田"。

（ii）当"为"意指"制作、造作"时，我们有如下例句：

（34）四里为连连为之长（《国语·齐语6》）
（35）王将铸无射而为之大林（《国语·周语下》）

的确，这些句子里的"为"应被解释为介词而非动词。因此例句（34）应是："四里成为一连，每连给安排一个长"。换言之，第二个"为"不是动词"制作"，而是介词，而后面的代词"之"代名词"连"。

（iii）当"为"是系词"是"时，则完全不能将"之"分析为间宾。最好的解释是将"之"解释为"其"，如：

（36）百乘之家可使为之宰也（《论语·公冶长》）

另一方式是把"为"作为介词而非动词处理，而"宰"则作为动词。我们也可以在《左传·哀公八年》中找到以下句子，其中"之"被孔颖达解释为"其"：王犯尝为之宰。

这两个解释无论哪个正确，十分明显"之"不能是间宾。

事实上，当"为"＝"是"时，"为之名"的例句是很罕见的。

（iv）最后，当"为"＝"充当""担任"时，"之"也可以被解释为相等于"其"的领格代词。例：

（37）吾不忍为之民也（《战国策·赵策》）
（38）微子去之箕子为之奴（《论语·微子》）
（39）则天下之民皆悦而愿为之氓矣（《孟子·公孙丑上》）

这个解释最早由郑玄提出，后来由王引之在他的《经传释词》中再述及，并利用了例（39），较近期的刘百顺（1981）再举例（37）来说明。我认为这个解释是比较合理的。

另外一个解释是不将"为"当作动词处理，而作为介词处理，这样例（37）的翻译应为："为了它（秦国），我不忍心被认作人民"。[①]

无论这两个解释哪个较合理，代词"之"都不是间宾。

还有另外一些情况，其中的"为"被认为是动词，后跟两个宾语，而事实上很明显它是介词，而句子的结构与双宾语结构毫无关联。如：

（40）而为之箪食与肉（《左传·宣公二年》）

当然，在这个句子里"之"并不相等于"其"，但"之"也并不是与格结构里的间宾。何乐士（1980）也承认这里的"为"是介词，因为她是这样翻译句子的："给他作了（或准备了）装在箪里的食与肉"。

4 结 论

如果承认规律是只有〔+给予〕与格式动词可以用于"动+间宾+直宾"与格结构中，上述对所有反证例句的讨论可让我们总结这个规律并没有例外。

这个规律为什么没有例外呢？因为有另一我们认为明显地更好的选择，那就是：1.当后面有〔+接受〕或伸延式与格动词时，承认"之"是领格代词，正如上世纪末的《马氏文通》所提出

[①] 也有第三个解释，是由颜景常（1980）提出来的。他把代词"之"作处所补语处理。因此，"为之民" = 为民于之（"之"指秦）；"为之奴" = 为奴于之（"之"指周）。刘百顺（1981）则合理地批评了这个解释。

的；2. 认为"为之名"结构中的"为"也可以是介词（在这个情形下，"之"后面的名词有动词的用法），而不一定是动词。

参考文献

郭锡良　1980　汉语第三人称代词的起源和发展，《语言学论丛》第6辑，64—93。

何九盈　1993　古汉语语法札记一则"动·之·名"与"动·其·名"，《中国语文》第3期，216—220。

何乐士　1980　先秦"动·之·名"双宾式中的"之"是否等于"其"？，《中国语文》第4期，283—291。

李人鉴　1981　略谈古汉语里用"之"充当补语，《中国语文》第1期，57—59。

刘　利　1995　《国语》中的"为·之·名"结构及其他，《中国语文》第2期，63—67。

刘百顺　1981　也谈"动·之·名"结构中的"之"，《中国语文》第5期，384—388。

马国栋　1980　"之"作"其"用小议，《中国语文》第5期，392—393。

马建忠　1898　《马氏文通》，台北，1962年。

唐钰明　1994　古汉语"动·之·名"结构的变换分析，《中国语文》第3期，216—220。

王　力　1962—1964　《古代汉语》。北京：中华书局，1981重刊本。

王冠君　1982　古汉语双宾句问题刍议，《齐鲁学刊》第2期，83—86。

颜景常　1920　古汉语中的"为·之·名"结构，《中国语文》第5期，394—395。

杨树达　1920　《高等国文法》，北京：商务印书馆，1984重刊本。

殷国光　1984　关于"为·之·名""夺·之·名"的几点看法，《语言学论丛》第12辑，213—227。

朱德熙　1979　与动词"给"相关的句问题，《方言》第2期，82—87。

Couvreur, Séraphin 1895 *Les Quatre Livres*. Ho kien Fou : Imprimerie de la mission catholique.

Harbsmeier, Christoph 1981 *Aspects of Classical Chinese Syntax*. London : Curzon Press.

Peyraube, Alain（贝罗贝） 1986 双宾语结构——从汉代至唐代的历史发展,《中国语文》第3期, 204—216。

Peyraube, Alain（贝罗贝） 1987 "The double object construction in *Lun Yu and Mengzi*", *Wang Li Memorial Volumes*. Hong Kong : Joint Publishing Co., 331-358.

Peyraube, Alain（贝罗贝） 1988 *Syntaxe diachronique du chinois évolution des constructions datives du 14e siècle av. J.-C. au 18e siècle.* Paris : Collège de France.

Pulleyblank Edwin G. 1995 *Outline of Classical Chinese Grammar.* Vancouver ; UBC Press.

Xu Liejiong & Peyraube, Alain 1997 "On the Double-Object Construction and the Oblique Construction in Cantonese", *Studies in Language*（1）.

二十世纪以前欧洲汉语语法学研究状况[*]

一 前　言

在中国，对于语言问题的研究有着悠久的历史。最早可以追溯到战国时期（公元前475—公元前221年）。《荀子》（公元前3世纪）这一部书特别对语言的性质提出了重要观点。其后，随着历史的发展，各种精心编著的字典和语音、方言及韵律研究相继出现，例如：《尔雅》（公元前3世纪著）、《方言》（公元1世纪著）、《说文解字》（公元2世纪著）、《释名》（约公元200年著）、《玉篇》（公元547—549年著）、《切韵》（公元601年著）、《广韵》（公元1008年著）、《中原音韵》（公元1324年著）、《康熙字典》（公元1716年著）等。

然而，一直到19世纪末，中国语言学传统存在着一个缺陷，那就是关于语法的研究一直没有真正出现。虽然有些著作谈语法问题，但是只是零散的、没有系统的分析。这些著作包括：陈骙的《文则》（1170年）、卢以纬的《语助》（1311年）、刘淇的《助字辨略》（1711年）、袁仁林的《虚字说》（1710年）、王引

---

[*] 本文原载《中国语文》1998年第5期。

之的《经传释词》(1798年)。

直到距今一百年的1898年,才可以看到中国人写的第一部汉语语法著作。这本书就是马建忠(1844—1900)编写的《马氏文通》。该书深受中国传统濡染(我们可以看到《文通》对上文列举的著作作了诸多分析),但基本上是以西方语言概念为基础的作品,采用了印欧语言同类著作的模式。本文的第二部分将对该书进行简单的叙述,在这部分中我同时会介绍法国的《普遍唯理语法》(*Grammaire générale et raisonnée*)(1660年著)。本人认为本书对《文通》写成起了很大的启发作用。

首先介绍由西方学者编写的汉语语法书,这些书很可能是《马氏文通》曾作参考的书籍。1898年以前没有由中国文人编著的汉语语法书,但自16世纪起,有不少由西方传教士及早期汉学家编辑的几部著作。对这些著作的彻底整理工作到今天还没有完成。这些书对几世纪前汉语(国语及方言)的研究提供了极为宝贵的资料。在此选择其中几部最重要的著作,它们是:Francisco Varo(1703)*Arte de la lengua mandarina*、Joseph Prémare(1728)*Notitiae Linguae Sinicae*、Joshua Marshman(1814)*Clavis Sinica*、Robert Morrison(1815)*A Grammar of the Chinese Language*、Abel Rémusat(1822)*Elémens de la grammaire chinoise*、Georg von der Gabelentz(1881)*Chinesische Grammatik*。

二 二十世纪前的西方语法书

2.1 称得上最早的汉语语法著作应该是由弗朗西斯科·瓦罗(Francisco Varo)神父编写的《国语语言文法》(*Arte de la lengua mandarina*)。该书在1703年于广州木刻初版。此书以西班牙文写成,没有包含任何汉字。作者是一位多米尼加的传教士，他仅对当时的白话语言提出了一些规则，没有分析古代汉语（文言文）。

除去作者对汉语发音及汉人风俗习惯的详细叙述，书中只剩下不足30页真正的语法分析。这些语法分析是依照著名的《拉丁文文法入门》(Introductiones Latinae)(1481)的模式编写的。《拉丁文文法入门》作者为艾里约·安多尼奥·内不列加(Elio Antonio Nebrija)(1441—1522)。这本书受了意大利人文主义作品的启发，是为教学而编写的语法书。内不列加也写了另外一部语法书叫作《卡斯特兰语文法》(Gramatica de la lengua castellana)(1492)，虽然这部书在18世纪以前没有再版，但瓦罗神父仍有可能看过此书。

可以肯定地说，作者希望将汉语纳入印欧语言的类别而并没有考虑汉语的特征。例如他在书中讲到性数格的变化，而这一现象在汉语中并不存在。此书是用下述方式组织编写的：

在第二章谈发音，特别是汉语声调之后，第三章阐述性数格的变化及复数形式；第四章介绍体词（形容词在体词内）及比较级和最高级；第五章分析动词、指示词、反复动词、职业名词及词之性别；第六章再次谈到代词（人称代词、指示代词、关系代词、相互代词）；第七章分以下栏目：感叹词、连词、否定词、反问词、条件式词；第八章叙述动词及动词变位；第九章主要讲被动式句；第十章谈介词及副词，是该书最丰富的一章。它对列出的大量副词进行了解释与翻译，并以西班牙文字母顺序进行排列。第十一章只有几页，主要解释句子的组成。第十二章讨论数词。最后第十三章主题为助词。

2.2 约瑟夫·培马尔(Joseph Prémare)神父所著《汉语分析》(Notitiae Linguae Sinicae)是用拉丁文写的。这部书同时概括了古代汉语和白话，并且分别得很清楚：书中对古代汉语和白话所阐述的规则也不同。另外，作者举出了大量例子，大致不少于12000个例句和50000个汉语词。

此书特别注重阐述汉语的修辞特征。作者充分地讨论了文体和组织。书中真正属语法分析及句法解释的内容也不少，只是淹没在一大堆各具特色的讨论里，难以看出其一贯性。

第一部分（文言文）和第二部分（白话文）使用了同一术语。有时例句到底是文言还是白话，并不容易分辨。

培马尔将汉语的字（lettera）作为语法的基本单位。他认为字有487个音（soni）和4个调（accente）。它们组成1445个音节（voces）。之后，作者采用实词和虚词的传统分法，却又按照西方词类分法将它们分类：体词（包括名词和形容词）、代词、动词（系词、助动词、主动词、被动词等）、副词、介词、连词、助词。其中体词部分又区分成不同的格：主格、宾格、属格、与格、处格和等格。时态和语式的分析则在动词一章中。

这部著作明显的缺陷是对句法的解释。

培马尔采用拉丁语的模式来解释中国语言。因而汉语语言的很多现象往往只能被扭曲以便套进拉丁语模式。作者没有深入研究出一种考虑汉语特征的术语，而只简单地采用了他所了解的拉丁语术语。

这部书在1728年写成，但晚至1831年才在马拉加城（Malacca）出版。主要是当时英国新教徒向斯达尼斯拉斯·瑞里安（Stanilas Julien）要求复制手稿。这部著作对后来语法书的发展起了重要影响。

2.3 约瑟华·马斯曼（Joshua Marshman）的《中国言法》（*Clavis Sinica*）于1814年在赛朗波城（Serampore）出版，而罗伯特·默里森（Robert Morrison）的《汉语语言文法》（*A Grammar of the Chinese Language*）于1815年也同样在赛朗波出

版。这两部书不如前几部著作重要。它们实际上是翻译过来的语言教材而不能说是真正的语法著作。

马斯曼的著作实际上是他对孔子《论语》的翻译（1809年出版）的进一步延伸。作者大部分篇幅局限于对《论语》的一些例句作分析。换言之，这是一本基于单一古典文献所作的文言文分析著作。作者同时使用冗长的篇幅解释中国的社会及人类学特征，与语言本身并无任何关联，书中举出和翻译的例句也不多。

默里森的著作更应归类为教学课本。作者到了中国以后，注重寻求与英语会话中常用句等同的汉语句子。这部著作对将英文翻译成汉语有帮助，但不能把它看作是一本真正能指出语言规则的语法著作。

2.4 阿贝尔·何穆赛特（Abel Rémusat, 1788—1832）的《汉文启蒙》（*Elémens de la grammaire chinoise*）于1822年出版，1857年再版。可称作第一部对汉语作逻辑综论及结构分析的著作。在很长一段时间里，这部书被用作参考书籍，至少一直到安东尼·巴赞（Antoine Bazin, 1799—1863）的《汉语官话语法》（*Grammaire mandarine*, 1856），与斯坦尼斯拉斯·瑞里安（1797—1873）的《汉语新句法》（*Syntaxe nouvelle de la langue chinoise*）。瑞里安是何穆赛特最出色的弟子，也是欧洲19世纪下半期公认的汉学大师。

如同作为《汉语分析》一书之参考的培马尔神父的语法著作一样，何穆赛特在他的著作中很明确地将古典的文言与官话的白话区分开来。这两种语言在两个不同部分给予阐述："古典文体"和"现代文体"。这两部分采用相同的组织方式来讨论不同的类别。具体章节划分如下：名词、形容词、专用词、数词、代词、动词、副词、介词、连词、感叹词、助词及惯用语。

与以前论著相反，何穆赛特没有在描述的汉语语言中勉强加入印欧语言的常见规则。他如实地处理了汉语本身的特点，并且直截了当地指出汉语中名词没有性与格，动词也没有时态变式。该著作只是在陈述汉语文言文部分时比较简略（只有几行字解释介词和连词，对副词的解释也不多）。所以说，这部著作的特点在于极具价值的、丰富的白话分析。

2.5 相比之下，乔治·翁·得尔·卡伯兰斯（Georg von der Gabelentz）所著的《汉文经纬》（*Chinesische Grammatik*）（1881）在古代汉语语法方面更为全面，可以说是 19 世纪末期最优秀的相关著作。书中列出了全部文言助词及它们详细的用法，同时还讲到了各种词源问题。

我们也可以看到在前面著作中提到的详细的词类，对虚字的长篇分析并包括许多例子。书中还对语法功能（主语、谓语、宾语等）及语言组织原则（倒装式、表态式等）进行了分析。

三 《文通》及其渊源

3.1 《文通》的内容概况

对《马氏文通》这本著作已经有过很多分析，在众多的著作中，最近的研究性著作有吕叔湘和王海棻（1986）；王海棻（1991）。这点并不奇怪，因为这部书对于 20 世纪几乎全部语法著作都具有很大的影响，甚至《文通》所使用的术语也全部被继承下来。下面请看选自王海棻（1991，第 3 页）的图表，作者对《文通》及《现代汉语八百词》（1981）的用词进行了比较：

《文通》	名字		代字	动字	静字		
《八百词》	名词	量词	指代词	动词	形容词	数词	方位词

续表

《文通》	状字	介字	连字	助字	叹字	
《八百词》	副词	介词	连词	助词	叹词	象声词

在此，我们仅重申《文通》包括三个基本组成部分：词类、句子成分和格。作者称第一部分为字，第二部分词，第三部分为次。最后这部分确实有特别的创意。它模仿了西方语言的语法模式，但后来的语法学家没有继续这种方式。《文通》另一点独到之处是将"句"和"读"区分开。这一区分始终不是非常清楚，但我们也许可以将它看作我们今天对于句子及分句的划分。

至于《文通》的渊源，明显地有两个：作者一方面受传统"小学"的影响，但同时也深受欧洲语言分析方式的影响。作者在书的序部分也多次承认这一点。他特别在跋中强调："则常探讨画革旁行诸国语言之源流，若希腊、若拉丁之文词而属比之，见其字别种，而句司字，所以声其心而形其意者，皆有一定不易之律；而因以律吾经籍子史诸书，其大纲盖无不同。于是因所同以同夫所不同者，是则此编之所以成也。"他也在例言里写过："此书系仿葛郎玛而作。"（在此，葛郎玛一词被选作 grammaire（语法）的翻译词）

下面我们分别讨论《文通》一书的两个渊源。

3.2 传统的影响

马建忠是一位传统的文人。他本可以写一部白话文的语法著作，但他选择的是古典汉语语法。

正如何九盈（1985，193页）所提出的，如果将传统的语法研究划分为两大部分，即训诂学与修辞学，那么《文通》一书明显地受二者的影响。马建忠肯定了解陈骙、卢以纬和袁仁林的语法分析(修辞传统)。马建忠从这些著作中借用了许多词语,但他往往对这些词语作新的定义:名、动、读、句。当然还有相对意义的实字和虚字。作者肯定还非常了解训诂学类的著作,如刘淇或王引之的著作。对于后者,马建忠更多地采用著作的语法分析,而较少借用它的用词。

但《文通》所反映的西方影响是最根本的。

3.3 西方影响

中国及西方的学者,特别是中国学者,曾经苦苦追溯对马建忠有过重要影响的西方著作。作者确实承认"此书系仿葛郎玛而作",但是在书中却没有提到任何一个曾被选用为模式的西方著作。

许国璋(1991,第83页至89页)曾经将《文通》与哈克耐斯(Harkness)的《拉丁语法》(1883)和上面提到的《波尔洛瓦雅尔语法》(另被称作《普遍唯理语法》,1660)进行比较。他得出结论是这两部著作都不能被认作是《文通》一书的模式。

贝沃海力(Peverelli,1986)认为斯威特(Sweet,1892)的英语语法著作及培马尔(1728)的著作都对马建忠的作品起到了影响,但是也不足以说明这两部著作就是《文通》的模式。

王海棻(1991,第199页)提出"《文通》表现出明显的模仿西方语法的痕迹",但她马上又补充说明:"但这些模仿之处只表现在一些具体问题上,在《文通》全书中并不占据主导地位,甚至也不占据重要地位。"最后,陈国华(1997)在对《文通》与《波尔洛瓦雅尔语法》进行比较之后,得出结论:"《文通》却不是一部《波尔洛瓦雅尔语法》式的普遍唯理语法",然而又承认:"《文通》是一部以普遍唯理语法作为理论基础,摹仿西洋语法体系而充分注意汉语特点,非严格意义上的古汉语语法。"

下面,我们将进一步阐述马建忠取用并由此编写《文通》的两大素材来源，即由西方学者撰写的汉语语法和印欧语言语法。

3.3.1 西方学者撰写的汉语语法

很难想象瓦罗（Varo）的《国语语言文法》(*Arte de la lengua mandarina*) 这一著作曾是马建忠采用的重要模式。而且，这部著作在十九世纪时已经很难找到（参看：何穆赛特，1822）。在《文通》一书中，我们也看不到引自该书的任何分析。

同样，对于马斯曼所著的《中国言法》(*Clavis Sinica*)（1814）和默里森的《汉语语言文法》(*A Grammar of the Chinese Language*)（1815），马建忠似乎都没有什么了解，或者说，就算他曾读过这两部书，对他作《文通》并没有什么影响。

最后我们可以自信地肯定马建忠当时不了解卡伯兰斯（Gabelentz）所著的《汉文经纬》。假如作者曾经读过这部书的话，那么可以肯定《文通》的特殊语法分析应该不一样。况且《汉文经纬》在1881年才第一次出版，当时马建忠已经离开欧洲了。再者，这本著作是用德文撰写的，而马建忠虽然十分了解希腊文、拉丁文、法文和英文，但是并不懂德文。

所以只剩下培马尔（Prémare）(1728) 及何穆赛特（Rémusat）(1822) 的语法著作。

贝沃海力（Peverelli, 1986）也许说得对，他认定培马尔（Prémare）的著作确实对《文通》起了影响。这部著作，实际上也许可以说是马建忠在上海森伊捏斯（Saint Ignace）教会学校读书期间，最早接触的语法著作之一。这早期的接触远在他于1875年（或1876年）至1880年被送到法国留学之前。实际上，我们知道当时该教会学校的耶稣教会神父就是用这部著作作为语法参考书的。同时，不难看出这两部著作有着共同点，特别在组织结构方面。

还很可能马建忠也曾读过何穆赛特（Rémusat）的著作。这本书是在1857年在法国再版，而且自此以后广泛流传。所以，马建忠于1875年（或1876年）至1880年在巴黎期间，理应很容易看到这本语法书。不过，这本书对《文通》并没有很大的影响。原因是：其一，《汉文启蒙》对古代汉语部分没有很深的论述，而《文通》主要在分析古代汉语；其二，马建忠的观点有时与何穆赛特的观点有对立的地方。后者确实希望避免将西方语言的规则套用于汉语，而马建忠却恰巧相反，专门寻找汉语与西方语言在句法上的共同点。

3.3.2 西方学者撰写的印欧语言语法

事实上，当马建忠谈到西方语法模式时，他所想到的主要是西方人撰写的西方语法著作。

我想做以下的假设：在马建忠所掌握的语法著作中，《波尔洛瓦雅尔语法》很可能是对他影响最大的语法书。这本17世纪的书同样地影响了19世纪大部分西方语言著作。随后比较文法理论才开始在西方广泛流传。

据我们了解这部语法著作在1803年至1846年期间，在巴黎曾6次再版。该书当时被叫作 *La grammaire*（即最主要的语法书）。所以，马建忠在写到"此书系仿葛郎玛而作"时，所指的很可能就是这本《波尔洛瓦雅尔语法》。

这一假设是基于这样一个事实：两本语法书所采用的哲学系统是相同的。正如陈国华（1997）指出的："在理性和语言二者的关系问题上《语法》和《文通》作者的观点十分相似。"

文末附表将两部著作所用词语作比较，显示两书之间众多相似之处。《文通》用了《波尔洛瓦雅尔语法》的一些概念，而这些概念在以前的汉语语法中并不存在，例如关系代词。这众多相似之处很难说只属偶然的巧合。

附 表

《文通》	《波尔洛瓦雅尔语法》

1. 字
 －名字　　　　　　　　Substantif（名词）
　公名　　　　　　　　　général（普遍名词）
　群名　　　　　　　　　collectif（集合名词）
　通名　　　　　　　　　adjectif（抽象名词）
　本名　　　　　　　　　nom propre（专有名词）
 －代字　　　　　　　　Pronom（代词）
　发语者　　　　　　　　première personne（第一人称）
　与语者　　　　　　　　deuxième personne（第二人称）
　所谓语者　　　　　　　troisième personne（第三人称）
　重指代字　　　　　　　réciproque（相互代词）
　接读代字　　　　　　　relatif（关系代词）
　询问代字　　　　　　　interrogatif（疑问代词）
　指示代字　　　　　　　démonstratif（指示代词）
 －静字　　　　　　　　Adjectif（形容词）
　象静　　　　　　　　　adjectif（形容词）
　滋静　　　　　　　　　nombre（数词）
 －动字　　　　　　　　Verbe（动词）
　外动字　　　　　　　　transitif（及物动词）
　自反动字　　　　　　　réciproque（相互动词）
　施动　　　　　　　　　actif（主动）
　受动　　　　　　　　　supin（被动）
　内动字　　　　　　　　intransitif（不及物动词）
　同动字　　　　　　　　copule（系词）
　助动字　　　　　　　　auxiliaire（助动词）
　无属动字　　　　　　　impersonnel（无人称动词）
　动字相承　　　　　　　infinitif（不定式）
　?　　　　　　　　　　 neutre（中性）
 －状字　　　　　　　　Adverbe（副词）
 －介字　　　　　　　　Préposition（介词）
 －连字　　　　　　　　Conjonction（连词）
 －助字　　　　　　　　?（助词）
 －叹字　　　　　　　　Interjection（感叹词）

117

2. 词
- 起词　　　　　　　　Sujet（主语）
- 止词　　　　　　　　Objet（宾语）
- 转词　　　　　　　　?（补语?）
- 表词　　　　　　　　Attribut（谓项）
- 司词　　　　　　　　Objet de préposition（介词宾语）
- 加词　　　　　　　　?（状语）
- 前词　　　　　　　　Antécédent（先行词语）
- 后词　　　　　　　　?（后行词语）
- 状词　　　　　　　　?（状语）
3. 次
- 主次　　　　　　　　Nominatif（主格）
- 宾次　　　　　　　　Accusatif（宾格）
- 偏次　　　　　　　　Cénitif（属格）
- 同次　　　　　　　　Apposition（同位）
- 转词?　　　　　　　Datif（与格）
- 　?　　　　　　　　Vocatif（呼格）
- 转词?　　　　　　　Ablatif（夺格）

读　　　　　　　　　　Proposition（分句）
句　　　　　　　　　　Phrase（句子）

参考文献

陈国华　1997　《普遍唯理语法》和《马氏文通》,《国外语言学》第3期, 1—11。

陈　骙　1170　《文则》, 北京: 人民文学出版社, 1960。

何九盈　1985　《中国古代语言学史》, 郑州: 河南人民出版社。

刘　淇　1711　《助字辨略》, 北京: 中华书局, 1954。

卢以纬　1324　《语助》, 北京: 中华书局, 1988。

吕叔湘　王海棻　1986　《马氏文通读本》, 上海: 上海教育出版社。

吕叔湘等　1981　《现代汉语八百词》, 北京: 商务印书馆。

马建忠　1898　《马氏文通》, 北京: 商务印书馆, 1983。

王海棻　1991　《〈马氏文通〉与中国语法学》, 合肥: 安徽教育出版社。

王引之　1798　《经传释词》, 长沙: 岳麓书社, 1984。

许国璋　1991　《论语言》, 北京: 外研社。

袁仁林 1710 《虚字说》，北京：中华书局，1989。

Arnauld, A. & C. Lancelot 1660 *Grammaire générale et raisonnée*. Paris：Editions Allia, 1997.

Gabelentz, G. von der 1881 *Chinesische Grammatik*. Leipzig：Weigel.

Harkness, A. 1883 *A Latin, Grammar for Schools and Colleges*. New York.

Marshman, J. 1814 *Clavis Sinica*. Serampore, 1814.

Morrison, R. 1815 *A Grammar of the Chinese Language*. Serampore, 1815.

Nebrija, A. 1481 *Introductiones Latinae*. Salamanca, 1981.

Nebrija, A. 1492 *Gramatica de la lengua castellana*. Madrid, 1992.

Peverelli, P. 1986 *The History of Modern Chinese Grammar Studies*. Leiden University. PhD.

Prémare, J. 1831 *Notitiae Linguae Sinicae*. Malacca：Cura Academia Anglo-Sinensis.〔18世纪成书〕

Rémusat, A. 1822 *Elémens de la grammaire chinoise*. Paris：Ala production, 1987.

Sweet, H. 1892 *New English Grammar*. Oxford：Clarendon Press.

V. Mair 1997 "Ma Jianzhong and the Invention of Chinese Grammar", C. F. Sun ed. *Studies on the History of Chinese Syntax*. Berkeley：Journal of Chinese Linguistics (Monograph Series 10)

Varo, F. 1703 *Arte de la lengua mandarina*. Canton, 1703.

上古、中古汉语量词的历史发展*

一 导 言

本文中的"量词"一律指名量词。

量词通常是用分布标准来定义的。(参看赵元任,1968:584;Li & Thompson,1981:104;朱德熙,1982:48)。即,所谓量词(classifier,CL)在理论上是必须放在名词(N)前面,且在指示词或/及数词(Num)后面的词。

(1)(这)三本书

这个定义是有问题的,因为我们无法从中知道量词的词义角色,也因为不能将量词与单位词(measure word,MW)分别开来[①],而这个区分对量词的共时性及历史性研究来说,是很重要的[②]。

---

  * 本文原载《语言学论丛》第21辑,北京:商务印书馆1998年,pp.99—122。
  [①] 在没有找到更好的翻译之前,我将 measure word 翻译为单位词。
  [②] 有关以句法标准来分别 MW 与 CL,请参看 Tai & Wang(1990),Tai(1992),Peyraube & Wiebusch(1993)。
  Tai(1992)认为两者的分别应如下:"量词将某类名词的明显概念特色显示出来,这些特色或许是物质方面的,或许是功能方面的。这些特色永远与这类名词所指定的东西结合着。而 MW 并不作分类,但是把一个名词所指的东西的量显示出来。"
  这个说法并不理想。过去的研究已充分指出量词的功能也可以是量化,将名词的个体显示出来。如 Paris(1981)、Peyraube & Wiebusch(1993),特别是 Wiebusch(1995)指出,很可能量词的主要功能是量化,次要功能是指出性质或分类。亦可参看 T'sou(1976)。

单位词可以指明：1）长度、重量、体积、面积等单位；2）作为单位的群体；3）作为单位的容器；4）作为单位的整体部分[①]。单位词极可能是所有语言都有的，而量词却不是。许多东亚语言有量词，但是印欧语系里的大部分语言却没有量词。

汉语里的量词出现在什么时候呢？是不是如 Dobson(1962)、黄载君(1964)、Greenberg(1975，基于 Dobson 的说法)、潘允中(1982)、Wang Lianqing(1994a)等人所说的，出现在上古早期（公元前11—前6世纪），甚至是上古以前（公元前14到前11世纪）呢？还是如王力(1958)、太田辰夫(1958)等所说的，在上古晚期（公元前5至前3世纪）时才出现呢？本文的目的之一就是提出证据说明真正的量词要到汉代早期才出现，大概在公元前2世纪左右，同时这些量词在中古早期（公元3至6世纪）开始普及，到了中古后期（公元7—13世纪）成为主要的语言现象[②]。

一般学者认为，汉语里有一个涉及量词/单位词的语序变化，那就是它们从名词的后面移到前面：

（2）N + Num + CL/MW > Num + CL/MW + N

这个说法最近被质疑。不过，我仍然认为这个变化的确发生了。那么变化是什么时候发生的？又是为什么发生的呢？至少，我们应该知道是怎样发生的。这就是本文所要回答的另一个问题。我首先分析下列七种词序样式，并且利用不同时期的历史文献——从上古以前至中古后期的文献[③]，给出下列样式实

---

① 大部分中国语言学家称这些单位词为量词，他们将量词分为度量衡量词、集体量词、容量量词、部分或个体量词。只有最后一类真正属于量词，其他应该是单位词。参看 Peyraube & Wiebusch(1993)。

② Peyraube(1991)曾作出假设："真正的量词出现的时间，不应早于汉代，甚至可能晚至中古早期，约在公元3—6世纪。"之后，Yang-Drocourt(1993)很具说服力地指出量词在汉代早期就出现了。

③ 本文的历史分期方式基于 Peyraube(1988)。

际出现次数的数据：一，Num + N；二，N + Num；三，N_1 + Num + N_2；四，N + Num + MW；五，N + Num + CL；六，Num + MW + N；七，Num + CL + N。

二 前上古汉语：公元前 14 至前 11 世纪

在甲骨文里（前上古汉语），用来表达名词数量的方式是样式一至四。

2.1 样式一 Num + N

这种样式是这个时期最常见的样式，也很可能如黄载君（1964）指出的，是最早的样式[①]。Djamouri（1988：35）在 1886 个带数词的 NP 例句中，找到 871 个这种样式的句子。最常见的情形是 NP 在宾语位置上，后面有动词，例如[②]：

（3）业一牛祖乙（S. p. 319）

2.2 样式二 N + Num

这种样式虽然不及样式一那样普遍，但是也是常用的样式之一：在 1886 个例句中，有 324 个这种样式的句子，同时，这种样式也主要是在宾语的位置上。例如：

（4）只虎一鹿卌狐百六十四麋一百五十九（D. p. 22）

样式一与二有没有区别呢？可能没有。Takashima（1984—

[①] Yau（1986）的看法有所不同。梅祖麟（1994）也认为 Num + N 这个词序相比于 N + Num 词序是较少见的，并且认为这点可以支持以下假设：上古汉语以前应该曾经是"中心语 + 修饰语"的语言。Djamouri（1988）的统计指出情形并非如是。亦可参考 Peyraube（1994）。

[②] 本文所用的甲骨文句子引自 Djamouri〔D〕（1988），Serruys〔S〕（1981）及 Takashima〔T〕（1984—1985）。

85）假设如果名词显示已知的信息。并 Num 表达了新的有关数量的信息，那么 Num + N 词序就更可能被采用。而当 N 与 Num 都表达了新信息，则采用 N + Num 词序就更可能被采用。不过这个以话语（discourse）作区别的方式在许多例子里很难成立，特别是在两个相反的词序在同一个句子里相继出现时。例如：

（5）甴卅卅牢　殳三三㊙（D. p. 38）

2.3　样式三　N_1 + Num + N_2

这个样式不像样式一与二那样常见，但也不罕见。例如：

（6）羌十人（T）
（7）晋反二人（D. p. 88）

有时 N_2 与 N_1 是同样的名词，例如：

（8）人十㞢六人（D. p. 88）
（9）卲于大甲羌一百羌卯十牢（D. p. 87）

一些语言学家（Hashimoto 1977；Yau 1986）认为在这些句子中的 N_2 不应该被认为是名词，而是量词。他们将这类词称为"相应量词"（echo-classifier），因为在许多藏缅语言里也有类似的现象，如哈尼语、拉祜语、景颇语、纳西语等，在这些语言里，"相应"量词只是数词前面的名词的重复[①]。

由于能用在 N_1 和 N_2 位置的名词很少（Djamouri 1988 认为只有 3 个），我们认为在 N_1 及 N_2 位置的词如果被解释为名词——而不是"相应量词"——会比较恰当。

---

① 李永燧（1979）引用哈尼语的例子，Matisoff（1982）引用拉祜语的例子是：
　（i）tsho˥ tɕ hi˩ tsho˥（哈尼语）
　　　人　一　人
　　　一人

2.4 样式四 N + Num + MW

这种样式与样式三并没有差别,因为单位词(MW)是名词。在甲骨文里单位词很少见,不会超过十个。其中三个较常见的是:"卣""丙""朋"。例如:

(10)鬯六卣[①](D. p. 76)
(11)马五十丙[②](T)
(12)贝廿朋[③](T)

当单位词与带数词的 NP 共现时,上古以前汉语的词序必定是第四种(N + Num + MW),而不会是第六种(Num + MW + N)样式。

2.5 最后,第五种(N + Num + CL)及第七种(Num + CL + N)

(接上页)
(ii)qhâʔ ni qhaʔ(拉祜语)
　　村　二　村
　　两个村

与上古以前汉语不同的是,这些藏缅语言里的名词,如果是双音节,量词只是名词部分的重复。如:
(iii)a˨ khw˥ tɕhi˨ khw˥(哈尼语)
　　足　一　足
　　一足
(iv)šú-leʔ tê leʔ(拉祜语)
　　香烟　一　量词
　　一支香烟

① "卣"是一个名词,是盛液体(如酒)的容器,如"升"一样,一卣比一升略少。例如:
(i)新鬯二升一卣(T)
不过,"卣"也可以是名词,意思是"瓶子",如:
(ii)惠卣王受又(D. p. 76)
② Takashima(1984—1985)翻译为 fifty butt of horses。
③ 像"卣"一样,"朋"不一定与数词一起使用,例如:易多女　贝朋(D. p. 78)
如果我们同意 Greenberg(1972)的说法,即量词除了用在数词后以外,没有其他的用途,那么我们应该认为单位词是名词,而不是量词。

样式都没有找到例子。王力（1958：236）说过甲骨文里没有个体量词，他无疑是正确的。他说："在殷墟卜辞中……单位词只限于度量衡单位（升）、容量单位（卣）和集体单位（十贝为朋，若干马为丙），还没有'匹''张'等个体量词。"

有一些语言学家（陈梦家，1956；管燮初，1953；黄载君，1964；Wang Lianqing，1994b）并不同意王力的观点，认为上古以前汉语里有量词。如果排除单位词，以及名词性的所谓"相应量词"，那么在他们所谓"量词"只剩下一个，即"丙"，如上面例11；或如以下这个例句：

（13）车二丙①（T）

他们将例11解释为"五十匹马"，例13为"两辆车"。

我认为"丙"应该是单位词（换句话说是一个名词），而不是量词。王力（1958）对"丙"的解释，即"若干马为丙"，不一定正确。而Djamouri（1988：85）的解释更确切："一套有两匹马的车。"

三 上古早期汉语，公元前11至前6世纪

上古汉语早期的情形与前上古汉语大致相同。样式一二三四都有。样式五六七仍未出现。

3.1 样式一二三四

下列数字是Drocourt（1993）提出的。她用了两种文献：公元前11至前8世纪的金文，以及公元前11至公元前6世纪的《诗经》：

---

① Takashima（1984—85）翻译为 two duorim of horses。

	一	二	三及四	六或七
金文	13%	29%	58%	0%
诗经	77%	14%	9%	0%

第一类与第二类在两种文献里出现的比例不同，这个奇怪的现象的原因可能是由于文献不同的性质：金文有实际的用途，而《诗经》是诗集。无论如何，从这个时期开始，样式一与二的区别可以有这样的一个解释：话语策略决定样式。在第一种样式（Num + N）里面，名词显示新信息；而在第二种样式里，显示新信息的是数词（有时甚至是名词 + 数词）。

正如 Drocourt（1993）指出的，在第二种样式里（往往是类似清单的句子），数词表达一种绝对的、真正的及有所指（referential）的价值。这点在金文中更容易见到（金文记录的是事实、礼仪、奖赏、猎物等）。相对而言，《诗经》这种样式就比较少。

（14）盒廿戌鼎廿铺五十剑廿（金文：师同鼎）

事实上，名词前的数词是名词的修饰语，而当它处在名词后时，则是谓语。

至于第三种样式（N_1 + Num + N_2），仍然有两种情况，一种是 N_2 与 N_1 不同（例 15），另一种是 N_2 与 N_1 是相同的名词（例 16）[①]：

（15）子七人（诗经：邶风）
（16）牛三百五十五牛羊卌八羊（金文，引自潘允中 1982）

Drocourt（1993）并不区分式三与四。不过，她大部分的例句应属样式四。这个"N + Num + MW"样式的确比以前更为常

---

① 这第三种样式在《诗经》里很少见，N_1 + Num + N_1 的样式没有出现。

见。我们可以找到约四十个单位词,其中很多是这一时期才开始用作单位词。如"里""寸"等长度单位词,及"斗""寽"等容量单位词等[①]。例如:

(17)王易金百寽(金:禽簋)

3.2 样式五六七

样式六,即单位词在名词前面的样式到这时仍没有出现。量词在名词前或后的样式五与七也同样没有找到例句。

不过,由于上古以前的情形已经如此,一些学者(黄载君,1964;管燮初,1953等)认为样式五(N + Num + CL)在上古早期已经可以看到,也就是此时已经出现量词。

如果我们将非真正量词的单位词和"相应量词"排除在外,还有两个可以被认为是量词的词:"匹"与"两"。例如:

(18)马四匹(尚书:文侯之命)
(19)车三百两(尚书:书序)

不过,"两"很可能也不是量词,因为它仍然有完整的词义:"由两匹马拉的车"("乘"则是"由四匹马拉的车")。刘世儒(1961)指出,在以下的例子里,"两"是名词,只能有一个意思,就是"马车":

(20)百两御之(诗经:鹊巢)

至于"匹",这个词也有几个义项:"匹配"的意思(刘世儒,1965:186)、"单独、普通"的意思(Peyraube,1991)。

无论如何,"两"与"匹"的例句数量太少(只有个别的例

[①] 也有一些单位词消失了,如用于马匹与马车的"丙"。用于马的由"匹"代替,用于马车的由"两"或"乘"代替。

句),我们不能因此认为量词在上古早期已经出现了。

最后让我们讨论经常被提起的一个例句,这个例句往往被认为是样式七(Num + CL + N)首次出现的例子:

(21)如有一介臣(尚书:秦誓)

然而,句子里的"介"是"唯一"、"独有"的意思,而不是量词,王引之(参看 Yang-Drocourt,1993:135)已经注意到这一点。例句 21 的意思应该是:"如果我有唯一一个臣子……",而不是 Dobson(1962)的翻译:"如果我有一个臣子"[①]。

总而言之,我们可以说量词在上古早期结束时仍未出现,只是越来越多的单位词出现在样式四(N + Num + MW)的句子里。

四 上古后期汉语,公元前 5 至前 3 世纪

4.1 样式一二三四

样式一仍然是最普遍的样式;样式二则越来越罕见[②]。样式三也趋于消失。在句子里 N_2 位置的名词最后只剩下"人"一个词。如:

(22)女五人(左传:僖 23)

至于样式四也越来越重要。不过《孟子》似乎是一个例外。Drocourt(1993)在《孟子》里找到的例句的统计数字并不显示

---

① Couvreur(1980)也认为"介"有"完整"的词义,但他对"介"的解释是"普通",所以他对这个句子的翻译是:"如果有一个普通能力的臣子"。

② 样式一的句子可参考下文例句 28(句子前半部);样式二的例句如:与之粟九百(论语:雍也)。

样式四的重要性：样式一有86%，样式二有3%，样式四及五有8%（大部分是样式四）①。在战国时代其他文献里，的确许多新的表达长度、重量、军事、面积、容量单位的单位词开始被使用。

（23）陈文子有马十乘（论语：公冶长）

4.2 样式六

上古后期汉语值得关注的现象无疑是样式六的出现（Num + MW + N）。这种样式在上古早期并不存在。例如：

（24）犹以一杯水救一车薪之火也（孟子：滕文公下）
（25）与之一箪珠（左传：哀20）
（26）一箪食一瓢饮（论语：雍也）

并不是所有的单位词都可用于这种样式，（没有长度、面积、体积的单位词），但是容器的单位词却常见，有时也有重量的单位词。例如：

（27）一鼓铁（左传：昭29）
（28）杀一牛取一豆肉（韩非子：外储说右·上）

虽然当NP里面有单位词时，样式四是主要的样式，但是样式六也并非罕见。因此，名词前单位词的出现应该是在上古晚期。

同样有趣的是，样式六只能有一个数词"一"。同时这个"一"字通常只有比喻性的用法，像英文里的无定冠词a一样，并不是真正的数词"一"。有关这一点，可参看Drocourt（1993）。

---

① 有关各个新单位词，参看杨晓敏（1988），杨一共找到了130个新词。

我曾经指出（Peyraube，1991）样式六是来自样式四，上古晚期这个时候发生了以下的词序变化：

(29) N + Num + MW > Num + MW + N

这个假设被 Yang-Drocourt(1993)、谭慧敏（将发表）等人质疑。Yang-Drocourt(1993) 认为并没有这样的一个词序变化。她认为样式六直接来自样式一（Num + N），就像样式四（N + Num + MW）来自样式二一样（N + Num）：

(30) N + Num > N + Num + MW　然后
　　 Num + N > Num + MW + N

她的主要论点是样式六与四并没有关系，因为它们的限制完全不同（在语法、语义、话语〔discourse〕三个层次上的限制），同时它们有不同的功能。它们并不能相互替换，常常同时出现，而两者出现次数的多寡主要视文献的文体性质。

所以，名词后的单位词严格来说表达的是数量，并且往往显示新信息。这些单位词常出现在列表里，在同位结构里，强调数词的重要性。而相反地，名词前的单位词往往只显示已知的信息，在前面还可以有一个指示代词。同时，名词前单位词的严格语义在许多情形下弱化。最后，它往往用在文学性较强的文献里。以上可参看 Drocourt(1993)。

我仍然认为（29）这个变化的确发生了。Drocourt 所指出的各项细节可能是确实的，但只有在样式四与六大量同时出现时，这些细节才能成立。换言之，即在样式六变得普遍时才成立。在上古之前（甲骨文）及上古早期，我们只找到样式四，而在现代汉语里，我们只找到样式六。换句话说，我们不能说样式六开始被采用的原因，是为了需要强调一个语义及话语的独特性，而这个需要在以前（样式六出现以前）是不存在的，在以后（样式四消失之后）也是不存在的。

Drocourt 的解释并没有针对变化开始的原因（或起变〔actuation〕）；最多只牵涉到变化开始以后的普及化（transmission）问题。

如果我们承认汉语一直是"修饰语+中心语"的语言，而这方面的论据甚多（参看沈培，1992；Peyraube，1994），我们可假设"Num + MW"（样式四）的句子被移到名词前面（样式六）以配合这个词序。

那么为什么"Num + MW"在上古早期及上古以前汉语里是在名词后面呢？这是因为当时样式四的"Num + MW"并不是名词前的修饰语。样式四与样式三（N_1 + Num + N_2）没有什么差别，正如太田辰夫（1958）所说的一样。在样式三里，数词只是第二名词（N_2）的修饰语，而"Num + N_2"完全不是第一名词（N_1）的修饰语，而是谓语。

样式三的逐渐消失引发了样式四的重新分析："Num + MW"被重新分析为前面名词的修饰语，而样式四至六的词序变化自然跟着发生了。不过这个词序变化并不是必要的，因为样式四后来仍然被广泛地采用，这两个样式共存了很长一段时间。

4.3 有量词的样式五与七

最后，我认为在上古晚期没有样式五与七，即此时没有真正的量词。这个看法无疑与大多数学者的看法相悖。他们一般认为样式五（N + Num + CL）已经存在，甚至样式七（Num + CL + N）也可能已经存在。这些学者中也有人强调应该将单位词与量词分别开来，因为单位词可以在名词之后（样式四），或名词之前（样式六），而量词只能在名词后（样式五），不能在名词前①。

在样式五中被认为是量词的有："匹"（用于"马"）、"两"（用于"车"）、"张"（用于"帐幕"）、甚至"个"（用于"箭"）②。不过，可找到的例句仍然非常少。在《论语》《孟子》《荀子》《左传》《韩非子》等最能代表上古后期汉语的文献里，我们只能找到一例量词"张"、一例量词"个"、一例量词"两"与几例量词"匹"，所有"匹"的例句都是出现在《左传》。

此外，这些词不一定是量词，例如：

（31）子产以幄幕九张行（左传：昭13）

在这个例子里，"张"可被解释为动词"张开"，这个例句则可以被解释为："子产带着九个可以被张开的帐幕走了"。事实上，Couvreur（1914）对这个句子的翻译也正是如此："子产带着可以张开九个帐幕的幄与幕走了。"③

（32）负服矢五十个（荀子：议兵）

在这个例句里，"个"也可以有完整的词义"竹竿"。

（33）革车三百两（孟子：尽心下）

在例（33）里，"两"同样也可以具有完整的词义："由两匹马拉的车"。

---

① 参看王力（1958）、太田辰夫（1958）、黄盛璋（1961）。
② 杨晓敏（1988）与何乐士（1989）从《左传》找到的例子多一些，但是所举的例句其中有许多是单位词。
③ 正如刘世儒（1961）所注意到的，量词"张"首次出现时用于"帐篷"是很奇怪的。"张"应该最初被用于"弓"，因为"张"最初的意思是"拉弓"，而量词"张"在用于"帐篷"及其他名词之前，已经是"弓"的量词。

(34) 皆赐玉五瑴马三匹（左传：庄18）

我们在《左传》里总共找到五个有数词的"匹"配合着"马"的例句，其中四个在同一段里（昭6）①。

"匹"也很可能仍然保留着以前完整的词义："匹配"，"单一"或"普通"。

无论如何，上面提到的这些所谓"量词"全部都可以有不同的解释。特别是这类例句又非常少见，在数百个有数词的量化NP中，我们只看到寥寥几个例子。

因此，我们认为在整个上古后期汉语里，量词还没有出现。Yang-Drocourt（1993：163—168）分析了秦代（公元前221—前206）的两部竹简法律文献，这些竹简是在1975年出土的（参看《云梦秦简释文》2、3，1976）。这两个文献的语言是比较口语化的、直接的。Yang-Drocourt找到了以下七个样式出现的百分比：在第一个文献里总共有129个带数词的NP，其中样式一占41%，样式二占8.5%，样式三占14.7%，样式四占34.8%；在第二个文献里总共有77个带数词的NP，其中样式一占50%，样式二占20%，样式三占30%。

无论怎样，这两个文献都没有量词的例句。

总而言之，在上古后期，值得关注的现象是样式六的产生，在数词与名词之间有单位词，即它是名词前的单位词。

---

① 在《孟子》里也有以下"匹"的例句，学者往往引用这个例句来说明这是量词首次出现在名词前面（样式七）：力不能胜一匹雏（孟子：告子下）

不过，正如王力（1958：240）指出的，"匹"很可能在这里不是量词，而是一个形容词，意思是"小"或"单一"。亦可参看刘世儒（1961），Drocourt（1993）。

133

五 前中古汉语（汉代），
公元前 2 世纪至公元 3 世纪

5.1 样式一二三四六

在中古以前汉语里，样式一仍然是最普遍的样式（例句 35），样式二已变得较罕见（例句 36）。

（35）以二女妻舜（史记：五帝本纪）
（36）骑数百（史记：高祖本纪）

样式三也几乎完全看不到了，除了当 N_2 是"人"的时候，如：

（37）分予文君僮百人（史记：司马相如列传）

样式四仍然存在，如：

（38）献白璧一双……孔雀二双（汉书：西南夷两粤朝鲜传）

不过，由于样式四（N + Num + MW）到样式六（Num + MW + N）这个变化在上古后期已经发生了，样式六开始普遍起来，并且有取代样式四的趋势，结果样式四则越来越少见。现在 NP 里单位词的位置变为在数词与名词中间，即在名词之前，例如：

（39）赐黔首里六石米，二羊（史记：秦始皇本纪）
（40）则幸分我一杯羹（史记：项羽本纪）
（41）一尺布尚可缝，一斗粟尚可舂（史记：淮南衡山列传）

5.2 有量词的样式五与七

在中古以前这个时期最重要的问题，就是样式五（N + Num + CL）或样式七（Num + C_1 + N）个体量词是否已经出现。大部分的学者认为它们已经出现了，至少在量词处于名词后的这个结构里，这个现象已经发生了。下面的例句应说明这个看法是正确的，这些例句来自《史记》（公元前104至86年）、《汉书》（公元75至120年），这些句子不再只用"两"与"匹"这两个量词：

（42）骑马二匹（史记：匈奴列传）
（43）羊万头（史记：货殖列传）
（44）牛车千两（史记：货殖列传）
（45）竹竿万个（史记：货殖列传）
（46）弓一张矢四发（汉书：匈奴列传）

到了这个时期，很难再认为"匹""两""个""张"还不是量词[①]，依然保留它们原来的词义。即使我们仍然可以找到以下的例句如例（47），在这个句子的第二部分里，"匹"做主语，因此是个名词。

（47）马三匹匹二束（居简 p.91）

本人（Peyraube 1991）曾指出上述有量词的例句虽然比上古后期较为普遍，但其实并不常见。在汉代，正常的情形应该是数词仍然紧接着名词，中间没有量词。本人也曾质疑黄盛璋（1961）的假设，他认为没有量词的NP只出现在文献里，而在口语里应该有量词，他以在汉简里找到的大量有量词句子的例子来说明他的假设。

我们认为这个假设言过其实，主要是因为我并没有在后汉的佛经译文中找到任何量词。而这些译文通常是比历史文献更口语化的文献。在这些佛经译文里常见的带数词NP样式仍然是样式

---

① 不过在例句43里，"头"可以被解释为单位词，这个句子可以被翻译为"一万个羊头"（ten thousand head of sheep）。

一(Num + N)[①]。

因此本人当时曾经得出如下结论:量词似乎是在汉代时出现的,不过数量并不多。大部分时间,这些量词依然保留它们名词的特质。

这个结论很可能是错误的。

如果我们仔细查阅汉简或木刻文字(这些文献是在中国西北边疆驻军遗址里发掘出来的,内容非常丰富),我们不难发现这个时候的量词其实并不那么少见[②]。

Yang-Drocourt(1993:p.181)在这些文献里找到最早的真正量词。除了"人""匹""两""乘"之外,我们还可以找到以下用在带数词的NP里的词,它们之中也有一些可以与用于不同的名词:"枚""领""封""具""口"。例如:

(48)皂布袍一领白练裌袭一领白布袜一两(敦简575)
(49)鸡子五枚(S15,10.12)
(50)书二封(S123,70.21)

"两"依然用于"车",但现在也可以用于成对的衣着类,如例48,或如下:

(51)白革履一两(206.23)

另外,值得注意的是,量词是"枚"。当用于如"矢"等名词时,它可以保留它原来的词义。但当它用于其他名词时,如"鱼""瓜""席""鸡子"或"狗"时,它原来的词义就完全消失

---

① Zurcher(1977)认为后汉时期的29个文献(公元150至220间在洛阳翻译)里,我查阅了其中八种:《长阿含十报法经》(大正新修大藏经I,13);《人本欲生经》(I,14);《一切流摄守因经》(I,31);《四谛经》(I,32);《本相猗致经》(I,36);《是法非法经》(I,48);《漏分部经》(I,57);《普法义经》(I,98)。而我只找到了"种",而这个词明显地不是个体量词,而是单位词。

② 参看谢桂华等(1987)与吴礽骧(1991)。

了，如例49，或如下：

（52）狗一枚（5.12）[①]

这些最早的量词必定在名词后的位置，即样式七在汉代仍未出现。有几个采用"匹"或"两"的样式七例句，我们认为是例外：它们只出现在历史文献的可能是在后世加进的段落中，在汉简里一例也没出现[②]。

（53）五千匹马（史记：大宛列传）
（54）数十两车（史记：淮南衡山列传）[③]

总而言之，在汉代，一个重要的变化发生了，这就是个体量词的出现。出现的时间应该是在公元前2至1世纪。这个变化可能是起于词缀"-r-"的消失，这个词缀可能是上古汉语复数的指示词（参看Sagart 1993）[④]。

六　早期中古汉语，公元3至6世纪

在六朝时代（220—589），量词的使用越来越多，但不是在所有文献中都同样普遍。

[①] Yang-Drocourt（1993）在汉代早期的在凤凰山第八号墓出土的陪葬物清单（参看裘锡圭1974）里，找到用于"鱼"的"枚"，及用于"船"的第一次出现的"艘"。

[②] Drocourt（1993）在《敦煌汉简》里找到11%的样式一，28%样式二，60%样式四与五，而只有1%样式六与七。

[③] 作为样式七的最早例子，以下例句也经常被引用：千足羊。（史记：货殖列传）不过，如果把原意是"脚"的"足"解释为单位词，应该更恰当。像"头"一样，这是用来数牲口的单位，而不是量词。这例句的翻译应该是 a thousand head of sheep。

[④] 另一个解释是由Hashimoto（1977）提出的，他认为量词的出现是为了消弭单音节语言名词的歧义。不过由于许多多音节语言里都有量词，他的假设很难成立。参看Paris（1981）。

庄正容(1980)在《世说新语》(420—444)中找到各样式例句的数据：样式一有 300 个；样式二有 10 个（通常用来计算年龄与钱）；没有找到样式三；样式四和五有 20 个；样式六和七有 20 个。这些数据很能说明样式一仍然是最普遍的形式。

Yang-Drocourt(1993)在一个稍晚的文献《洛阳伽蓝记》（成书约 550 年）里找到的例句比例不一样：一半的带数词的 NP 采用了量词[①]。

样式一（例 55）与样式二（例 56）的例句如下：

(55) 袁彦道有二妹（世说新语：任诞）
(56) 有钱数千万（世：俭啬）

事实上，样式三并非如庄正容(1980)所说的完全不存在。我们找到了在 N_2 的位置上采用"人"的样式三例句，例如[②]：

(57) 婢子百余人（世：汰侈）

至于样式四和五的混合式共 20 个例子，其中样式五（用量词的）与样式四（用单位词的）一样多。采用单位词的例子有：

(58) 米千斛（世：雅量）[③]

采用量词的例子有：

(59) 因下玉镜台一枚（世：假谲）

在此时变为普遍的量词"枚"，可以用于不同的名词，就像现代汉语的"个"一样[④]，除了"枚"以外，在

---

① 她在《世说新语》里找到的例句比例与庄正容(1980)的稍有不同：在 297 个量化 NP 中，只有 27 个有量词（9%），而 227 个属于样式一（76%）。
② 庄正容(1980)认为很可能"人"是量词，而不是名词。
③ 一"斛"等于十斗。
④ 不过在《世说新语》里只有两个"枚"。

此时的各类文献里都可以找到中古以前时期的量词，即"个""张""领""封""具""口"等，但同时也可以找到以下的量词："株""条""根""本""枝""梃""凡""件""道""番"，等等①。以下是一些例句：

（60）以捕鹿二千口供厨（世：惑溺）
（61）忽生草三株（拾遗记）
（62）献其国弓三十张（魏志：陈留王纪）

这些量词是怎样出现的呢？每个量词都有它自己的发展历史。一般来说，它们来自名词，很少数的来自动词。通过语法化，原来的名词虚化了，丧失了原来完整的词义，变成虚词，只能表达计算功能。例如在汉代已经出现的量词"枚""口""头""张""个"，分别来自名词"枚"（原意是"枝干"）、名词"口"、名词"头"、动词"张"（张弓的"张"）、名词"个"（竹竿的意思）；中古早期的量词"株"与"根"来自同样的名词，原意是植物的根部等等②。

这个语法化的过程，在中古以前开始发生于某些词，过程是不明显的、缓慢的、不连贯的。在中古早期，在带数词的 NP 里，量词仍然不是非用不可的。上面的数据显示没有量词的样式一仍然是在这个时期的主要形式。不过，我们还是可以将汉语量词普及化的时期确定在中古早期。

此外，当量词开始普及的时候，它们仍然主要处在名词后的位置上，正如上例 59 到 62 所显示的。

不过，样式七的例子不是没有，例如：

---

① 参看刘世儒（1965），他提供了更多种类的量词。中古时期的新量词大概不超过 30 个。

② 有关其他中古早期量词的来源，参看刘世儒（1965）。

（63）斋前种一株松（世：言语）

（64）有二百五十头牛（百喻经）

这些例子很罕见，所以我们不能认为在中古早期样式七已经很普遍。要等到中古后期才能见到这个"Num + CL + N"样式普及起来的情形。

七　中古后期汉语，公元 7 到 13 世纪

在中古后期刚开始时，量词逐渐普及。样式一（Num + N）的比例减少了。在此时的文献如"变文"（约公元 850 至 1025）里，这个样式在所有 NP 中的比例已不超过 30%[①]。而样式二与三变得罕见。样式一的例子有：

（65）我有一女在家（佛说阿弥陀经）

如果 NP 里有单位词时，最常见的词序是样式六（Num + MW + N）而不再是样式四（N + Num + MW），虽然样式四仍然偶尔出现，如：

（66）樽中有酒五升（叶净能诗）

样式六的例句有：

（67）取三两粉与这个上座（祖堂集 6.119）

NP 里有量词时，则使用样式五（N + Num + CL）与样式七（Num + CL + N）。因此从此时开始，量词也可以出现在名词前。

量词在名词后的样式五例句有：

---

① 我曾查阅了《敦煌变文集》（王重民 1957 年编）里的带数词、指示词的 NP。

(68) 女王遂取夜明珠五颗白马一疋赠与和尚前去使用 (大唐三藏取经诗话)

(69) 汗衫子一领 (叶净能诗)

量词在此时比以前普遍多了。它们的用法也很规律化。在《变文》里的 NP 有 70% 采用了量词。而这个比例还随着时间不断增加。

中古后期另一个更重要的特点是在 NP 里位于名词前的量词比例大量增加，而在中古前期，它们仍很罕见。在《变文》里，样式七的比例占了约九成，而名词后量词的比例只占约一成。样式七的例句有：

(70) 乘一朵黑云 (韩擒虎)
(71) 一件袈裟挂在身 (佛说阿弥陀经)

"枚"不再是一般的量词，它渐被"个"代替，"个"可以用于各种不同类型的名词，尤其是抽象名词及人物[1]。例如：

(72) 雇九个船 (入唐求法巡礼记)
(73) 臣有一个问头 (唐太宗入冥记)
(74) 便变作一个道士 (叶净能诗)
(75) 教学八万个徒弟 (变文)

最后，除了用于在带数词的 NP 里，从 10 世纪开始，一些量词（主要是"个"）也可以用于带指示词的样式七的 NP 中，例如：

(76) 这个修行是道场 (维摩诘经)
(77) 此个地狱中有一青提夫人已否 (大目乾连冥间救母)

一些情况，后面紧随着量词"个"的指示词是主语，它不修

---

[1] 有关唐代（618—907）量词"个"的分析，参看王绍新（1989）。

饰任何名词。如：

(78) 此个名为真道场（维摩诘经）

另一些情况，句子里并没有数词或指示词，只有一个修饰名词的量词。在这种句子里没有出现数词"一"。如：

(79) 路上见个狮子（妙法莲华经）

上文指出 (29)，样式四 (N + Num + MW) > 样式六 (Num + MW + N)，发生在"Num + MW"经过重新分析，从谓语变为名词修饰语之后。现在我们认为同样的变化发生了，只是这次涉及量词，而不是单位词。我认为基于同样的理由 (N + CL 再分析)，也可以说样式四（名+数+量）>样式七（数+量+名）：

(80) N + Num + CL > Num + CL + N

因此，样式七是经过与长期存在的主要的形式样式六的类推现象出现的。主要原因是"数+量"已经被再分析成为主要名词的修饰语。

这个时期量词可以放在名词前面，而且样式七普及化了，因此我们相信量词从此之后成为 NP 表达系统的一部分。这些量词与数词或指示词构成量词短语（CLP）。这些量词短语直接紧随它修饰的名词，两者中间不可能插入其他任何成分。

另外，量词在汉代及中古早期的功能是量化、使后面的名词个体化，而到了中古后期，它们有了新的功能，那就是性质化与分类。某些名词采用特定量词的方式渐渐系统化，尤其在文学文献中最为常见，其中当然有文体风格方面的原因。

从中古后期到近代（19世纪），量词越来越多样化。除了它们量化的功能外，它们也渐具有性质化的功能。今天，它们可能渐渐失去性质化/分类的功能,因为有一个将各个量词统合为一的过程,那就是"个"渐成为唯一的量词,至少在北方汉语里,这个过程正在进行①。

结　论

量词(CL)出现在汉代(公元前2世纪),并在中古早期开始普遍使用。量词是经过语法化过程后,从名词(也有少数来自形容词或动词的)演变而来。这个过程可能历时很长,对大部分的量词来说,晚至中古后期才完成。此时,大多数的量化NP使用量词。

至于单位词(MW),它们出现在前上古汉语里,在上古后期变得普遍。单位词首先用在名词后的位置上(N + Num + MW),是谓语的一部分;随后充当谓语的"Num + MW"被重新分析成为名词修饰语,并在上古后期移到名词前。

至于"Num + CL"短语,在汉代早期产生后,也是先用在名词后的位置上(N + Num + CL),是谓语的一部分。同样的重新分析变化晚至中古晚期才发生,这个变化也使得量词从名词后移到名词前。

上述对名词的量词系统的内部变化描述,及据此对量词产生过程的解释,无疑说明这个系统是汉语自身的内部变化。至于普及的问题,即变化产生之后普遍化的问题,游汝杰(1982)、

---

① 参看 Peyraube & Wiebusch(1993),他们提出以下循环变化的假设,从中古以前(i),经过中古后期(ii),到近代汉语(iii):

(i)	(ii)	(iii)
CL {+量}	>CL {+量}	>CL {+量}
{-多样化}	{+多样化}	{-多样化}
{-质}	{+质}	{-质}

Erbaugh（1986）、Peyraube（1991）的外来影响假设（泰语系对汉语的影响）仍待商榷。就算今天与泰语有较多接触的中国南方方言里有较多的量词，而与没有量词的阿尔泰语系有较多接触的北方方言的量词较少，这个情形并不足以证明外来影响。

参考文献

陈梦家　1956　《殷墟卜辞综述》，北京：中国科学院。
管燮初　1953　《殷墟甲骨刻辞的语法研究》，北京：中国科学院。
何乐士　1989　左传的数量词，《语言文字学术论文集》，上海：知识出版社。
黄盛璋　1961　两汉时代的量词，《中国语文》第8期，21—28。
黄载君　1964　从甲文、金文量词的应用、考察汉语量词起源与发展，《中国语文》第6期，432—441。
李永燧　1979　哈尼语概况，《民族语文》第2期，134—151。
刘世儒　1961　魏晋南北朝个体量词研究，《中国语文》，第10、11期，26—40。
刘世儒　1965　《魏晋南北朝量词研究》，北京：中华书局。
梅祖麟　1994　汉语七个类型特征的来源，第四届中国境内语言暨语言学国际研讨会论文。
潘允中　1982　《汉语语法史概要》，郑州：中州书画社。
裘锡圭　1974　湖北江陵凤凰山十号汉墓出土简牍考释，《文物》第7期，49—55。
沈　培　1992　《甲骨卜辞语序研究》，台北：文津出版社。
太田辰夫　1958　《中国语历史文法》，东京：江南书院。
谭慧敏（将发表）略论汉语量词的起源与发展，T'sou, Peyraube, Xu, Lee eds. *Studia Linguistica Serica*. Hong Kong City University Press.
王　力　1958　《汉语史稿》，北京：科学出版社。
王绍新　1989　量词"个"在唐代前后的发展，《语言教学与研究》第2期，98—119。
王重民等　1957　《敦煌变文集》，北京：人民出版社。
吴礽骧、李永良、马建华　1991　《敦煌汉简释文》，兰州：甘肃人民出版社。

谢桂华、李均明、朱国炤 1987 《居延汉简释文合校》，北京：文物出版社。

杨晓敏 1988 《左传》中的量词，《中国语言学报》第3期，83—95。

云梦秦墓竹简整理小组 1976 云梦秦简释文2，《文物》第7期，1—10。

云梦秦墓竹简整理小组 1976 云梦秦简释文3，《文物》，第8期，27—37。

朱德熙 1982 《语法讲义》，北京：商务印书馆。

庄正容 1980 《世说新语》中的称数法，《中国语文》第3期，188—193。

Chao, Y. R. 1968 *A Grammar of Spoken Chinese*. Berkeley & Los Angeles : University of California Press.

Couvreur, S. 1890 *Dictionnaire de la langue classique chinoise*. Ho Kien Fou : Imprimerie de la mission catholique.

Couvreur, S. 1914 *Tch'ouen Tsieou et Tso Tchuan. Textes chinois avec une traduction francaise*. Ho Kien Fou : Imprimerie de la mission catholique.

Djamouri, R. 1988 "Etude des formes syntaxiques dans les ecrits oraculaires graves sur os et carapaces de tortue". Paris, These de Doctorat de l'EHESS.

Dobson, W. A. C. H. 1962 *Early Archaic Chinese*. Toronto : Toronto University Press.

Drocourt, Z. 1993 "Analyse syntaxique des expressions quantitatives en chinois archaique", *Cahiers de Linguistique-Asie Orientate* XXII-2, 217-237.

Erbaugh M. S. 1986 "Tacking Stock : The Development of Chinese Noun Classifiers Historically and in Young Children", C > Craig (ed), *Noun classes and Catgroization*. Amsterdam : John Benjamins. 399-436.

Greenberg, J. H. 1972 "Numeral Classifiers and Substantival Number : Problems in the Genesis of a Linguistic Type", *Working Papers on Language Universals* 9, 1-39.

Greenberg, J. H. 1975 "Dynamic Aspects of Word Order in the Numeral Classifier", C. N. Li (ed.), *Word Order and Word Order Change*. Austin : University of Texas Press. 27-46.

Hashimoto, M. 1977 "The Genealogy and the Role of Classifier in Sino-Tibetan", *Computational Analyses on African and Asian Languages* 7, 69-78.

Li, C. N. & S. A. Thompson 1981 *Mandarin Chinese. A Functional Reference Grammar*. Berkeley & Los Angeles : California University Press.

Matisoff, J. 1982 *The Grammar of Lahu*. Berkeley : University of California Press.

Paris, M.-C. 1981 *Problèmes de syntaxe et de sémantique en linguistique chinoise*. Paris : Collège de France, Institut des Hautes Études Chinoises.

Paris, M. -C. 1989 *Linguistique générale et linguistique chinoise*. Paris : Université de Paris 7.

Peyraube, A. 1988 *Syntaxe diachronique du chinois : évolution des constructions datives du 14e siècle av. J. -C. au 18e siècle*. Paris : Collège de France, Institut des Hautes Études Chinoises.

Peyraube, A. 1991 "Some Remarks on the History of Chinese Classifiers", *Santa Barbara Papers in Linguistics* 3, 106-126.

Peyraube, A. 1994 "On Word Order and Word Order Change in Pre-Archaic Chinese". Paper presented at the 4th International Symposium on Chinese Languages and Linguistics, Academia Sinica, Taipei, Taiwan.

Peyraube, A. & T. Wiebusch 1993 "Le rôle des classificateurs nominaux en chinois et leur évolution historique : un cas de changement cyclique", *Faits de langue* 2, 51-61.

Sagart L. 1993 "L'infixe-r-en chinois archaique", *Bulletin de La Société Linguistique de Paris* LXXXVIII-1, 261-293.

Serruys, P. L. M. l981 "Towards a Grammar of the Language of the Shang Bone Inscriptions", *Proceedings of the 1st International Congress of Sinology*. Taipei : Academia Sinica. 313-364.

T'sou, B. K. 1976 "The Structure of Nominal Classifier Systems", L. Thompson, P. Jenner & S. Starosta (eds), *Austro-Asiatic Studies : Proceedings of the First International Conference on Austro-Asiatic Linguistics, Honolulu 1973*. Honolulu : University of Hawai Press.

1215-1247.

Tai, J. H. & Wang Lianqing 1990 "A Semantic Approach of the Classifier 'tiao'", *Journal of the Chinese Language Teachers Association* 25-1, 35-56.

Tai, J. H. 1992 "Variation in Classifier Systems Across Chinese dialects : Towards a Cognition-Based Semantic Approach", *Zhongguo jingnei yuyan ji yuyanxue* 1, 587-608.

Takashima, K. 1984-1985 "Noun Phrases in the Oracle-Bone Inscriptions", *Monumenta Serica* 36, 229-302.

Wang, Lianqing 1994a "Origin and Development of Classifiers in Chinese". PhD., The Ohio State University.

Wang, Lianqing 1994b "Archaic Chinese Classifier *kai and its Implication for Classifier Languages in China". Paper presented at the 3rd International Conference on Chinese Linguistics. Hong Kong City Polytechnic.

Wiebusch, T. 1995 "Quantification and Qualification : Two Competing Functions of Numeral Classifiers in the Light of the Radical System of the Chinese Script", *Journal of Chinese Linguistics* 23-2, 1-41.

Yang-Drocourt, Z. 1993 "Evolution syntaxique des classificateurs chinois, du 14e siècle av. J.-C. au 17e siècle". Paris, Thèse de Doctorat de l'EHESS.

Yau, Shun-chiu 1986 "Classifiers bis". Paper delivered at the 2nd Workshop in East-Asian Linguistics. Paris, CRLAO.

Zurcher, E. 1977 "Late Han Vernacular Elements in the Earliest Buddhist Translations", *Journal of the Chinese Language Teachers Association* 12-3, 177-203.

清代《马氏文通》以前的语法知识*

1. 前　言

在中国，有关语言学的探讨在古代就开始了。我们可以追溯到战国时代（公元前483—前221）。例如在《荀子》一书（公元前3世纪）中，可以看到对语言性质的许多讨论，这些讨论无疑地让人联想到古代希腊人对类似问题的反省，特别是有关"词"与"物"之间的关系，战国时代以后，在中国悠久的历史里，各种词典，有关语音、方言、音韵等的研究也不断出现：例如《尔雅》（公元前3世纪）、《方言》（公元1世纪）、《说文解字》（公元2世纪）、《释名》（约公元前2世纪）《玉篇》（547—549）、《切韵》（601）、《广韵》（1008）、《中原音韵》（1324）、《康熙字典》（1716）等等。

然而，丰富的中国语言学传统中仍然有一个缺陷，这个缺陷等到19世纪末才得到弥补。这个缺陷就是关于语法的研究。19世纪以前几乎可以说是没有语法的研究。

我们一般认为1898年才出现第一本关于汉语的语法研究著作。这本著作是文人马建忠（1844—1900）所著的《马氏文

---

* 本文原载 R. Djamouri. ed. *Collected Essays in Ancient Chinese Grammar*. Paris：EHESS，CRLAO，2001，pp. 1—9。

通》。不过，这本语法著作使用的基本上是西方的语法概念。它以印欧语语法书作为蓝本。本人在书的序言里承认："此书系仿葛郎玛而作"。本人在另一篇论文中（Peyraube 1998）也曾指出马建忠受阿诺（Arnauld）与蓝斯洛（Lancelot）1660年的《普遍唯理语法》(Grammaire générale et raisonnée, 此书有一更普及的名称，为《波尔洛瓦雅尔语法》Grammaire de Port-Royal）影响甚深。

不过，马建忠无论如何是一个在国学传统里孕育出来的学者，他原本可以写一本符合当代国学传统的白话语法书。但是他并没有这样做，反而他选择了分析文言文。事实上，他同时也深受传统国学里语言学与训诂学的影响。就像何九盈（1985，页193）提出的，这方面研究可分两大类：训诂与文字学和修辞学。

这些研究中也包含了一些语法上的分析，不过通常都是零散的，未成系统的。这些分析，马建忠不可能没有看过。它们包括陈骙（1128—1203）的《文则》（1170）、卢以纬的《语助》（1311），特别是刘淇的《助字辨略》（1711）、袁仁林的《虚字说》（1710）、王引之（1766—1837）的《经传释词》（1789，以及俞樾（1821—1907）的《古书疑义举例》。

我们可以从上述最后四个清代著作中分析出一种真正的语法知识。这正是我尝试要做的。这种语法知识与作文法及修辞法的规则有极为密切的关系。

2. 刘淇的《助字辨略》

刘淇（字武仲，号南泉）的生卒年代不详。一说他是河南确山人（濮之珍 1990），另一说他是山东济宁人（邵敬敏 1990），除《助字辨略》外，他还有五个其他著作，其中一个是《周易通说》，是对周易（公元前6世纪）重要的注释。

《助字辨略》是文言文的虚词集，1711年（康熙五十二年）出版，似乎流传甚广，至少在18世纪末很容易读到这本书。书分五卷，讨论与解释了476个虚词。作者称这些词为虚词，但也有时称为助词，但不像卢以纬那样称为"语助"。这些虚词主要来自许多名副其实的古典文学、历史及思想作品（公元前2至5世纪的作品），但也有来自后世直至元代（1279—1368）的作品。作者在书的自序中说他将找到的虚词分为三十个不同类别，这三十类是：重言、省文、助语、断辞、疑辞、咏叹辞、急辞、缓辞、发语辞、语已辞、设辞、别异之辞、断事之辞、或然之辞、原起之辞、终竟之辞、顿挫之辞、承上、转下、语辞、通用、专辞、仅辞、叹辞、几辞、极辞、总括之辞、方言、倒文、实字虚用。

正如许多汉语语言史学家所指出（马松亭1986，李开1993，濮之珍1990），这样分类法的原因至今都不清楚。我们看不出来作者是基于什么原则分类，可能的说法是大部分的类别都属语意、甚至语境类，幸好这本书并不是以这些类别来组织起来的，而只有五卷，以汉语的四声来分卷：上平声收103字，下平声收76字，上声收100字，去声收105字，入声收92字，共论述476字。

作者用了众多例句来说明他对虚词的分析。他以正训、反训、通训、解训、互训、转训等几种方式来分析虚词。正训是指从大量的用例中归纳助词的常用语义，这个方法使用得最多。如卷二："良，倍也。果，诚也。"反训即反义为训，如"方今"释为"向时"，刘淇说："方今得为向时者，反训也。"（卷二）通训是指音近字同义为训，例卷三："小，少也，略也。"借训是指通假字的训释,例卷一"无"训"毋":《论语》"毋友不如己者",如"无字与毋通,禁止辞也"。互训是指全书范围内助词的互相训释。例卷二:"尝":《孟子》"孔子尝为委吏矣,此尝字,曾也。"另有卷二"曾":"杜甫诗曾为掾吏趋三辅"此曾字犹云尝也。"又卷一"空"训"徒",另有"徒"又训"空"。转训是指递用训释中近义关系。例卷一"容":"《颜氏家训》"父在无容称庙,父殁何容辄呼。"此容字,可辞也。容之为可者,容有许意,转训为可也。"

刘淇的方法与他的前辈卢以纬所使用的不同,基本上是训诂学。他从古代的字典与相关注解著作里找到解释,详细地加以说明。同时,他也在虚词的说明里加入修辞学的分析,基于这一点,有些人认为刘淇的这本书是卢以纬作品的延续(李开1993)。

这本书的主要贡献之一是作者从古代每个时期的白话文中找出例句。因此我们可以看到词尾"儿",或者完成式词尾"了"的例句,刘淇认为后者是"却"的方言形式:

儿:方言语助辞。宋太祖夜幸后池,召当直学士卢多逊赋新月诗。请韵,曰:"些子儿"。……了:……又欧阳永叔《青玉案词》:"一年春事都来几,早过了三之二。"过了犹云过却,方言助语也。"

很可惜,刘淇并没有利用所有的元杂剧作为语料。同时刘淇也用了许多他当时的白话文,而不是文言文来解释文言文中的虚词。

在书中我们读到许多有关语法方面的精准的分析,例如认为"见"是没有宾语的被动助词。

《助字辨略》对后来清代训诂学家产生了一些影响,但是后来的训诂学家并没有继续书中许多解释方面的错误,特别是有关"之"字的解释。刘淇以"助词"来解释"之",但其实往往"之"是"代词",因此,例如在卷一,他引用张曲江文:"以诚告示,其或之归。"以及韩退之文:"学者不之能察"。其中两个"之"字,刘氏称为"语助辞","其实应是代字,在句中倒置于动词之前作宾语。"(何九盈1985,页298)。我们可以认为《助字辨略》是王引之所著《经传释词》(1798)的前身。不过王引之一书远比《助字辨略》好,这一点,下文再谈。

刘淇的著作也影响了马建忠。马建忠在《马氏文通》里借用了此书的几个语法用词,例如:或然之辞、断事之辞、终竟之辞、顿挫之辞、总括之辞等。这本书也启发了张相,他在《诗词曲语辞汇释》的序言里提到《助字辨略》比王引之的《经传释词》更佳。

3. 袁仁林的《虚字说》(1710)

袁仁林的生卒年代亦不详,他应是17世纪末18世纪初陕西三原人。他生平事迹不详,不过我们知道他曾任教职,而《虚字说》就是他教学生的教材。书写成在1710年,但到1746年才出版。与《助字辨略》不同的是,此书流传并不广。

这本书基本上是一本研究虚词的论文,作者称虚词为语辞或虚字。他对这类词做了如下的定义:虚字者,语言付贴,所谓语辞也。他列出一共141个虚字,字库是古典的文学及历史著作。其中23个是复词。他说:"虚字无义"。

这本书独特的地方在于被分为两部分,第一部分是虚词词汇,第二部分(称为"虚字总论")是对文言文中虚词使用的分析,也是这本书最有意义的部分。作者分析了五种虚词:发语辞、转语辞、助语辞、疑辞、叹辞,也分析了虚字(介词、连词、副词以及动词）与实字（名词、形容词）之间的差异，以及死字与活字的区别。

有关死字与活字之间的差别的讨论主要来自修辞学，往前可以追溯至宋代（960—1279），死字，后来也被称为"静字"，主要包括名词与形容词，而活字，后来亦被称为动字，则主要包括动词。（有关此点可参看龚千炎1987，页7—8），从这点分析下去，可以看到实字（名词或形容词）只能是死字，而虚字则可能是死字（连词、介词、副词、助词）或活字（动词），《虚字说》里最后提到一些实字可以虚用，一些死字也可以活用。

虽然袁仁林对上述所有这些有所重叠的类别没有更清楚的说明，但不失为是澄清这个问题的开拓性学者之一。他这样写道："实字虚用，死字活用，此等用法，虽字书亦不能遍释。如'人其人，火其书，庐其居'、'墟其国，草其朝'、'生死肉骨'、'土国城漕'之类，上一字俱系死实字，一经如此用之，顿成虚活。凡死皆可活，但有用不用之时耳。从其体之静者，随分写之，则为实为死；从其用之动者，以意遣之，则为虚为活，用字之新奇简练，此亦一法。然其虚用活用，必亦由上下文知之，若单字独出，则无从见矣。"

马建忠在《马氏文通》也采用了袁氏的分类方式（林玉山1983，页30），马建忠说："孟子：'白羽之白也，犹白雪之白。'二白字，实用也，上二白字，死字也；"白马之白也，无以异于白人之白也。"则上二白字，活字也。盖与"彼白而我白"之，之白同。或曰活字者，谓其已然之然也，故与静字相符。然白字形声，始终若一人，后人间以平仄，强为区别，如"绍闻衣法言，之衣是矣。"（马氏文通外编）

袁仁林与刘淇基本不同的地方在于袁氏自认为属于修辞学的传统，而不是训诂学的传统。《虚字说》是很有意义的著作，因为它将意义相近或相同的虚词集中讨论。因此，在同一段落，我们可以找到以下的代词：何、胡、奚、曷、乌、焉、安、宁、遐、那。同时，袁仁林的解释相当准确，例如对"矣"与"也"的分别，他作以下解释："矣字，类俗间'了'字口吻，'也字之气，专确无疑'，'也字有二用，一是结上（即句尾语气词，表判断），一为起下（即句中语气词，表停顿）。'"

最后，如上文所说，作者经常用当时的白话来进一步说明文言文中虚词的意义。例如在讨论"则"与"即"时，他这样说："'则'字、即字，乃直承顺接之辞，犹俗云'就'也。"至于对代词的分析，在当时来说是十分清晰的，让我们举出下面讨论"其"、"之"与"者"的例子来说明这一点：

"其、之、者之字均有所指。其字，分头指点，每居实字之前；之字，承托指归，每居实字之后；者字，拦截指定，每居贡字之下。其字指物之辞，用凡有三：一则承上正指，一是向下直指，一是口头虚指。之字指物，运用有四：一是句尾倒拍，所指在上；一是句尾虚指，联字见意；一是句中停泊，有上文则指上，有下文则指下；一是句中顺逆，通贯直下，指归之处与俗语'的'相类。者字，尾句，乃倒指顿住之辞，用法有二：一是顿住起下，一是顿住缩上。凡义当引申，借此一顿，特地指点，高声叫响，方下注解，此为顿住起下，与俗语'这个'二字相类，犹云某某这个非他，乃是如此也。凡语意平来，借此指定省用之人之事字样，而句法自然，挺劲可喜，此等者字，乃顿住缩上，与俗语'的'字相类。"

比较可惜的是这本书很少举出例句来说明虚词的使用法。同时作者在不同的语气情态上面也花费太多的笔墨，作者称之为"声气"，也因此较为忽略了语法上的解释。他认为："凡书文、发语、语助等字，皆属口吻。口吻者，神情声气也……故虚字者，所以传其声，声传而情见焉。"

这本书无疑地深受卢以纬《语助》的影响，如卢氏一样，作者将意义相近或相同的虚词放在一起，然后以比较方式来分析。从这点上来看，这书与刘淇的著作是不同的。这也解释了为什么《虚字说》对后来的影响远不及《助字辨略》，后者讨论了476个词，而袁氏只讨论了141个。因此后来只有《助字辨略》成为科举考试常用的参考书，这是由于考生必须熟悉虚词的用法来增加作文的能力（Elman 1994, Leung 1994）。

但《虚字说》仍然是马建忠重要的参考书之一，他在《马氏文通》中多次提到这本书，尤其在谈"则"与"即"时，几乎逐字沿用了袁氏的说法：

"'则'字'即'字，乃直承顺接之辞，犹俗云'就'也，与上文影响相随，口吻甚紧。"（《虚字说》）

"'则'字乃直承顺接之辞，与上文影响相随，口吻甚紧。"（《马氏文通》）

"'第'字'但'字'独'字'特'字之声，皆属轻转，不甚与前文批驳，只从言下单抽一处，轻轻那转，犹言则别无可说，单只有一件如此也，气颇轻婉。"（《虚字说》）

"'第''但''独''特''惟'五字，皆转语辞……皆承上文，不相批驳，只从言下单抽一端轻轻掉转。犹云别无可说，只有一件如此云云。"（《马氏文通》）

4. 王引之的《经传释词》

王引之（字伯申，号曼卿），江苏高邮人，1766—1834；他是著名训诂学家王念孙（1744—1832）的长子。在1799年考上进士之后，他受任于翰林院。除了《经传释词》之外，他还著有

《经义述闻》（1797，共32卷），并协同编撰《字典考证》（1831）十二卷，与其父王念孙共同对《康熙字典》作出了2588条校正。《经传释词》成书于1798年，但到1819年才出版。

这本书被认为是训诂学的经典之作，流传甚广，但是却一直没有任何西方语言的译本。对王引之著作修订、注释的学者多不胜数，其中最重要的应是《经词衍释》（1873，共10卷）的作者吴昌莹。

《经传释词》共十卷，讨论了160个虚词，主要以汉以前的经典作为字库，同时以例句来作解释。作者在自序中说："自九经三传及周秦西汉之书，凡助语之文，遍为搜讨，分字编次，以为《经传释词》十卷，凡百六十字，前人所未及者补之，误解者正之，其易晓者则略而不论。"

作者需要解决的主要是训诂学上的问题。他的目标是解释经典与相关的注释。在实际上，王引之将同一类别的几个同义字放在一起分析（他很系统地比较意义相近的虚词）结果是被分析的词实际上超过两百个。他的解释方式有两种：一是利用同义虚词，一是利用放入词类中的虚词。例如有关"其"和"为"的解释：

其：1."指事之词也"。2."状事之词也"。3."拟议之词也"。4."犹'殆'也"。5."犹'将'也"。6."犹'尚'也"。7."犹'若'也"。8."犹'乃'也"。9."犹'之'也"。10."犹'宁'也"。11. 更端之词。12. 语助也。（卷五）为：1."'曰'也"。2."犹'以'也"。3."犹'困'也"。4."犹'如'也"。假设之词也"。5."犹'使'也"，亦假设之词也。6."犹'则'也"。7."犹'与'也"。8."犹'有'也"。9."犹'谓'也"。10. 语助。（卷二）

书中对虚词的分类稍有凌乱。作者混淆了语义的与语法的两个层面。因此对此书分析的学者各有不同分类方式。何九盈（1985，页298—299）认为主要分四类：常语、语助、发声、发语词。他引用王引之的例句作以下的说明："一、常语，即古书中常用虚词的常用义。如：'面者，承上之词，或在句中，或在句首，其义一也。常语也'（卷七）……二、语助。如'与：语助也。《左传》襄公二十九年曰："是盟也，其与几何？"言其几何也。'（卷一）……'语助'在句中没有实际意义，只起付贴作用。词头也算是语助，如：'有，语助也。一字不成词，则加"有"字以配之。……'（卷三）三、发声，如："洪，发声也，《大诰》曰："洪惟我幼冲人。"《多方》曰：'洪惟图天之命。'皆是也。解者皆训为'大'，失之。"（卷三）……四、发语词。"唯，发语词也。"《洪范》曰："惟十有三祀"哀六年《左传》引《夏书》曰："惟彼陶唐。"是也。字或作"唯"，或作"维"。"（卷三）……王氏所说的"发语词"，相当于句首语气过词。"

李开（1993，页332—335）则找出九个类别。除了上述何九盈所列四类外，他加了其他五类：承上之词、状事之词、比事之词、不然之词、叹词、拟议之词。邵敬敏（1990，页28）所列举的类别就更多了：

"语助（词语助、助语词、词助）、发声（发声词、发语之长声）、叹词、急词、间词、转语词、语终之辞（语已之词、语已词）、承上之词、启下之词、承上启下之词、连及之词、状事之词、比事之词、假设之词、不然之词、指事之词、大略之词、拟议之词、更端之词、本然之词、异之之词、或然之词、不定之词、申事之辞、疑而量度之辞以及词之转、词之终、词之助等。"

虽然在分类上有些混乱，特别是由于分类标准不同，类别不可避免地有些重复的地方，但是书中所提出的语法概念依然显得比此书以前的同类著作（如袁仁林与刘淇的）准确得多。因此可以说这本书对语法研究做出了重要贡献，虽然如许多人曾提到的，此书仍算不上是一本语法论著。胡适在《国语文法概论》中就曾说："清朝王引之的《经传释词》，用归纳的方法来研究古书中"词"的用法，可称得一部文法书。但王氏究竟缺乏文法学的术语和条理，故《经传释词》只是文法学未成立以前的一种参考书，还不曾到文法学的地位。直到马建忠的《文通》出世，方才有中国的文法学。"

正如王力（1984）所说的，事实上这本书充其量只是一本虚词词典，作者只将整个例句来分析语法结构。这本书的主要意义在于它超越了所有以前的同类著作。作者修正了前人的许多错误，他的分析极为严谨，几乎没有后人能在这方面提出质疑的。

在其他方面，《经传释词》可说是刘淇《助字辨略》所建立的传统中的一部著作。王引之也深受其父训诂学的影响，父子二人经常合作编撰，他所受的影响可说是直接而深厚的。

马建忠的《文通》受到王引之的影响，不过除了马氏以外，还有其他几位当代语法学者也是如此，如杨树达（1928）、吕叔湘（1944）与杨伯峻（1981）。

5. 俞樾的《古书疑义举例》

俞樾（1821—1906），字荫甫，号曲园，浙江德清人。他在1836年得秀才，1844年中举人，1850年得进士，之后进入翰林院，他著作甚丰，其中包括《群经平议》与《诸子平议》。

《古书疑义举例》共七卷八十八条，书的特点之一是作者是依靠句子来作分析，同时用比较的方法（即用句子与句子作比较），他同时也非常重视句子的形式，例如他特别注意"倒文"、

"略文"的形式。

有关"例句"俞樾这样说"古人多有以倒句成文者，顺读之则失其解矣。"，他举了下列例子：

1.《左传·昭公十九年》：彼何罪，谚所谓室于怒，市于色者，楚之谓也。

2.《礼记·檀弓上》：盖殡也，问于邹曼父之母。例1."室于怒，市于色"，如不用倒装句，应为"怒于室，色于市"。例2"盖殡也，问于邹曼父之母。"如不用倒装句，应当说："问于邹曼父之母，乃殡也。"

在卷二，作者也很准确地讨论了"省略"。他举出了以下的例子：

《左传·定公四年》："楚人为食，吴人及之；奔，食而从之。""奔"上面省略了主语"楚人"，"食而从之"上面省略了主语"吴人"。

语法与句法无疑的是俞樾此书最主要关心的问题。他的学生章炳麟（1869—1936）认为这本书是俞樾写得最好的一本书。正如马松亭（1986，页15）指出的，全书七卷中，卷一与卷二处理了古汉语的句法问题，卷三则是关于实词的活用，卷四是关于虚词的用法。全书比较系统地处理了语法问题。

结 论

如果将清代18、19世纪中出版的四种语言学著作：《助字辩略》、《虚词说》、《经传释词》、《古书疑义举例》做评论的话，我们可以说成果是相当重要的。当然，四本书中没有任何一本真正属于我们今天认定为"语法论著"之类，而这类著作在西方则有很长久的历史。但是清代后期已有这些研究成果，需要学者综合在四本书里所有有关语法的讨论,并且做系统性的分析。同时综合者必须了解,四本书的分析方向有些属于修辞学方面,有些则属训诂学方面。

马建忠就是出现在这个时代具有作综合性研究能力的语言学家。就在以这四本书作为代表的这个基础之上,他利用了西方语言学的架构,将国学传统里关于语法的知识有系统地组织起来,并做出了深入的分析,而著成了影响后世甚深的《文通》。

参考文献

贝罗贝(Alain Peyraube)1988 二十世纪以前欧洲汉语语法学研究状况,《中国语文》。
陈 骙 1960 《文则》,北京:人民文学出版社。
龚千炎 1987 《中国古代语法学史稿》,北京:语文出版社。
何九盈 1985 《中国古代语言学史》,郑州:河南人民出版社。
李 开 1993 《汉语语法研究史》,南京:江苏教育出版社。
林玉山 1983 《汉语语法学史》,长沙:湖南教育出版社。
刘 淇 1954 《助字辨略》,北京:中华书局。
卢以纬 1988 《语助》,北京:中华书局。
吕叔湘 1944 《文言虚字》,北京:开明书店。
马建忠 1983 《马氏文通》,北京:中华书局。
马松亭 1986 《汉语语法学史》,合肥:安徽教育出版社。
濮之珍 1990 《中国语言学史》,台北:书林出版社。
邵敬敏 1990 《汉语语法学史稿》,上海:上海教育出版社。
王 力 1984 《中国语言学史》,香港:中国图书刊行社。
王立达 1964 《汉语研究小史》,上海:商务印书馆。
王引之 1984 《经传释词》,长沙:岳麓书社。
杨伯峻 1981 《文言虚词》,北京:中华书局。
杨树达 1928 《词诠》,北京:商务印书馆。
袁仁林 1989 《虚字说》,北京:中华书局。
郑奠、麦梅翘 1964 《古汉语语法学资料汇编》,北京:中华书局。
Arnauld A. & C. Lancelot 1660 *Grammaire générale et raisonnée*. Paris :

Editions Allia, 1997.

Elman, B. A. 1994 "Changes in Confucian Civil Service Examinations from the Ming to the Ch'ing Dynasty", in Elman & Woodside eds., *Education and Society in Late Imperial China*. Berkeley & L. A. : University of California Press, pp. 111-149.

Leung, A. K. 1994 "Elementary education in the Lower Yangzi Region in the 17th and 18th centuries", in Elman & Woodside eds., *Education and Society in Late Imperial China*. Berkeley & L. A. : University of California Press, pp. 381-416.

中国与东亚的语言和基因*

在商代,中国境内居住着说汉语的汉语族群,同时居住着非汉语族群。我们并不能确知这些非汉语族群是些什么人,同时,关于汉语来源的证明仍然贫乏且有争议。①

遗传基因的历史能否有助于我们在了解人口分布的同时,也了解距今五千年前的汉语的情况?

语言和基因的历史不同。然而,达尔文在19世纪下半叶就已经指出,人类进化和语言进化之间存在着有趣的平行对应关系。

语言和基因有不同的历史、不同的进化过程。前者主要是人文的,后者是自然的,同时它们的起源和再生机制也不同,但是它们的传播机制确实明显类似,比如都有:突变(mutation)、自然选择(natural selection)、迁移(migration)和机遇(chance)[遗传学上称漂移(drift)](Piazza 1995)。由于这些类似传播机

---

　　* 本文原载程工、刘丹青主编《汉语的形式与功能研究》,北京:商务印书馆2009年,pp.1—18。颜玉娴、李明译。

　　① Wang(王士元)(1999)认为古代中国的情况如下:东夷可能是说南岛语和南亚语的人;西戎很有可能大部分说藏缅语;北狄说阿尔泰语系的各种语言;南蛮包括的人群最为歧异,他们现说现在的加岱语(Kadai)、苗瑶语和其他语言。至于越,从战国后期到公元1世纪,它指南中国的一系列族群,特别是被统称为百越的族群,在此之前,在晚商时期,这个名称好像用来指中国西北的不同人群。不过,王士元补充说:"当然,这些古代称号跟现代人的'对号入座'纯粹是一种推测,是基于当代人群分布而做出的推测。"

制的存在，学者们寻找遗传进化和语言进化的一致性，也就不足为奇了。

一 遗传距离与语言距离的相互关系

人口遗传学家的主要目标是通过对人种的遗传变异的系统研究，重建现代人类从起源以来的历史。近二十年来，他们致力于将遗传距离（人口遗传学的中心概念）与语言距离联系起来。随着生化和分子技术的发展，遗传学资料大增。这方面的研究有一百多项，以下是最重要的几项：Greenberg et al.（1986）关于美洲人群的研究；Excoffier et al.（1987）关于次撒哈拉非洲（Sub-Saharan Africa）的研究；Sokal et al.（1988）、Barbujani et al.（1990）关于欧洲的研究显示出欧洲人群的语言联系在维持及可能引起遗传差异方面扮演重要角色；Poloni et al.（1997）关于欧洲及非洲不同人群的研究；Cavalli-Sforza et al.（1988）现在已成为经典之作，他们建立了一个世界人口谱系树，该谱系树包括42个族群，代表世界上的原始居民。[①]

上述最后一项研究的遗传资料来自对呈现标准（即非DNA的）多态性（polymorphism）的基因频率的大量采集。他们研究了120个等位基因（alleles），显示语言超级大家族与大部分的等位基因组有明显的一致性，表现出一种他们称为的"遗传进化与语言进化之间的相当大的平行关系"（6002页）。

这方面的大部分研究中，遗传学家采纳的语言假设是Greenberg、Ruhlen及/或俄罗斯"统一主义者"（unificationists）

---

① 另请参看 Cavalli-Sforza et al.（1994）、Cavalli-Sforza et al.（1996）、Mountain et al.（1992）关于中国的研究。

提倡的大语系假设。① 这种倾向很有可能起源于遗传学家取样所涉及的地域范围较大，同时也由于基因频率在局部的变异较低。

但是，后来的很多研究推翻了所谓的"人口遗传分类与语言分类之间存在无可辩驳的对应关系"。Cavalli-Sforza 自己承认遗传距离与语言距离的关联非常弱。他在 1988 年谈及的"相当大的平行关系"后来改为"语言家族与人类遗传历史之间的某种非任意的联系"（Cavalli-Sforza et al. 1992 : 5623）。两个高加索的语言的例子可以说明二者之间并无关联。第一个例子涉及亚美尼亚人和阿泽尔人（Azeri），他们在遗传上非常接近，但说完全不同的语言（前者说印欧语而后者说阿尔泰系语言）。第二个例子涉及车臣人和印古什（Ingush）人，他们的语言是属于与北高加索语系的东北高加索语支非常接近的语言，但在基因上区别很大。（Nasidze et al. 2001，Nasidze et al. 2003）

如果说关于基因变异的最早研究是通过对多态性在表现型（phenotypical）层次（即基因产生的层次）的分析而间接完成的，从 20 世纪 80 年代开始，对多态性的分析主要基于 DNA 层面，这种做法比较复杂但是采用的方式比较直接。②

线粒体 DNA（Mitochondrial DNA，由母亲遗传）和 Y 染色体（完全来自父亲）由于有高复制数目、明显缺乏重组、高替代

---

① Ruhlen（1997）提出世界上所有的语言属于以下 12 个大语系：科伊桑（Khoisan）、尼日尔-科尔多凡（Nigero-Kordofanian）、尼罗-撒哈拉（Nilo-Saharan）、亚非（Afro-Asiatic，在非洲）、南方语系（Austric）、印度-太平洋（Indo-Pacific）、澳洲（Australian，在东南亚和大洋洲）、美洲印第安（Amerind，在美洲）、达罗毗荼（Dravidian）、卡尔特维里（Kartvelian）、欧亚语系（Eurasiatic）和德内-高加索（Dene-Caucasian，在欧亚大陆）。

② 在每一代，DNA 从父母传给子女时，都有复制上的错误，这些错误叫多态性（polymorphism）。这些错误，即多态性，就是族群之间的不同之处，调查它们可以构拟人类的过去。

率及母亲或父亲的遗传型几种特性，该特征被证实是了解人类进化的有效工具。很多时候，线粒体 DNA 和 Y 染色体的分析结果通常基本相似，但在一些实例中，似乎男人和女人在人类族群组成方面所作贡献的方式并不相同，非洲说一种科伊桑（Khoisan）系语言的达马（Dama）人就是这种情况。这一族的人有相同的线粒体基因，但在 Y 染色体方面，他们和尼日尔-刚果（Niger-Congo）语族[属尼日尔-科尔多凡（Nigero-Kordofanian）大语系]的各人群也有很强的亲缘关系。（参见 Dupanloup et al. 2002）

因此，我们虽然提出了各种假设，但目前都没有十足的把握。随着人口遗传学数据的大量积累，情况变得越来越复杂；再者，在历史背景下解释遗传数据所必需的进化理论模式仍在细化，这也使得情况更加复杂。

二 东亚及东南亚的情况

包括中国在内的东亚及东南亚的情况又怎样呢？可能更加复杂。

从语言学的角度来看，传统方法仍然是把这一区域的语言分成以下 6 个语系：

1. 汉藏语，可追溯到公元前 4500 年左右。有两个分支：藏缅语和汉语。Wang（1996）估计汉语诸语言在距今 6000 年前左右从藏缅语中分离出来。这个年代也是 Chang（1986：234）所认定的"原始中国"的形成时期，当时，各种新石器时代遗址在中国各处开始出现。

2. 南岛语，可上溯到公元前 4000 年。

3. 南亚语，可上溯至公元前 5000 年至公元前 4000 年。

4. 傣-加岱语（Tai-Kadai），可上溯到公元前 3000 年至公元前2000年。

5. 苗瑶语，可上溯至公元前500年。

6. 阿尔泰语。

目前一般都认为（虽然不是普遍接受）汉语诸语言及方言在遗传上与藏缅语有关，二者构成汉藏语系的一支。然而，除去这一点，再很少有一致的意见。大家现今正讨论用大语系（macro-family）的概念来概括这些不同语系，其中的大部分假设早些时候就已被提出过。在过去几十年中，提出的假设主要有6个：

1. 南方（Austric）语系，是南亚语和南岛语的结合。由Schmidt（1905）提出，Reid（1994）支持此看法。另有学者认为苗瑶和傣-加岱语也属于南方语系。（Ruhlen 1997）

2. 澳泰（Austro-Thai）语系，包括南岛语和傣-加岱语。由Schlegel（1901）、Benedict（1942，1975）提出，Ostapirat（2005）支持这一看法。苗瑶语也通常包括在内。

3. 汉-南岛（Sino-Austronesian）语系，后发展为汉藏-南岛语，包括汉藏语和南岛语。由Conrady（1916）提出，Sagart（1994）支持此说。

4. 汉-印欧（Sino-Indo-European）语系，包括汉藏语和印欧语，由Pulleyblank（1995，1996）提出。他注意到这些语言在语音和形态上有深层对应的痕迹，只能用同源来解释。如果它们真的有关联，单一群体的时代一定非常久远，远在原始印欧语系之前。

5. 汉-高加索（Sino-Caucasian）语系，包括汉藏语、北高加索语和叶尼塞（Yeniseian）语。由Starostin（1989，1995）提出，该理论可追溯到Donner（1916）。纳-德内（Na-Dene）语曾被归入汉-高加索语，所以这个大语系长时被称为德内-高加索（Dene-Caucasian）语系。

6. 原始东亚（Proto-East-Asian）语系。这个超级语系由汉藏-南岛语系和南方语系组成，包括苗瑶语系（属南方语系）和傣-加岱语系（属南岛语）。Starosta（2005）提出。距今 9000 年前或更早，中国中原地区（汉江至黄河一带）可能说原始东亚语。

为什么意见会如此分歧？是因为要把在这个广阔地区内不同语言相互接触而产生的影响区别于自身因内部发展而产生的影响，是极为困难的。也就是说，要把横向传播的影响从纵向传播的影响中区分出来，每一个支持上述假设的人都有一些力图证明自己的论证。[①]

基因研究可否帮助我们选择其中的一个假设？

最早一项重要的中国人口遗传分析研究了中国 74 个人群的免疫球蛋白（immunoglobulin）的两种异型（allotype）Gm 和 Km（"传统的"标记）的分布。参见 Zhao & Lee（1989）及 Zhao et al.（1991）。这两篇文章指出应该区分南方和北方汉人，二者在遗传方面有不同，分界线在北纬 30 度。

至少根据基因分析，中国南方人与东南亚人有更大的亲缘关

---

① 比如 Starostin（1995）支持汉-高加索语系的假设。他在比较了雅洪托夫（Jakhontov）的列表中的 35 个基本词在不同语系中的构拟之后，断定汉语和原始藏缅语，以及原始北高加索语和原始叶尼塞（Yeniseian）语之间存在更大的亲缘关系，如下表所示（Wang 1996，有调整）：

	OC	PTB	PNC	PY	PIE	PAN
上古汉语（OC）	100	74	43	34	23	14
原始藏缅语（PTB）		100	51	40	14	11
原始北高加索语（PNC）			100	57	17	11
原始叶尼塞语（PY）				100	11	11
原始印欧语（PIE）					100	14
原始南岛语（PAN）						100

以上数字为百分比。

系。在南北这个大分区内，遗传研究亦显示所谓的汉族人并不自成族群，而是跟其他共处的少数民族组成族群。换句话说，汉族是一个文化性而非生物性的群体。

此外，跟中国境外33个其他族群的比较显示北方汉人可能属于包括阿撒巴斯卡人 [Althapascans，说北美洲属德内-高加索（Dene-Caucasian）大语系的纳-德内（Na-Dene）语]、爱斯基摩人（因纽特人）、日本人、朝鲜人和蒙古人 [说属于欧亚（Eurasiatic）大语系的爱斯基摩-阿留申语（Eskimo-Aleut）或阿尔泰语] 的一组。相反，南方汉人更接近泰国人（说傣-加岱语）、越南人（说南亚语），或者甚至印度尼西亚人和菲律宾人（二者说南岛语），即更接近于说南方（Austric）大语系语言的人。

Chu et al.（1998）也研究了中国28个人群的遗传面貌，支持区分南方人和北方人，后者是两系的（biphyletic）。再者，种系的发展（phylogeny）显示现今居住在东亚的人的祖先很可能是从中国南方进入的。最后，遗传上的证据并不支持在中国的原始人（Homo sapiens）有独立来源的说法。

Su et al.（1999）收集了中国21个少数民族的DNA样本。[该课题是一个大课题"中国人基因组（genome）的多样性"的一部分] 其中汉人的样本从22个省份收集而来，用的是Y染色体双等位（Y-chromosome biallelic）标记。他们证实了南北的区分，同时推断北方人源自南方人。他们的数据显示东亚的南方人群比北方人群多形态（polymorphic）得多，北方人只有南方单倍型（haplotypes）中的一个次类。这个模式很可能显示东亚的现代人最早是在东南亚大陆定居，时间是最后的冰河时期（5万至10万年前），他们从那里向北扩展至东亚的其他部分、中国北部甚至西伯利亚。

Ding et al.（2000）研究了三个人类遗传标记系统，然而，在这些标记内并未找到支持南北大区分和东北亚人源于南方的证据，相反，这些标记模式显示出纯粹由距离引起的隔离。在线粒体 DNA 多样性图中，他们发现南方一些人群，譬如傣族，与其他北方人更相似而不是跟其他南方人——如越南人——相似。被设想的南北两支人群似乎在一个渐变群（cline）内混合，其间并没有突然的变化。他们断定：东亚地区没有一定的型态，表明很多以前用来界定普遍的地区性分别的人类学趋向实际是文化现象，并不涉及遗传上的区别。

Yao et al.（2002a）研究和比较了中国几个省份的汉人线粒体 DNA 的差异。显示汉族人有明显的地域区别，这一点可从单倍型组的频率（haplogroup-frequency）数据图上看到。从一些单倍型组（F1、B 和 D4）的频率中观察到的由南至北的渐变跟中国人群免疫球蛋白 GM 异型的分布极为相似。（Zhao & Lee 1989）然而，把不同的汉人只分成"南中国人"和"北中国人"（Su et al. 1999）或用一两个地区的人群来代表所有的汉人并不能适当地反映出汉族人的遗传结构。值得关注的是，尽管从青铜时代到现在，有大量人口迁移的历史记录，以及大量横跨中国的基因流（Ge et al. 1997），地域间的区别仍保持了下来。中国南部和西南部，地区分别比较明显：南部和西南部的居民比中部、东部和东北部的人口呈现出更多样的模式。据 Yao et al.（2002a）推断：中国的先民在距今 6 万年前左右由东南亚移居而来，（同 Su et al. 1999 的设想）这是可信的；但从那时到晚期冰川极盛期（Late Glacial Maximum，约 5 万年前）之间这一长时期内的人口动力方面的问题仍有待考量。南北基因库的不同可能源于这一时期。后来的迁移可能使这一早期分别有点模糊不清，因为中国中部的基因库具有南北两库的线粒体 DNA 的特征。

Xue Yali et al.（2003）考察了 MYS2 多态位（MYS2 polymorphism）

169

在中国26个人群中的分布,结果显示南北人群在基因结构方面确有不同。南北之间的地域区分由此而确认。同时,中国北部亦显示出东西人群之分。

He Hui-qin et al.(2003)用分子生物技术分析了古代人骨(来自新疆哈密地区五堡古墓)线粒体DNA D环高变区(D-loophigh variable region)的多态性,结果显示古墓里有黄种人和欧洲人,他们可能在3200年前共处于新疆哈密。

Quintana-Murci et al.(2001)指出:在西亚和南亚,地理分布、观察到的渐变群(cline)和HG-9及HG-33染色体的估算年龄,都支持一个人口扩散模式,即早期的农夫由伊朗西南部、游牧民由西亚及中亚进入印度,把基因和文化(包括语言)传播到西南亚。虽然可能另有更复杂的解释,但这些人群的现代雄性特异性(male-specific)基因库的分析表明:人口的迁移和混合等大事件,伴随这些重要的历史和语言事件。

至于东亚及东南亚,Poloni et al.(2005)一项新的关于GM系统和猕因子(rhesus factor)的研究,显示出南亚(Austro-Asiatic)族分歧最大,其次是汉藏族。[1] 相反,傣-加岱族和南岛族分歧最小。在GM方面,汉藏族和所有其他族之间的基因分别非常大,这个分歧首先就是北方人群(北方汉人和西藏人)存在的论据。南方汉藏族(南方汉人,印度、缅甸和泰国的藏缅人)在遗传上与东南亚其他人群相似。尽管如此,南方族群之间的差异程度与组成它们的人群之间的差异程度相比,还是比较低。

另一项有意义的发现是:北高加索人在遗传上与其他所有人群有很大不同。

---

[1] 要得到人口历史的资料,Poloni et al.认为必须研究几个基因系统,因为代代相传的基因遗传受随机过程(GM和猕因子系统)的影响。

HLA遗传变异的分析支持将阿尔泰人群（蒙古人和满人）、日本人、韩国人、南亚人和傣-加岱人编为一组，这与南岛人群在这方面呈现更极端的分歧形成对比：每组中的变异，多样化、最明显的是南岛族（而在GM系统和猕因子方面，南岛族是差异最小的，见上文）。该系统的研究并不支持所有南方人群同源的假设，亦不支持北方人源于南方人的假设。最后，另一发现是南岛族和加岱族之间没有遗传上的分别。

此外，GM、HLA-DRB1、Y染色体和（在更低的程度上）线粒体DNA的多态性跟阿尔泰族与藏族、北方汉族之间的遗传近似程度相符。这些人群可能源于阿尔泰族，同时其中一些人群（西藏人和北方汉族人）很可能在和原本讲汉藏语的人经过长时间接触后用汉藏语取代了自己的语言。

与RH、GM和HLA-DRB1系统相反，根据HVS1[D环控制区（D-loop control region）内的一个体节]的多态性计算的遗传距离，和地理距离没有对应联系。

事实上，一些新方法业已凸显出来，这些方法集中研究与人口遗传变异相关的空间上的非连续性。然而，这些非连续性是否源于语言分布的非连续性，仍待证实。无论如何，空间组织与地理距离之间的关系备受瞩目。Dupanloup et al.（2002）证实了：不同人群的遗传上的差异程度实际和他们的地理分布密切相关。然而，根据Yao et al.（2002b：63）推断，人群的语言和地理分类与线粒体DNA变异的分类并不很一致。

Rosser et al.（2000）研究了欧洲Y染色体的多态性。他们用了讲37种语言的47个人群的样本，观察到遗传多样性和地理距离有明显的对应关系，但与语言多样性却没有这种明显的对应关系。因此，与在地理上的反映相比，这种遗传上的歧异性在语言中的反映，只是次要的。

以上的概述肯定只给出了一个模糊的图景。不过，下面两个假设是很有可能的：

1. 中国南方人和北方人有分别，汉人倾向于和共处同一区域的少数民族同属一组。

2. 北方汉人可能源于南方汉人。

至于语言距离和遗传距离之间的对应，遗传分析不足以清楚地证实涉及东亚及东南亚的大语系假设哪一个是正确的。

还有一些重要的方法和理论上的问题，将在下文简要讨论。

三　余论

第一个问题是：为什么我们要希望遗传界限和语言界限一定相符？语言进化和基因之间的任何平行关系只有在二者的共同进化得到证明之后才有说服力。基因的演化历史和语言类型偶尔相符，并不构成二者一致的任何证明。换句话说，只有基因和语言的演变史趋同，二者的联系才能用为证据。从方法论的视点来看，在种系发生（philogenetic）方面，单一的对应并不一定构成任何直接的因果关联，也不说明一致性。

第二个问题涉及语言构拟。如果涉及的时间深度是一万多年以前，我们实际上不能确认一种史前语言的后代属于同一家族。Ringe（1999）认为语言变化的一个普遍模式是完全不同的词和词缀取代原来的语言素材。如果事实如此，就算最基本的词和词缀也会极快地被新的词和词缀所取代，因此，最多一万年以后，两个或多个子语言里的遗留成分，就不能与偶然相似（chance resemblances）区分开来。

而且，大部分现有的分类都是基于语音和形态。正如Starostin（2000）所指出的一样，这些数据对于语言距离的量化估算，是不够的。

为了测试东亚各大语系的不同假设，我们需要构拟原始语（原始汉语、原始藏缅语等等）。比如，用原始汉语跟原始藏缅语的比较，比用现代汉语诸变体跟其他当代藏缅语相比较明显得多。确立遗传关系，必须采用一个自展（boot-straping）程序：由A、B和C构拟原始P，由D、E和F构拟原始Q，由G、H和I构拟原始R；然后，从原始P、原始Q和原始R，可以构拟原始X，而不能直接从A—1的比较构拟出原始X。（参见Comrie 2000）

我们还远远不能做到这一步，因为可供使用的好的原始语言的构拟还不够。

参考文献

Barbujani, Guido & Robert R. Sokal 1990 Zones of sharp genetic change in Europe are also linguistic boundaries. *Proceedings of the National Academy of Sciences of the USA* 87：1816-1819.

Benedict, Paul K. 1942 Thai, Kadai, and Indonesian：a new realignment in Southeast Asia. *American Anthropologist* 44：576-601.

Benedict, Paul K. 1975 *Austro-Thai*：*Language and Culture*. New Haven：Human Relations Area Files Press.

Cavalli-Sforza, L. Luca 1996 *Gènes*, *Peuples et Langues*. Paris：Editions Odile Jacob.

Cavalli-Sforza, L. Luca, Alberto Piazza, Paolo Menozzi & Joanna Mountain 1988 Reconstruction of human evolution：bringing together genetic, archaeological and linguistic data. *Proceedings of the National Academy of Sciences of the USA* 85：6002-6006.

Cavalli-Sforza, L. Luca, E. Mich & Joanna L. Mountain 1992 Co-evolution of genes and languages revisited. *Proceedings of the National Academy of Sciences of the USA* 89：5620-5624.

Cavalli-Sforza, L. Luca, Paolo Menozzi & Alberto Piazza 1994 *The*

History and Geography of Human Genes. Princeton : Princeton University Press.

Chang Kwang-chih 1986 *The Archaeology of Ancient China*. 4th edition. New Haven : Yale University Press.

Chu, J. Y., W. Huang, S. Q. Kuang, J. M. Wang, J. J. Xu, Z. T. Chu, Z. Q. Yang, K. Q. Lin, P. Li, M. Wu, Z. C. Geng, C. C. Tan, R. F. Du & L. Jin 1998 Genetic relationship of populations in China. *Proceedings of the National Academy of Sciences of the USA* 95: 11763-11768.

Comrie, Bernard 2000 Is there a single time-depth cut-off point in historical linguistics? In : Colin Renfrew, April McMahon & Larry Trask (eds.) *Time Depth in Historical Linguistics*. Cambridge : The McDonald Institute for Archaeological Research. 33-43.

Conrady, August 1916 Eine merkwürdige Beziehung zwischen den austrischen und den indochinesischen Sprachen. *Aufsäte zur Kultur und Sprachgeschichte E. Kuhn gewidmet*. München. 475-504.

Ding, Yuan-chun, Stephen Woording, Henry C. Harpending, Han-Chang Chi, Hai-Peng Li, Yun-Xin Fu, Jun-Feng Pang, Yong-Gang Yao, Jing-Gong Xiang Yu, Robert Moyzis & Ya-Ping Zhang 2000 Population structure and history of East Asia. *Proceedings of the National Academy of Sciences of the USA* 97 : 14003-14006.

Donner, K. 1916 Beiträge zur Frage nach dem Ursprung der Jenissei-Ostjaken. *Journal de la Société Finno-Ougrienne* 37.

Dupanloup, Isabelle, Estella S. Poloni, Stefan Schneider, Laurent Excoffier & André Langaney 2002 Génétique, linguistique et histoire des peuplements humains. *Langages* 146 : 80-90.

Excoffier, Laurent, B. Pelligrini, Alicia Sanchez-Mazas, C. Simon & André Langaney 1987 Genetics and history of Sub-Saharan Africa. *Yearbook of Physical Anthropology* 30 : 151-194.

Ge, J. X., S. D. Wu & S. J. Chao 1997 *The Migration History of China*. Fuzhou : Fujian People Press (in Chinese).

Greenberg, Joseph H., C. G. Turner & S. L. Zegura 1986 The settlement of the Americas : a comparison of the linguistic, dental and genetic evidence. *Current Anthropology* 27 : 477-497.

He, Hui-qin, Jian-zhong Jin, Chun Xu, Yan-rui Jiang, Qi-quan Zhu, Jingze Tan, Wei Huang, Yong-qing Xu, Li Jin & Da-ming Ren 2003 Study on mtDNA polymorphism of ancient human bone from Hami of Xinjiang, China. *Acta Anthropologica Sinica* 22-4 : 329-337 (in Chinese).

Melton, Terry, Stephanie Clifford, Jeremy Martinson, Mark Batzer & Mark Stoneking 1998 Genetic evidence for the Proto-Austronesian homeland in Asia : mtDNA and nuclear DNA variation in Taiwanese aboriginal tribes. *American Journal of Human Genetics* 63 : 1807-1823.

Mountain, Joanna L., William S. -Y. Wang, Du Ruofu, Yuan Yida, L. Luca Cavalli-Sforza 1992 Congruence of genetic and linguistic evolution in China. *Journal of Chinese Linguistics* 20-2 : 315-331.

Nasidze, Ivane, Gregory M. Risch, Myles Robichaux, Stephen T. Sherry, Mark A. Batzer & Mark Stoneking 2001 Alu insertion polymorphisms and the genetic structure of human populations from the Caucasus. *European Journal of Human Genetics* 9 : 267-272.

Nasidze, Ivane, T. Sarkisian, A. Kerimov & Mark Stoneking 2003 Testing hypothses of language replacement in the Caucasus : evidence from the Y-chromosome. *Human Genetics* 112 : 255-261.

Ostapirat Weera 2005 Kra-dai and Austronesian : notes on phonological correspondences and vocabulary distribution. In : Laurent Sagart, Roger Blench & Alicia Sanchez-Mazas (eds.) *The Peopling of East Asia : Putting together Archaeology, Linguistics and Genetics*. London : Routledge-Curzon. 107-131.

Piazza, Alberto 1995 L'origine des langues. *Géolinguistique* 1995-6 ; 5-33.

Poloni, Estella S., Alicia Sanchez-Mazas, Isabelle Dupanloup de Ceunickk, Guillaume Jacques & Laurent Sagart 2005 Comparing linguistic and genetic relationships among East Asian populations : a study of the RH and GM polymoprhisms. In : Laurent Sagart, Roger Blench & Alicia Sanchez-Mazas (eds.) *The Peopling of East Asia : Putting together Archaeology, Linguistics and Genetics*. London : Routledge-Curzon. 252-272.

Poloni, Estella S., Ornella Semino, Giuseppe Passarino, A. Silvana Santachiara-Benerecetti, Isabelle Dupanloup André Langaney & Laurent Excoffier 1997 Human genetic affinities for Y-chromosome P49a, f/ TaqI haplotypes show strong correspondence with linguistics. *American Journal of Human Genetics* 61 : 1015-1035.

Pulleyblank, Edwin G. 1995 The historical and prehistorical relationships of the Chinese. In : William S. -Y. Wang (ed.) *The Ancestry of the Chinese Language*. Berkeley : The Journal of Chinese Linguistics. 145-194.

Pulleyblank, Edwin G. 1996 Early contacts between Indo-Europeans and Chinese. *International Review of Chinese Linguistics* 1-1 : 1-24.

Quintana-Murci, Lluis, Csilla Krausz, Tatiana Zerjal, S. Hamid Sayar, Michael F. Hammer, S. Qasim Mehdi, Qasim Ayub, Raheel Qamar, Aisha Mohyuddin, Uppala Radhakrishna, Mark A. Jobling, Chris TylerSmith & Ken McElreavey 2001 Y-chromosome lineages trace diffusion of people and languages in Southwestern Asia. *American Journal of Human Genetics* 68 : 537-542.

Quintana-Murci, Lluis, Ornella Semino, Hans-J. Bandelt, Giuseppe Passarino, Ken McElreavey & A. Silvana Santachiara-Benerecetti 1999 Genetic evidence of an early exit of Homo sapiens sapiens from Africa through Eastern Africa. *Nature Genetics* 23 : 437-441.

Reid, Lawrence A. 1994 Morphological evidence for Austric. *Oceanic Linguistics* 33-2 : 323-344.

Ringe, Don 1999 Language classification : scientific and unscientific methods. In : Brian Sykes (ed.) *The Human Inheritance : Genes, Languages, Evolution*. Oxford : Oxford University Press. 45-73.

Rosser, Z. H. et al. 2000 Y-chromosome diversity in Europe is clinal and influenced primarily by geography, rather than by language. *American Journal of Human Genetics* 67 : 1526-1543.

Ruhlen, Merrit 1997 *L'origine des Langues*. Paris : Belin.

Sagart, Laurent 1994 Old Chinese and Proto-Austronesian. *Oceanic Linguistics* 33-2 : 271-308.

Schlegel, Gustaaf 1901 Review of Frankfurter's Siamese grammar. *T'oung Pao* 2 : 76-87.

Schmidt, Wilhelm 1905 *Grundzüge einer Lautlehreder der Monkhmer Sprachen*. Brauschweig.

Sokal, Robert R., N. L. Oden & B. A. Thomson 1988 Genetic changes across language boundaries in Europe. *American Journal of Physical Anthropology* 76 : 337-361.

Starosta, Stanley 2005 PEA : a scenario for the origin and the dispersal of the languages of East and Southeast Asia and the Pacific. In : Laurent Sagart, Roger Blench & Alicia Sanchez-Mazas (eds.) *The Peopling of East Asia : Putting together Archaeology, Linguistics and Genetics*. London : Routledge-Curzon. 182-197.

Starostin Sergei 1989 Nostratic and Sino-Caucasian. In : V. Shevoroshkin (ed.) *Explorations in Language Macrofamilies*. Bochum : Studienverlag Dr. Brockmeyer. 42-66.

Starostin, Sergei 1995 Old Chinese vocabulary : a historical perspective. In : William S. -Y. Wang (ed.) *The Ancestry of the Chinese Language*. Berkeley : The Journal of Chinese Linguistics. 225-251.

Starostin, Sergei 2000 Comparative-historical linguistics and lexicostatistics. In : Colin Renfrew, April McMahon & Larry Trask (eds.) *Time Depth in Historical Linguistics*. Cambridge : The McDonald Institute for Archaeological Research. 223-259.

Su, Bing, Junhua Xiao, Peter Underhill, Ranjan Dekka, Weiling Zhang, Joshua Akey, Wei Huang, Di Shen, Daru Lu, Jingchun Luo, Jiayou Chu, Jiazhen Tan, Peidong Shen, Ron Davis, Luca Cavalli-Sforza, Ranajit Chakraborty, Momiao Xiong, Ruofu Du, Peter Oefner, zhu Chen & Li Jin 1999 Y-chromosome evidence for a northward migration of modern humans into Esatern Asia during the last Ice Age. *American Journal of Human Genetics* 65 : 1718-1724.

Underhill, Peter A., Peidong Shen, Alice A. Lin, Li Jin, Giuseppe Passarino, Wei H. Yang, Erin Kauffman, Batsheva Bonné-Tamir, Jaume Bertranpetit, Paolo Francalacci, Muntaser Ibrahim, Trefor Jenkins, Judith R. Kidd, S. Qasim Mehdi, Mark T. Seielstad, R. Spencer Wells, Alberto Piazza, Ronald W. Davis, Marcus W. Feldman, Luca L. Cavalli-Sforza & Peter J. Oefner 2000 Y-chromosome sequence variation and the history of human population. *Nature Genetics* 26 : 358-361.

Wang, William S. -Y. 1991 *Explorations in Language*. Taipei : Pyramid Press.

Wang, William S. -Y. 1996 Genes, dates and the writing system. *International Review of Chinese Linguistics* 1-1 : 45-46.

Wang, William S. -Y. 1999 Languages and peoples of China. *Chinese Languages and Linguistics* V : 1-26.

Xue, Yali, Wei-dong Bao, Song-bin Fu, Tatiana Zerjal, Su-ling Zhu, Jiujin Xu, Ruo-fu Du, Gui-yin Zhang, Pu Li & Chris Tyler-Smith 2003 *Acta Anthropologica Sinica* 22-1 : 63-68 (in Chinese).

Yao, Yong-Gang, Long Nie, Henri Harpending, Yu-Xin Fu, Zhi-Gang Yuan & Ya-Ping Zhang. 2002 b Genetic relationship of Chinese ethnic populations revealed by mtDNA sequence diversity. *American Journal of Physical Anthropology* 118 : 63-76.

Yao, Yong-Gang, Qing-Peng Kong, Hans-Jürgen Bandelt, Toomas Kivisild & Ya-Ping Zhang. 2002 a Phylogenetic differentiation of mitochondrial DNA in Han Chinese. *American Journal of Human Genetics* 70 : 635-651.

Zhao, Tongmao & T. Lee 1989 Gm and Km allotypes in 74 Chinese populations : a hypothesis of the origin of the Chinese nation. *Human Genetics* 83 : 101-110.

Zhao, Tongmao, Zhang Gongliang, Zhu Yongming, Zheng Suqin, Gu Wenjuan, Chen Qi, Zhang Xia & Liu Dingyuan 1991 Study on immoglobulin allotypes in the Chinese : a hypothesis of the origin of the Chinese nation. *Acta Genetica Sinica* 18-2 : 97-108 (in Chinese).

上古汉语的语序*

0 引 言

20 世纪 70 年代以来,人们对汉语的语序及语序演变问题展开了辩论。讨论主要是围绕着 Li 和 Thompson(1974)提出的假设进行的,他们认为古汉语是 SOV 语序的语言,后来变为 SVO 语言,然后又转变为 SOV 语言,而且这一阶段还未结束,即 a) SOV > SVO;b) SVO > SOV。

假设的阶段 b) 受到学者们的批评,尤其是一些学者 (Light 1979,Sun & Givón 1985) 试图从共时平面证明汉语是并且一直是 SVO 语言,OV 语序是一种有标记 [+ 对比] 语序。但没有学者对假设的阶段 a) 即 SOV > SVO 提出挑战,这是因为在某些条件下,古汉语(上古前期公元前 11—前 16 世纪,上古后期公元前 5—前 2 世纪)可以有 SOV 语序,因此上古汉语是 SOV 语序的语言是可能的。

这样就可以假设原始汉语应该是 SOV 语序,所以原始汉藏语言也是如此,因为几乎所有的藏缅语言(目前知道的反例只有克

---

* 本文初稿是 1995 年 9 月 8—10 日于西班牙 Victoria-Gasteiz 召开的第一届语言类型学学会研讨会上的发言。原文题为 On Word Order in Archaic Chinese,刊登于 Cahiers de linguistique Asie Orientale, 1997, 26 (1): 3—20。作者进行了修改和扩充。徐丹译,载吴福祥主编《境外汉语历史语法研究》,上海教育出版社 2013 年,pp. 181—192。

伦语和白语）的语序都是动词处于句尾。请参见张清常（1989）、LaPolla（1990）、Sun（1991）和梅祖麟（1997）。

Peyraube（1994）提出远古时期（甲骨文时期，公元前14—前11世纪，即汉语最早的有文献可稽的时期）的汉语通常的语序是SVO，而且比后来的阶段（上古前期或后期）更为突出。所以，认为在甲骨文前更早的阶段，基本语序是SOV纯属臆测，缺乏事实根据。

本文将证明，在上古汉语前期及后期这一阶段，有可靠的证据表明，较之SOV语序，SVO语序是更基本的语序。我们这里的基本语序是指占优势的语序。我们同意Greenberg（1966）的说法，他认为"很多语言都有几种不同的语序，但只有一种是占优势的语序。"

大家一般都承认SVO语言有前置词而SOV语言有后置词[①]，本文将用下列表达方式加以区分：1. VO与OV；2. 前置词+O与O+后置词。

1 VO与OV

许多欧洲语言都需要有显性的主语。汉语不同于这些语言，似乎在句法上没有这条限制[②]，因此用VO与OV比用SVO与SOV的说法更恰当。

当宾语是一个词汇成分时，上古汉语的基本语序无疑是

[①] Greenberg（1966）语言普遍定律4提出："正常的SOV语序的语言，在绝大多数场合可能有后置词。"几乎所有藏缅语族的语言（这些语言都是SOV语序）都有后置词。请参见Delancey（1987）。

[②] 这也适合现代汉语和古汉语。如何乐士（1981）发现，《左传》（公元前五世纪）里，268个句子有主语，435个没有主语。

VO①。请看下面的例子:

(1) 君必失国。(左传·襄公十三)
(2) 孟子见梁惠王。(孟子·梁惠王上)

在很少的例子里有名词处于动词前的,但这些例子都不是典型的例子,并且OV语序是有[+对比意义]的,如:

(3) 王祭不共。(左传·僖公四)

然而,古汉语里确实有OV语序的句子,这些句子不见于现代汉语:a)当宾语是疑问代词时,b)当宾语由指示代词"是"承担时,c)当宾语在否定句里由代词承担时,d)宾语是一个名词或名词词组,它处于前置于动词的标记(一般是"是"或"之")前面。

我们将依次讨论这四种情况,一些学者就是根据这些现象做出古汉语是OV语序这一结论的。

1.1 宾语是疑问代词

在上古汉语后期(典型古汉语的阶段),疑问代词在所有类型的疑问句里无例外地前置于动词。请看几个例子:

(4) 吾谁欺? 欺天乎? (论语·子罕)
(5) 孔子奚敢焉? (孟子·滕文公下)
(6) 客何好? (战国策·齐策)

这条规则似乎很严格。疑问句里代词可以后置于动词仅始于中古汉语前期(公元前1世纪到公元后1世纪)。

然而,上古汉语早期是不同的。根据管燮初(1981)的研究,

---

① 这点适合上古汉语前期及后期。管燮初(1981)对铭文作了如下统计:在2258个动词谓语句,即91%的动词谓语句中,72%是"及物动词+名词宾语",其他的或是不及物动词,或是动词前/后有代词作宾语。

青铜器铭文（从公元前 11 世纪开始）里，未发现疑问代词前置于动词的。前置于动词的句式在《书经》（约公元前 8 世纪左右）及《诗经》（公元前 11—前 6 世纪）的后几部分也见得到，如：

（7）子何言？（尚书·益稷）
（8）终南何有？（诗经·终南）

此外，在上古汉语后期[①]也可以见到反例：

（9）子夏云何？（论语·子张）

因此我们可以下结论说，疑问代词前置于动词可能不是更古老的涉及所有宾语的 OV 语序的遗迹。如果是这样，那我们应该找得到语言里更古老的阶段有疑问代词前置的现象，很显然，情况并非如此。

1.2 宾语是指示代词"是"

指示代词"是"与上述的疑问代词情况不同。裘锡圭（1979）和梅祖麟（1997）指出，指示代词"是"在早期上古汉语里几乎总是前置于动词（铭文总是如此）。但在上古汉语晚期里，指示代词"是"主要见于动词后了。（如《论语》和《左传》）请看两个"是"前置的例子：

（10）子孙是保。（铭文·陈逆簠）
（11）子子孙孙是尚。（陈公子甗）

1.3 宾语在否定句中是代词

在陈述句中除个别反例[②]，做宾语的代词如果不是疑问代词或

---

① 如动词是"云"时，"何"一般出现在动词后面，请参见王笑湘（1987：75）。另一个造成反例的动词是"爱"，请参见杨树达（1955）和周法高（1963：99—131）。

② 请见张清常（1989）举的反例。

指示代词"是",一般都处于动词后面。但是人们认为这些代词在否定句里通常是前置的:

(12)我未之见也。(论语·里仁)
(13)不吾知也。(论语·先进)

这些代词也开始向动词后移动,但这只出现于上古汉语后期或中古汉语前期①。在中古汉语前期,在否定句里很少见到前置于动词的宾语代词。根据何乐士(1992)的研究,《世说新语》(约公元后440年)里有1017个否定句。其中17个用了代词宾语,然而只有一个前置于动词。

当句子是否定句时,宾语代词需要前置,这条限制比起疑问句里代词前置的限制要松得多。在上古汉语早期和晚期,例外都相当多,请看几个例子:

(14)吾不知之矣。(论语·泰伯)
(15)有事而不告我。(左传·襄公十八)

事实上,在某些古汉语文献里反例如此之多,因此很难断言有这种语序限制。周光午(1979)关于先秦(公元前221年之前)文献里代词宾语在否定句中位置的讨论未提供任何普遍规律。动词前或动词后均有代词宾语。

根据何乐士(交谈时提到)的研究,《左传》里79例否定句有代词宾语。其中50例处于动词后面(否定词+V+O),只有29例处于动词前面(否定词+O+V)。

唐钰明(1994)举了不少例子,其中两种形式(即前置于动词和后置于动词的句子)在同一个语境中并存,甚至在同一个句子里出现,意义没有区别。他给出了如下的统计:在西周时期

---

① 根据Feng Li[冯胜利](1994),这些代词比疑问代词后移得早。

（公元前1066—前771年），前置的宾语代词是87个，后置的39个；在春秋（公元前770—前476年）战国（公元前475—前221年）时期，前置的宾语代词有100个，而后置的有82个；到战国后期，前置的有264个而后置的有433个（比例已经倒了过来）。

上述的统计表明上古汉语早期比后期可能有更多的前置代词，但是语序很自由，看不出二者中哪一个语序代表更基本的语序。

1.4 宾语是名词或名词词组，后面有前置于动词的标记（通常是"是"或"之"）

这一句式"名词＋标记＋动词"首先见于西周（公元前1066—前771）铭文，但数量很少。在这个时期的铭文中只见到一个孤例（前置的标记是"于"），在《诗经》最古老的部分《周颂》（公元前11世纪或公元前10世纪的作品）无任何例子。西周后期、东周前期（公元前770—前256），这个句式开始普遍。其标记由不同的词担任："是""之"，还有"来""斯""厥""云"。春秋时期（公元前770—前476），"是"通过词汇统一化的过程变为最常见的标记，在战国时期（公元前475—前221），"之"通过单纯的词汇替代过程取代了"是"。请看有前置标记"是、之"的例子：

（16）四方是维。（诗经·小雅·节南山）
（17）今吴是惧。（左传·昭公二十三）
（18）曾由与求之问。（论语·先进）
（19）固败是求。（左传·僖公十五）

殷国光（1985）根据部分上古前期和后期的文献给出了"是""之"及其他标记的统计数据：

《铭文》（公元前8—前6世纪）："是"11；"之"0

《诗经》的《鲁颂》和《商颂》(约公元前 8 世纪):"是" 15;"之" 0

《诗经》(全书)(公元前 10—前 6 世纪):"是" 40;"之" 17;其他标记 16

《尚书》(公元前 8 世纪):"是" 2;"之" 7;其他标记 3

《左传》和《国语》(公元前 5—前 4 世纪):"是" 97;"之" 225

《论语》《孟子》《庄子》《墨子》《荀子》(公元前 5—前 3 世纪):是 13(其中 10 个是引用诗经和书经);"之" 196

这些数字显示,"之"很明显逐步取代了"是"。

这种有前置于动词的宾语标记的句型确实是 OV 语序。在上古汉语以前及上古汉语早期,这种句式还不存在。这种句式在中古汉语前期就消失了。其来源尚不清楚,很可能前置标记"是"来自指示代词"是"并经过了语法化过程,用它强调前置的宾语。"O + 是 + V"语序的句子其实是有标记的句子[①]。正如 Pulleyblank(1960)指出的,"《左传》中'是'的主要功能是提示宾语,其前移是为了话题化或突出对比"。

2 前置词还是后置词?

上古汉语里,介词词组一般由前置词 + 名词(宾语)组成:

(20)子之不能受燕于子哙(孟子·公孙丑下)

这种介词词组可处于动词后(如例 20)或动词前:

(21)故以羊易之(孟子·梁惠王上)

---

① 敖镜浩(1983)假设的最初情形应该是对的。他发现上古汉语早期,"O + 是 + V"和"V + 是 + O"两个句式互换且意义不变。人们认为第二种句式(宾语在动词后)是通常的、无标记的语序。"O + 是 + V"是从"V + 是 + O"衍生出来的,这儿的"是"是个指示代词。这个语序变化是由于强调引起的。所以前置的句型在口语里普遍开来,指示代词"是"在有标记的句子中强调宾语,语法化为一个前置标记。

在上古汉语两个常用介词"于"和"以"里,"于"是个比较严格后置于动词的介词[①]而"以"更常是前置于动词[②]。总体来讲,后置于动词的比前置于动词的多见,也许是因为"于"运用更广泛,前置于动词的"以"的限制没有后置于动词的"于"那么严格[③]。

语序问题中更有趣的是,在某些情况下介词可以出现在名词宾语的后面,这种介词叫作"后置词"[④]。有些学者(孙朝奋1991,梅祖麟1997)假设这些后置词是古老的正常语序的遗迹,汉语有可能是具有后置词的语言。

他们认为后置词的存在(这是 OV 语言的特征)可以为语言更古老的阶段重构 OV 语序。这种方法实际上是值得商榷的。大多数历时语言研究者的共识是,不能由于一个语言里存在与某一个语序相关的特征,而该语言整体来讲表现出另一种语序,就判定这一特征是更古老阶段的遗留。请看几个后置词的例子:

(22)室于怒市于色。(左传·昭公十九)
(23)是以政平。(左传·昭公二十)
(24)何以利吾国。(孟子·梁惠王上)
(25)旌以招大夫。(左传·昭公二十)

---

① 根据孙朝奋(1991)的统计,《左传·隐公》动词后面的"于 + 介词短语"有41个,动词前面一个没有,在《孟子·梁惠王上》中,同一个句型动词后有39个,动词前有一个。何乐士(1982)的统计是,在《左传》里,动词前有230个"于 + 介词短语",动词后有1554个。

② 孙朝奋的统计数字是,《左传》里动词后的"以"只有10%,《孟子》里是14%。何乐士(1982)的统计是,《左传》里动词前的"以"是826个,动词后则有225个。

③ 根据何乐士(1982)的统计,《左传》里有1784个"于",1051个"以"。所以孙朝奋(1991)说最常用的介词是"以"可能不确切。关于动词前和动词后"以"的区别,请看鲁国尧(1982)和 Hsueh(1995)的文章。后者认为,动词后的"以 + 介词短语"更有强调意味。

④ 请见本书第180页脚注 ① 关于后置词和SOV语言的相关性。

然而，我们想强调的是，这类例子不像人们想象的那样普遍。首先，"于"很少像（22）那样用作后置词，因为"于"在动词前很少见。介词和宾语的换位限于动词前的介词词组，即主要限于用"以"的介词词组。其次，如果我们排除宾语是疑问代词的情况（如例24）或指示代词"是"（如例23）[①]，那我们很难找到像例（25）那样，一个名词词组作宾语时，后接后置词。无疑，像（25）那样的例子是很特殊的例子。

当宾语是疑问代词或是指代词"是"时，"宾语+介词"作为汉语里的前置词（有的学者称之为副动词），自然遵循规则把这些代词前置于动宾词组（即OV语序）的动词前面。前置词历时上来源于动词，而且至今都具有动词的特征。

孙朝奋（1991）给出的"名词词组+以"的比例是根据《孟子》的一章（14%的"以"字句）和《左传》的一章（19%）统计的，他统计的比例相当高，他统计里肯定包括了所有的疑问代词和指代词"是"，他提供的例句几乎全部是"是"或疑问代词。

可以下结论说，上古汉语里的后置词是很少的。这些后置词只限于某些场合，如前置的宾语是疑问代词或指代词"是"。

3 讨 论

现在我们想简单地讨论一下上古汉语这四种所谓的OV语序。1.3节否定句里的代词宾语，1.4节带前置标记的名词短语，第2节的后置词，这三种情况都无法使上古汉语是OV语序的理

[①] 对于这两种情况，我们看到宾语一般是前置的。同样，宾语前置于后置词，而不是前置词。但有例外，尤其是当代词是"何"，前置词是"于"时：一般我们能见到"于何"而不是"何于"。请看王笑湘（1987：75）。

论成立。

我们已经说过，对于 1.3 节中的例子，与其说 OV 语序是基本语序不如说语序是自由的。统计数据表明，否定句里后置于动词的代词和前置于动词的代词一样常见。

在 1.4 节的例子里，名词宾语和后面的动词之间需要一个标记，这种句子是有标记的句子（强调宾语），因此不能反映自然的、无标记的语序。由于基本语序一般都出现在无标记句中，被强调的成分前移这种情况应当被排除。

再看最后一种情况（第二节），当宾语后面有后置词时，这时的宾语几乎只限于疑问代词或指代词"是"，这种情况最好合并到 1.1 和 1.2 节，因为在上古汉语里，介词表现得犹如动词。

现在只剩下两种情况了，宾语是疑问代词（1.1），宾语是指代词"是"。这两种情况可以看作 OV 语序的真正迹象，尽管后来这两种现象按照相反的方向发生了演变：上古汉语早期未见到前置于动词的疑问代词，但在上古汉语后期数量大增；上古汉语早期有许多前置于动词的"是"，而到上古汉语后期数量越来越少。

至于这两种剩下的有疑难的问题，我首先要再次求助于统计数字。我们已经知道，铭文（共 2767 个 VO 或 OV 语序的句子）[①]里的宾语，名词占 88.56%，代词只有 3.3%。在上古早期的其他文献中，以及上古汉语后期的所有文献中，代词作宾语的比例肯定要比这个数字高，但从未超过全部 VO 或 OV 句子的 15%，而名词作宾语多于 70%。由于所有 OV 的语序只见于使用疑问代词和唯一的指代词"是"的句子中，我们可以得出结论，认为 OV 语序太个别了。理想的基本语序应该是一个语言里最常出现

---

① 管燮初 1981：88。

的语序。

当然有人会说,前置于动词的代词是遗迹,是存古。我们知道遗迹或存古对许多学者来说可能是唯一的、最有用的应用于句法重建的证据。这就是梅耶的名言,我们通过例外进行重建(因为在有规律的系统中,遗迹的表现形式是例外)。

然而,确认前置代词是遗迹确实是有问题的。如上所述,它们相反可能是创新。

最后,我想强调的是,在许多语言里,代词的位置与名词不同。"众所周知,非强调成分,如附着的代词,在跨语言的材料里经常趋于使用特殊的句法规则,而其句法关系是不严谨的,甚至极不严谨。所以应当重视有真正名词的句子而忽略有代词的句子。"(Comrie1989:89)这就是为什么人们通常认为,由名词充当主语和宾语的陈述句里的语序是基本语序(不是疑问句,也不是命令句)。

4 结 论

本文的分析表明,没有必要认为 OV 语序是古汉语的普遍语序。鉴于这点,我们的结论是:汉语从上古汉语到中古汉语、现代汉语以至当代汉语都是 SVO 语言。

参考文献

敖镜浩 1985 略论先秦时期"O/是/V"句式的演变,《中国语文》第5期,355—359。

冯 利[冯胜利] 1994 论上古汉语的重音转移与宾语后置,《语言研究》第1期,79—93。

管燮初 1981 《西周金文语法研究》,北京:商务印书馆。

何乐士 1982 《左传》的单句和复句初探,程湘清主编《先秦汉语研究》,济南:山东教育出版社,143—271。

何乐士 1992 从《史记》和《世说新语》的比较看《世说新语》的语法特点,程湘清主编《魏晋南北朝汉语研究》,济南:山东教育出版社,86—239。

鲁国尧 1982 《孟子》"以羊易之"、"易之以羊"两种结构类型的对比研究,程湘清主编《先秦汉语研究》,济南:山东教育出版社,272—290。

梅祖麟 1997 汉语七个类型特征的来源,《中国境内语言暨语言学》4,81—103。

裘锡圭 1979 谈谈古文字资料对古汉语研究的重要性,《中国语文》第6期,437—442+458。

唐钰明 1994 古汉语语法研究中的变换问题,《第一届国际先秦汉语语法研讨会论文集》,长沙:岳麓书社,202—222。

王笑湘 1987 《文言语法》,北京:中国人民大学出版社。

杨伯峻 1982 古汉语中之罕见语法现象,《中国语文》第6期,401—409。

杨树达 1955 《高等国文法》,上海:商务印书馆[第一版发表于1920年]。

殷国光 1985 先秦汉语带语法标记的宾语前置句式初探,《语言研究》第2期,162—171。

张清常 1989 上古汉语的SOV语序及定语后置,《语言教学与研究》第1期。

周法高 1963 《中国语文论丛》,台北:正中书局。

周光午 1959 先秦否定代词宾语位置问题,《语法论集》(三),中国语文杂志社,128—192。

Comrie, B. 1989. *Language Universals and Linguistics Typology*. Oxford: Blackwell.

Delancey, S. 1987. The Sino-Tibetan Languages. In: B. Comrie(ed) *The World Major Languages*. London & Sydney: Crom Helm.

Greenberg, J. H. 1966. Some Universals of Grammar. In: J. Greenberg (eds) *Universals of Language*. 2nd ed., 73-113.

Hsueh, F. F.-S. 1995. Verb complement in Classical Chinese and its implications as revealed by the particle *yi*. [斯坦福汉语历史句法研讨

会上的发言]

Lapolla, R.-J. 1990. *Grammatical Relations in Chinese: Synchronic and Diachronic Considerations.* 博士学位论文。Berkeley: University of California.

Li, C.-N. & Thompson, S.-A. 1974. An Explanation of Word Order Change: SVO > SOV. *Foundation of Languages*, 12, 201-214.

Light, T. 1979. Word Order and Word Order Change in Mandarin. *Journal of Chinese Linguistics*, 7(2), 149-180.

Peyraube, A. 1994. On Word Order and Word Order Change in Pre-Archaic Chinese. 第四届中国境内语言暨语言学国际研讨会上的发言。台北。

Pulleyblank, E.-G. 1960. Studies in Early Chinese Grammar, Part I. *Asia Major*, 8, 36-37.

Sun, C. F. 1991. The Adposition *yi* and Word Order in Classical Chinese. *Journal of Chinese Lingusitics*, 19(2), 202-219.

Sun, C. F. & Givón, T. 1985. On the so-called SOV Order in Mandarin Chinese: A Quantified Study and its Implications. *Language* 61(2), 329-351.

汉语拼音正词法评析*

0 导 言

"拼音式",就是中国国务院于 1957 年 11 月 1 日第 6 次全体会议① 正式通过并经第一届全国人民代表大会于 1958 年 2 月 11 日批准的《汉语拼音方案》,它直到 1979 年 1 月 1 日中国决定把它在对外出版物上应用之前,长期以来既未系统地用过,又未教过。② 而现在,中国和国际组织都把它作为一个无可改变的决定来确认了。1977 年在雅典召开的联合国第三届国际地名标准化会议通过汉语拼音为国际标准。1981 年 8 月国际标准化组织(ISO)文献工作委员会(TC/46)的"文件"接受了汉语拼音,美国是从技术立场表示不赞成的唯一的成员国。

虽然在中国还有许多其他的方案(1,600 多种),③ 它们或者反对汉语拼音的标音方式,或者设计由汉字派生的新字母。不

---

* 本文与阿连·鲁卡斯合著。原载《汉语拼音正词法论文选》,北京:文字改革出版社 1985 年,pp.146—161。李乐毅译,胡明扬校。

① 应为国务院全体会议第 60 次会议。——译者

② 自 1958 年秋季起,全国小学一年级普遍开始教学汉语拼音。然后开展了注音扫盲。现在每年学习拼音的小学生和扫盲学员大约有一千万以上。但是汉语拼音并未用作文字。——译者

③ 参见《文字改革》1982 年第 1 期第 6 页。——原注

过不可能指望汉语拼音会被否定，主要的原因是其他那些方案得不到中国文字改革委员会的支持。① 但是，汉语拼音存在的各种问题并没有解决。有关连写的课题尤其棘手并有待于恰当解决。在连写这个领域内，存在着无政府状态，因为每个人都有各自的答案。人们注意到，从1958—59年拟出了很少的规则以来，这项工作没有决定性的进展。近来，"连写"是一系列讨论的主题，从而出现了不少文章，它们大多刊登在《语文现代化》上面。文字改革委员会还没有表明他们的官方立场，不过，周有光教授在《语文现代化》第1辑（1980年）上的文章可以认为就是官方立场。这篇文章的英文本曾经提交给1982年在南京召开的国际标准化组织文献工作技术委员会全体会议，作为汉语拼音正词法基础的中国建议的"文件"。② 从此之后，文字改革委员会成立了汉语拼音正词法委员会，这个委员会向国际标准化组织文献工作技术委员会第二分委员会（ISO/TC46/SC2）于1983年在维也纳召开的第11次会议提出了一个修订文本。③

我们想针对上述文本的一些方面进行语言学的分析。关于各方面的意见，已经有过大量的综述报道，因而重新提出来说一遍可能是无用的和荒谬可笑的，我们只想讨论有根据的不同意见中的少数问题。

首先我们认为，提出一些一般性的评论意见会更好些。

---

① 方案要成为法定的，必须由全国人民代表大会通过。《汉语拼音方案》是唯一的法定方案。群众设计的方案只是个人的研究。——译者

② 周有光的《正词法要点》（英文本）只是作为"连写法"的讨论参考件，不是"官方立场"。——译者

③ 1983年的修订文本说明只是讨论参考件，并非用正词法委员会名义提出。——译者

1 一般性意见

一般性意见的第一点是,无论在周有光的文章(1980年)或者在正词法委员会未发表的文本(1983年)中,都没有一个能使我们知道如何去处理这样那样的拼写问题的明确定义。没有提出在切分词语时能够得出相同结果的可行的准则。譬如,让我们看一下正词法委员会的文件中关于词的定义吧:a)"词是表示概念的单位。"b)"几个词合起来表示一个完整的概念,各个词分开写。例如:Huánjìng bǎohùguīhuà(环境保护规划)。"那么,我们如何处理象rénzàosī(人造丝)或者lǘdǎgǔnr(驴打滚,一种高利贷形式)这样的按句法结构结合并由能够独立运用的成分构成的单位呢? c)"有的词组(主要是单音节加单音节的),由于经常连在一起使用,已经成为一个词,连写。例如,jīdàn(鸡蛋),wèndá(问答)。"我们如何判断一个词组的词化达到什么程度呢? d)"双音节和三音节的名词,连写。……四音节和四音节以上的,除了wúchǎnjiējí(无产阶级) shèhuìzhǔyìzhě(社会主义者)等按照习惯连写外,一般都按词分写。"音节问题的处理在这里是很不合理的。提出四音节以上的单位分为小单位来写是不中肯的,尤其是如果人们需要起草一个按习惯作例外处理的词表的时候,因为这样的词表是无限的。在这种情况下,应当有一个能使每一个人能作出判断无误的一般的规则。

一个连写形式是否经常相当于一个词,这个问题没有明确地解决。参见正词法委员会的文件第4页,"拼写普通话原则上以词为单位。"陆志韦指出(1954年),虽然连写的研究和什么是词的研究不能做到完全一致;但是确定一个有用的准则来判断什么是词,却是可以做到的,这就将为解决连写问题发挥作用。

试图给汉语的词下一个新的定义，很困难。因此我们可以以朱德熙的定义（1982年）来谈。他的定义同吕叔湘在《语法学习》（1954年）上所提出的以及史存直提出的定义（1957年）很相近。我们可以说，词是能够构成语言片段[①]或者语言片段的一部分的、并能够独立运用的最小的语言成分。它可以通过句法原则来解释，而且是和词法分析有关的一个单位。

上述两个文件在处理词类问题方面都是没有明确意见的。这些单位无疑被看作词。中国的语言学术语在这方面十分清楚，因为词类的术语都以语素"词"字结尾。我们应该始终遵循同一种。例如朱德熙的体系（1982年）似乎最为前后一致的。他的著作第40页上的表格告诉我们："的"、"所"、"得"、"似的"是助词。不能把这些和在前面的语素联系在一起；否定副词"不"是一个词，不能同它所修饰的动词或形容词连起来。周有光（1980年）和正词法委员会（1983年）建议把"bùshì"（不是）、"bùnéng"（不能）、"bùkěyǐ"（不可以）、"láibùlái"（来不来）和"zhīdào-bùzhīdào"（知道不知道）这样的"（×不×）"问话和"bù-ná"（不拿）[②]这样的两个词写成一个词。"shì"（是）[③]和助动词是同"ná"（拿）相似的动词。"×不×"在汉语中是句法结构，而不是"不"在其中作为构成成分的复合词，或者像在"bùlùn"（不论）或者"hóngbulēngdēng"（红不棱登）中那样是一个插入成分。仔细考察汉语的构词法，就有助于避免这样奇怪的处理方式。单纯词不造成什么问题，而由一个以上的语素构成的复合词，则应该根据它们的词的特点

[①] 原文为 utterance，或译"话语"。——译者
[②] nǎ 应为 ná(拿)，下同。——译者
[③] shí 疑为 shì（是）。——译者

来处理。

派生词。

上述两份文件对什么是词缀没有再下定义。如果要决定词缀应该同词根连写的问题,那就应该规定一个能够清楚而可行的规则。的确,要解决汉语中的派生词的问题,比解决印欧语的派生词问题更困难,因为有时很不容易明确区分派生词和合成词。所以词缀的定义应该更严格些。

人们可以把汉语中任何缺少或者没有清楚的词汇意义的,而且当它同不能独立的词根连缀时能够构成词的(例如:房+子,老+虎),或者改变了语法或词汇范畴的(例如:念+头,沿+着,吃+了),或者改变了它的意义的(例如:水+儿〔汁液〕,海+子〔湖〕)黏着语素都叫作词缀。中缀和后缀读轻声。[①]

根据这样的定义,前缀限于:

"阿"。用于称呼的词语中。

"老"。用于指年老或长辈的亲属、动物名、职业或社会地位名的称呼词语中。诸如:"老三"、"老虎"、"老师"。

"第"。和数词构成序数词。正词法委员会文件(1983年)那样在"第"和数词之间加横线是没有根据的。(参见该文件6·2·1节)。

"初"。同数词连用以表示一个月的前十天。

我们认为还有下列后缀:

"子"。

"儿"。无声调后缀。在少数情况下,"-r"可能是"rì"(日)或者"lǐ"(里)的省略。例如:jīnr(今儿)= jīnrì(今日),zhèr(这儿)= zhèlǐ(这里)。

---

① 原文为 neutral tone(中性声调),下同。——译者

"头"。用于 shítou（石头），lǐtou（里头），niàntou（念头）中。如果它不读轻声，那么可以认为是一个复合词的构成成分，例如：gōngtóu（工头）。

"们"。表复数的后缀。

"么"。例如：zhème（这么），duōme（多么）。

动词性后缀："了"、"着"、"过"。

"的（地）"。跟在副词或形容词后面、有着状语功能的后缀。例如：kēxuéde fēnxī（科学地分析），húlihútūde（胡里胡涂地），fēichángde tòngkuai（非常地痛快）。这里也没有必要按照正词法委员会文件那样把 de 写成 di，或者当有两个并列的状语时把 de 分写（参见该文件 9·2·2 节：jiānjué ér chèdǐ di xiāomiè dírén〔坚决而彻底地消灭敌人〕）。

"得"。我们不同意正词法委员会的文件，认为应按照朱德熙的意见（1982 年），把后面跟着程度补语的"得"看成后缀。例如：xiěde hǎobù hǎo（写得好不好），kàn nǐ pàde!（看你怕的！），mēnde huāng（闷得慌）。

"得"在少数词化形式中也是一个派生的后缀。例如：jìde（记得），juéde（觉得）。在这种情况下，否定副词"不"位于这个词之前而不能插在中间。比较一下：wǒbùjìde（我不记得）和 wǒ jìbude（我记不得）。这种词化形式可以在后面跟一个宾语而不能跟补语。比较：wǒ jìde zhè gè gōngshì（我记得这个公式）和 wǒ jìde qīngqīngchǔ chǔ（我记得清清楚楚）。

真正的后缀和前缀不应该包括赵元任所提出的（1968 年）诸如"难-"、"-人"、"-分子"这样的"广义的前缀和后缀"。这些形式有着完整的意义和声调。真正的后缀和前缀也不应该像正词法委员会的文件那样包括现代的前缀和后缀，它们被称为前缀和后缀，是因为从外语的前缀和后缀翻译（借译）过来的。例如 dān(mono-, uni-, 单-), duō(poly-, pluri-, 多-), zhǔyì(-ism, -主义), xué(-ology, -ics, -学)。这样的形式可以当作复合词的构成成分来看待。

我们认为有下列的中缀：

"不"。在"A 不 BC"型的形容词中，例如：hóng-bulēngdēng(红不棱登)。

"里"。a) 在"A 里 BC"型的拟声词中。例如：jīligūlū(叽里咕噜)。b) 在重叠的"A 里 AB"型的形容词中，意思是"非常"。例如 gǔligǔguài(古里古怪)。

缩写。

缩写是另一种构词法。正词法委员会的文件（参见 2·9·1 和 2·9·2 节）指出："略语的各个音节用短横连接。例如：Běi-Dà(北大——北京大学), Wǔ-sì Yùndòng(五四运动), xuè-fáng(血防)。"但是"由于经常使用已经当作一个词的，连写。例如：chūzhōng(初中), tǔgǎi(土改)"。我们如何能够判断一个词的"常用性"呢？再者，同样的附加符号不可能用于解决各种不同的问题。连字号只能用来表示在一个复合单位中的同等地位，如 lù-hǎijūn(陆海军)、rén-jīduìhuà(人机对话)。在这些例子中，两个接近的语素有着同样的限定形式。

在"五四运动"中不应该用短横，因为它指的是"五月四日的运动"而不是"第五和第四的运动"。"北大"和"血防"也应该写成词。缩写在汉语构词法中是一种常见的构词法。这样构成的词是一个真正的词。周有光（1980 年）所阐述的也是这种解决方法，参见该文 1·8 节。

正词法委员会建议在下面另一种十分常见的构词方法也使用短横。

重叠。

请看文件3·2·2节:"双音节动词重叠,中间加短横。例如chángshì-chángshì(尝试尝试)。"相反的说法却见于4·2·1节:"重叠形容词,连写。例如:qīngqīngchǔchǔ(清清楚楚)。怎么能说明这两种相反的处理方式的原因呢?重叠词就是词不应该分写。然而,单音节的动词重叠时要分写,这可能会成为一个争论点。"

正词法委员会在3·3·1节建议 kànkàn(看看)、kànyikàn(看一看)、kànleyikàn(看了一看)连写。同意这样一种正词法,就意味着"了"和"一"是中缀。认为"了"是一个标准的动词后缀。而"一看"就像"一下"或"一次"是假宾语,似乎会使人更信服些。这个看法也是丁声树(1961年)和朱德熙(1982年)的看法。这句话应该写成 kànle yi kàn。至于 kànle kàn,可以看作是 kàn le yi kàn 的缩略形式。应该注意到有一些假宾语可以在后面加上名词化语素 -r(-儿)。

复合构词法。

复合构词法在汉语中是一个复杂的问题。因为复合结构有可能从单用的构成成分创造出新词来,如"山"+"水"→"山水"(风景);或者有着一个语法模式,例如一个固定的句法结构,如"肺结核"、"心疼"。可是上述两个文件都没有提供任何句法的论证,也没有提供一个能够使我们判断一个语言片段究竟是一个词、一个词组或一个句子的可行的准则。

能够有效,而且能解决大部分问题的句法原则,那就是:词的成分的可分性(或不可分性)。朱德熙(1982年)以此作为区别词的原则(见第13页)。另外,自由形式(F)和黏着形式(B)的标记也可以有效地补充可分性的原则。人们可以借此判定由一个以上的黏着形式(不包括词缀)构成的语义单位

199

是一个合成词。例如:"植物"(B+B),"石油"(B+F),"人民"(F+B)。

吕叔湘(1962)曾指出,要确切知道一个语素是黏着形式还是自由形式,困难主要是由于语言中有不同的层次和变化(方言、专业语言等)。如果人们同意赵元任的意见(1968年)的话,这个原则仍然是有用的。赵元任在他的著作第361页上说:"在标明复合词的构成成分中F和B的地位时,要记得我们经常运用直接成分分析的原则,那就是,定语或中心词是根据进入复合形式后的意义和功能来确定是F还是B的,而不是按照它们在其他场合可能有的,乃至经常有的意思或功能来确定的。"用于F+F单位,可分性原则仍然最为有效。例如"毛病"不同于"毛的病","白菜"不同于"白的菜","蛋白"不同于"蛋很白","大方"不同于"又大又方","天亮"不同于"天还没亮"。这两个原则能够证明hépínggē(和平鸽)和mínzhǔzhì(民主制)的正词法是正确的,"鸽"和"制"是黏着形式而不是能插入其中的成分。同样地,人们可以把duōbiānxíng(多边形)、wújī-huàxué(无机化学)、gāoshèpào(高射炮)连写,因为"多边"、"形"、"无机"、"高射"是不能独立的形式。另外mínzhǔzhìdù(民主制度)写成两个词,只是因为它可以在中间插入限定性词缀"的"而不改变其原意。同样gāo shān(高山)、shēng ròu(生肉)、zàochuán jìshù(造船技术)分写,是因为可以扩展为zào dà chuán de jìshù(造大船的技术);而shàngkè jiàoyuán(上课教员)可以说shàng le kè de jiàoyuán(上了课的教员)。

相反地,zhī shifènzǐ(知识分子)和 shè huì zhǔyì(社会主义)写成一个词,是因为它虽然可以在中间插入一个"的",但是和原意就不同了。可分性原则带来一条明显的规则,即 měi gè（每个）或 měi nián（每年）等应该分写，因为在中间可以插入一个数词。同样的解决方法适用于 kāihuì（开会）和 xiě zì（写字），因为"写"和"开"可以带上一个动词后缀。

然而，还有一些类型的复合词，运用可分性原则和自由形式或黏着形式原则是无效的。例如一些 V+O（动+宾）合成词是可以分的：qǐ cǎo（起草），qǐ ge cǎo（起个草）；guānxīn（关心），guān shénme xīn（关什么心）；jū-gōng（鞠躬），jū yī ge gōng（鞠一个躬）；zhùyì（注意），zhù diǎnr yì（注点儿意）。

应该注意到，尽管事实上这些构成成分中的一个或两个是黏着形式，这样的单位还是可分的，如"鞠躬"（B+B）、"注意"（B+B）。它们中的一些，后面还可以跟着一个宾语或者"起来"、"下去"，例如：qǐcǎo yī ge xiànfǎ（起草一个宪法），guānxīn tā（关心他），huáiyí qǐlái（怀疑起来）。我们可以提出，无论由一两个黏着形式构成的，或者跟着一个宾语或者"起来"、"下去"的 V+O 单位，都是一个合成词。朱德熙（1982年）的结论是，这样的 V+O 合成词有构成 V+O 句法结构的特点。

这些意见只不过是可以讨论的一些问题，下面再加评论。我们只想指出，有一些处理方法从总的来说是武断的或者自相矛盾的。

我们认为只有通过句法分析才能判断某一种解决方法是否有道理。接下来，我们讨论在切分词这方面的两个重要问题：1）介词短语（pp）的内部组织；2）"体"标记。

2 介词短语的内部组织

介词短语是把介词（p）当作第一个构成成分，后面跟一个名词或名词短语（NP）。整个介词短语（pp）如果表示方位，那么名词短语后面可以接一个方位词。

当人们处理有关连写的问题时，介词短语的性质就是一个基本问题。它们是名词，后置词（或是构成一个特别的范畴，或是在前面的介词的一部分），还是后缀？这些假设都曾被语言学家提出过。首先，我们应该区分不同类型的方位词。双音节的方位词诸如 shàngbian（上边）、lǐtou（里头）、dōngbian（东边）可以指物体的一部分，也可以指方位。当它们是指物体的一部分时，是名词。例如 zhuōzide shàngbian（桌子的上边），应该同前面的名词分开。当介词短语指方位时，虽然可有状语的功能，但是它们也是名词。再者，介词短语可以被指示词限定，例如：zhè gelǐtou（这个里头）等。人们也可以用一个连词"和"并列两个双音节方位词，例如：yuànziqiánbian hé hòubian（院子前边和后边）。①

单音节的方位词更为棘手。很难认定是名词。虽然它们也指方位，但是和名词的分布和构词规则不一样。单音节和双音节的方位词的特点很不一样。作为一个同前面的介词结合的非连续成分，可以被看作是后缀或后置词。第一种情况，方位词要同根词连写（例如 zhuōzishang〔桌子上〕）；第二种情况，由于它属于前面的介词，所以应该分写，介词有时就省略了。我们没有令人信服的依据，也无法采纳其中任何一个办法。但是说是后置词，因为我们至少不需要再作新的区别，似乎好一些。名词后的单音节方位词和跟在介词后并和介词直接地构成介词短语的单音节方位词（例如：wǎng xī〔往西〕）。不把介词后面的方位词看成是

---

① 为了更彻底的讨论，考虑到证明方位词是名词的假设的理由，见 A. 贝罗贝的论述（1980年）。——原注

后缀，会更合适些。

据此我们得出结论，无论是单音节的或双音节的方位词，应该与在之前的名词或介词分写。在词化的用语中，方位词不能再有同样的功能，因此，应该把它看作是复合词的构成成分，而不按照句法结构来分析。例如：mǎshàng（马上），géwài（格外），shūhòu（书后）①，yǎnxià（眼下）。

另外一个问题是关于动词后面的介词短语补语，介词短语除了有状语功能之外，还可以用作补语，如在下面这些句子："tā zhù zai Běijīng"（他住在北京），"tāmen pǎo dao nǎr?"（他们跑到哪儿？），"Mǎkèsī shēng yú 1818 nián"（马克思生于1818年）介词是否要同动词连写呢？到目前为止，已有两种不同的分析：a）当作独立存在的补语：V（动词）+〔prep（介词）+ NP（名词性短语）〕pp。因此应该写成"pǎo dao nǎr"（跑到哪儿），"sòng gěi wǒ"（送给我）。b）介词是动词的一部分，因而要同它连写，名词短语是一个宾语，见丁声树（1961年）、李嘉乐（Ryraloff, 1973年）的论述，zhùzai（住在）、pǎodao（跑到）、sònggěi（送给）都是动词（前两个动词被称为"方位动词"〔locative〕，第三个被称为"给予动词"〔attributiue〕）。

下面的意见可以讨论一下：

1）"在"、"到"和"给"读轻声。

2）动词后缀"了"不能插入其中：tā zhùzaile Běijīng（他住了在北京），比较一下：*tā zhùlezai Běijīng（他住了在北京）。②

第一点不能令人信服。在北京方言中，代词作为宾语时也读

---

① 原文在 shūhòu 后括注 postface，现通译"后记"。——译者
② 星号（*）是原有的，指不规范的句型。下同。——译者

轻声。没有充分的理由说它们是动词的一部分。第二点在口语中人们很少听到在V（动词）+ prep。（介词）之后有"体"的标志。这是一种新出现的现象，是书面语所特有的，因此不是一种有充分说服力的意见。①

〔V（动词）+ prep（介词）〕VP（动词性词组）+ O（宾语）这种解决方法还有另外一些现象说不通。当问"× 不 ×"的问题时，人们立即注意到介词并非动词的一部分：*"tā zhùzai bù zhùzai Běijīng?"（他住在不住在北京？），*"tāmen sònggěi bù sònggei wǒ le?"（他们送不送给我了？）。相反地，下面的句子是完全符合语法的："tā zhù bù zhù zai Běijīng?"（他住不住在北京？）"tāmen sòng bù sònggei wǒ le?"（他们送不送给我了？）。还可以在动词和介词间插入强调的标志"shì（是）"把动词和介词分开。如果V + Prep是复合词，那就不可能这样做，例如：*"tā zhù shì zai Běijīng"（他住是在北京）。在有"de"（的）的从属句中，动词一般不能带后缀，例如："tā zhù de dìfang shì Běijīng"（他住的地方是北京），不应是*"tā zhùzai de dìfang shì Běijīng"（他住在的地方是北京）；"tāmen sòng de lǐwù shì shénme?（他们送的礼物是什么？），而不应该是*"tāmen sònggei de lǐwù shì shénme?"（他们送给的礼物是什么？）如果介词是动词的一部分，那么就不应该在从属句中被删去。据此我们可以推论，V +〔Prep + NP〕pp是最好的分析方法。因此在汉语拼音中动词应该和介词分写。

---

① 在广州话中，我们看到相反的情况，表示"体"的后缀必须放在动词和介词之间。见A. 贝罗贝的论述（1981年）。——原注

3. 动词后缀

动词后缀有时被认为是虚词。但是事实上，它们具有后缀所特有的特征（参见上述）：a）读轻声；b）是附在根词（动词或形容词）上的黏着形式，用来表示语法范畴的各种形式："体"。

1) le（了）表示完成体。例如：

　　kànle zhè bù shū（看了这部书）。

　　duǎnle yīdiǎn（短了一点）。

2) zhe（着）表示某事已经开始：

　　kànzhe yī běn shū（看着一本书）。

　　mén kāizhe ne（门开着呢）。

3) guo（过）表示某事已经发生过：

　　kànguo zhè běn shū（看过这本书）。

　　zhè háizi cónglái méiyou zhème ānjìngguo（这孩子从来没有这么安静过）。

存在着一个同形异义和同音异义的词 le（了），这是一个语气虚词，经常出现在句子的末尾，表示一种新情况的出现或者意识到一种新情况，这可能是句末是一个动词或形容词加"了"的句子有歧义的根源。例如：tā xiào le（他笑了），可能解释为：

a）他开始笑；

b）他已经笑了；

c）完成的概念，同时出现一种新情况。

其实，这是后缀"了"+虚词"了"而省掉了一个"了"。见赵元任（1968年）、朱德熙（1982年）的论述。这样的含义在下面的句子中是明显的：

　　tóufa bái le（你的头发开始白了）。[①]

[①] 括号中的说明是根据原文意思译出的。下同。——译者

因此我们建议，按照惯例并且为了方便起见，当"了"出现在句末，无论什么时候，一律分写。

另外，后缀 guo（过）不要同 V（动词）+ C（补语）结构中的第二个成分 guò（过）相混。在 V + C 结构中，可能插入 de（的）或 bu（不）。比较一下：tā céng jīng páguo zhè zuò shān（他曾经爬过这座山）和 tā pān yuè zhè zuò shān（他攀越这座山）以及 tā pá bu guò zhè zuò shān（他爬不过这座山）。而且，在后缀 guo 的后面不能加上后缀 le；但是当 guò 是 V + C 结构的构成成分时，则可以加上后缀 le，这是完全符合语法的：tā pān yuè le zhè zuò shān（他攀越了这座山）。

不用说，le（了）和 zhe（着）也是构词的后缀，也可使一个词改变词性。例如：chú le（除了）、láizhe（语气词，来着），等等。

论粤语的双宾结构和斜格结构[*]

提要：双宾结构一直是语言学理论中颇具争议的话题之一。在汉语中，我们发现了一个有趣而独特的现象：普通话和粤语都存在与格结构，其间接宾语（IO）由与格介词引导（V + DO + Prep. + IO），然而当介词缺失时，普通话中的间接宾语总是在直接宾语之前（V + IO + DO），而粤语中则以相反的情况（V + DO + IO）居多。

粤语的 V + DO + IO 形式从何演变而来呢？之前的许多研究认为 V + DO + IO 由 V + IO + DO 演变而来。在本文中，作者首先指出共时和历时两方面的证据都不支持 V + DO + IO 是由 V + IO + DO 派生出来的移位假设。前者不是后者的自由变体。然后我们将论证，无论从共时还是历时的角度来看，V + DO + IO 都是 V + DO + Prep. + IO 删除介词派生的结果。就动词的语义性质和两个宾语（DO 和 IO）传达的信息焦点来看，这两种形式的制约条件是一样的。

引　言

粤语和普通话的发音差别很大，词汇差别较大，两者的语法差异不多。文献中只提到过少数几个语法差别，其中双宾结构的

---

[*] 本文与徐烈炯合著。本文的两部分曾分别在 1993 年 12 月在香港科技大学召开的第四届国际粤方言研讨会上宣读。我们非常感谢与会者，尤其要感谢李行德和 Gisela Bruche-Shulz 对我们提出的意见和建议，还要感谢蔺荪为我们提供了粤语译文。原文 On the Double-Object Construction and the Oblique Construction in Cantonese 刊于 *Studies in Language* 21—1, 1997, pp. 105—127, John Benjamins Publishing Company。

语序可能比其他现象更引人注意。

在普通话中,间接宾语总在直接宾语的前面,而粤语中则以相反的情况居多。在一些特定的条件下,如为了强调或由于某些动词的词汇特性,不同的语序也是允许的。这一点我们将在后面谈到。下面的两个句子中,(1)的可接受性低于(2)[①]。

    (1)我送佢本书
       '我送他一本书'
    (2)我送本书佢
       '我送他一本书'

粤语和普通话都有与格结构(又称"斜格结构"),其间接宾语由介词引导,也有一些学者把介词分析为动词。

    (3)我送本书俾佢
       '我送一本书给他'

然而,在粤语中介词短语不能前置。如下面(4a)的普通话句子在粤语中没有对应的句子。

    (4)a. 我给他寄了一本书
       b. *我俾佢寄左本书

除了粤语之外,其他的南方方言中也有句(2)那样的结构。袁家骅等(1960)和余霭芹(Hashimoto 1973)的书中提供了梅县(同样位于广东省)客家方言的例子。双宾结构一直是语言学理论中颇具争议的问题之一。这回我们碰到了一个罕见的情况:普通话与英语一致,与粤语及其他一些汉语方言反倒不一致。已经有人对句(2)结构的根源及粤语和普通话之间

---

    ① 英文本所有的粤语例子皆使用粤拼系统,没有标出变音符。

的差异的解释提出了一些有趣的想法。在本文中,我们将指出共时证据和历时证据都不支持(5b)由(5a)派生而来或(5b)是(5a)的自由变体的假想。我们认为(5b)是由(5c)删除介词派生而来的。

(5) a. V IO DO
    b. V DO IO
    c. V DO P IO

这个想法并不是第一次被提出来的。Bennett(1978)已经提出了类似的想法,但并没有为从事共时或历时粤语句法研究者普遍接受。此外,近年来,理论语言学在双宾结构和与格结构方面取得了长足发展,有关古汉语和粤方言的资料现在也愈加丰富。因此,有必要再次对此展开讨论,为删除分析法提供新的证据支持。

1 共时性研究

1.1 基础生成假设

传统的汉语语法书把(5b)和(5a)进行比较。例如,黄家教和詹伯慧(1983)就把(5b)作为"人宾后置"形成的。对于间接宾语是移到那个位置上的还是在那儿基础生成的,这种提法没有明确回答。如果没有移位,则有如下三种不同的办法把动词和两个宾语名词短语划分为一个层次分明的动词短语。

(6) a. [V NP NP]
    b. [[V NP] NP]
    c. [V [NP NP]]

在早前如 Oehrle(1976)的双宾研究中使用的是(6a)的结构。

因为它与 X-阶标结构的单补语假设相冲突，目前的研究不支持这种非二分叉的树形结构[①]。Chomsky(1981)曾采纳过(6b)结构，第一个 NP 并入词汇中心语 V。其内括号中的 V' 可被重新分析为 V。在(6c)中，两个 NP 构成一个小句，第一个 NP 作主语，第二个作谓语。为了便于辨别，我们给两个 NP 加了下标。更靠近 V 的是 NP_2，另一个是 NP_1。于是(6)被改写为如下(7)。

(7) a. [V NP_2 NP_1]
　　b. [[V NP_2] NP_1]
　　c. [V [NP_2 NP_1]]

哪个 NP 是直接宾语，哪个 NP 是间接宾语呢？

(7b) 的逻辑依据是，在这两个 NP 中，因为 V 和 NP_2 构成一个单独的动词，所以 NP_1 就更容易被关系小句化。看看下面的一组最小对比句。

(8) a. 我送佢嘅果本书
　　　'我送给他的那本书'
　　b. ?? 我送果本书嘅人

(8a) 和 (8b) 的可接受性差异说明直接宾语在 NP_1 的位置上，间接宾语在 NP_2 的位置上，而不是直接宾语在 NP_2 的位置上。因此，如果 (7b) 确实是正确反映了双宾结构，那就是说间接宾语必然紧跟在动词后面[②]。

[①] 我们认为没有十分充足的实证依据推翻 (6a)。
[②] 把间接宾语关系从句化并不是完全不可能的。看下例。
　(i) 佢俾六十分个学生好过我俾八十分个学生
　　　'他给 60 分的学生好于我给 80 分的学生'
　关系从句受到一些非结构因素的限制。所以 (6b) 的理由不充分。

对于有些说汉语的人来说，把间接宾语移作话题也不是一件容易的事情。如果是这样的话，这就为（7b）又提供了一个证据，因为把动词的一部分移作话题会是相当难的①。

（7c）的逻辑依据是，有时候我们的确直觉地感到两个 NP 之间存在领属关系——NP_2 领属 NP_1，这种语义关系在 Goldsmith（1980）和许多关于英语双宾结构的著作中都有记载。这就激发了 Kayne（1983）等人把两个 NP 作为小句来分析。为了如此理解，前面的 NP 必须是间接宾语，后面的 NP 必须是直接宾语。所以，如果（7c）真的代表了双宾结构，那么，这又说明不能认为间接宾语基础生成在末尾的位置上。

1.2 移位假设

现在我们考虑一下移位分析法。是否有可能在深层结构中，间接宾语紧接动词，然后逆向移位，由（5a）派生出（5b）？或者，是否有可能直接宾语前移，从而由（5a）派生出（5b）？

我们反对移位假想的第一个原因是这样的。贝罗贝（Peyraube 1981）曾经指出粤语中的一些动词只有（5a）的形式，另一些只有（5b）的形式，还有一些兼有（5a）和（5b）的形式，动词后面所带的语类成分各不相同。在很大程度上，这些动词之间的差异可以归结为语义上或题元上的差异。（1）和（2）中的动词具有[+给予]的语义特征，间接宾语具有"目标"的题元角色。当动词具有[+接受]的语义特征，间接宾语的题元角色是"来源"而非"目标"的情况下，（5b）是不能出现的。

（9）a. 我争佢一百蚊

---

① 间接宾语可以被置首。看下面的例子。
（i）佢个细路，你送玩具咪送书
'他的孩子，你送玩具别送书'

　　　　　'我欠他一百块钱'
　　　b.*我争一百蚊佢

一些动词兼有[+给予]和[+接受]的语义特征。例如,"借"既可以是"借出"又可以是"借入"。当这样的动词出现在(5a)中的时候,句子就会产生歧义。但如果出现在(5b)中,歧义就会消失。

　　(10)a. 我借佢一百蚊
　　　　　'我借/欠他一百块钱'
　　　　b. 我借一百蚊佢

前一个句子有两种解读方法:我从他那里借了一百块钱;我借给他一百块钱。后一个句子就只有第二种解读,把间接宾语作为"目标"而不是"来源"理解。

　　如果假定(5a)和(5b)存在派生关系,那么就必须把语义条件强加于转换规则,这就不是单纯的句法规则了。

　　接下来我们考虑(5b)是由(5a)通过主谓倒装派生而来的可能性。假设(6c)是双宾结构的正确反映,其中的两个NP构成一个小句。的确,在汉语中,由于移位或别的原因,主语可能会出现在谓语的后面。但是,后置的主语通常是一个不定指的名词短语。现在我们来看看句(2),其间接宾语是一个人称代词,也就是说是定指的。它因为受到有定性限制而不能后置。

　　最后,在英语和许多其他语言中,逆向移位只限于"重型NP后移"(Heavy NP Shift)这类情况。如果直接宾语过长,重型NP后移能使句子更平衡[①]。

---

　　① 时下流行的,由Pollock(1989)提出并被Chomsky(1991,1993)接受的,I到V降位(lowering I to V)处理与此无关。

(11) I gave to John everything that he demanded.

很明显，句（2）不属于重型 NP 后移的情况。事实上，轻型间接宾语、人称代词、单音节词或双音节词等，都可以跟在直接宾语后面，但是把一个没有介词引导的重型 NP 放在同样的位置倒是很难办到的[①]。

(12) 我送本书住系我隔篱果条街嘅人
　　'我送一本书给住在我隔壁/旁边那条街的人'

总之，没有证据证明直接宾语跨过间接宾语前移，或间接宾语跨过直接宾语后移，从而由来源结构（5a）变成目标结构（5b）。

1.3　删除介词

传统语法学家把（5b）和（5a）联系起来，而一些生成语法学家则把（5b）和（5c）联系起来。Bennett（1978）就粤方言提出一条删除介词的转换规则。最近，邓思颖（Tang 1993）提出（5b）中存在一个可以赋格的零介词[②]。下面几点可用来支持这一分析。

邓思颖提供的语料证明几乎所有能出现在（5c）结构的动词都可以出现在（5b）中，反之亦然。只有一些极少在粤语口语中使用的动词是例外，如下面（13）、（14）所示：

(13) a. 政府分配一仟蚊俾果班人
　　　'政府分配一千块给那帮人'

[①] 同样，这里不是 Larson（1988）提出的轻谓语提升（Light Predicate Raising），即把 NP_2 与 V 一起前移。

[②] 如果介词是在音系部分中删除的，那就无需担心赋格的问题。如果介词在赋格或核查之前就已经删除掉，那么有某个无形的赋格成分存在以便满足赋格要求的说法其实没有太大的意义。

b.*政府分配一仟蚊果班人
（14）a.你传染果只伤风菌俾我
　　　'你传染那只伤风菌给我'
　　　b.*你传染果只感冒菌我

　　如果我们把（5b）看成由（5c）删除介词派生而来，"目标"和"来源"之间的差别便随之而来。介词"俾"与英语中的介词to相对应，只引导带"目标"题元的名词短语。人们会说"lend money to someone"，但从来不会说"borrow money to someone"，这正是"俾"字的意思。这也就解释了为什么（9b）不可接受。

　　支持（5b）和（5c）存在派生关系的另一个证据是音系方面的。邓思颖（Tang 1993）提到直接宾语和它后面的间接宾语之间经常会有停顿。他提到这项观察来自乔砚农（1966）。我们找来询问的说粤语的人中的有些人感到读像例（2）的句子时有弱声。

　　还有一个论据，那就是（5b）能否成立取决于直接宾语和间接宾语的长度。根据Henne（1996）提供的客家方言资料，如果直接宾语只含有一个音素，那么它排在前面的可能性就较大。事实上，如果两个宾语中有一个比较长，那么就很难省略介词。这一观察提醒我们要给删除分析增加一条音系制约。

　　最后，从功能的角度来看，（5b）和（5c）相似，因为间接宾语都携带新信息。在本文第二节我们将结合古汉语展开进一步讨论。

　　能被删除的"俾"是介词还是动词呢？这是一个有趣的问题。郑礼珊（Cheng 1988）和李艳惠（Li 1990）把它看作动词，而Bennett（1978）和邓思颖（Tang 1993）则把它看作介词。

　　如果它是一个动词，那么（5c）与连动结构就没什么区别了。邓思颖（Tang 1993）对这种分析提出了反对理由。尽管他的论据和例子不很具有说服力，我们认为他是正确的。他对比了（15a）和（15b）。

(15) a. 佢来我办公室送一本字典我
　　　'他来我办公室送我一本字典'
　　b. *佢寄一份礼物俾一盒糖我
　　　'他寄一份礼物给我一盒糖'

如果（15a）和（15b）一样是连动结构，那就无法解释为什么（15b）中第二个动词"俾"不能带两个宾语，因为"俾"是可以带两个 NP 补语的动词。基于（15b）不能被接受，邓思颖提出"俾"是一个介词而不是一个动词，因为没有哪个介词能带两个论元。然而，（16）和（15b）一样不能被接受。

(16) *佢寄一份礼物送一盒糖我

显然（15b）和（16）由于同一个原因被否决。既然（16）中的"送"不可能是介词，那么（15b）中的"俾"无论是不是介词都不能解释为什么它不能被接受、为什么不合语法。

还有些其他事实表明"俾"和"送"不一样。首先，试比较下面的一对句子。

(17) a. 佢送一份礼物俾我
　　　'他送一份礼物给我'
　　b. *佢俾一份礼物送我

如果"送"和"俾"都是完全的动词，（17a）和（17b）的可接受性就应该没什么两样。在连动结构中，动词的顺序通常会反映时间上的顺序。（15a）中的顺序就是一个明显的例子。两个动词短语的顺序不能颠倒。但是在有"送"和"俾"的句子中，假设两个都是动词，弄不清楚孰先孰后。也许（17b）、（15b）、

（16）都由于同一个原因而不能被接受。而（17a）之所以成立就是因为它和它们不是同一个结构。

第二，众所周知，动词宾语可以为空，但在当代汉语中（普通话、粤语和其他方言都一样），介词宾语是不能为空的。从下面两个句子可以看出差异。

(18) a. 个细路你买乜野送？
'那个小孩你买什么送？'
b. *个细路你送乜野俾？

如果"俾"是一个介词，（18）中两个句子的差异在意料之中：可以把一个动词宾语用作话题，但不能把一个介词宾语用作话题。

第三，动词一般可以重复，但是介词不行。下面例子的对比说明"俾"和"送"也许属于不同的语类[①]。

(19) a. 买几件野送送
'买几件东西送送（人）'
b. *买几件野俾俾

显然，这些句子中的"俾"不同于十足的动词。至于它和其他助动词有什么程度的不同就有待进一步研究了。

1.4　X-阶标结构

早期的转换语法曾用与格移位（Dative Movement）这一转换规则把双宾结构和与格结构联系起来。Larson（1988）对这两个结构提出了一种新的分析方法。由于它颇具影响力，而且一些学者称它适用于汉语，所以有必要谈一谈。

Larson 分析的英语双宾结构相当于句（1），他的分析比

[①]　能否重叠不是动词的必有的特性。有一小部分动词因为自身的原因而不能重叠，如"是"。

(6b)复杂些。Larson 认为(20)中的 VP 分别经过句(21)的 NP 提升和句(22)的 V 移位。

(20) send Mary a letter

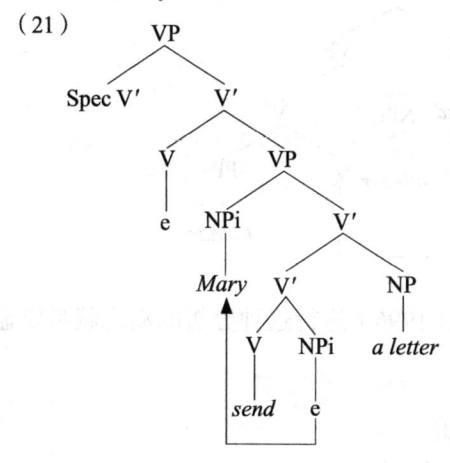

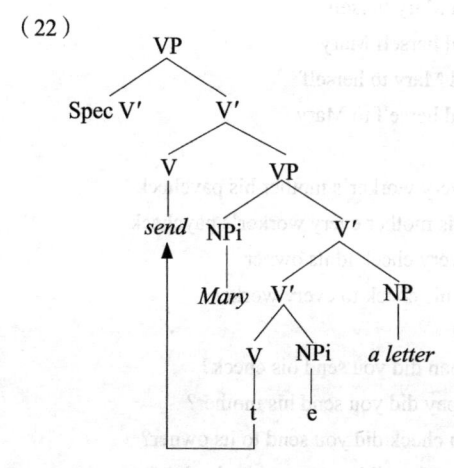

(21)
```
            VP
          /    \
      Spec V'   V'
              /    \
             V      VP
             |    /    \
             e  NPi     V'
                 |    /    \
               Mary  V'    NP
                   /   \    |
                  V    NPi  a letter
                  |     |
                send    e
```

(22)
```
            VP
          /    \
      Spec V'   V'
              /    \
             V      VP
             |    /    \
           send  NPi    V'
                 |    /    \
               Mary  V'    NP
                   /   \    |
                  V    NPi  a letter
                  |     |
                  t     e
```

在(21)中,间接宾语以类似被动化的操作,经历 NP 移位到达 VP 主语位置。V 通过中心语移位从内层 VP 移出。

与格结构中的移位如下所示。

217

(23) send a letter to Mary

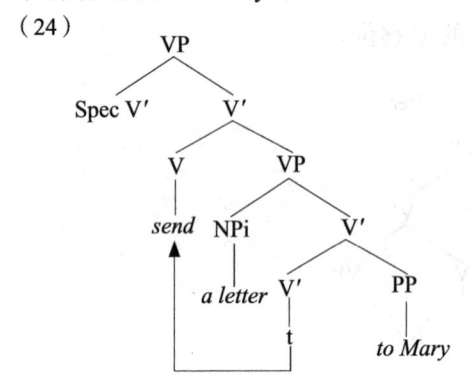

(24)

```
              VP
             /  \
         Spec V'  V'
              /  \
             V    VP
             |   /  \
           send NPi  V'
                 |  /  \
            a letter V' PP
                     |   |
                     t  to Mary
```
(send ← t)

Barss and Lasnik(1996)进行这种分析的动机就是要显示两个 NP 的非对称性。

(25)照应语约束
    a. I showed Mary herself
      *I showed herself Mary
    b. I showed Mary to herself
      *I showed herself to Mary

(26)量词约束
    a. I gave every worker's mother his paycheck
      *I gave his mother every worker's paycheck
    b. I gave every check to its owner
      ??I gave his check to every worker

(27)弱跨越
    a. Which man did you send his check?
      *Whose pay did you send his mother?
    b. Which check did you send to its owner?
      *Which worker did you send his check to?

(28)优越原则
    a. Who did you give which check?
      *Which paycheck did you give who?
    b. Which check did you send to who?

*Whom did you send which check to?
(29) Each... the other
    a. I showed each man the other's socks
    *I showed the other's friend each man
    b. I sent each boy to the other's parents
    *I sent the other's check to each boy
(30) 否定极对立
    a. I showed no one anything
    *I showed anyone nothing
    b. I sent no presents to any of the children
    *I sent any of the packages to none of the children

在 Larson 的分析中，一个 NP 会非对称地成分统领另一个 NP。所以这些事实可以从结构上得到解释。

汉语中没有与（26）和（27）对应的句子，因为汉语在这种情况下不用领属代词。[①] 以（28）为例的优越原则也不适用于汉语。汉语中没有与（29）each... the other 对应的词。（30）中的否定极对立在汉语中也不存在，因为汉语中没有与 nothing 对应的词。

(31) a. 吾通[②] 要我介绍李先生俾自己
    '难道你要我介绍李先生给自己吗？'
   b. 吾通要我介绍自己俾李先生
    '难道你要我介绍自己给李先生吗？'

徐烈炯（Xu 1992）认为这种反身代词的先行语或者是一个

---

① 最近汤志真（Tang 1993）提出了和（26）相似的普通话例子，证明当代词"他"被理解为和量化 NP 同标时，间接宾语和直接宾语之间是非对称的。
  （i）我要送每一个工人他的相片
  （ii）*我要送他每一个工人的相片
这个例子不足以说明结构上的不对称性。对于很多母语为汉语的人来说即使（i）也是很不自然的，（ii）更难以接受，很可能是因为代词作后置照应用法受的限制更多。下面文将给出几个例子。
② "吾通"用于反意疑问句前。

语法主语，或者是一个在题元层级中位置较高的NP，如施事、感事等。如果这样的话，"我"两个标准都满足了。所以，(31)中的两个句子都没有歧义。两个宾语都不能做先行语，两个宾语是否对称的问题并不存在。

接下来我们看一下"代词+自己"的反身代词。

(32) a. 我介绍李先生俾佢自己
　　　'我介绍李先生给他自己'
　　b. ?? 我介绍佢自己俾李先生
　　　'我介绍他自己给李先生'

(32)中的两个句子都带有一个复合反身代词，其实它更像一个代名词。它不受前面提过的先行语—照应语语法限制和题元限制的影响。因此，一个宾语可以充当另一个宾语的先行语。这种不对称性似乎与(25b)的不对称性相似，如果用Larson的方法来分析汉语也可以用不对称性来解释。然而(32b)不可接受其实很可能是由于逆向复指语在汉语中普遍受限。试比较(32)和(33)。

(33) a. 我介绍李先生个学生俾嘅太太
　　　'我介绍李先生的学生给他的太太'
　　b. *我介绍佢嘅学生俾李先生嘅太太
　　　'我介绍他的学生给李先生的太太'

在(33b)中，两个相关的NP之间不存在成分统制关系。但它们之间仍存在不对称性。所以，汉语的反身代词化也没有必要用非对称成分统制来做分析。

Aoun and Li (1989) 举了一个不对称的例子，里面含有两个量化NP。

(34) a. 我送三个人每本书
　　b. 我送三本书给每个人

根据李行德（Lee 1986）的观察，双宾结构没有歧义，但与格结构有歧义，Aoun and Li（1989）在 Larson 分析的基础上提出了修改意见，以解决两种语言的差异。这种不对称性在粤语中也存在。（34b）相应的粤语句子也有歧义。

（35）我送三本书俾每个人
'我送三本书给每个人'

（34a）的粤语句子以这种语序呈现不太能接受。但假如能够接受这样说也不会产生歧义。

徐烈炯和李行德（Xu and Lee 1989）为量词辖域的歧义和消歧提供了另一种解释。一些题元角色如施事、方位、来源、目标比别的角色如客事、受事、成事等等层次更高。题元层次效应可能与线性顺序效应相互作用。如果动词后的量化 NP 题元角色层次低，却位于另一个量化 NP 之前，那么就会产生歧义。这就解释了为什么（34）有歧义，而（35）没有歧义。

总之，没有必要也不应该像 Larson（1998）为英语双宾结构所提供的分析那样，通过在 X 阶标结构添加节点和移位，使得汉语的双宾结构和与格结构复杂化。这样把问题复杂化并没有好处，而不复杂化并没有坏处。

现在让我们回到前面讨论过的两个假想，即 1.2 的移位假想和 1.3 的删除介词假想，从历时角度来考察。

2 历时研究

（5b）的 V DO IO 结构在普通话中不存在，而且在古汉语中相当罕见。那么粤语的这种结构从何来呢？

现在有两种历时性的假想：(i) 粤语中的 V DO IO 结构有可

能是从南方非汉语语言中借用而来的，广东人也许与这种语言一直有接触，换句话说，正如余霭芹（Yue-Hashimoto 1993）假设的那样，这种结构不是在广东地区土生土长的。(ii) 这种结构可能来自其他汉语结构，通过内部发展演变而成。我们把这两种假设分别叫作"外借假设"（External Borrowing Hypothesis）和"内生假设"（Internal Development（Derivation）Hypothesis）。"内生假设"之下又分两种方案：(a) V IO DO > V DO IO；(b) V DO P IO > V DO IO。我们再次遇到了第 1 节中讨论过的移位假设和介词删除假设。

2.1 外借假设

我们知道，泰语（Tai-Kadai）和南亚语（Austroasiatic）的族群曾生活于粤地区[①]，但最有可能的外借来源是泰语。

粤语中的 V DO IO 形式可能来源于泰语，这早已有人提到过（Hashimoto 1976；Peyraube 1981）。我们无法用实证方法来检验这种假想（显然，即使有借入的时间，我们也无法知道大概的时间），这个假想面临两个难题。

如果说粤语的确在其悠久的历史中与泰语有直接联系，那么非粤方言是否有直接联系就不那么肯定了，尤其是那些较北地区的官话方言，如湖北的恩施、巴东、当阳、荆门、江陵、宜都、汉口、汉阳、天门、京山、安徽的桐城、安庆、芜湖等地的方言[②]。所以，如果认为借入假设适用于粤语，那么就得把粤语和其他同样有 V DO IO 语序，但是很可能不是向泰语借用这种结

[①] 苗-瑶语很可能包括山地粤语，但是这点证据不足。语言学资料和考古学的资料都不支持中国南方语言起源于南亚语的说法（见 Meacham 1991）。无论如何，南亚语没有 V DO IO 语序，因而不能构成外借的来源。

[②] 需要更详尽的资料可查阅余霭芹（Yue-Hashimoto 1993）。据一位评阅人称，一些泰语的确和普通话有过接触，最北到达了汉口。

构的汉语方言区别开来。这样的解决方案看来并不理想。

即便当代泰语（比如说泰语）的标准语序是 V DO IO，但它并不是一直如此。13 世纪的古泰语文献表明 V DO IO 语序并不存在。那时的与格结构是：V DO P IO[①]。后来，正是从这种标准形式产生了今天泰语的结构：V DO IO。因此，我们必须承认如果粤方言的确借用了泰语，那么借用一定是发生在泰语发生了历时性派生变化（V DO P IO > V DO IO）之后。如果是这样的话，为什么我们不能认为粤方言本身没有通过外借就自己产生了同样的派生变化呢？这些事实大大地削弱了借用的理论。

我们将证明，内部变化假设的理由更加充分，而这就意味着借用假设站不住脚。

2.2　内部派生假设

如上所说，如果内部派生假想依据充分，那么它就可以通过两个解决方案来实现，其中一个是必然正确的，而另一个是错误的。这里我们再次面对共时派生的两种解决办法：移位假想（V IO DO > V DO IO）和删除介词假想（V DO PIO > V DO IO）。

2.2.1　移位假设

在我们看来，这个解决方案不够理想。上文我们已指出，在现代粤语中，一些动词的次语类化只能以（5a）形式出现，另一些只能以（5b）形式出现，还有一些两种皆可。（5a）和（5b）之间的差别能通过题元来描写。

古汉语中也存在这种情况。很久很久以前，（5a）和（5b）的句式和语义性质都截然不同。只有少量用于 V DO IO 形式的动词能用在 V IO DO 中，反之亦然。

[①] 我们讨论的有可能是 V_1 DO V_2 IO 句型的连动结构，在这个句型中，V_2 是动词"给"，这和中古时期的汉语是一样的（见 Peyraube 1988）。在此，我们感谢 Kullavanijaya 博士给我们提供的有关古泰语的细节。

223

（5b）形式 V DO IO 的确存在于古汉语中，尽管它比基本的与格结构（5a）V IO DO 和（5c）V DO P IO 罕见得多。我们能在古汉语发展的各个时期找到它：公元前 14 世纪—公元前 11 世纪（如句 36），公元前 10 世纪—公元前 3 世纪（如句 37），公元前 2 世纪—公元 3 世纪（如句 38）。请看例子：

（36）周三豕祖羍
（37）吾已言之王矣
（38）献璧帛黄帝①

已有学者（研究远古时期的沈培（1992）和研究中古、近古和中世纪前时期的贝罗贝（Peyraube 1987，1988）指出（5a）和（5b）中的动词的语义特征不同。用于（5a）的动词只是 [+ 给予] 动词，但用于（5b）的动词既可以是 [+ 给予] 也可以是 [+ 接受]，甚至是允许扩展与格的动词②。

此外，（5a）和（5b）中 NP 的信息焦点是不一样的。（5a）中的直接宾语是新信息，而（5b）中的间接宾语才是新信息。因此，从（5b）派生（5a）是不可行的。

2.2.2 删除介词假想

从历时角度来说，这一假想更加持之有据。在甲骨文（上古汉语）中，40% 的双宾结构以 V DO PIO（5c）的形式出现，20% 以 V IO DO（5a）的形式出现，还有少于 10% 以 V DO IO（5b）的形式出现。然而，有趣的是（5b）总与（5c）使用的是同样

---

① 例 36 引自陈梦家（1956：101）；例 37 引自《左传》（约公元前 5 世纪—公元前 4 世纪）；例 38 引自《汉书》（约公元 1 世纪）第 43 卷。
② 当与格功能隐含在动词的词汇定义中时，就叫"词汇与格"。担当词汇与格的动词可以划分为 [+ 给予] 类语义特征和 [+ 接受] 语义特征两种。我们把非词汇与格称为"扩展与格"（extended datives）。见 Leclère（1978），Barnes（1980），Paris（1982）和朱德熙（1979）关于汉语的研究。

的一些动词，而且直接宾语和间接宾语也一样。例如，（5b）和（5c）一般出现在相同的碑文中（参见沈培1992）。上古时期的情况也一样（公元前10世纪—公元前6世纪左右），尽管这一时期（5b）较少见。

公元前5世纪—公元前3世纪的后上古汉语是古汉语的典型形式。此时这种情况也很明显。在 V IO DO 结构中，我们只找到了 [+ 给予] 的动词，如：

（39）与之粟九百，辞

V DO P IO 和 V DO IO 形式中的动词可以是 [+ 给予] 或 [+ 接受]，甚至是 [+ 扩展]。如：

（40）乞诸其邻而与之

例（40）中的"诸"相当于"之"+"于"。

（41）子之不得受燕于子哙
（42）使竖牛请之叔孙 [①]

在上面的例子中，[+ 接受] 动词既可用于 V DO P IO，又可用在 V DO IO 的形式中。（5b）和（5c）使用的 [– 接受] 动词有："问"、"乞"、"加"等。其实，这两种结构使用的是同一类动词。

（5b）和（5c）在 NP 的信息焦点方面也是一样的，即总是为间接宾语提供新信息。在下面的（5b）V DO IO 中，DO 的位置上出现了一个代词。只有（5c）能使用代词作 DO，而（5a）不能：

---

① 例（39）和（40）引自《论语》（约公元前5世纪）；例（41）引自《孟子》（约公元前4世纪）；例（42）引自《韩非子》（约公元前3世纪）。

(43) 献之周[①]

所以，把 V DO IO 结构分析为从 V DO P IO 结构通过删除介词而来是比较可取的。事实上，我们知道，在古汉语中，介词"以"是无论如何都不能被删除的，而在斜格结构中，引导间接宾语的介词"于"却很容易被删掉（参看杨伯峻（1956：118），王力（1979：77））。

3 结 论

共时和历时两方面的证据都证明，V DO IO 双宾结构是通过删除 V DO P IO 这一斜格结构的介词派生而来的。V DO IO 不是从 V IO DO 派生而来的，也不是它的自由变体。就动词的语义本质和宾语信息焦点的情况来看，V DO PIO 和 V DO IO 这两种形式在本质上来说是一样的。我们已经证明，把"俾"分析为介词比分析为动词更可取，还证明了间接宾语和直接宾语的不对称不是在结构上，而是在语义和功能上。

还有一个问题有待解决，那就是为什么 V DO IO 结构会从标准普通话中消失呢？我们必须指出，这一结构其实从未成为主要的基本双宾结构。换句话说，就是为什么古汉语可以删除与格介词，今天的一些汉语方言如粤语中也还可以，但在今天的普通话中却不允许？

参考文献

陈梦家　1956　《殷墟卜辞综述》，北京：科学出版社。
黄家教、詹伯慧　1983　广州方言中的特殊语序现象，《语言研究》，

[①] 该例子引自《史记》第 4 卷，约公元前 1 世纪。

第 5 期，121—126。

乔砚农　1966　《广州话口语词的研究》，香港：华侨语文出版社。

沈　培　1992　《殷墟甲骨卜辞语序研究》，台北：文津出版社。

王　力　1979　《古代汉语常识》，北京：科学出版社。

杨伯峻　1956　《文言语法》，北京：北京出版社。

袁家骅等　1960　《汉语方言概要》，北京：文字改革出版社。

朱德熙　1979　与动词"给"相关的句法问题，《方言》第 2 期，81—87。

Aoun, Joseph and Li, Y. -H. Audrey（李艳惠）1989 Scope and constituency. *Linguistic Inquiry* 20：142-172.

Barnes, Betsy K. 1980 The notion of dative in linguistic theory and the grammar of French. *Linguisticae investigaciones* IV-2：245-292.

Barss, Andrew and Lasnik, Howard 1986 A note on anaphora and double objects. *Linguistic Inquiry* 17：347-354.

Bennett, Paul Anthony 1978 *Word order in Chinese*. Doctoral dissertation. London：SOAS.

Cheng, Lai Shen Lisa（郑礼珊）1988 Dative Constructions in Mandarin and Cantonese. MS. Cambridge：MIT.

Chomsky, Noam 1981 *Lectures on government and binding*. Dordrecht：Foris.

Chomsky, Noam 1991 Some notes on economy of derivation and representation. In Freidin, Robert（ed.）*Principles and Parameters in Generative Grammar*. Cambridge：MIT Press.

Chomsky, Noam 1993 A minimalist program in linguistic theory. *Views from Building 20*, 1-109. Cambridge：MIT Press.

Goldsmith, John 1980 Meaning and mechanism in grammar. *Harvard Studies in Syntax and Semantics* 3：423-447.

Hashimoto, Mantaro 1976 The double object construction in Chinese. *Computational Analyses of Asia and African Languages* 6：31-42.

Henne, Henry 1966 A sketch of Sathewkok Hakka grammatical structure. *Acta Linguistica Hafniensia* 10：69-108.

Kayne, Richard 1983 Datives in French and English. *Connectedness and Binary Branching*. Dordrecht：Foris.

Larson, Richard 1988 On the double object construction. *Linguistic Inquiry* 19: 335-391.

Leclère, Christian 1978 Sur une classe de verbes datifs. *Langue française* 39: 66-75.

Lee, H. -T Thomas(李行德)1986 *Studies in Quantification in Chinese.* Doctoral dissertation. Los Angeles: UCLA.

Li, Y. -H. Audrey(李艳惠)1990 *Order and Constituency in Mandarin Chinese.* Dordrecht: Kluwer.

Meacham, William 1993 On the ethono-linguistic identity of the Ancient Yue. Paper presented at *the Symposium on Evolution of Yue People and Languages: Qualitative and Quantitative Approaches.* City Polytechnic of Hongkong, December 16.

Oehrle, Richard 1976 *The Grammatical Status of the English Dative Alternation.* Doctoral Dissertation. Camgridge: MIT.

Paris, Marie-Claude(白梅丽)1982 Sens et don en Mandarin: une approche de 'gei' en sémantique grammaticale. *Modèles linguistiques* IV-2: 69-88.

Peyraube, Alain(贝罗贝)1981 The dative construction in Cantonese. *Computational Analysis of Asian and African Languages* 16: 29-65.

Peyraube, Alain(贝罗贝)1987 The double-object construction in 'Lunyu' and 'Mengzi'. *Wang Li Memorial Volumes.* Hong Kong: Joint Publishing. 331-358.

Peyraube, Alain(贝罗贝)1988 *Syntaxe diachronique du chinois: évolution des constructions datives du 14e siècle av. J.-C. au 18e siècle.* Paris: Collège de France.

Pollock, Jean-Yves 1989 Verb movement, universal grammar, and the structure of IP. *Linguistic Inquiry* 20: 365-424.

Tang, C. -C. Jane(汤志真)1993 Distribution of and constraints on Chinese postverbal constituents. *BHIP* 63: 269-298.

Tang, Sze Wing(邓思颖)1993 *Dative structure of Yue dialect.* MA thesis. Hong Kong: Chinese University of Hong Kong.

Xu, Liejiong(徐烈炯)1994 The antecedent of ziji. *Journal of Chinese Linguistics* 22.

Xu, Liejiong(徐烈炯)and H. -T. Thomas Lee(李行德)1989 Scope ambiguity and disambiguity in Chinese. *Papers from the 25th Chicago Linguistics Society* 25：451-465.

Yue-Hashimoto, Anne(余霭芹) 1993 *Comparative Chinese Dialectal Grammar*. Paris：Ecole ded Hautes Etudes en Sciences Sociales.

上古汉语疑问代词的发展与演变[*]

提要 （一）从西周到东汉，上古汉语疑问代词的发展与演变主要表现在两个方面：一是词项的频率变化、功能发展以及词汇兴替，二是系统结构的变化。（二）上古后期，随着旧有的疑问代词在实际语言中的逐渐消失，疑问代词系统得到了较大程度的调整和简化。（三）上古汉语疑问代词的产生主要有文字假借、功能扩展以及词汇化等三个途径。

关键词 疑问代词 语法演变 上古汉语

一 引 论

1.1 本文以先秦两汉十余种文献为考察对象，探讨上古汉语疑问代词的发展与演变。

1.2 我们所说的上古汉语指的是从商周到东汉这一历史时期的汉语。[①]为讨论的方便，我们把这一时期的汉语史分为以下三个阶段。

1.2.1 上古前期（商周时期）

这个时期可资利用的研究资料是甲骨文、金文、《尚书》和《诗经》。鉴于商周的甲骨金文中是否有典型的疑问代词学界尚

---

[*] 本文与吴福祥合著，原载《中国语文》2000年第4期。

[①] 在以往汉语史分期研究中，东汉通常被认为是中古汉语的起始阶段，也有学者视为上古汉语和中古汉语的过渡阶段。本文把东汉跟西汉一并归为上古汉语后期，纯粹是为了讨论的便利。

无定论,①我们讨论这个时期的疑问代词只涉及《尚书》和《诗经》两种材料。②

1.2.2 上古中期(春秋战国时期)

我们重点考察的文献是《左传》《论语》《老子》《墨子》《孟子》《庄子》《荀子》以及《韩非子》。

1.2.3 上古后期(两汉)

我们重点调查的资料是《史记》《论衡》以及毛亨、郑玄、赵岐、王逸、高诱、何休等汉代训诂家的训诂著作。

1.3 根据询问功能,我们把汉语的疑问代词分成以下七类。

Ⅰ类 事物疑问代词 [what /which]("什么""哪")

Ⅱ类 人物疑问代词 [who]("谁")

Ⅲ类 方式、情状疑问代词 [how]("怎么""怎样/怎么样")

Ⅳ类 原因目的疑问代词 [why]("怎么""干吗(嘛)"③)

Ⅴ类 时间疑问代词 [when]("何时")

Ⅵ类 处所疑问代词 [where]("哪里(哪儿)"④)

---

① 一般认为,甲骨文中未见疑问代词。但西周金文中有无典型的疑问代词,学者们意见不一。丁声树(1942)和周法高(1972)均举出下面的例子,认为其中的"害"同"曷",属于询问时间的疑问代词:

敃天疾畏(威),司余小子弗彶(及),邦骉(将)害吉?(毛公鼎)

不过,这里的"害"与"吉"相邻,也许可以视为形容词。更重要的是,根据我们的调查,西周金文中能勉强被看作疑问代词的仅此一例。

② 众所周知,《尚书》和《诗经》中只有部分篇目(比如《周颂》和《盘庚》)能反映西周时期的语言面貌,另外一些篇什只能看作春秋时期的作品,本文为了讨论的方便,对这一差别忽略不计。

③ "干吗(嘛)"虽然意义同于"干什么",但二者的语法性质不同。"干什么"中"干"和"什么"都是能够独立运用的词项,可以看成由两个词项组成的动宾结构。"干吗(嘛)"中的"吗(嘛)"是不能独立使用的黏着语素,所以"干吗(嘛)"只能看作一个单一的词项。正因为如此,本文把"干吗(嘛)"看成疑问代词,"干什么"分析为词组。

④ 吕叔湘(1982)把"哪里"看作定中短语,并认为现代汉语中没有询问处所的疑问代词。本文的看法与此不同。

Ⅶ类 数量疑问代词 [how many /how much]("几""多少")

二 上古前期的疑问代词

2.1 Ⅰ类 事物疑问代词

上古前期的Ⅰ类疑问代词有"何""曷""胡""害"四个,这些代词的使用频率见于表一。

"何"是这个时期最常见的Ⅰ类疑问代词,主要的句法功能是做宾语,其次是做谓语,偶尔充当定语。"何"做宾语时总是置于动词之前:

(1)今尔何鉴?非时伯夷播刑之迪?(《尚书·吕刑》)|何以赠之?(《诗经·渭阳》)"何"充当谓语,限于判断句:
(2)其钓维何?维鲂及鱮。(《诗经·采绿》)

充当定语时,"何 N"可以用来问人或时间:

(3)彼何人斯?其心孔艰。(《诗经·何人斯》)|中心藏之,何日忘之?(又,《隰桑》)

"曷""胡""害"在这个时期的文献里均只见零星用例。"曷"《尚书》1次,见于"曷以"这种介词短语(如例(4));《诗经》"曷"1例3次,加在时间名词之前做定语,"曷+时间名词"用来询问时间(如例(5))。

(4)王其郊邦君越御事,厥命曷以引养引恬?(《尚书·梓才》)
(5)怀哉怀哉!曷月予还归哉?(《诗经·扬之水》)

"胡""害"只见于《诗经》,"胡"限于"胡为"这种组合;"害"可能是"曷"的音借字("曷""害"古音均为匣母月韵),只做宾语:

（6）微君之故，胡为乎中露？（《式微》）｜害澣害否？归宁父母。（《葛覃》）

2.2　Ⅱ类　人物疑问代词 [who]

这个时期的Ⅱ类疑问代词有"畴"和"谁"两个。"畴"只见于《尚书·尧典》，均做主语：

（7）帝曰："畴咨若时登庸？"放齐曰："胤子朱启明。"｜帝曰："畴若予工？"佥曰："垂哉！"

"谁"只见于《诗经》，主要充当主语（39次），少数做宾语（8次），偶尔充当定语（1次）。如：

（8）谁将西归，怀之好音？（《匪风》）｜云谁之思？西方美人。（《简兮》）｜瞻乌爰止，于谁之屋？（《正月》）

2.3　Ⅲ类　方式、情状疑问代词

上古前期，Ⅲ类疑问代词有"何""曷""遐""胡""如何""奈何""如台"七个。

"何"具有状语和谓语两种句法功能，可以用在反诘句里询问事理，也可以用于真性问句询问性状。例如：

（9）乃既先恶于民，乃奉其恫，汝悔身何及？（《尚书·盘庚》）｜彼人是哉，子曰何其？（《诗经·园有桃》）｜既见君子，云何不乐？（又，《扬之水》）

"胡""遐""曷"均用在反诘句里询问事理，只能做状语：

（10）人之为言，胡得焉？（《诗经·采苓》）｜乐只君子，遐不眉寿？（又，《南山有台》）｜若稼夫，予曷敢不终朕亩？（《尚书·大诰》

"遐""胡"古音相近（均为匣母鱼韵），记录的可能是同一个词项。

"如何"主要用来询问性状或方式，少数用于感叹句强调性状的程度：例如：

（11）帝曰："俞！予闻，如何？"岳曰："……以孝烝烝，乂不格奸。"（《尚书·尧典》）｜夜如何其？夜未央。（《诗经·庭燎》）｜诞我祀如何？或舂或揄，或簸或蹂，释之叟叟，烝之浮浮。（又，《生民》）｜既见君子，其乐如何！（又，《隰桑》）

句法上，"如何"通常独自成句（小句）或者充当谓语，只有下面的1例充当状语：

（12）瞻卬昊天，云如何里！（《诗经·云汉》）

"奈何""如台"均只见于《尚书》。前者用在反诘句里询问事理，后者用来询问性状或方式。例如：

（13）呜呼！曷其奈何弗敬！（《召诰》）｜今汝其曰："夏罪其如台？"（《汤誓》）

除上述疑问代词外，上古前期在询问方式或情状时还使用一些熟语性的词组形式，主要有"若之何"和"如之何"。

（14）曰："……今尔无指告予，颠隮，若之何其？"（《尚书·微子》）｜子之不淑，云如之何？（《诗经·君子偕老》）

这里的"如之何"中的"之"字很可能还是个复指性代词，试比照下面的例（15）：

（15）子兮子兮，如此良人何？（《诗经·绸缪》）

但《诗经》中有些"如之何"显然有词汇化的倾向，比如下面的例（16）中"如之何"处在状语的位置上，其中的"之"字就不可能再有指称性：

（16）君子于役，如之何勿思？（《君子于役》）

即便是用作谓语的"如之何",有些可能也已经词汇化了,比较下面的例子:

(17a)取妻如之何?匪媒不得。(《南山》)(17b)取妻如何?匪媒不得。(《伐柯》)

我们相信,用作疑问代词的"如何"是由词汇化了的"如之何"删除"之"字而来。

2.4 Ⅳ类 原因、目的疑问代词

这个时期的Ⅵ类疑问代词有"胡(遐)""曷(害)""何"三个,这些代词只能做状语。可以修饰"不VP",也可以直接修饰"VP"。例如:

(18)不稼不穑,胡取禾三百廛兮?(《诗经·伐檀》)|心乎爱矣,遐不谓矣?(又,《隰桑》)|曰:"曷虐朕民?"(《尚书·盘庚》)|王害不违卜?(又,《大诰》)|何其处也?必有以也。(《诗经·旄丘》)|子有酒食,何不日鼓瑟?(又,《山有枢》)

2.5 Ⅴ类 时间疑问代词

上古前期,Ⅴ类疑问代词有"曷""何"两个。"曷"只用于询问未来时间:[①]

(19)时日曷丧?予及女皆亡!(《尚书·汤誓》)|心之忧矣,曷维其已?(《诗经·绿衣》)|君子于役,不知其期,曷至哉?(又,《君子于役》)

"何"仅1次,见于《诗经》:

(20)言念君子,温其在邑。方何为期?胡然我念之?(《小戎》)

此外,《诗经》中询问时间,还可以用Ⅰ类疑问代词

---

① 参看丁声树(1942)。

"何""曷"加在时间名词之前的形式(如例(3)、(5))。

2.6 Ⅵ类 处所疑问代词

上古前期,Ⅵ类疑问代词有"何""胡""安""焉"四个,均见于《诗经》:

(21)哀我人斯,于何从禄?(《正月》)|我视犹谋,伊于胡底?(《小旻》)|天之生我,我辰安在?(《小弁》)|焉得谖草,言树之背?(《伯兮》)

2.7 Ⅶ类 数量疑问代词

这个时期的Ⅶ类疑问代词只有"几何"(1次),见于《诗经》:

(22)为犹将多,尔居徒几何?(《巧言》)

2.8 小 结

2.8.1 根据表一给出的统计数据,结合上文的分析,我们可以对上古前期疑问代词的使用作出如下概括:

(i)Ⅰ类代词中,"何"是最重要的形式。不仅见次率最高,而且句法功能也较同类代词全面。

(ii)Ⅱ类代词中,"谁"的见次率最高,是该类疑问代词的主要形式。

(iii)Ⅲ类代词中,单音节疑问代词"何""胡(遐)""曷"主要用来询问事理("胡(遐)""曷"只限于询问事理),双音节疑问代词"如何""奈何""如台"主要用来询问方式或性状。在询问事理的疑问代词中,"胡(遐)"的见次率最高;在询问方式或性状的疑问代词中,"如何"的见次率最高。可见,在上古前期的方式、情状疑问代词中,"胡(遐)""如何"是主要形式。

(iv)Ⅳ类代词中,"胡(遐)"的见次率最高,是该类疑问代词的主要形式。

(v) V类代词中，"曷"的见次率最高，是该类疑问代词最主要的形式。

(vi) 上古前期，所有VI类代词均只见个别用例。相比较而言，"何"的见次率稍高。

(vii) 上古前期，数量疑问代词的使用极为少见。

2.8.2 王力（1980）根据语义功能和音韵形式把上古汉语的疑问代词分为三系，其中"何""胡""曷"均属王先生的"（二）ɣ系（指物）"。但从我们以上的讨论看，这三个疑问代词的用法其实很不相同："何"主要用来询问事物，"胡"主要用来询问原因，"曷"则主要用来询问时间。虽然这三个疑问代词用法上略有交叉，但在最基本的询问功能上是彼此对立的。

2.8.3 表一中所列疑问代词究竟是如何产生的，这个问题难以作出圆满的回答。我们目前能知道的途径可能有两个，一是有些单音节疑问代词的出现是文字假借的结果，比如"何"本为"担负"义动词（《说文解字》："何，儋也"），用为疑问代词显然是一种"本无其字"的假借。二是有些双音节疑问代词的产生导源于句法单位（句法结构）的词汇化，譬如上面提到的"如之何">"如何"的演变即是其例。

三 上古中期的疑问代词

3.1 I类 事物疑问代词

上古中期，I类疑问代词有"何""胡""曷""奚""孰""焉""安""恶"8个。其中"何""胡""曷"已见于上古前期，这个时期仍然使用。例如：

（23）公曰："国胜君亡，非祸而何？"（《左传·哀公元年》）| 胡为乎其不可以相及也？（《荀子·修身》）| 力术止，义术行。曷谓也？

曰：秦之谓也。(又,《强国》)

在上古中期的文献里,"胡""曷"用作Ⅰ类疑问代词实际上相当少见。如表二所示,在所调查的八种文献里,"胡"只有3次,而且限于"胡为"这种熟语化程度很高的形式；"曷"19次,但只见于《荀子》。与此相反,"何"在这个时期的Ⅰ类疑问代词系统中仍是最主要的形式,使用频率最高。

这个时期"何"在句法功能上的变化是可以做主语：

(24)景王问于苌弘曰："今兹诸侯,何实吉？何实凶？"对曰："蔡凶。"(《左传·昭公十一年》) | "何谓善？何谓信？"曰："可欲之谓善,有诸己之谓信……"(《孟子·尽心》)

"孰""奚""焉""安""恶"是这个时期始见的Ⅰ类疑问代词。"孰"的用法跟其他Ⅰ类疑问代词有所不同,"孰"询问事物总是带有别择的功能,别择的范围通常以先行词的形式居于句首。其次,句法上"孰"通常做主语,偶尔做宾语,但一般不做定语。例如：

(25)名与身孰亲？身与货孰多？得与亡孰病？(《老子·44章》) | 万物一齐,孰短孰长？(《庄子·秋水》) | 礼与食孰重？(《孟子·告子下》)

"奚"跟"何"用法相近,可以做主语、宾语和定语：

(26)奚谓小忠？(《荀子·十过》) | 曰："奚冠？"曰："冠素。"(《孟子·滕文公上》) | 以宋攻楚,奚时止矣？(《吕氏春秋·慎势》)

"焉""安""恶"用作Ⅰ类疑问代词的例子少见,其中"安"限于"安所"的形式,"恶"限于"恶许"的组合。例如：

(27)欲仁而得仁,又焉贪？(《论语·尧曰》) | 无所可用,安所困苦哉？(《庄子·逍遥游》) | 既以成矣,曰："吾将恶许用之？"《墨

子·非乐上》)

3.2 Ⅱ类 人物疑问代词

上古中期的人物疑问代词中,"谁"仍是主要形式,广泛见于各种文献。例如:

(28)"谁之剑也?"(《左传·定公十年》)｜子曰:"谁能出不由户?"(《论语·雍也》)｜王谁与为善?(《孟子·滕文公上》)｜"吾谁欺? 欺天乎"(《论语·子罕》)

这个时期的Ⅱ类疑问代词最重要的变化是,见于《尚书》的"畴"已经消失,新兴的疑问代词"孰"开始出现并广泛使用。例如:

(29)子贡问:"师与商也孰贤?"(《论语·先进》)｜"圣王有百,吾孰法也?"(《韩非子·非相》)

跟用作事物疑问代词一样,"孰"作为人物疑问代词也主要用于别择问(如例(29)),但也可以用于非别择问:

(30)"孰能一之?"(《孟子·梁惠王下》)｜曰:"谁杀不辜?"曰:"人也。""孰予之不辜?"曰:"天也。"(《墨子·天志下》)

"孰"和"谁"在句法功能上的差别是,"谁"可以充当主语、谓语、宾语和定语;"孰"通常只做主语,偶尔做宾语,但不能做定语和谓语;所以类似例(31)里的"谁"一般不能换成"孰":

(31)湛兮似不存,吾不知谁之子?(《老子·4章》)｜杀不辜者谁也? 则人也;予之不祥者谁也? 则天也。(《墨子·天志上》)

3.3 Ⅲ类 方式、情状疑问代词

3.3.0 这个时期所见的方式情状疑问代词大致可以分为两类,"如何""若何""奈何""何若""何如""何以""奚如""奚

若"等双音节疑问代词主要用来询问方式或性状,实现的是一种真性询问;"何""胡""曷""安""焉""恶""奚"等单音节疑问代词,主要用来询问事理,体现的是一种假性询问(反诘)。

3.3.1 "如何""奈何""若何""何若""何如""何以""奚如""奚若"

"如何""奈何"已见于上古前期,这个时期的文献里仍然使用:

(32)齐侯曰:"岂不穀是为?先君之好是继,与不穀同好如何:(《左传·僖公四年》)|乃为其傅潘崇曰:"奈何察之也?"(《韩非子·内储说下》)

"若何""何如""何以""何若""奚如""奚若"都是这个时期新产生的疑问代词:

(33)秦人欲战。秦伯谓士会曰:"若何而战?"(《左传·文公十二年》)|王之论臣何如人哉!(《战国策·燕策》)|石子曰:"王覵为可。"曰:"何以得覵?"(《左传·隐公四年》)|此为何若人也?(又,《公输》)|颜渊问师金曰:"以夫子之行为奚如?"(《庄子·天运》)|当皆法其父母奚若?(《墨子·法仪》)

"若何""何以"显然是由上古前期的固定短语"若之何"、介宾短语"何以"词汇化而来。①"何如""何若"则可能是由"如何""若何"派生的逆序形式,我们推测这种派生的机制是:尽管这个时期"如何""若何"已因词汇化变成一个不可分析的综合形式,但在人们的语言心理里仍然被看作一种"动宾"的分析形式,而按照当时的句法规则,疑问代词做宾语原则上要前置于动词,因此人们觉得,把"如何""若何"倒序为"何如""何若"更符合普遍的语感。至于"奚如""奚若"的产生,我们认

---

① "何以"在《诗经》中频繁出现,但据丁声树(1942)以及我们的考察,均为动宾结构或介宾结构。

为是"何如/何若"类推的结果,我们在前面提到,用作事物疑问代词的"奚"功能跟"何"十分接近,所以由"何如/何若"类推出"奚如/奚若"并不难理解。

3.3.2 "何""胡""曷""安""焉""恶""奚"

"何""胡""曷"用作Ⅲ类疑问代词已见于《诗》《书》,在上古中期的文献里仍然使用,主要用来询问事理:

（34）对曰:"赐也何敢望回!……"(《论语·公冶长》)｜其母曰:"人尽夫也,父一而已,胡可比也?"(《左传·桓公十五年》)｜彼固曷足称乎大君子之门哉?(《荀子·仲尼》)

"安""焉""恶""奚"用为Ⅲ类疑问代词是这个时期文献里才能见到的:

（35）和大怨,必有余怨,安可以为善?(《老子·79章》)｜辞曰:"孤老矣,焉能事君?"(《左传·哀公二十二年》)｜平子曰:"尔幼、恶识国?"(又,《昭公十六年》)｜以其小者信其大者,奚可哉?(《孟子·尽心上》)

上面例举的单音节疑问代词"何""胡""曷""安""焉""恶""奚"只能用作状语,大致说来,这类单音节疑问代词的产生主要有两个途径,一是由Ⅳ类代词转变而来,如"何""胡""曷""奚",这些代词本来就有询问原因的用法(详3.4),而询问原因与询问事理有一种内在的语义关联,当询问原因的代词用于反诘句时,很容易诱发出询问事理的功能。二是由处所疑问代词演变而来,如"安""焉""恶",这类代词可以同时用作原因目的疑问代词和处所疑问代词(详3.6),而在汉语里处所疑问代词演化为询问事理的疑问代词,是一种常见的句法演变现象。①

---

① 近、现代汉语中的疑问代词"那里(哪里)"便是一个典型的例子。

3.4 Ⅳ类　原因目的疑问代词

上古中期的Ⅳ类疑问代词有"何""胡""曷""盍（阖）""奚""何以""何故"7个。其中"何""胡""曷"已见于上古前期，在这个时期的文献里仍然可见：

（36）曰："夫子何哂由也？"（《论语·先进》）｜左师曰："谁为君夫人？余胡弗知？"（《左传·襄公二十六年》）｜然则有贵尧禹，曷贵君子哉？（《荀子·性恶》）

在这个时期的文献里，"何"与"胡""曷"出现频率的比值有明显的变化，根据表一和表二的统计，上古前期的Ⅳ类代词以"胡""曷"为常见，"何"仅有零星用例；而这个时期"何"的出现次数多达285次，见次率远高于"胡""曷"。

"何"在上古中期不仅出现频率迅速提高，句法上也有显著变化。如前所述，上古前期"何"跟其他Ⅳ类疑问代词一样，只能在动词前充当状语，而在这个时期的文献里"何"除继续充当状语外还可以有两种句法分布形式：一是独立成句（分句），通常是问话人先用一个句子指出一个事件（/状况）或者提出一个命题（/判断），然后用"何也（哉/则）"对这个事件（/状况）发生的原因或者命题（/判断）成立的缘由加以提问。例如：

（37）今寡人问之而子不对，何也？（《墨子·非儒下》）｜万子曰："一乡人皆称原人焉，无所往而不为原人，孔子以为德之贼，何哉？"（《孟子·尽心下》）｜三者体此而天下服，暴国之君案自不能用兵矣，何则？（《荀子·王制》）

二是可以用在主语之前或者用作句子的谓语：

（38）子路入见，曰："何夫子之娱也？"（《庄子·秋水》）｜王曰："相人敌国而相贤，其不可何也？"（《韩非子·外储说下》）

"盍""奚"是这个时期出现的疑问代词，"盍"字亦作

"阖"。例如:

（39）子墨子曰："盍学乎？"对曰："吾族人无学者。"（《墨子·公孟》）｜或谓孔子曰："子奚不为政？"（《论语·为政》）

"何故""何以"用作Ⅳ类疑问代词，也是这个时期出现的用法。

（40）我有四封而诘其盗，何故不可？（《左传·襄公二十一年》）｜孟季子问公都子曰："何以谓义内也？"曰："行吾敬，故谓之内也。"（《孟子·告子》）

"何故"原本是个体词性的偏正词组（如例（41）），作为疑问代词的"何故"应该是由这类偏正词组词汇化而来的。

（41）史赵曰："必为鲁郊。"侍者曰："何故？"（《左传·昭公十一年》）

3.5　Ⅴ类　时间疑问代词

上古中期，时间疑问代词的一个重要变化是，见于上古前期的时间疑问代词"曷（害）""何"趋于消失。如表二所示，在我们调查的八种文献里，"何"用作时间疑问代词未见一例。"曷（害）"也仅四见，其中两例见于《诗经》和《尚书》的引文，另外两例是：

（42）赵孟曰："吾子其曷归？"（《左传·昭公元年》）｜呜呼上天，曷维其同！（《荀子·赋篇》）

在这个时期的文献里，询问时间的功能通常由Ⅰ类疑问代词"何""奚"后附时间名词的形式（"何/奚＋时间名词"）来承担：

（43）平原令曰："以上客料之，赵何时而亡？"（《战国策·秦

策》）｜故法术之士奚道得进？而人主奚时得悟乎？（《韩非子·孤愤》）

3.6　Ⅵ类　处所疑问代词

上古中期，处所疑问代词有"何""安""焉""奚""恶"五个，其中"奚""恶"是这个时期新出现的。例如：

（44）彭氏之子半道而问曰："君将何之？"（《墨子·贵义》）｜虢射曰："皮之不存，毛将安附？"（《左传·僖公十四年》）｜天下之父归之，其子焉往？（《孟子·离娄上》）｜曰："奚之？"曰："将之卫。"（《庄子·人间世》）｜君子去仁，恶乎成名？（《论语·里仁》）

"恶"是这个时期文献里出现最多的Ⅵ类代词。不过，"恶"的用法跟"何""奚"有所不同，通常要由介词"乎"引导才能跟动词相联系。只有当述语动词是"在/至"时才不受此限：

（45）居恶在？仁是也。路恶在？义是也。（《孟子·尽心上》）｜若物之外，若物之内，恶至而倪贵贱，恶至而倪大小？（《庄子·秋水》）

3.7　Ⅶ类　数量疑问代词

这个时期的Ⅶ类代词，除继续使用"几何"外，还出现了"几"。例如：

（46）太后曰："诺，年几何矣？"（《战国策·赵策》）｜曰："子来几日矣？"曰："昔者。"（《孟子·离娄上》）｜出自阳谷，次于蒙汜。自明及晦，所行几里？（《楚辞·天问》）

与上古前期不同，这个时期的"几何"偶尔可以充当定语：

（47）邹忌谓宣王曰："今首之所进仕者，以（亦）几何人矣？"（《战国策·齐策》）

3.8　小　结

与上古前期相比，上古中期的疑问代词系统有显著的变化：（i）词项的词汇兴替和功能变化。主要表现在一些旧有的疑问代词在这个时期业已消失或开始衰落（如"畴""如台"以及Ⅴ类疑问代词"何"、Ⅵ类疑问代词"胡"等），若干新兴的疑问代词开始广泛使用（如"孰""奚""恶""若何""何如""何若""何以""奚如""奚若""何故""几"），与此同时，有些疑问代词的功能也发生了显著变化（如Ⅳ类代词"何"）。(ii) 功能相同的疑问代词之间频率对比的变化。譬如Ⅳ类代词，上古前期以"胡（遐）""曷（害）"为常见，出现频率分别为61.5%和24.5%，"何"则少见，出现频率仅为13.8%。但上古中期，这三个代词的频率对比发生了较大变化，"何"的见次率为59.9%，是使用最多的Ⅳ类代词，"胡（遐）""曷（害）"则变得少见，见次率分别为5%和0.6%。(iii) 疑问代词系统构成的变化。在上古前期的疑问代词系统中，时间疑问代词是一个重要的类（这类疑问代词的用例总量超过处所疑问代词和数量疑问代词），但上古中期，由于Ⅴ类代词"何"的消失以及"曷（害）"的衰微，时间疑问代词作为一个次类趋于消失；下面我们会看到，到了上古后期，时间疑问代词这个类别已完全从疑问代词系统中消失。

另一方面，新兴疑问代词的大量出现，也造成这个时期很多疑问代词用法相同、功能重合（如Ⅲ类代词中询问事理的"何""胡""曷""安""焉""恶""奚"在语义和句法功能上完全相同），从而导致这个时期的疑问代词系统变得繁复、庞杂。

四　上古后期的疑问代词

4.1　Ⅰ类　事物疑问代词

上古后期的Ⅰ类疑问代词主要有"何""孰""奚""曷""胡""安""何所""何等"八个，这些代词的使用次数见于

表三。

跟上古前期、中期一样,"何"在这个时期的文献里仍是最主要的Ⅰ类代词,使用频率最高,句法功能也最为全面。例如:

(48)"汝何求?"曰:"原请延年益寿药。"(《史记·淮南衡山列传》)｜本不病目,人不抚慰,目自奝张,非神而何?(《论衡·死伪》)｜有腾,何帝王时?(又,《谢短》)｜何谓"强死"?(又,《死伪》)

这个时期,"何"在句法上的一个变化是,用作介词宾语时开始出现在介词之后。例如:

(49)楚得臣怒,击晋师,秦晋退。军吏曰:"为何退?"(《史记·晋世家》)

"孰""曷""胡""奚"均只见零星用例,其中又有一些录自先秦的典籍。用法上,这些代词跟上古中期文献所呈现的情形一样:"孰"仍然限于别择问,"曷""胡"仍限于"胡为""曷为"的组合。例如:

(50)秦昭王谓左右曰:"今时韩魏与始孰强?"对曰:"不如始强。"(《史记·魏世家》)｜罚不善,善者胡为畏?(《论衡·雷虚》)｜子路曰:"卫君待子而为政,子将奚先?"(《史记·孔子世家》)｜周公旦即王所,曰:"曷为不瘳?"(又,《周本纪》)

我们相信,"曷""胡""奚""孰"至少在东汉时期已经从实际口语里消失,而文献中所见的少数用例,应该是书面上的一种仿古现象。证据是在汉代毛亨、郑玄、赵岐、孔安国、高诱、王逸等训诂家的著作里,这些代词通常要被注释或对译为"何""何者"。例如:

(51)何月我得归还见之哉!(《诗经·王风·扬之水》"曷月予还归哉!"郑笺)｜我若无君,何为处此乎?(《诗经·邶风·式微》"微君之故,胡为乎中露?"郑笺)│奚,何也。不知以何道得人,乃令之为己死也。(《吕氏春秋·不侵》"人不知以奚道相得。"高诱注)│问二者何者为重。(《孟子·告子下》:"礼与食孰重?"赵岐注)

事实上,用作Ⅰ类代词的"曷""胡""奚"先秦时期原本就不多见,而且句法上又颇受限制,所以到了东汉时期最终在"何"的兼并下消失并不难理解。至于"孰"在实际口语中消失的原因,我们认为很可能与"何"用法的发展有关。前面提到,上古中期"孰"在功能上区别于其他Ⅰ类代词之处是,通常用在主语的位置上表示别择问,但入汉以后,"何"后附"者"可以同样用在主语位置上表示别择问。例如:

(52)吴使使问仲尼:"骨何者最大?"(《史记·孔子世家》)│著作者为文儒,说经者为世儒,二儒在世,未知何者为优。(《论衡·书解》)

显然,表别择问的"何者"的出现使得"孰"失去存在的价值,从而导致后者最终消失。

这个时期的文献里,"安"仍限于以"安所"的组合出现(如例(53)),但如表三所示,其见次率较上古中期明显提高。例如:

(53)曰:"子当为王,欲安所置之?"(《史记·三王世家》)│礼义弃,信安所立?(《论衡·问孔》)

"何所""何等"是这个时期新产生的事物疑问代词,不过例子少见。例如:

(54)今大王诚能反其道:任天下武勇,何所不诛!以天下城邑封功臣,何所不服!以义兵从思东归之士,何所不散!(《史记·淮阴侯列传》)│孟尝君问传舍长曰:"客何所为?"(又,《孟尝君列传》)│所谓日十者,何等也?(《论衡·诘术》)

但东汉时期"何所"很可能已是一个口语化程度较高的疑问

代词，因为在当时的训诂著作里常常被注家用来对译先秦典籍中的Ⅰ类代词"何""害""奚"：

（55）我之衣服今者何所当见澣乎？何所当否乎？（《诗经·周南·葛覃》："害澣害否？"郑笺）｜尧女何所亲附乎？（《楚辞·天问》"二女何亲？"王逸注）｜问往将何所先行。（《论语·子路》"卫君待子而为政，子将奚先？"《集解》引包咸注）

"何所""何等"本来是名词性的偏正词组，"何所"义为"什么地方"，"何等"意犹"何般/何种"（如例（56））。作为疑问代词的"何所""何等"应该是由这类偏正词组词汇化而来。

（56）齐王曰："天下何所归？"曰："归汉。"（《史记·郦生陆贾列传》）｜是何等创也？（《汉书·朱博传》）

4.2　Ⅱ类　人物疑问代词

跟上古中期一样，上古后期所见的Ⅱ类代词仍然是"谁"和"孰"：

（57）且所谓怒者谁也？（《论衡·雷虚》）｜于是上问朝臣："两人孰是？"（《史记·魏其武安侯列传》）

这个时期，"谁"的出现频率远高于"孰"，如表三所示，在《史记》和《论衡》里，"谁"共有128次，见次率占70%，"孰"出现49次，见次率占30%。"孰"在这个时期文献里虽仍有一定的见次率，但我们相信在东汉时期的实际口语里"孰"已经不再使用。证据同样来自训诂著作。我们发现几乎所有的东汉注家都用"谁"来注解或对译"孰"。例如：

（58）孰，谁也。（《论语·颜渊》"百姓足，君孰与不足？百姓不足，君孰与足？"《集解》引孔安国注）｜丈人云，不勤劳四体，不分

殖五谷,谁为夫子而索之邪?(《论语·微子》"四体不勤,五谷不分,孰为夫子?"《集解》引包咸注)|孰,谁也。(《公羊传·隐公元年》)"王者孰谓?"何休注)|晏,晚;孰,谁也。……谁复当令我荣华也?(《楚辞·九歌·山鬼》"岁既晏兮孰华予?"王逸注)|孰,谁也。(《吕氏春秋·异用》"非桀其孰为此也?"高诱注)|王言谁能与不嗜杀人者乎?(《孟子·梁惠王上》"孰能与之?"赵岐注)

这个事实说明,"孰"的人物疑问代词用法在后汉已经不为人们所熟悉,以致当时的注家觉得有必要加以训释。如果这个推断合于事实,那我们可以肯定,至晚在东汉时期,"谁"在口语里已经淘汰了"孰"成为人物疑问代词的唯一形式。

"孰"消亡的原因,可以从"谁"的功能扩展得到解释。如前所述,上古中期"谁"和"孰"在功能上有一个不太严格的对立:"孰"主要用于别择问,虽然间或也用于非别择问;而"谁"只用于非别择问。但西汉以后这种对立被打破,"谁"开始用于别择问,也就是说,"谁"开始侵入"孰"的功能领域。例如:

(59)管仲病,桓公问曰:"群臣谁可相者?"(《史记·齐太公世家》)|三子之才能谁最贤哉?(又,《滑稽列传》)|韩太傅为诸生时……相璧雍弟子谁当贵者。(又,《骨相》)

显而易见,这类用于别择问的"谁"的出现和流行,是导致"孰"消亡的根本原因。

4.3 Ⅲ类 方式情状疑问代词

4.3.0 上古后期,见于文献的Ⅲ类疑问代词有"何""安""胡""奚""焉""恶""曷""如何""何以""奈何""若何""何如""何若""奚如""奚若""云何"16个。这些疑问代词的出现次数见于表三。

4.3.1 何、安、胡、奚、焉、恶、曷

如表三所示,单音节疑问代词中以"安"和"何"最为常见,相反，"胡""奚""曷""恶""焉"只能见到零星用例。例如：

（60）同声相存，物之自然，何足怪哉！（《史记·律书》）｜梦之精神不能害人，死之精神安能为害？（《论衡·论死》）｜不神胡能害人？（又，《死伪》）｜死者天地之理、物之自然者，奚可甚哀！（《史记·孝文本纪》）｜其相室曰："焉有子死而弗哭者乎？"（又，《平原君虞卿列传》）｜百姓虽劳，又恶可以已哉？（又，《司马相如列传》）｜要以功见言信，侠客之义又曷可少哉！（又，《游侠列传》）

在汉代的训诂著作中，我们发现，几乎所有的注家都用"何""安"来注解或对译"胡""奚""曷""恶""焉"。例如：

（61）天下何敢有越其志者也？（《孟子·梁惠王下》"天下曷敢有越厥制志？"赵岐注）｜君之行如此，何能有所定乎？（《诗经·邶风·日月》"胡能有定？俾也可忘。"郑笺）｜胡，何。（《诗经·邶风·日月》"胡能有定？宁不我顾？"毛传）｜奚，何也。（《吕氏春秋·贵公》"今病在于朝夕之中，臣奚能言？"高诱注）｜恶有犹何有、宁有此之类也。（《公羊传·昭公三十一年》"恶有言人之国贤若此者乎？"何休注）｜恶，安也。（《战国策·秦策》"由此观之，恶有不战者乎？"高诱注）｜何用学稼。（《论语·子路》"焉用稼？"《集解》引包咸注）｜安有所倚？（《礼记·中庸》"焉有所倚？"郑玄注）｜安得人人济渡于水乎？（《孟子·离娄下》"焉得人人而济之？"赵岐注）

由此可见，至少在东汉用作Ⅲ类代词的"胡""奚""曷""恶""焉"在实际口语中已经不再使用；与之相反，"何""安"在当时的实际语言里仍是比较口语化的Ⅲ类代词，以致屡被训诂家们作为训释词来使用。

4.3.2　如何、何以、奈何、若何、何如、何若、奚如、奚若、云何

这个时期的双音节疑问代词，除"云何"外均已见于上古中期。由表三可以看出，《史记》和《论衡》中"何以""奈何"最为常见，"何如""如何"次之，"若何""何若""奚如"则仅见

个别用例。例如：

（62）宦者令缪贤曰："臣舍人蔺相如可使。"王问："何以知之？"（《史记·廉颇蔺相如列传》）｜晋惠公谓庆郑曰："秦师深矣，奈何？"（又，《晋世家》）｜朱家曰："君视季布何如人也？"曰："贤者也。"（又，《季布栾布列传》）｜文侯曰："敢问如何？"（又，《乐书》）｜于是信问广武君曰："仆欲北攻燕，东伐齐，何若而有功？"（又，《淮阴侯列传》）｜燕王问曰："齐王奚如？"对曰："必不霸。"（又，《燕昭公世家》）｜齐侯问于晏子曰："忠臣之事其君也，若何？"对曰："有难不死，出亡不送。"（《论衡·定贤》）

我们推测，"若何""何若""奚如"见于文献的零星用例，并不一定反映当时语言的实际面貌，换句话说，我们认为这些疑问代词的出现也是书面上的一种袭古行为。因为第一，如前所述，用作Ⅲ类代词的"奚"在汉代的实际语言里已经消失，那么由"奚"参与构成的双音代词"奚如"不可能还保存在当时的口语里。第二，在汉代的注书里，由"若"和"奚"参与构成的双音节疑问代词通常要被对译或注解为"如何""何如"：

（63）奚若，何如也。（《礼记·檀弓下》"天久不雨，吾欲暴尫而奚若？"郑玄注）｜视忠正之人当何如乎？（《楚辞·七谏·怨世》"视忠正之何若？"王逸注）｜我好丑如何也？（《吕氏春秋·达郁》"我何若？"高诱注）

"云何"是这个时期出现的疑问代词，最早见于《史记》，不过两汉时期例子较为少见。如：

（64）召军正问曰："军法期而后至者云何？"对曰："当斩。"（《史记·司马穰苴列传》）｜由此言之，贤儒迟留，皆有状故。状故云何？（《论衡·讥日》）｜万章言天人受之，其事云何？（《孟子万章》"敢问荐之于天而天受之，暴之于民而民受之，如何？"赵岐注）

用作疑问代词的"云何"，很可能是由动词性词组词汇化而

251

来。"云何"最初应该是动宾结构,意思是"说什么":

(65)问陈平,平固辞谢,曰:"诸将云何?"上具告之。(《史记·陈丞相世家》)

询问别人说什么,在某种程度上可以被理解为询问别人说话的内容是什么或者说话的方式是怎样。这样,本来属于动宾结构的"云何"就可以被重新分析为询问性状或方式的疑问代词。像下面例子中的"云何"似乎处于词汇化的过程中,可以视为动宾结构(相当于"说什么")也可以分析为疑问代词(相当于"怎样")。

(66)其后帝闲居,问左右曰:"人言云何?"左右对曰:"人言且立其子,何去其母乎?"(《史记·楚元王世家》)

4.4 Ⅳ类 原因目的疑问代词

上古后期,见于文献的Ⅳ类疑问代词有"何""胡""奚""曷""盍""何故""何以""奈何"8个。除"奈何"以外,这些疑问代词均已见于上古中期。据表三的统计,"何"最为常见,"何故""何以"次之,"胡""奚""曷""盍"则只能见到个别用例。例如:

(67)左右曰:"胜楚而君犹忧,何?"(《史记·晋世家》) | 苟必信,胡不赴秦军俱死?(又,《张耳陈馀列传》) | 对曰:"言而见用,臣奚死焉?谏而见从,终身不亡,臣奚送焉?"(《论衡·定贤》) | 今我民罔不欲丧,曰:"天曷不降威?大命胡不至?"(《史记·殷本纪》) | 子盍为我言之?(《论衡·刺孟》) | 楚成王兴师问曰:"何故涉吾地?"(《史记·齐太公世家》) | 孔子行鲁林中,妇人哭甚哀。使子贡问之:"何以哭之哀也?"(《论衡·遭虎》)

在汉人的注书里,用作Ⅳ类代词的"胡""奚""曷""盍"往往要被注释或对译为"何/何为/何故/何不"(如例68)。由此可以推断，这些代词至少在东汉时期已不再用于实际语言。

（68）胡，何。何不位天子之位？（《吕氏春秋·察今》"吾子胡不位之？"高诱注）｜何故近之我梁，而不入吊唁我乎？（《诗经·小雅·何人斯》"胡逝我梁，不入唁我？"郑笺）｜奚，何也。（《孟子·万章上》"奚而不知也？"赵岐注）｜言虽无道所任者各当其才，何为当亡？（《论语·宪问》"夫如是，奚其丧？"《集解》引孔安国注）｜女既以媒得之矣，何不禁制而恣极其邪意令至齐乎？（《诗经·齐风·南山》"既曰得之，曷又极止？"郑笺）｜王何为使我谋之，随而罪我居我以凶危之地？（《诗经·小雅·菀柳》"曷予靖之，居以凶矜？"郑笺）｜盍，何不也。（《吕氏春秋·长利》"夫子盍行乎？"高诱注）｜盍，何不也。（《楚辞·九歌·东皇太一》"盍将把兮琼芳。"王逸注）

"奈何"用如Ⅳ类疑问代词是这个时期始见的：

（69）良久，召唐让曰："公奈何众辱我？独无间处乎？"（《史记·张释之冯唐列传》）｜人曰："士奈何不一遇也？"（《论衡·逢偶》）

"奈何"既可以询问原因目的又可以询问方式情状，正与上古汉语的"何以"、现代汉语的"怎么"的用法相平行。显然，"奈何"询问原因目的用法是由其询问方式情状的用法衍生而来。

4.5 Ⅴ时间疑问代词

如表三所示，在《史记》和《论衡》中上古中期偶见的时间疑问代词"曷（害）"一例未见。另一方面，《诗经》中常见的"曷"在《毛传》和《郑笺》里绝大多数被注解或对译为"何""何时"：

（70）忧虽欲自止，何时能止也？（《邶风·绿衣》"心之忧矣，曷维其已？"毛传）｜曷，何也。何时能来望之也？（《邶风·雄雉》"曷云能来？"郑笺）｜曷，何也。何时我得其所哉？（《唐风·鸨羽》"曷其有所？"郑笺）

由此可见，至晚在上古后期，时间疑问代词作为一个功能类已经从当时的疑问代词系统中完全消失。其功能由分析性的名词性短语"何时"承担。在《史记》和《论衡》中，询问时间除用"何时"外偶尔还见到"何如时"：

（71）且不求，何时得功？（《史记·晋世家》｜天子废礼何时，岂秦灭之哉？（又，《谢短》）｜扁鹊曰："其死何如时？"曰："鸡鸣至今。"（《史记·扁鹊仓公列传》）

4.6　Ⅵ　处所疑问代词

上古后期，见于文献的Ⅵ类疑问代词有"何""安""恶""焉""奚"。从《史记》《论衡》看，这个时期Ⅵ类疑问代词的出现频率较上古中期明显下降。如表三所示，"恶""焉""奚"仅见个别例子，"何""安"的出现次数虽略多于"恶""焉""奚"，但多数见于"何在/安在"这种熟语化程度较高的组合。例如：

（72）使货主问曰："钱何在？"对曰："无钱。"（《论衡·量知》）｜帝曰："今安在？"对曰："在宫府门外。"（《史记·滑稽列传》）｜子禽问子贡曰："仲尼焉学？"（又，《仲尼弟子列传》）｜故妾一僵而覆酒，上存主父，下存主母，然而不免于笞，恶在乎忠信之无罪也夫？（又，《苏秦列传》）｜今诰以阴盛阳微，攻尊之难，奚从来哉？（《论衡·顺鼓》）

从汉代训诂著作反映的情况看，"恶""焉""奚"在当时的实际语言里可能已经不再使用，因为这些代词在很多注书里被对译或注解为"何所""安所""于何"以及"何"等：

（73）恶乎至犹何所至。（《公羊传·庄公十年》"鲁侯之美恶乎至？"何休注）｜恶乎犹于何也（《礼记·檀弓下》"吾恶乎用情？"郑玄注）｜言有雄虺，一身九头，速及电光，皆何所在乎？（《楚辞·天问》

"雄虺九首，倏忽焉在？"王逸注）｜安所匿其情？（《论语·为政》人焉廋哉？"《集解》引包咸注）｜问作书之人何在也？（《淮南子·道应训》"其人焉在？"高诱注）｜奚，何也。（《吕氏春秋·贵直》"水奚自至？"高诱注）

从《史记》《汉书》《论衡》看，这个时期的文献里，询问处所的功能通常由名词性的偏正短语"何所""安所"来承担，偶尔也可以见到"何许"。例如：

（74）帝曰："虽然，意所欲，欲于何所王之？"（《史记·三王世家》）｜民安所措其手足？（《史记·张释之冯唐列传》）｜民弱臣少，寡人独治之，安所用贤人辩士乎？（《说苑·奉使》）｜人皆以为不治产业而饶给，又不知其何许人，愈争事之。（《论衡·道虚》）

4.7　Ⅶ　数量疑问代词

上古后期的Ⅶ类疑问代词有"几""几何""几所"，其中"几""几何"已见于上古中期，在这个时期的文献里仍然使用。例如：

（75）平原君曰："先生处胜之门下几年于此矣？"（《史记·平原君虞卿列传》）｜问曰："先生能饮几何而醉？"对曰："臣饮一斗亦醉，一石亦醉。"（《史记·滑稽列传》）

"几何"上古中期主要充当谓语，做定语的例子少见；到了上古后期，"几何"充当定语的例子明显增多：

（76）于是王乃使人驰而问泉阳令曰："渔者几何家？名谁为豫且？……"（《史记·龟策列传》）｜说《论》者，皆制说文解语而已，不知《论语》本几何篇。（《论衡·正说》）｜管仲曰："今与几何人来？"对曰："臣与三人俱。"（《说苑·贵得》）

"几所"是这个时期产生的疑问代词，例子少见。下面的例（77）引自魏培泉（1990）：

（77）王阳居官食禄，虽为鲜明，车马衣服，亦能几所？（《风俗通·正失》）｜数问其家金尚有几所趣卖以共具。(《汉书·疏广传》)

4.8 小　结：

4.8.1　新兴疑问代词的出现和旧有疑问代词的消亡仍是这个时期疑问代词发展与演变的主要表现。根据上文的举例和分析，这个时期产生的疑问代词有事物疑问代词"何所""何等"，方式情状疑问代词"云何"，原因目的疑问代词"奈何"以及数量疑问代词"几所"；而在这个时期的文献或实际语言中消失的疑问代词有事物疑问代词"曷""胡""奚""孰""恶""焉"，方式情状疑问代词"胡""奚""曷""恶""焉"和"若何""何若""奚如""奚若"，人物疑问代词"孰"，原因目的疑问代词"胡""奚""曷""盍"，以及处所疑问代词"恶""焉""奚"。

如果仅就疑问代词的词项而言，这个时期出现的疑问代词有"何所""何等""云何""几所"4个，而实际消亡的疑问代词有"孰""胡""奚""曷""恶""焉""盍""奚若""奚如""若何""何若"11个。由于实际消亡的疑问代词数量远多于新产生的疑问代词，所以这个时期的疑问代词系统得到了较大程度的调整和简化。

进一步观察会发现，这个时期产生的疑问代词均为双音节形式，而消失的多数为单音节形式。我们认为这种情形可能与语言结构特点的变化有关。我们知道先秦汉语中词汇结构（特别是包括疑问代词在内的功能词）大都是单音节形式，但入汉以后（特别是后汉时期），汉语词汇出现了强烈的双音化趋势。在这种背景下，由先秦延续下来的单音节疑问代词由于种种原因未能双音化（譬如句法功能的限制、见次率太低），因而被兼并、淘汰。

另一方面，新产生的疑问代词之所以会采取双音节形式，也正是为了适应这个时期出现的词汇双音化趋势。

4.8.2 这个时期，疑问代词的演变也体现在系统结构的变化上。如前所述，时间疑问代词在上古前期疑问代词系统中是一个重要的功能类，降至上古中期这个功能类已趋于消亡，而到了上古后期，随着时间疑问代词的完全消失，这个时期疑问代词系统的结构因之发生了变化。

五 结 论

根据上文的讨论，我们对上古汉语疑问代词的发展与演变能够得到以下几点认识：

（1）从西周到东汉，汉语疑问代词发展与演变的主要表现是频率变化、功能发展以及词汇兴替。频率变化是指同一个疑问代词在不同阶段的使用次数的变化，功能发展指的是同一个疑问代词在不同阶段句法功能的发展，词汇兴替则是指功能相同的疑问代词之间的历时替换。

（2）上古汉语疑问代词的演变也体现在系统结构的变化上。

（3）上古汉语疑问代词的产生主要有文字假借、功能扩展以及词汇化等三个途径。大体说来，单音节疑问代词的形成主要采用文字假借和功能扩展的方式，双音节疑问代词的出现则主要是句法单位词汇化的结果。上古汉语中某些旧有疑问代词的消失主要导源于相关疑问代词的功能扩展以及特定时期语言结构的演变，此外，可能也与方言因素的消长有关。附录：

表一：上古前期疑问代词一览表[①]

	I 事物疑问代词				II 人物疑问代词		III 方式、情状疑问代词							
	何	胡	曷/害	畴		谁	何	胡/遐	曷	如何	奈何	如台	若之何	如之何
尚书	7	1			4	2		6	3		1	4	1	
诗经	81	5	3	2		48	8	10	4		18				9
合计	88	5	4	2	4	48	10	10	4	6	21	1	4	1	9
	99				52		66								

续表一

	IV 原因、目的疑问代词			V 时间疑问代词		VI 处所疑问代词				VII 数量疑问代词
	胡/遐	曷/害	何	曷	何	何	胡	安	焉	几何
尚书		10	1		1					
诗经	39	1	5	1	9	16	1	3	1	2	1
合计	39	1	15	1	9	17	1	3	1	2	1	1
	65			18		7				1

表二：上古中期疑问代词一览表[②]

	I 事物疑问代词								II 人物疑问代词	
	何	孰	奚	曷	胡	焉	安	恶	谁	孰
左传	406	7	1						135	17
论语	42	3	4		1				11	13
老子	9	3							1	7
孟子	95	8	12						13	16
墨子	122	17	7		2			1	33	14
庄子	139	7	36	1			2		15	58
荀子	46	2	5	19	2				12	24
韩非子	106	8	47						13	17
合计	965	55	112	19	3	3	2	1	233	166
	1160								399	

---

① 表一中《尚书》和《诗经》的数据，分别据顾颉刚（1982）和陈宏天、吕岚（1984）。

② 表二中的数据，《庄子》和《墨子》主要依据哈佛燕京学社（1947 和 1948），《韩非子》依据周钟灵等（1982），其他文献则依据香港中文大学（1995 和 1996）。

续表二（上）

	III方式情状疑问代词														
	何	胡	恶	安	焉	曷	奚	如何	若何	奈何	何如	何若	何以	奚如	奚若
左传	31	3	3	7	82			3	51	2	23		22		
论语	5			1	19						16		3		
老子				5					1	2					
孟子	7		16		12	1	7				16		7		
墨子	8		8	3	9		2			21	1	8	24		3
庄子	23	4	37	21	6	2	8	1	3	13	9	1	15	1	3
荀子	13		8	9	5	3	5		6	18	10		8		
韩非子	13			46	17		3			21	17		18	3	
合计	100	7	72	92	150	6	25	4	61	77	92	9	97	4	6
	452							350							
	802														

续表二（下）

	IV原因目的疑问代词							V时间疑问代词		VI处所疑问代词					VII数量疑问代词	
	何	胡	盍	奚	曷	何故	何以	曷	害	何	安	焉	恶	奚	几何	几
左传	38	9		40	1	28	7	1		11	7	29			7	3
论语	11			2		6					6		1	1		
老子	1														1	
孟子	37		9			4					1	2		1	7	1
墨子	47		1	1		21				10			7		2	
庄子	35	8	5	11		5	2			6	2		29	7	6	5
荀子	41	4	1	2	3	1	6	2			1		3			
韩非子	75	4		4		10				5	1		1			
合计	258	25	58	29	3	65	19	3	1	29	15	37	47	9	16	9
	484							4		137					25	

表三：上古后期疑问代词一览表[①]

	Ⅰ事物疑问代词										Ⅱ人物疑问代词	
	何	孰	奚	曷	胡	焉	安	恶	何所	何等	谁	孰
史记	370	13	3	8		7			4	1	79	31
论衡	517	17	1	6	1		9			5	49	23
合计	887	30	4	14	1		16		4	6	128	54
	962										182	

续表三（上）

	Ⅲ方式情状疑问代词														
	何	胡	恶	安	焉	曷	奚	如何	若何	奈何	何如	何若	何以	奚如	奚若	云何
史记	88	1	23	101	9	5	1	8	2	107	59	2	69	2		2
论衡	106	1		239	18		2	54	1	7	12		137	3		1
合计	194	2	23	340	27	5	3	62	3	177	71	2	206	5		3
	1123															

续表三（下）

	Ⅳ原因目的疑问代词								Ⅴ时间疑问代词		Ⅵ处所疑问代词				Ⅶ数量疑问代词		
	何	胡	盍	奚	曷	何故	何以	奈何	曷	害	何	安	焉	恶	奚	几何	几	几所
史记	204	5	7	3	1	16	27	11			5	31	2	1		19		6
论衡	235	2	1	3		67	31	2			14	1		1	2	2	11	
合计	439	7	8	6	1	83	58	13			19	32	2	2	2	21	17	
	615								57		57					38		

主要参考文献

陈宏天、吕岚合编 1984 《诗经索引》，北京：书目文献出版社。
程湘清等 1994 《论衡索引》，北京：中华书局。

[①] 表三中的数据，《史记》依据李晓光、李波（1989），《论衡》依据程湘清等（1994）。

丁声树　1942　论诗经中的"何""曷""胡",《史语所集刊》第十本。
顾颉刚主编　1982　《尚书通检》,北京:书目文献出版社。
哈佛燕京学社　1947　《庄子引得》。
哈佛燕京学社　1948　《墨子引得》。
吕叔湘　1982　《中国文法要略》,北京:商务印书馆。
王　力　1980　《汉语史稿》,北京:中华书局。
魏培泉　1990　《魏晋六朝称代词研究》,台湾大学博士学位论文。
香港中文大学中国文化研究所　1995　《左传逐字索引》,香港:商务印书馆。
香港中文大学中国文化研究所　1995　《论语逐字索引》,香港:商务印书馆。
香港中文大学中国文化研究所　1995　《孟子逐字索引》,香港:商务印书馆。
香港中文大学中国文化研究所　1995　《老子逐字索引》,香港:商务印书馆。
香港中文大学中国文化研究所　1996　《荀子逐字索引》,香港:商务印书馆。
周法高　1972　《中国古代语法·称代篇》,台北:台联国风出版社。
周钟灵等主编　1982　《韩非子索引》,北京:中华书局。

近代早期闽南话分析型
致使结构的历史探讨*

> **提要** 本文以 *Doctrina Christiana* 和《荔镜记》两种历史文献为基础，考查早期近代闽南话（16至17世纪）的三类分析型致使结构："乞"字式、"使"字式和"赐"字式。通过对这些动词的历时发展和语法化路径的分析，本文显示：这三类结构代表致使义的不同语义类型。本文的中心问题是解释 *Doctrina Christiana* 中出现的看似异常的致使义动词"赐"。
>
> **关键词** 分析型致使结构　语法化　早期近代闽南话　《荔镜记》

本研究的主要目的是考察近代早期闽南方言中分析型致使结构（analytic causative constructions）的历史发展，并在此基础上探讨汉语致使结构的语法化过程，以及中古汉语与闽南方言之间的历史关系。

在16世纪和17世纪的早期近代闽南方言中有三个主要的致使结构，都是由实义动词语法化成为连动结构中的V1而形成的分析型致使结构：

$$NP_{肇事者} V_{1致使动词} + NP_{被肇事者} + V_2 (+ NP\cdots)$$

这三个处于V1位置的致使动词是：（i）乞[khit4]①①，（ii）使

---

* 本文与曹茜蕾合著。本文的研究得到了连金发教授的许多帮助，在此表示谢忱。原载《方言》2007年第1期。

① 本文采用闽南话研究中通用的教会拉丁注音，包括对《荔镜记》的注音。数字标注调类：1阴平，2阴上，3阴去，4阴入，5阳平，6阳上，7阳去，8阳入。在引用来自菲律宾的文献时，我们采用原文中的西班牙拉丁注音，不标声调。

[su2],（ⅲ）赐 [su3]。

其中，"使"和"乞"，无论在上古，中古还是近代汉语里，都用于致使结构，另一个致使动词"赐"却独树一帜。本文要探讨的问题之一就是何以动词"赐"在用作致使义时与其他的致使动词不同。

壹 本文所用的主要文献

我们选取了五部16世纪到17世纪早期的具有代表性的近代闽南方言文献，作为典型文献加以分析。[①]这些早期文献中的前四部都是由在菲律宾的多明我会（Dominican）和耶稣会（Jesuit）传教士编辑整理的，只有第五部是来自中国本土。下面对这五部文献作简要说明。

第一部文献是收藏在梵蒂冈图书馆的 *Doctrina Christiana en letra y lengua china*（约1607年。以下简称 *Doctrina*）。由西班牙文翻译为闽南方言的译本，木刻版印刷，据说是由多明我会教士 Juan Cobo 和 Miguel Benavides 与一些不知名的中国助手合作翻译的。我们采用是的由 Van der Loon（1967）整理的有汉字和拉丁文对照的版本。

第二部是于1620年出版的 *Arte de la lengua Chiõ Chiu*（漳州话语法）。这部文献是本文作者之一贝罗贝在巴塞罗那（Barcelona）大学图书馆发现的，其手书的标题为 *Gramatica China*。此书作者是 Melchior de Mançano 神父，他编写这部书的目的是供 Rajmundo Feijoo 神父使用。大英图书馆收藏的早期闽

[①] 本文采用下列汉语历史分期：上古汉语时期：公元前五世纪至公元前二世纪；中古前时期：公元前二世纪至公元二世纪；中古时期：公元二世纪至公元十五世纪；近代：十五世纪至十八世纪。

南话手写文稿中也有一部 *Arte de la lengua Chiõ Chiu*，但版本比巴塞罗那大学图书馆的收藏本晚，而且不完整。巴塞罗那大学图书馆还有 *Doctrina* 的几种拉丁文本。

第三部 *Bocabulario de la lengua sangleya*（Sangley 语词典）是在1617年左右编写的，现藏于大英图书馆，是该馆收藏的几部早期闽南话手写文稿之一。

第四部 *Dictionarium Sino-Hispanicum*（1604年）是由耶稣会教士 Pedro Chirino 神父在菲律宾的宿务岛（Cebu）编写的。

第五部《荔镜记》（1566，1581年），是明代一个用泉州话夹杂着潮州话（皆属闽南话）写成的剧本。本文的例子引自日本田力大学藏的版本，细节可参看 Lien（2002）。

本文的例句主要出自 *Doctrina* 和《荔镜记》。

贰 "致使结构"的历史简述

在进入正题之前，我们首先简略地介绍上古汉语和中古汉语中致使结构的发展。

2.1 无标志的致使结构（零派生）

在上古汉语时期，普通动词、形容词、甚至名词，都可用作致使动词，而无需任何形态标志。（关于汉语使成式的发展，请参看王力1988：527—536；魏培泉2000；蒋绍愚2002；Lien 2003）

（1）故远人不服，则修文德以来之。（《论语》）
（2）学焉而后臣之。（《孟子》）
（3）常欲死之。（《汉书》）

上古汉语可能也有 *s 词缀组成的有形态标志的致使动词。

(请参看 Sagart 1999：70）

实义动词	致使动词
食 *m-lik > zyik	饲 *s-lik-s > ziH
登 *tïŋ > toŋ	增 *s-tïŋ > tsoŋ

2.2 分析型致使结构

㊀上古汉语　在上古汉语时期，有一些动词可以构成分析型致使结构，其中最常见的是"使"和"令"，另外还有使用较少的"遣"。"使"和"令"的这种用法延续至今。

（4）使周游于四方。(《国语》)

㊁中古前期　业经证明，在中古前期，表"教导"义的实义动词"教"开始成为一个新的致使动词。在王充的《论衡》（137—192）中可以找到一些用例。大约在公元六世纪初，"交"开始取代"教"，到了现代汉语"叫"又取代了"交"。

（5）此教我先威众耳。(《史记》)

㊂中古汉语后期和近代汉语　在中古后期和近代汉语里，"教"（"交""叫"）还是很常用。

（6）又教弟坐。(《祖堂集》)

㊃早期近代汉语　另有几个其他的动词有时也用作致使动词，如"与""要""著""乞"：

（7）我著孩子们做与你吃。(《老乞大》谚解)
（8）乞我慌了，推门推不开。(《金瓶梅》)

㊄晚期近代汉语　最后，"让"和"给"在近代汉语期间开始用作致使动词。

（9）众人让他坐吃茶。(《金瓶梅》)
（10）千万别给老太太、太太知道。(《红楼梦》)

我们注意到，大多数致使动词也发展成了被动语态的标志，如"与""乞""吃""叫/或/教"和"让"。其中有些动词也语法化为与格标志，特别是具有给予义的"与""给"和"乞"三词（参看贝罗贝 1986，Peyraube 1988；1996）。经证实，在不同的语言里，授与动词、致使动词和与格介词之间存在着密切的联系（参看 Newman 1996；Heine and Kuteva 2002）。

叁　早期闽南方言中的致使动结构

在这里，我们先简略地说明"乞"和"使"的用法，然后讨论致使动词"赐"的独特用法。

3.1　乞 [khit^4]。乞的本意为"乞讨""请求"；到了汉朝初期，"乞"有了"给"的意思。

（11）乞我一只钱。(《五灯会元》2)

表1　"乞"的结构形式

类型	结构	*Doctrina*	荔镜记	合计
1. 实义动词"乞求"	动词＋直接宾语	3	7	10
2. 与格介词"为"	动词—"乞"—间接宾语—直接宾语动词—直接宾语—"乞"—间接宾语	11	18	29
3. 致使动词"让"连动结构里的 V$_1$	"乞"—NP$_{肇事者}$—VP	3	29	32
4. 致使连词"以便"	从句$_1$"乞"从句$_2$	2	12	14
5. 被动标志	NP$_{受事}$—"乞"—NP$_{施事}$—VP	3	14	17
合计		22	80	102

在 Doctrina 中,独立使用的"乞"共有 22 例,用于多种功能。此外,另有 8 例是和"赐"一起合用,构成复合动词"赐乞"。在《荔镜记》中,"乞"的用例多达 223。Lien(2002)选取了其中 80 例。我们以这两部文献为典型加以分析,发现在这两部文献的 102 例中,具有致使功能的数量最多(32 例),具有与格功能的数量位居第二(29 例)。另外,值得注意的是"乞"还可以用作被动标志(17 例)。这表明"乞"的语法功能已发展到了相当成熟的阶段。

㈠实义动词"乞求"("—"表示原文无罗马注音)

(12)乞 赦 人 罪(耶稣然后祈祷天父)求你赦免世人的罪。
　　　kiet[①] sia — —(Doctrina 170 页)

㈡与格介词:NP$_{施事}$—动词—NP$_{受事}$—"乞"—NP$_{间接宾语}$

(13)你 挞 落 荔枝 乞 阮 为记 你扔荔枝给我,是以此表达爱慕之意。
　　　li² tan³ hoh⁸ nai⁷-chi¹ khit⁴ gun² ui⁵ ki³(荔镜记 26.353)

㈢致使动词:NP$_{肇事者}$—"乞"—NP$_{被肇事者}$—VP

(14)先 七 件 乞 人 识 僚氏 根 因 前七件事是让人们知道神是万物之源。
　　　seng chit kia kir lang bar Diosi kin yn(Doctrina 148 页)
(15)无 乞 伊 擦 别让他擦(镜子)。
　　　bo⁵ khit⁴ i¹ boa⁵(荔镜记 19.061)
(16)旦:不 通 乞 哑公 哑妈 知 你一定不能让爷爷奶奶知道。
　　　m⁷ thang¹ khit⁴ A¹-kong¹ A¹-ma¹ chai¹(荔镜记 15.120)

在《荔镜记》里,有 29 个"乞"用作致使动词表示"让"的用例(Lien 2002)。致使结构中的 V$_2$ 可以是不及

---

① 西班牙的传教士们给实义动词"乞"的拉丁注音是 kiet,而给虚词"乞"的拉丁注音是 kir。

物动词,也可以是及物动词,可用于 V_2 动词很多,比如:"去""行""返""过""瞓""坐""说""买"等。

㈣被动标志:$NP_{受事}$—"乞"—$NP_{施事}$—VP

(17)乞 本 事 卑劳厨。柱 法 钉死 在 居律 上_{被彼拉多枉法钉死在十字架上。}
kir Pun su Pilato ong huar teng-si tu Culut chiō(*Doctrina* 146 页)

我们的结论是:"乞"有两种主要的语法化路径:

(i)实义动词"乞">与格介词,相当于"给""对"

(ii)实义动词"乞">致使动词,相当于"让、允许">引入施事的被动标志[①]

"乞"用于致使结构和与格结构出现于中古汉语的末期和近代汉语早期,在普通话中已不再使用,但仍保留在许多闽方言中,如泉州、福州、东山、潮阳、汕头和遂溪(参看 Chappell 2000)。

3.2 "使"[su^2]。致使动词"使"在近代闽南话中有两个读音:[su^2](文读)和[sai^2](白读)。这个动词在 *Doctrina* 中有 11 个用例,在拉丁对照中,所有用例的发音都标为 su。这个动词没有产生被动功能,也没有与格功能,但是产生了两种致使结构:有意图的(intentional)和无意图的(unintentional)致使结构。

㈠有意图的"使"致使结构:$NP_{肇事者}$—"使"—$NP_{被肇事者}$—VP

(18)与 之 竹 杖。 执 他 手 使 自 打 他_{(他们)给他一根竹杖并握住他的手,使他打自己。}

u chi tec tiang chip ta siu su ta chu tha(*Doctrina* 172 页)

[①] "乞"在复合结构里作致使连词"以便"的用法可参看 Chappell and Peyraube(to appear)。

（19）阮　昨　暮　日　使　益　　春　　来　共　你　说　_{我昨天让益春来告诉你。}
　　　gun² cha⁷ boo⁷ jit⁸ sai² Iah⁴ Chhun¹ lai⁵ kang⁷ li² soeh⁴（荔镜记14.8）

㈡无意图的"使"致使结构：NP_{肇事者}—"使"—NP_{被肇事者}—VP_{（状态）}

（20）使 之 大 家 欢 喜……_{使每个人都开心}
　　　su chi tay ke hua hi（*Doctrina* 176页）

表2　出现在"使"致使结构中的动词（共11例）

及物动词	不及物动词	能愿动词	状态动词
负 [hu] 打 [ta]	至 [chi] 来 [lai] 回来 [hue lai] 升 [seng]	能 [leng] × 2	受烦恼 - - - 欢喜 [hua hi] × 2

我们认为"使"有一个单一的语法化路径：实义动词"使" > 致使动词"使"。包含：

（a）有意图的致使结构，其中 V_2 = 及物或不及物动词

（b）无意图的致使结构，其中 V_2 = 状态动词或形容词

"使"是上古汉语中一个分析型致使结构的延续，在现代台湾闽南方言中已不再使用，但在其他某些闽南方言中仍在使用。"使"也用于普通话，特别是在书面语中，构成无意致使结构。值得注意的是，它在《荔镜记》中却表现了很强的构词能力（productivity）。（参看 Lien 2003）

3.3　"赐"。在 *Doctrina* 中，动词"赐"[su²] 作为致使动词使用的用例很多。在总计32个用例中，只有12例仍用作实义动词"赐"表示"恩赐"的意思。其他20例则表明"赐"已发展为具有致使意义的动词，其中9例是复合动词：V_1 为"赐"，V_2 为"乞"或者"与"。

然而，像"赐"这样大量地用作致使动词，似乎也只是特

例。在其他文献中,这样的用法非常罕见。比如在《荔镜记》中,"赐"只用作实义动词,如:

(21) 敕　赐　剑　印　随　身　_{随身带着皇帝赐给的剑和印。}
　　 thek⁴ su³ kiam³ in³ sui⁵ sin¹（荔镜记 2.21）

在 Doctrina 中,实义动词"赐"用于下面两种基本结构中:

a. NP（主语）—"赐"—NP_{间接宾语}—NP_{直接宾语}

(22) 赐　汝　大　福　_{赐给你大福。}
　　 su lu tay hoc（Doctrina 181 页）

b. NP（主语）—"赐"—NP_{直接宾语}—乞（与）—NP_{间接宾语}

(23) 僚氏　赐　福　乞　你　_{神赐福给你。}
　　 Diosi su hoc kir lu（Doctrina 145 页）

而"赐"作为致使动词则是用于连动结构中: NP_{肇事者}—"赐"—NP_{被肇事者}—VP

(24) 汝　赐　我　有　关　心　念　经　_{你赐我以虔诚的心读经。}
　—　su gua u guan sim liam keng（Doctrina 171 页）

表3　Doctrina 中的"赐"致使结构中动词的种类（共 17 例）

及物动词	不及物动词	能愿动词	状态动词
念经 [liam keng] 忆着 [it tioc] 求 [kiu] × 2	来 [lai] × 2	能 [leng] × 4 要 [ai]	欢喜 [hua hi] 清洁 [cheng kiet] × 2 不要 [may] × 2 有呀胜舍 [u galaçia]

下两例是"赐"的致使用法:

(25) 汝　赐　我　不　要　只　世　上　假　欢　喜　_{你使我不再追求世上虚枉的事。}
　　 lu su gua m̃ ay chi si chio ke hua hi（Doctrina 172 页）

(26) 我 今 求 汝, 汝 赐 与 我 神 魂 清 洁 我现在求你使我灵魂洁净。
gua ta kiu lu lu su — gua sin hun cheng kiet (*Doctrina* 168 页)

与其他两个致使动词不同,"赐"也可构成复合动词作为 V_1—V_2 结构中的 V_1。

表4

实义动词	总数	致使动词	总数	合计
赐	6	赐	17	23
赐乞,赐与	6	赐乞	3	9
合计	12		20	32

举例如下:NP$_{肇事者}$—"赐乞"—NP$_{间接宾语}$(—NP$_{直接宾语}$)

(27) 求 僚氏 保庇 生 人。赐 乞伊 呀勝舍 求神保佑。赐福给世人。
kiu Diosi po pi se lang su kir y galaçia (*Doctrina* 156 页)

我们认为"赐"无论是作为单音节动词还是出现在复合动词中,都只有一种语法化路径,即:

实义动词"赐">致使动词

在连动式结构 V_1—V_2 里的实义动词"赐乞"或"赐与"也演变成了致使动词。

此外,值得注意的是,在文献中,"赐"没有"乞"用作与格介词或被动标志的功能。而正如前面所提到的,"乞"和"使"都不能构成 V_1—V_2 形式的致使结构。

那么,"赐"是否就是闽方言中"使"的另一种写法(比如近音替代字),而非从"给予"意义发展而来呢?我们认为不是这样。理由有三:

1)在"赐"和"使"所组成的结构中,它们的动词的用法和致使结构的用法都是不一样的。例如,"赐"用于双宾语结构而"使"从未充当过双宾语动词。它们构成的致使意义属于不同的语义类别（Song 1996），如，"赐"不像"使"一样能够构成无意致使结构。

2）只有"赐"能用在合成词里，例如"赐与"或者"赐乞"。这些合成词既有"给予"的意思，也有"致使"的意思。

3）"赐"和"使"声调不同。"赐"是阴去字而"使"是阴上字。

肆 "赐"作致使动词的问题

看来，我们在早期闽南方言研究之中，遇到了一个问题，即：一方面，从 *Doctrina* 的例句中我们知道是"赐"完全可以用作致使动词，而另一方面，无论在早期文献中还是在当代文献中，"赐"作致使动词的用例都很少见。这种现象应如何解释呢？

下面让我们讨论一下有关"赐"的两个事实：

（i）尽管无论在上古文献中还是在现代闽南方言中都没有"赐"作为致使动词的用例，但是，表"给予"义的动词在不同的语言中都是典型的致使动词的来源。因此，"赐"用作致使动词是完全合于情理的。就像"遗"在汉代作为一般的"给予"动词（参看 Peyraube 1988：144—147；Ushijima 1964）也完全可能用作致使动词一样。

（ii）"赐"字的本意义是皇帝（或一个居于高位的人）对地位低下的人实施"给予"的行为。在这一点上，我们注意到，在总共 32 个"赐/赐乞/赐与"用例，包括 20 例致使结构中 NP 代表的肇事者，以及 12 例授与实义动词中 NP 代表的给予者，所指都是身居高位的人，即：圣母马丽亚（17 例），上帝（12 例）和圣灵（3 例）。

由此引出了另一个问题：这个致使动词"赐"是否只是传教士们在翻译过程中一时突发奇想，随意采用的呢？对此，我们有下面五点看法：

1）在亚洲地区的其他语言，如柬埔寨语中，有两个表"给予"的动词：一是给予地位较低下的人，另一个是给予地位较高的人（Bisang 1996）。这与上古汉语中的"赐"和"奉"的用法类似，而只有前者才能发展为致使动词，这也和"赐"类似。这是动词的语义和语用意义之间相互作用所产生的制约，即只有处于权势地位的人才能发号施令，才能使社会地位低下的人去执行命令。反过来则无法成立。

2）众所周知，闽南话中存在着大量的文白异读现象（梅和杨1995，Norman 1991）。其中一种是文白两个词并不同源，只是用法相似。根据Carstairs Douglas的厦门闽南话字典（1873：562），表给予意义的词有"赐"[su^3]（文）和"度"[tho^3]（白）。"度"的本义也是"给"，和"赐"一样也能充当表致使意义的标志（参看Lien 2001）。"赐"和"度"的这种关系证明"赐"演变成为表致使的标志并不令人惊讶。

3）尽管"赐"与"度"这两个词在词源上没有联系，却有密切的纵聚合关系（参看Lien 2001b）。*Doctrina*中多用"赐"是由于此书作为经文，采用了早期闽南方言的书面文体，而"赐"正适合于这种文体（关于文体，参看Yue 1999；Van der Loon 1967）。

4）*Doctrina*的The Mysteries of the Rosary一节书面文体色彩很浓，内有大量的"赐"致使句，其肇事者都是玛丽亚。

5）在《荔镜记》中，"度"作为连动式结构中的与格介词和作为实义动词，并不罕见，共有21例。"度"也有致使用法，不过用例不多，只有2例（Lien 2002）。

我们的结论是,"赐"的用法不是任意的,也不是传教士们杜撰的。从语义学角度来看,由这个词派生出致使意义,顺理成章。而从形态学和词汇学的角度来看,"赐"和"度"的用法与闽南方言中复杂的文白现象也相当吻合。因此可以说,我们在早期闽南话中发现了一个令人感兴趣的语法化现象,即:一个具有明确的"给予"意义的动词"赐"发展成为了一个致使动词。

参考文献

贝罗贝 1986 双宾语结构从汉代至唐代的历史发展,《中国语文》第3期,204—216。

蒋绍愚 2002 给字句,叫字句表被动的来源,《语言学论丛》第26辑,159—177。

梅祖麟 杨秀芳 1995 几个闽语语法成分的时间层次,《历史语言研究所集刊》66.1:1—21。

王 力 1988 《汉语史稿》,《王力文集》第九卷,济南:山东教育出版社。

魏培泉 2000 论中古汉语的使成式,《历史语言研究所集刊》71.4:807—856。

Bisang, Walter 1992 *Das Verb im Chinesischen*, *Hmong*, *Vietnamesischen*, *Thai und Khmer*. Tübingen: Gunter Narr Verlag.

Chappell, Hilary 2000 Dialect grammar in two early modern Southern Min texts: Acomparative study of dative *kit*, comitative *cang* and diminutive-*guia*. *Journal of Chinese Linguistics* 28.2:247-302.

Chappell, Hilary (ed) 2001 *Sinitic grammar: synchronic and diachronic perspectives*. Oxford: Oxford University press.

Chappell, Hilary and Alain Peyraube. To appear. Adiachronic exploration of Chinese analytic causatives with reference to early Modern Southern Min.

Douglas, Carstairs 1873 *Chinese-English Dictionary of the Vernacular Spoken Language of Amoy*, *with the Principal Variations of the Chang-Chew and Chin-Chew Dialects*. Supplement by Thomas Barclay. London:

Truebner & Co. Reprinted by SMC Publishing Inc., Taipei, in 1990.

Heine, Bernd and Tania Kuteva 2002 *World Lexicon of Grammaticalization*. Cambridge University Press.

Lien, Chinfa(连金发) 2001a A typological study of causatives in Taiwanese Southern Min. *Tsing Hua Journal of Chinese Studies*. 29: 395-422.

Lien, Chinfa(连金发) 2001b Competing morphological changes in Taiwan Southern Min. In H. Chappell(ed) 2001, 309-339.

Lien, Chinfa(连金发) 2002 Grammatical function words 乞, 度, 共, 甲, 将 and 力 in Li^4 $Jing^4$ Ji^4 荔镜记 and their development in Southern Min. In Dah-an Ho(ed) *Papers from the Third International Conference on Sinology: Linguistic Section. Dialect Variations in Chinese*. Institute of Linguistics, Preparatory Office. Academia Sinica, Taipei, 179-216.

Lien, Chinfa(连金发) 2003 Coding causatives and putatives in a diachronic perspective. *Taiwan Journal of Linguistics* 1: 1-28.

Newman, John 1996 *Give: A Cognitive Linguistic Study*. Berlin: Mouton de Gruyter.

Norman, Jerry 1991 The Min dialects in historical perspective. In William S. -Y. Wang(ed), *Languages and Dialects of China*(*Journal of Chiese Linguistics Monograph Series* No. 3). Berkeley: Project on Linguistic Analysis(University of California), 325-60.

Peyraube, Alain 1988 *Syntaxe diachronique du chinois: évolution des constructions datives du 14e siècle av. J. -C. au 18e siècle*. Paris: Collège de France, Institut des Hautes Etudes Chinoises.

Peyraube, Alain 1996 Recent issues in Chinese historical syntax. In C-T James Huang & Y. -H. Audrey Li(eds) *New Horizons in Chinese Linguistics*. Dordrecht: Kluwer Academic Publishers, 161-214.

Sagart, Laurent 1999 *The Roots of Old Chinese*. Amsterdam: John Benjamins.

Song, Jae Jong 1996 *Causatives and Causation. A universal-typological perspective*. Longman.

Ushijima, Tokuji(牛岛德次) 1964 *Kodai kango no sōhingo ni tsu ite*(On double object constructions in Ancient Chinese). *Chūgodu gogaku*(中国语学), 1-6.

Van der Loon, Piet 1967 The Manila incunabula and early Hokkien Studies. *Asia Major-New Series* Part II: 95-186.

Yue, Anne(余霭芹) 1999 The Min translation of *Doctrina Christiana*. In Pang-Hsin Ting(ed) *Contemporary Studies on the Min dialects*(Journal of Chinese Linguistics Monograph Series No. 14), Berkeley: Project on Linguistic Analysis(University of California), 42-76.

语义演变理论与语义演变和句法演变研究*

0 引 言

结构主义语言学盛行以来,句法的研究在语言研究中占据重要的地位;相对而言,语义(尤其是词义)则被视为一团泥沼。20世纪70年代,随着语法化研究的复兴,一些语言学家开始相信:语义演变也存在一定的规律。本文试图从汉语的实例出发,说明语义演变在一定范围内确实有迹可寻,并简要地讨论语义演变与句法演变的关系。本文强调内部演变的规律性、重要性,认为这是演变的主流;把演变归之于外部因素,应该特别慎重。由于语义演变和语法化研究相关,本文也将涉及语法化的问题。

1 语义演变与语法化

首先需要说明语法化和语义演变的关系。语法化不是一种理论,它不是一个由各种内在关联、可证伪的假设构成的一个

---

* 本文与李明合著。原载沈阳主编《当代语言学理论和汉语研究》,北京:商务印书馆2008年,pp.1—25。

明确清晰的系统（Haspelmath，2004）。Traugott（2001）甚至承认：语法化也不是一种独立现象，它是由语义演变、形态句法演变（有时也由语音演变）相互关联而产生的一个副产品。按照Newmeyer（1998）的图示：语法化是重新分析导致的句法降位（downgrading）、适当的语义演变以及语音简化这三种独立的历史演变的交集，语法化自身并不独立存在。

语法化和语义演变并不完全重合，这可以从两方面来说明：一方面，有语义演变不一定有语法化，实词内部的语义变化，与语法化无关。另一方面，有语法化不一定有语义演变。实词转化为功能词，这类语法化肯定伴随词汇义的弱化，即有语义的变化。但是当一个功能词语法化为一个更虚的功能词，就不一定存在语义的变化（Campbell，2001），比如英语的助动词will、would、have变为附着形式'll、'd、've，这里没有语义变化，但是由"助动词＞附着形式（clitic）"是语法化（Hopper and Traugott，2003：111）。

如果语法化过程涉及语义演变，那么，语法化中的语义演变是怎样的情形？一种观点认为语法化导致一个自由成分的语义不断弱化，形式越来越简缩，位置越来越固定，并且越来越具有依附性。（Lehmann，1982；Heine and Reh，1984）这种观点给人的印象是：语法化是不断磨蚀、缩减甚至最终归于零的过程。另一种观点认为在语法化的初期，由于语用推理（pragmatic inferencing），虽然概念义弱化，但语用义得到强化，因此总体来说，语义没有简化，而只是作了重新调整。（Hopper and Traugott，2003）而在语法化的后期，可以有两种可能：一是语义丢失，比如实词发展为附着形式（clitic）或词缀，又比如汉语的结构助词"的、地、得"，当然不能说它们还有什么语用义。二是由于语用推理产生的语用义，继续存在甚至不断强化。比如话语标记的发展（Traugott，1995；Traugott and Dasher，2002）：

（1）VP副词或副词性短语（verbal adverbial）>句子副词（sentential adverb）>话语标记（discourse marker）

"VP副词或副词性短语"修饰动词，相当于斜格成分（oblique）；"句子副词"是对命题内容进行评注，比如情态副词"显然、也许"；话语标记并不是评注命题本身，而是评注下文与上文的关系。这种话语标记的演变过程，似乎与上述第一类的简化过程相反，很明显的一点是：这类成分的句法范域（scope）越变越大。

下面举副词"毕竟"的用法来说明。[①] "毕竟"作句内副词的例子如：

（2）众生毕竟总成佛，无以此法诱天子。（《变文·维摩诘经讲经文（四）》）

上例"毕竟"义为"到最后，最终"。作句子副词的例子如：

（3）嫁取张状元，毕竟是有福有分。（宋代戏文《张协状元》，五十三出）
（4）妙玉虽然洁净，毕竟尘缘未断。（《红楼梦》，八十七回）

例（3）"毕竟"表示推断，义为必然。例（4）不是表示推断，而是强调对话双方都知道的事实。这两种用法明显带有主观性。

句子副词和话语标记不易区分；"毕竟"是否有话语标记的用法，很难判定。但可以看出："毕竟"在发展过程中，语义并没有减损而是增强。

---

① 关于"毕竟"的研究，可以参看史金生（2003）。

2 语义演变的方向性

"单向性"是语法化研究的中心问题。从实证来看,单向性虽然有反例,但又不可否认其存在。Newmeyer(1998)列出了一些其认为是单向性的反例的例子,但同时也承认:语法化的实例至少十倍于去语法化(degrammaticalization)的例子(Newmeyer 1998)。与语法化现象相关的语义演变,是否也存在一定的方向性?

Traugott 认为:指称自然或社会事物的体词,比如城市、笔、疾病,其指称对象随时代变化,这类指称性的意义变化难以从语言学上进行概括。但是,不考虑这类指称实物的意义,在其他的意义演变领域,语义演变确实存在一定的方向性(Traugott, 2002; Traugott and Dasher, 2002)。

比如从感知、言说到认知、心理(参看 Sweetser, 1990)。比如"看出"常常就指"知道",古汉语的"听命"及现代汉语的"听从、品味、被触动"等说法也显示了感知义同认知/心理义的联系。"说"有认为义(比如"依我说")。比如由空间到时间。比如"来、去"在"来年、来世;去年、去岁"等词中表时间。比如由道义情态(deontic modality)到认识情态(epistemic modality)。如"宜、应、当、合、该"都由应当义发展出表示推测(盖然义)。"必、须、必须、得(děi)、索"等都由必要义发展出必然义。比如由时间到条件。如"时、后"由时间名词变为条件小句末的助词(江蓝生,2002),更多例子参看 Hopper and Traugott(2003)。比如由客观行为动词(event verb)到言语行为动词(speech act verb)到施为动词(performative verb)。即: event verb > speech act verb > performative verb。(Traugott and Dasher, 2002)施为动词通常只表示说话人在发话时具有某种"言外之力"的言语行为,如"保证"通常是说话人的承诺,这和一般的言语行为动词如"告诉、声称、责备"不一样。关于"客观行为动词"到"言语行为动词"的演变,张雁(2004)有很好的例子,比如表示吩咐义的"嘱咐"是从托付义(把某人、某物委托给别人照料或把事情委托给别人办理)发展而来,"嘱"从"属"滋生出来,"咐"从"付"滋生出来;"嘱咐"流行之前,多用"付嘱(付属)",后者流行于魏晋南北朝至唐宋,也由托付义引申出吩咐义。

注意以上例子不一定都涉及语法化,而且这里所说的有一定方向性演变趋势的"意义",是时间、空间、条件、言说等等宏观层面上的抽象的概念结构(conceptual structure),而不是一般的微观层面上的意义。

3 语义演变的机制

Traugott 等特别强调语用在语义演变过程中的作用。事实上 Traugott 认为语义演变即源于语用推理:说话人创新、利用一个会话隐涵义,促使听话人把它推导出来。这个隐涵义如果被听话人也接受利用,那么,如此反复,它就可能在社团中使用开来,甚至最终固定下来。语用推理主要是转喻(metonymy)过程,因此,Traugott and Dasher(2002)认为转喻是语义演变的主要机制。如果只注意演变的结果,那么语义演变如"空间 > 时间"、"时间 > 条件"自然像是隐喻(metaphor);但是,如果考虑演变的过程和环境,那么,就会发现从语境中产生的"联想"(association)——即转喻——是演变的主要力量。隐喻的作用是在演变初始对推理进行限制,并且通常也是演变的结果。(Traugott and Dasher,2002)

语用推理这个转喻过程,常常又与"主观化(subjectification)"

联系起来。请看下面的表述:"主观化是一个基于转喻的过程,说话人利用它来表述自己的观点、态度等等。""主观化是迄今发现的很普遍、实际也是最具渗透力的语义演变类型。""主观化(包括互动主动化intersubjectification)[①]是语义演变的主要机制。"在 Traugott 对语义演变的阐述中,"语用推理""转喻化""主观化"三者可以画上约等号:语用推理≈转喻化≈主观化,被视为语义演变的主要机制。

4 语义演变中的语用推理

本节将用汉语的实例说明语用推理在语义演变中具体如何运作。我们发现相当一部分语义演变的特点是:新义 M_2 蕴涵(entail)源义 M_1,即 $M_2 \supset M_1$。

第一,在魏晋南北朝时期,经常可以看见"可"[许可]在对话中表示说话者的建议、请求等:

(5)有往来者云:"庾公有东下意。"或谓王公:"可潜稍严,以备不虞。"(《世说新语·雅量》)[表建议]。

(6)温太真位未高时,屡与扬州、淮中估客樗蒱,与辄不竞。尝一过大输物,戏屈,无因得反。与庾亮善,于舫中大唤亮曰:"卿可赎我!"(《世说新语·任诞》)[表请求]。

江蓝生(1988)已指出这种用法。她说:"'可'作'宜、应当'讲,表示祈请或规劝。"在本可以用"宜、应当"的场合,说话的人用语气弱的"可",使说话变得委婉了。

"宜、应当"从广义上说是表必要。一件事有必要做,则可以做;但可以做不意味着有必要做。因此:

---

① "互动主观化"(intersubjectification)是主观化的一个特殊小类(Traugott and Dasher, 2002),表示说话人对听话人形象的关注。

(7) M_2 [必要] ⊃ M_1 [许可]

这类语义演变，可同英语的"must（必须）"类比。据 Traugott（1989，1999），现代英语的"must"在古英语中直接来源是"许可"义。如果人们说"你可以走了"，在适当的语境中，这个"可以"其实隐涵有"我要求你走、你必须走"的意思。正是由于有这一层语用推理，"must"由表许可转为表必要。否定形式则是相反的情形：不可以做则不必要做，但不必要做不蕴涵不可以做。因此：

(8) [不许可] ⊃ [不必要]

但语义的发展是：

(9) [不必要] > [不许可]

下面以"不要"来说明这种语义的演变。"不要"一开始是表不必要，较早见于六朝。例如：

(10) 今秋取讫，至来年更不须种，自旅生也。唯须锄之。如此，得四年不要种之，皆余根自出矣。（北魏·贾思勰《齐民要术·伐木》）[不必要]

用于禁止、表不许可的"不要"在唐五代开始常见（后合音为"别"）。例如：

(11) 居士丈室染疾，使汝毗耶传语。速须排比，不要推延。（《变文·维摩诘经讲经文（四）》）

类似的发展还有"不须""不用"。限于篇幅不再举例。说话人为委婉起见，在表达禁止义的场合，也说不必怎么样。这一点，吕叔湘（1990）已经提到。吕先生说："近代的通例是在表示'必要'的词语上加'不'字，这当然比直接禁止要委婉些……可是'不要'一词用久了已经失去原义，干脆成了一个禁止词。"肯定和否定正好形成不对称的发展：

(12) M_1[许可] > M_2[必要]
　　　M_2[必要] ⊃ M_1[许可]
(13) M_1[不必要] > M_2[不许可]
　　　M_2[不许可] ⊃ M_1[不必要]

第二，再看"得"的例子。"得"先秦时期一般表[可能]，表[许可]出现较少，且只以否定义出现（否定句或反问句）。可以明显看出：[不可能] > [不许可]。例如：

(14) 及入，求见。公辞焉以沐。谓仆人曰："沐则心覆，心覆则图反，宜吾不得见也。……"（《左传》，僖公二十四年）[不可能]
(15) 殖之有罪，何辱命焉？若免于罪，犹有先人之敝庐在，下妾不得与郊吊。（《左传》，襄公二十三年）[不许可，否定句]
(15') 曰"同恤王室"，子焉得辟之？（《左传》，昭公二十五年）[不许可，反问句]

"不许可"即禁止，不被允许做则不能够做到；反之则不然。因此：

(16) M_2[不许可] ⊃ M_1[不可能]

这里也存在使用委婉说法的策略：说话人不说不可以做，而说不能够做到。肯定说法的[可能]和[许可]互相没有蕴涵（entailment）关系。"能够去"不一定就"被允许去"，反之，"被允许去"不一定就"能够去"。这和上面谈到的[必要]、[许可]的关系不一样。从历史上看，"得"的肯定形式表[可能]先秦没有出现，在汉代才开始出现。例如：

(17) 高祖时诸侯皆赋，得自除内史以下，汉独为置丞相，黄金印。

(《史记·五宗世家》)[诸侯可以自己任命内史以下的官吏,汉只为其任命丞相]

"得[许可]"用于否定先于"得[许可]"用于肯定,可以断定:"得"表许可,肯定用法是由否定用法类推而来。这个推断可以从"好""能"的发展得到证实。说话人为委婉起见,不说不许可怎么样,而说不好怎么样、不能够怎么样;"好""能"由此可以发展出许可义。但是,"好"表许可,一直只能依附于反问或否定形式,而不能以肯定形式出现。同样,"能"表许可,迄今也只能以反问或否定形式出现("你不能脚踏两只船""你怎么能脚踏两只船?")(参看王伟,2003)。以上分析说明:

(18) M_1[不可能] > M_2[不许可]
$\downarrow$(类推)
M_2[许可]

第三,沈家煊(2005)说明:[不能实现]蕴涵[没实现],而"V不C"的发展是从表结果([没实现])发展为表不可能([不能实现]),即:

(19) M_2[不能实现] ⊃ M_1[没实现]

比如"幽鸟飞不远"(贾岛诗)是未飞远的意思,但是现代汉语的"飞不远"只表可能。以上提到的语义发展概括如下:

(20) M_2[必要] ⊃ M_1[许可]。如"可",英语的 must。
M_2[不许可] ⊃ M_1[不必要]。如"不要""不须""不用"。
M_2[不许可] ⊃ M_1[不可能]。如"不得""不好""不能"。
([许可]和[可能]互不蕴涵,"得[许可]"用于肯定是由否定用法类推而来)
M_2[不能实现] ⊃ M_1[没实现]。如"V不C"。

以上的例子，都可以把 M_2 分解为 $M_1 + X$，其中 X 代表一个上下文义成分，即：

(21) $M_2 = M_1 + X$

因为 $M_1 + X \supset M_1$ 也是成立的。M_2 与 M_1 相比，是增加了 X 这个语用义成分。X 即是 Traugott 所强调的"主观性"，即说话人的观点、态度。比如："可"由[许可]变为[必要]这个过程，可以认为是在[许可]义上增加了 X"说话人的祈请"：[必要] = [许可] + [说话人的祈请]。

这里再举几个例子说明 (21)。汉语史中，"以为"最早是非叙实 (nonfactive) 义[认为]，后来转化为反叙实 (contrafactive) 的[以为]。即：

(22) M_1[认为] > M_2[以为]

很明显：以为怎么样，也就是认为怎么样，但说话人判定其后命题（P）为假。即：

(23) [以为 P] = [认为 P] + [说话人判定 P 为假]

另一个例子是"V 得 C"如何发展为表可能。沈家煊（2005）认为肯定形式"V 得 C"表可能是从"V 不 C"表可能类推而来。但是，"得""V 得""V 得 O""V 得 C"都在已然语境表实现，在未然语境表可能，说明是另外一个原因在起作用。比较下两例：

(24) 意闻好直之士，家不处乱国，身不见污君。身今得见王，而家宅乎齐，意恶能直？（《吕氏春秋·贵直》）[已然]

子产相郑伯以如晋，叔向问郑国之政焉。对曰："吾得见与否，在此岁也。……"（《左传》，襄公三十年）[未然]

第一例是已然语境,"得"义为"得以",表实现;第二例是未然语境,"得"仍然可以理解为"得以",当然也可能理解为[可能]。在这里,[可能]可以理解为"未然情况下的实现",这也是一种实现。因此,M_2[可能] = M_1[实现] + [未然]。

再比如 since 从联系时间小句发展为原因小句,源于"后于此故缘于此"(post hoc ergo propter hoc,after this therefore because of this)的错误推理。(Traugott,1985;Hopper and Traugott,2003)B 事件源于 A 事件,则 B 一定发生在 A 后;但 B 发生在 A 后,B 不一定就源于 A。即:

(25)B 源于 A⊃B 后于 A

因此,M_2[原因]⊃M_1[时间],而 M_2[原因] = M_1[时间] + [说话人推断有因果关系]。"时间 > 让步"(while,参看 Traugott,1989)、"时间 > 条件"(as/so long as)的发展与此相同。

理解了"新义 M_2 = 源义 M_1 + X(说话人的主观性)",我们就很容易理解 Traugott 下面的观点:一、语义演变源于语用推理。因为 X 这个成分一开始是个上下文义;在特定的上下文里,理解为 M_1 固然不错,但说话人促使听话人把 M_1 理解为 M_2。二、语义演变是转喻在起作用;这个转喻过程,大多涉及主观化。三、这类有方向性的语义演变是语用原则中的"不过量原则"(Relation Principle)[①]在起作用。因为说话人说 M_1 时,其真正用意是诱使听话人推理出另外一个信息量更大的 M_2(= M_1 + 说话人的主观性)。

当然,有的演变也很难用"主观化"来概括。比如在一些语言里,同一个介词有[方式]、[工具]、[伴随]三种语义,比如

---

① 参看沈家煊(2004)对 Horn(1984)"不过量原则"与"足量原则"(Quantity Principle)的说明。

英语的 with、法语的 avec。这三个语义的关系如下：

（26）[方式]⊃[工具]⊃[伴随]

因为方式是抽象的工具，但工具不能都视为方式；同样，工具肯定伴随于主体，但伴随者可以不是工具。但是这三种语义的发展关系如下（参看 Heine 等，1991）：

（27）[伴随]>[工具]>[方式]

这类演变也属于上述 $M_2 \supset M_1$ 的演变，可是与"主观化"无关。再比如上文第 2 节提到"[托付]>[吩咐]"。其实，吩咐也是一种托付，是言语上的托付。看下例：

（28）太子预见前事，遂唤夫人向前："今有事付嘱。……"付嘱已讫，其太子便被四天门王齐捧马足，逾城修道。（《变文·悉达太子修道因缘》，引自张雁，2004）

上例明显显示[托付]与[吩咐]的关系。因此，M_2[吩咐]⊃M_1[托付]，可是这个发展与说话人的主观性没有关系。附带说明一种比较奇特的演变：M_1 附加语用义 X，变为 M_2 之后，原来的词汇义 M_1 反而消失，只剩下了 X。即：

（29）$M_1 > M_2 = M_1 + X > M_3 = X$

比如"敢"由于多用在反问句中，而带上了"岂敢"的意思，例如"周不爱鼎，郑敢爱田？"（《左传》，昭公十二年）后来，原来的词汇义"敢"消失，"敢"就可以等同于"岂"。比如："齐人敢为俗，蜀物岂随身？"（何逊《赠族人秣陵兄弟》）（参看江蓝生，1992a，2000；刘坚等，1995）"可"也经历了类似演变。由于常用在反问句而带上"岂可"义，后来，原来的词汇义"可"消失，"可"也可以就义为"岂"。（参看江蓝生，1992a）

5 语义演变方向性的局限

以上提到的这类语义演变,并不能概括所有的语义演变;而且语义演变的方向性也不是绝对的。下面分四点来说明。

第一,在第 2 节已经提到:指称实物的体词,其演变方向难以预料。比如体词的词义可以缩小,例如"谷"古代指百谷。体词的词义也可以扩大,比如"江"由指长江发展为江的总称,"河"由指黄河发展为河的总称。(参看蒋绍愚,1989a;沈家煊,2004)这与上面谈到的发展不一样。正如 Heine 等(1991)所说:语法词的发展是从具体到抽象的单向性的演变,而词汇词的发展则没有这一限制。

第二,并不是所有的演变都是"$M_2 \supset M_1$"、"$M_2 = M_1 + X$(说话人的主观性)"。比如中古、近代汉语的"谓、呼、言、云、道"等言说类动词有"认为、以为"义。因为常理是:说什么,则认为什么,所以言说义可以引申为认为义。[①] 同样,"保、管、包、保管、管保、包管、保准、准保、保证"等词用如施为动词(performative verbs)时转化为必然义,比如"他保管去"可以义为"他一定去",也是因为有"我保证他去则他一定去"这个常理;"想、怕、恐怕"等词转化为可能义,比如"他恐怕不行"义为"他可能不行",也是因为有"我恐怕他不行则他可能不行"这个常理。概括如下(">+"表示隐涵(implicate)):

[言说] > + [认为]
[保证] > + [必然]
[猜想] > + [可能]

这里没有"$M_2 \supset M_1$"的关系,比如 [认为] 不蕴涵 [言说]。

---

① 关于说和想的关系,还可参看 Shinzato(2004)。

这类发展也与主观化无关,"[言说]>[认为]"与说话人的主观性无关,"维彼愚人,谓我宣骄"(《诗经·鸿雁》)理解为"那些愚人说我骄奢"或"那些愚人认为我骄奢"都不涉及说话人的观点或态度;"[保证]>[必然]"和"[猜想]>[可能]"在语义演变前后都涉及说话人,如"他保证去"源于"我保证他去","他恐怕不行"源于"我恐怕他不行",因此在演变前后主观性的程度是对等的。

有的语义演变也许根本就是隐喻而不是转喻。比如 Bybee 等(1994)认为英语的 should 由道义情态转变为认识情态义是转喻,因为有一个渐变的过程;但是 must 由道义情态转变为认识情态是隐喻,因为找不到一个两个意义共存的中间阶段。[①] 当然"[必要]>[必然]"通常也被认为是主观化。

第三,语义演变方向性的适用范围是有局限的。在明确 A、B 两义的情况下,可以判定是 A 发展为 B,还是 B 发展为 A。比如在[意志]和[将来]二义中,能够判定是[意志]>[将来],而一般不会是[将来]>[意志](参看 Bybee 等,1991)。但是在只知道一个意义的情况下,比如[意志],至多只能大致知道它的来源和今后发展的范围,而无法保证具体的方向。比如[意志]可以来源于"规划"义(如"规"),"准备"义(如"拟"),"等待"义(如"待"),"约请、要求"义(如"要"),"思想"义(如"想");[意志]可以发展为[将来],也可以发展为[条件]("你要来,我就走")。

第四,这种方向性不是绝对的。下面举几个例子。

一个例子是"即、就",它们都有限定义。"即"表限定如:

(30)即此一个人死?诸人亦然?(《变文·太子成道经》)

---

① 但是 Traugott(1999)认为 must 从必要转为必然存在中间阶段。

限定义来源于"确认"义（比如"即是他、就是他"中的"即、就"）。同时我们推断：上古汉语表示限定的"惟（唯、维）"（比如"惟我与尔有是夫"（《论语·述而》））同样是从表确认（比如"厥土惟白壤"（《尚书·禹贡》））发展而来。英语的"exactly、precisely、just"，德语的"genau"都有"就、正、恰恰"的确认义，它们也有"只"的限定义。（König，1991）这也说明限定义与确认义的联系并非偶然。限定也是确认，是通过排除其他不符合条件的主体来确认符合条件的主体；但确认不一定都是限定。

反过来，我们也发现了表限定的"只"用于表确认的例子。比如"松下问童子，言师采药去。只在此山中，云深不知处。"（贾岛《寻隐者不遇》）"只在"表确认，义为"就在"。又如王锳（1986）举到下面"只"明显义为"就"的例子：

（31）（净）孩儿，看娘面送与他。（丑）我只是不去！（宋代戏文《张协状元》，十一出）

（32）解元万福，只在媳妇家安歇。（同上，二十四出）

再一个例子是关于总括副词。一般来说，是总括副词发展为语气副词而不是相反，如"并""总"：

（33）墙壁瓦砾，无情之物，并是古佛心。（《祖堂集》，卷三"慧忠国师"）[总括]

（34）生老病死相煎逼，积财千万总成空！（《变文·八相变（一）》）[总括]

（35）其儿子在家时，并不曾语，又不曾过门前桥。（《祖堂集》，卷三"慧忠国师"）[语气]

（36）总无人时，和尚还说话也无？（《祖堂集》，卷八"云居和尚"）[语气]

前两例表总括，后两例只能视为语气副词，义为"完全、根本"。但是，按照吴福祥（1996）、杨荣祥（2005），副词"都"最早出现于汉魏六朝，是以作语气副词为主。杨荣祥认为表总括是由这种用法演变而来。作语气副词如：

(37) 便索舆来奔丧，都不哭。(《世说新语·伤逝》)

作总括副词一直到唐五代都处于下风，例如：

(38) 佛是虚名，道亦妄立，二俱不实，都是假名。(《祖堂集》，卷三"司空山本净和尚")

另外的例子如刘丹青（2003）谈到的"伴随介词 > 受益介词"以及"受益介词 > 伴随介词"这两类相反的演变过程。前者如"搭"，后者如"帮"。这里不举例。还有江蓝生（1993，2000）提到的"身体弱 > 心理弱"以及"心理弱 > 身体弱"这两类相反的演变过程。前者如"弱"，后者如"怯"。限于篇幅不举例。

6 语义演变方向性的作用

6.1 作为间接证据帮助构拟或进一步证实语义发展的路线

构拟语义的演变，可以根据同族语言的资料。比如梅祖麟（2005）根据上古汉语、藏文、缅文、西夏文等资料，论证"仁"在共同汉藏语的词义是[心脏]，后来在汉语里词义从具体转为抽象，指孔子所说的"爱人"。而"心"在共同汉藏语的词义是[想，心思]，"心"[心脏，心房]是在汉语里的后起义，在汉代才出现。

也可以根据语义自身发展的方向性从语言内部来构拟语义的发展。这里以"欲""将"为例来说明。"欲"最早见于西周金文，表示愿望，而不是意志（intention，即"想""要"）。例如：

（39）俗（欲）我弗作先王忧。（毛公鼎）

在今文《尚书》中，仍然有"欲"明显表示愿望的用法：

（40）欲王以小民受天永命。（《尚书·召诰》）

"欲"表示意志是后起的用法；在汉代，它又可以表示将来。"欲"的词义演变路线如下（参看 Peyraube，2004）：

（41）表愿望 > 表意志 > 表将来

先秦汉语的"将"经历了与"欲"同样的演变。"将"可以表愿望，但这种用法只保存在《诗经》中：

（42）将伯助予。（《诗经·正月》）
（43）将子无怒，秋以为期。（《诗经·氓》）

"将"虚化得很早，在《尚书》中就已用作表将来的副词，例如：

（44）武王既丧，管叔及其群弟乃流言於国，曰："公将不利於孺子。"（《尚书·金縢》）

根据"欲"的发展，同时因为[将来]的一个直接来源是[意志]（Bybee 等，1991），我们推测："将"同样经历了"表愿望 > 表意志 > 表将来"的发展过程。虽然"将"的[愿望]义例证极少；而且因为[意志]义和[将来]义有时难以区分，也没有非常确凿的表[意志]的证据。[①] 我们推测这个过程在春秋战国之前已经完成，因此存留下来的"将"明显表愿望或表意志的动词

---

① Mei（梅广，2001）提到"将"表示意志的例子。

用例比较少。

这里再举一例。"偕同""带领""拌和""跟从"等义可以概括为[伴随],这个意思可以发展为表伴随的介词进而并列连词,这个现象在汉语史上反复发生,如"及、与、共、同"(由动词义"偕同"虚化)、"将"(由动词义"带领、携带"虚化)、"和"(由动词义"拌和"虚化)、"跟"(由动词义"跟从"虚化)(参看Liu和Peyraube,1994;吴福祥,2003)。吴文还说明:

(45)伴随结构前置于谓语动词,语法化过程为"伴随介词 > 并列连词"。
伴随结构后置于谓语动词,语法化过程为"伴随介词 > 工具介词 > 方式介词",如英语、法语等。

吴福祥(2003)没有提到上古汉语最常用的"以"。"以"的本义是动词"携带、带领",属[伴随]义,而且"以"在上古汉语广泛用作介词,介词词组可以在动词前,也可以在动词后。因此,可以推测:"以"有(45)中两条发展路线。这个推测在郭锡良(1998)、Djamouri(2007)中得到证实。举例如下(例句摘自上二文)。如"以"字结构在动词前:伴随介词 > 并列连词(下两例引自Djamouri,2007):

(46)大以厥友守王鄉礼。(大鼎)[伴随介词]
(47)走父以其子子孙孙宝用。(食仲走父盨)[并列连词]

"以"字结构在动词后:伴随介词 > 工具介词 > 方式介词。伴随介词词组后置于谓语动词似乎未见,但工具或方式介词词组可以后置:

(48)夫子循循然善诱人,博我以文,约我以礼。(《论语·子罕》)[工具介词]
(49)节用而爱人,使民以时。(《论语·学而》)[方式介词]

"以"字结构在动词前也可以由伴随介词发展为表工具或方式：

（50）汝以我车宕伐猃狁于高陵。（不其簋盖）[工具介词]
（51）以直报怨，以德报德。(《论语·宪问》)[方式介词]（上四例引自郭锡良，1998）

6.2 首先关注演变的内在力量，而慎言外部力量的沾染或类推

关于语义自身的独立的发展变化，清儒就已经注意到：一条词义的演变路线可以反复出现（参看许嘉璐，1987）；这种现象，许嘉璐（1987）称为"同步引申"，江蓝生（1993）称为"类同引申"。这就是本文所强调的有方向性的演变。

以前的研究也揭示了有些意义变化并非自身发展而来，而是由于外部因素的影响而产生的。这大致有两种情况：

一是因为甲词与乙词组合而"传染"上乙词或整个组合的词义。比如王力（1942）举的"颜色"的例子："'颜'字的本义是'眉目之间也'，'色'字的本义是'眉目之间的表情'，所以'颜色'二字常常连用。但那'色'字另一个意义是'色彩'。这'色彩'的意义是'颜'字本来没有的，只因'颜色'二字常常相连，'色'字也就把'色彩'的意义传染给'颜'了。于是'颜色'共有两个意义，其一是当'容色'讲，另一是当'色彩'讲。"

还有一个很好的例子是关于"厦屋"："'夏'由大义演变为大屋义。《诗·秦风·权舆》：'於我乎夏屋渠渠。'《毛传》：'夏，大也。''夏'字本身本无屋义，后来受'屋'字影响，也变为大屋的意思了。后人加'广'作'厦'，以别于华夏的'夏'。"（王力，2000）这个例子可以是认为"夏（厦）"后来发展为代

表双音词"厦屋"的整个意思。

一个词表示整个组合的意思,我们还可以举"非"的例子。据张谊生(2000),"非……方才/才"类句式中的表示强调肯定的"非"(如"非等几天才行"),是吸收了"非……不/莫"这个双重否定的意思。后者如:

(52)今欲举大事,将非其人不可。(《史记·项羽本纪》)

但是,也许表示强调肯定的"非"就是代表"除非"。张谊生(2000)举到《醒世恒言》中的一例表强调肯定的"非":

(53)那少年的,如闺女一般,深居简出,非细相熟的主顾,或是亲戚,方才得见。(《醒世恒言·赫大卿遗恨鸳鸯绦》)

而在《醒世恒言》中就有一些"除非……方/才":

(54)这衙内果然风流俊雅。我若嫁得这般个丈夫,便心满意足了。只是怎好在爹爹面前启齿?除非他家来相求才好。(《醒世恒言·吴衙内邻舟赴约》)

唐五代的量词"个"同指示代词"这、此"组合时,"这、此"常常可以省略。比较:

(55)此个狱中,有一青提夫人已否?(《变文·大目乾连冥间救母变文》)|人人皆道天年尽,无计留他这个人。(《变文·欢喜国王缘》)
(56)阿你个罪人不可说。(《变文·大目乾连冥间救母变文》)

后一例中,可以认为"个"表示整个组合的意思,义为"这个"。值得注意的是:义为"这个"的"个"可以失掉量词义,这时它变为指示代词。例如:

(57)个是谁家子,为人大被憎。(寒山诗)|若得个中意,纵横处处通。(寒山诗)

这两例"个"后没有 NP，不能再看作量词，它已经变为指示代词。

这个变化可以与上面提到的"敢、可"（参看（29））有相似之处但不完全相同：

敢、可：动词"敢、可"＞"岂敢、岂可"（语用义）＞疑问语气助词"岂"

个：量词"个"＞"这个"（组合义）＞指示代词"这"

二是受外部因素的影响而产生意义变化，这种情况是蒋绍愚（1989a、1989b）提到的"相因生义"。例如："古代称僧人为'黑衣'，称俗徒为'白衣'。僧人因穿黑衣，故称之为黑衣，这是好理解的。但俗徒并非全都穿白衣，为什么称为'白衣'？这是因为'黑'与'白'是一对表颜色的反义词，'黑衣'既可指僧，'白衣'也就受其影响，用来指'僧'的反义即'俗'了。"（蒋绍愚，1989a）"相因生义"的意思是：甲词和乙词有一个义项 A 相同或相反，而甲词还有另外一个义项 B，乙词受甲词的影响，也产生出了 B 义。蒋绍愚（1989b，2001）说："由'相因生义'而产生的新义在全部词汇中所占的比例是很小的。"同样，我们相信第一类因组合影响而产生的新义也是很少见的现象。

张博（1999）把第一种情况称为"组合同化"。她举了"知道"的例子："'知道'本是一个多义述宾结构，因'道'义的不同而有'通晓自然与人事规律'和'认识道路'二义。……后'道'受'知'同化而有了'知'义。张相《诗词曲语辞汇释》卷四：'道，犹知也，觉也。'南朝梁吴均《咏雪》：'零泪无人道，相思空何益。'唐李白《幽州胡马客歌》：'虽居燕支山，不道朔雪寒。'"上文第 5 节已提到"言说"引申为"以为、认为"（包括相关的"料想"义）是在汉语史上反复出现的演变路线。

我们不妨假设"道"是由言说义引申为"知"义,与"知道"的组合无关。

蒋绍愚(1989b)认为:"言"与"谓"都有言说义,而"谓"还有"以为"义,受"谓"影响,"言"也发展出"以为"义;这是"相因生义"的一个例子。其实我们不妨也假设"谓""言"由言说义发展为以为义都是独立的演变、互不影响。

7 语义演变和句法演变

语法化必然有句法上的重新分析(reanalysis),[①]但语法化不一定有语义演变(参看第1节)。"附着形式 > 词缀"的发展,已没有什么语义演变,但是有重新分析。[②]以上说的是有形态句法演变但没有语义演变。另一方面,语义演变也不必然导致形态句法的变化,比如动词词义的内部变化。

那么,在既有语义变化也有句法变化的实例中,是语义先变,还是句法先变?大致有两种观点:一是功能—类型学派认为语义的变化与形态句法的变化同步(Hopper and Traugott,1993),甚至认为语义变化先于句法范畴的变化(Heine,1993;Traugott,2002)。二是形式派认为形态句法的演变是自主的,独立于语义和语用(Lightfoot,1979)。形态句法的演变可以先于语义演变。我们认为这两种可能都是存在的,这和 Newmeyer(1998)的观点基本相同。

---

① 即 Hopper and Traugott(2003:59)所说:Whereas grammaticalization always involves reanalysis, many clear cases of reanalysis do not result in grammaticalization.(语法化总涉及重新分析,而很多明显是重新分析的例子并没有导致语法化。)Peyraube(1999)把"语法化"置于重新分析之下,视为句法演变的一个机制。

② "附着形式 > 词缀"的重新分析,Harris and Campbell(1995:63—64)称之为"黏合度"(cohesion)的重新分析。

7.1 重新分析的例子

下面举"个"的例子进行分析。"个"从唐五代开始,除了发展为指示代词"这"的演变(6.2节),还有两种变化。

第一种变化是相当于"一个"的"个"从带NP发展为带VP。带NP的例如:

(58)若道和尚是龙头蛇尾,也只是个瞎汉。(《祖堂集》,卷九"乌岩和尚")

带VP的例如:

(59)将知尔行脚,驴年得个休歇么!(《景德传灯录》,卷十九"文偃禅师")

这类"个"的分析可以参看曹广顺(1995)、Wu(2000)、张谊生(2003)。Wu(2000)把这类"个"统一分析为表无定的限定词(determiner)。[①]

还有一种变化是变为后附的词缀。比较:

(60)师云:"好个问头。"(《祖堂集》,卷十九"资福和尚")
(61)十三娘云:"早个对和尚了也。"(《祖堂集》,卷九"罗山和尚")

上两例中,"好个"还能够视为"好一个",但"早个"修饰谓词性结构,"个"不能还原为"一个"。由于有(61)一类例子,形容词、副词加上后缀"个"单独出现就不奇怪了:

(62)问:"如何是皮?"师云:"分明个底。""如何是骨?"师云:"绵密个。"(《祖堂集》,卷十"镜清和尚")[形容词+后缀]

比较"个"的这两种变化,可以发现:第一类变化,即相当

[①] 从张谊生(2003)的分析来看,这样的"个"有比限定词更为虚化的用法。不过这个问题这里不拟详细讨论。

于"一个"的"个"从带 NP 发展为 VP，这是一个扩展的过程，语义的泛化和句法范畴的转化同步。而且，不管重新分析前还是重新分析后，直接成分的边界并没有改变：

(63) 重新分析前：是 [$_{\text{CIP}}$ 个 [$_{\text{NP}}$ 瞎汉]] 同例 (58)
　　重新分析后：得 [$_{\text{DP}}$ 个 [$_{\text{NP}}$ 休歇]][1] 同例 (59)

而且，由数量成分变为限定词，这是正常的语义演变。英语的"one"、法语的"un"、德语的"ein"等，都变为不定冠词，也属于此类演变。但是，第二类变化，只有在"好 [$_{\text{CIP}}$ 个 [$_{\text{NP}}$ 问头]]"重新分析为"好个 [$_{\text{NP}}$ 问头]"之后，"个"才能发生语义的进一步虚化。也就是说，在第二类变化中，句法变化在前，语义变化在后。这种变化中的重新分析改变了直接成分的边界，与第一类不一样。而且，量词变为词缀，是一种特殊的语义演变。

我们推测：一、语义驱动的变化：句法演变与语义演变同步，语义演变有规律，句法上的重新分析不会改变直接成分的边界。这是正常的语法化过程。二、句法驱动的变化：句法演变先于语义演变，语义演变无规律，而且重新分析通常改变直接成分的边界。这个过程常常导致词汇化[2]或不太正常的语法化。

关于第一类演变，比如"把"由握持义的动词变为介词，就是这样。关于"把"字重新分析后直接成分的边界以及句法层次未变，参看 Whitman and Paul (2005)。而且握持义动词变为介词，也是汉语史中一再出现的语义演变，如"以、取、持、将、把、捉"等。Hopper and Traugott (2003) 提到下面的重新分析：

(64) [[back] of the barn]"谷仓背部" > [back of [the barn]]"谷仓后面"

---

　① "个休歇"中的"休歇"已经"名词化"，所以分析作 NP。（参看 Wu 2000）
　② 词汇化的例子，比如"不必"、"不曾"、"可以"等都是由改变边界的重新分析发展而来，参看董秀芳 (2002)、杨荣祥 (2005)。

看起来改变了边界。实际上，正如 Haspelmath（1998）指出的一样，这个重新分析并没有改变边界。无论重新分析前，还是重新分析后，句法的结构都是：

(65) [back[of the barn]]

"back"由名词变为相当于介词的"in back of"中的一部分，也是正常的词义演变。

再看句尾"好"重新分析为语气助词，参看江蓝生（2005）：

(66) 重新分析前：[$_{TopP}$[亦须著精神][$_{vP}$ 好]]!（《祖堂集》，卷七"雪峰和尚"）

重新分析后：[$_{CP}$[$_{IP}$ 亦须著精神][$_C$ 好]]!

重新分析前，"亦须著精神"可以整个视为一个话题（topic）成分，占据话题短语（TopP）的指定语（specifier）位置。重新分析后，"好"转换为语气助词，表达祈请语气，成为标句词（complementizer）。可以看出：重新分析后，直接成分的边界并未改变。而且，"好"变为表达祈请语气的助词，同转换为表示仅止于此的句末语气助词"而已""罢了"一样，都有理据可循，是有规律的语义演变。

关于第二类演变，蒋绍愚（1989a）举了很好的例子，比如"为"由动词变为疑问语气助词、"斯"由指示代词变为连词、"必"由表必然的副词变为假设连词，都是语法引起词义的变化（同上：220—224）。限于篇幅这里不具体说明。这里再举一个比较特别的例子，那就是"是"从指示代词变为系词。比如：

(67) 重新分析前：[$_{TopP}$ 富与贵，[$_{IP}$ 是 [人之所欲]]] 也（《论语·里仁》）

重新分析后：[$_{IP}$ 富与贵，是人之所欲] 也重新分析前,"富与贵"可以分析为话题,占据话题短语(TopP)的指定语位置;"是"是主语,占据 IP 的指定语位置。重新分析后,"富与贵"成为主语,"是"成为系词。关于这个演变,蒋绍愚(1989a)认为是语法影响了词义的变化,复指代词"是"所处的语法位置正好可以重新分析为系词。

这个变化属于句法的重新分析带动的语义演变(第二类),可是直接成分的边界并未改变。另外,从跨语言的角度来看,主语位置上的指示代词转化为系词,不仅仅出现于汉语,也出现于其他语言。(参看 Li & Thompson, 1977;Whitman, 2001;Simpson and Wu, 2002)

7.2 表层句法变化的例子

上面 7.1 节所举的例子都涉及重新分析,表层的句法形式并未改变。这种重新分析,可能与语义演变同步(第一类),这是正常的语法化过程;也可能先于语义演变(第二类),这往往导致词汇化或不太正常的语法化。

句法演变也可以伴随表层形式的变化,这种表层形式的改变,如果涉及语义演变,理论上也有两种可能:一、它可能并不带动语义演变,语义演变与句法演变仍然是同步的;二、它可能带动、因而先于语义演变。第一种情况比如"保"的发展。先看下两例:

(68)吾今知仙之可得也,吾能休粮不食也。吾保流珠之可飞也,黄白之可求也。(晋·葛洪《抱朴子·对俗》)
(69)专使保无忧虑。(《祖堂集》,卷八"曹山和尚")

(68)"保证"义很明显:"我保证仙丹可以炼出来"(意译),(69)则一般理解为表示必然:"专使您肯定没有忧心之事"。两例的表层结构不同:保证义出现于"说话人 + 保 + 子句",必然义出现于子句主语提升为主句主语的提升结构（raising construction）"NP$_i$ 保 t$_i$VP"。表面上看，似乎是句式的改变带动了"保证＞必然"的演变。可是实际上，从下例可以看出来，实际上语义演变与重新分析仍然是同步的：

（70）瑜请得精兵三万人，进住夏口，保为将军破之。（《三国志·吴书·周瑜传》）

（70）与（68）、（69）有一个不同点：主句主语与子句主语都是说话人"我"。此例既可以理解为"我（周瑜）保证为将军您把它（夏口）攻打下来"，这时子句主语是个空范畴，没有提升；也可以理解为"我必定为将军您把它攻打下来"，这时句子是个提升结构。实际上是（70）这类例子触发了"保证＞必然"的语义演变，与之同步的，是由非提升结构到提升结构的重新分析。（69）一类提升结构只是使必然义更加显明而已。

有没有第二种情况，即表层句法形式的变化带动语义变化？蒋绍愚（2002）认为"给予＞使役＞被动"[①]的发展，即是"表层句式变化带动重新分析和语义变化"的过程，这个过程完全不同于"把""被"一类由语义驱动的语法化。蒋绍愚（2002）认为：在[给予]重新分析为[使役]或[使役]重新分析为[被动]之前，还必须有表层句法的变化。具体地说，给予句演变为使役句，必须首先从"甲＋给＋乙＋N＋(V)"发展为"甲＋V$_1$＋N＋给＋乙＋V$_2$"，比如：

（71）贾母忙拿出几个小杌子来，给赖大母亲等几个高年有体面的妈妈坐了。（《红楼梦》，四十三回）

[①] 江蓝生（1999a）、蒋绍愚（2002）、张敏（2003）、Chappell and Peyraube（2006）都曾提到"给予＞使役＞被动"这条演变路线。

(71)出现了和使役句的表层结构相同的部分"(甲)+给+乙+V",这样之后,就可能进行重新分析,从而转化为使役句。使役句演变为被动句,必须是句首的施事不出现,而代之以受事,出现和被动句相同的表层结构"受事+给+乙+V",才能进行重新分析,从而转化为被动句。如下例:

(72)千万别给老太太、太太知道。(《红楼梦》,五十二回)

这个观点可以进一步讨论。我们认为实际上这种情况并不是"表层形式带动了语义变化"。重新分析需要特定的句法格式,比如"把NP_1NP_2"不可能重新分析为处置式,只有"把NPVP"才有可能。同样,"给乙NPVP"不能由给予重新分析为使役,"给乙VP"则可能(例71);"施事+给NPVP"不能由使役重新分析为被动,"给NPVP"则有可能(例72)。"给予>使役>被动"的转化,可能就是一般的语义驱动句法上的重新分析的例子。张敏(2003)提到:其他语言也有"给予>使役"或"给予>使役>被动"或"使役>被动"的发展,比如泰语、韩语、Munda语、彝语、缅语、越南语、高棉语、拉祜语、瑶语、现代英语及中古英语、芬兰语,等等。如果汉语的这类发展是句法变化带动的,那么它应该是一类特殊的演变;因为别的语言不可能凑巧都有汉语这类带动"给予>使役>被动"的句法结构变化。"给予>使役>被动"的发展,仍然是以语义的演变而不是以句法的变化为基础。

综上所述,表层句法形式的改变并不能带动重新分析和语义变化。实际上,因为重新分析总是需要在特定的句法环境中进行,在另外的句法环境中则不可能,所以容易造成"表面的句法形式需要变动才能引起重新分析和语义变化"的假象。相反,我们认为重新分析和语义变化发生之后,表面句法形式才可能进而发生变化。比如"VO了"需要在"了"语法化为附着形式（clitic）之后，才有可能变为"V了O"（见下文）。

8　句法演变的内在规律性

同语义演变一样，我们认为考虑句法演变，首先应该考虑内在的规律性，而慎言外部因素的类推或借入。下面举两个例子来说明这一点。

汉语史中"VO了"到"V了O"的变化引人注目，梅祖麟（1981）指出这种结构变化有两个原因：一、动补结构是"V了O"格式的来源。动补结构有"VO+结果补语"（如"当打汝口破"（刘义庆《幽明录》））和"V+结果补语+O"（如"长绳百尺拽碑倒"（李商隐诗《韩碑》））两种格式，后者产生于八世纪，这种结构积累二三百年，正好促成唐五代"V了O"的产生。二、"VO不得"和"VO了"两个句式里各成分之间的语义关系是平行的。最初，表示情态的"不得"和表示体貌的"了"都在宾语的后面，宋代以后"不得"往前挪了。"VO不得"变成"V不得O"，这也促使"VO了"变成"V了O"。

曹广顺（1986、1998）提出：在"V了O"之前有一个"V+完成助词+O"的阶段，主要的完成助词有"却、将、得、取"等几个，它们原来都是动词，经过结果补语的阶段，演变为助词。这些表示完成的助词所表达的语义和完成貌句式相同，而其使用的格式，为完成貌助词"了"创造了一个位置，从而使"了"在唐五代前后，从动宾之后，移到了动宾之间。于是"V+O+了"变成了"V+了+O"。

前面我们谈到语义演变时，曾说明"相因生义"这种现象：甲词和乙词有一个义项A相同或相反，而甲词还有另外一个义项 B，乙词受甲词的影响，也产生出了 B 义。现在梅先生、曹先生关于"VO 了"这种结构变化的解释，与"相因生义"的解释相似：动补结构与"VO 了"语法意义相关，因为动补结构有"VOC""VCO"两种结构，故受动补结构的影响，完成貌句式也由"VO 了"进而产生出"V 了 O"。"VO 不得"和"VO 了"语义相关，"VO 不得"变成"V 不得 O"，受此影响，"VO 了"变成"V 了 O"。"VO 了"受"V + 完成助词 + O"的格式的影响变为"V 了 O"。

不过还有一种解释，那就是"VO 了"到"V 了 O"是由于句尾的"了"语法化为附着形式（clitic），进而又选择动词作为依附对象而产生的，这种现象——即由附着于较大的形式发展为专门附着于动词——在附着形式的发展过程中很常见。Simpson and Wu（2002）曾举到两类这样的现象：一是"我是昨天买票的"一类句子在北方方言可以说成"我是昨天买的票"。二是"VO 了"变为"V 了 O"。沈家煊（2005）还提到下面同样的现象："VO 不得"变为"V 不得 O"，"不得"形式弱化受动词吸引前移。"VO 不 C"变为"V 不 CO"，"不 C"形式弱化受动词吸引前移。

第二个例子涉及比拟式。关于元代的比拟式，江蓝生（1992b，1999b）认为有蒙古语的影响："元代文献里用作比拟助词的'似'是生搬蒙古语比拟表达的词序而产生的新的语法成分。至于'也似'的'也'，在蒙古语中没有与之相当的东西，无法从蒙古语角度进行解释。我们推测这种用法的'也'是汉语在借用蒙古语的比拟后置词时自己加进去的语助词，目的是便于把比拟助词'似'跟动词'似'从形式上区分开来。"其理由是："喻体 + 比拟助词"作定语（如"紫玉似颜色"（《刘知远诸宫调》，十二则））和状语（如"捣蒜也似阶前拜"（《元刊杂剧三十种·竹叶舟》）），在元代之前很少见，但在元代激增。

这个观察非常细致，但仍有两个疑点：一是江蓝生（1999b，2000）已提到：唐宋之前，"喻体+比拟助词"作修饰语已有个别例证，如"生佛一般礼拜"（《祖堂集》，卷十四"江西马祖"）、"烂冬瓜相似变将去"（《五灯会元》，卷七"玄沙师备禅师"）。二是从比拟助词"一般"的发展来看，"喻体+比拟助词"的结构，完全可以从"比拟动词+喻体+比拟助词"（如例73、74）省略掉前面的"比拟动词"发展而来，如（75）作定语，（76）作状语：

（73）咱是的亲爹娘生长，似奴婢一般摧残。（《刘知远诸宫调》，十二则）
（74）你肌骨似美人般软弱，与刀后怎生抡摩？（《董解元西厢记》，卷二）
（75）花枝般媳妇，又被别人将了。（同上，卷八）
（76）怎不教夫人珍珠儿般爱？（同上，卷三）[例句引自谢仁友，2003]

9 小 结

本文重在说明语义演变有一定的方向性。这种有一定方向性的语义演变，大多是源于语用推理，跟主观化有关。语义演变的规律性，促使我们注意语义内部的独立的演变，而慎言其他词语的沾染、类推。明显的例子是汉语史上"以、取、持、将、把、捉"等都发展为表示处置，可是都是独立发展，没有谁影响谁的问题。Croft（2000）提到：西班牙语中的"中间语态"（middle voice）-*se* 标记和俄语中的中间语态标记 -*sja* 尽管同源，它们仍然是从各自的反身代词形式独立演变而来。

关于语义演变和句法演变的关系，大致有两种可能：语义演变驱动句法演变，重新分析不改变直接成分的边界；句法演变驱动语义演变，重新分析通常改变直接成分的边界。即使是单纯的句法演变，也有很强的规律性，可以一而再、再而三地在一种语言中反复出现，比如"存在否定（'他没时间'）>一般否定（'他没吃饭'）"的演变（参看张敏，2002），以及英语、法语等发生过的否定的演化循环："否定+动词>否定+动词+否定>动词+否定"（Roberts and Roussou，1999；Kemenade，2000）。在考虑句法演变时，同样应该重视内部演变的规律性，而慎言外部因素的类推或借入。

参考文献

曹广顺 1986 《祖堂集》中的"底（地）""却（了）""着"，《中国语文》第 3 期。

曹广顺 1995 《近代汉语助词》，北京：语文出版社。

曹广顺 1998 试论汉语动态助词的形成过程，《汉语史研究集刊》第 1 辑，成都：巴蜀书社。

董秀芳 2002 《词汇化：汉语双音词的衍生和发展》，成都：四川民族出版社。

郭锡良 1998 介词"以"的起源和发展，《古汉语研究》第 1 期。

江蓝生 1988 《魏晋南北朝小说词语汇释》，北京：语文出版社。

江蓝生 1992a 疑问副词"颇、可、还"，江蓝生著《近代汉语探源》，北京：商务印书馆，2000 年。

江蓝生 1992b 助词"似的"的语法意义及其来源，《中国语文》第 6 期。

江蓝生 1993 相关语词的类同引申，江蓝生著《近代汉语探源》，商务印书馆，2000 年。

江蓝生 1999a 汉语使役与被动兼用探源，江蓝生著《近代汉语探源》，商务印书馆，2000 年。

江蓝生 1999b 从语言渗透看汉语比拟式的发展，《中国社会科学》第 4 期。

江蓝生　2002　时间词"时"和"後"的语法化,《中国语文》第4期。
江蓝生　2005　"VP的好"句式的两个来源,《中国语文》第5期。
蒋绍愚　1989a　《古汉语词汇纲要》,北京:北京大学出版社。
蒋绍愚　1989b　《论词的"相因生义"》,蒋绍愚著《汉语词汇语法史论文集》,北京:商务印书馆,2001年。
蒋绍愚　2002　"给"字句、"教"字句表被动的来源,《语言学论丛》第26辑,北京:商务印书馆。
蒋绍愚　2004　汉语语法演变若干问题的思考,第五届国际古汉语研讨会暨第四届海峡两岸语法史研讨会论文。
李　明　2001　《汉语助动词的历史演变研究》,北京大学博士学位论文。
李　明　2003　试谈言说动词向认知动词的引申,吴福祥、洪波主编《语法化与语法研究(一)》,北京:商务印书馆。
李　明　2004　从焦点、话题看唐五代的虚词"即",未刊。
李　明　2005　汉语提升动词的历时考察,未刊。
刘丹青　2003　语法化中的共性与个性、单向性与双向性,吴福祥、洪波主编《语法化与语法研究(一)》,北京:商务印书馆。
刘坚、曹广顺、吴福祥　1995　论诱发汉语词汇语法化的若干因素,《中国语文》第3期。
梅祖麟　1981　现代汉语完成貌句式和词尾的来源,《语言研究》创刊号。
梅祖麟　1999　先秦两汉的一种完成貌句式,《中国语文》第4期。
梅祖麟　2005　汉藏比较研究和上古汉语词汇史,未刊。
沈家煊　2004　语用原则、语用推理和语义演变,《外语教学与研究》第4期。
沈家煊　2005　也谈能性述补结构"V得C"和"V不C"的不对称,沈家煊、吴福祥、马贝加主编《语法化与语法研究(二)》,北京:商务印书馆。
史金生　2003　"毕竟"类副词的功能差异及语法化过程分析,吴福祥、洪波主编《语法化与语法研究(一)》,北京:商务印书馆。
王　力　1942　新字义的产生,王力著《龙虫并雕斋文集(三)》,北京:中华书局,1982年。
王力主编　2000　《王力古汉语字典》,北京:中华书局。
王　伟　2003　"能"的个案:现代汉语情态研究的认知维度,赵汀阳主编《论证3》，桂林：广西师范大学出版社。
王 锳 1986 《诗词曲语辞例释（增订本）》，北京：中华书局。
吴福祥 1996 《敦煌变文语法研究》，长沙：岳麓书社。
吴福祥 2003 汉语伴随介词语法化的类型学研究，《中国语文》第1期。
谢仁友 2003 《汉语比较句研究》，北京大学博士学位论文。
许嘉璐 1987 论同步引申，《中国语文》第1期。
杨荣祥 2005 《近代汉语副词研究》，北京：商务印书馆。
张 博 1999 组合同化：词义衍生的一种途径，《中国语文》第2期。
张 敏 2002 上古、中古汉语及现代方言里的"否定—存在演化圈"，Paper presented at the LFK Centennial Symposium, University of Washington, Seattle, August 15—16。
张 敏 2003 历时类型学与汉语历史语法的新课题，"汉语史研究的回顾与展望"国际学术研讨会论文。
张 雁 2004 《近代汉语复合词研究》，北京大学博士学位论文。
张谊生 2000 论与汉语副词相关的虚化机制，《中国语文》第1期。
张谊生 2003 从量词到助词，《当代语言学》第3期。

Bybee, Joan L., William Pagliuca, and Revere Perkins 1991 Back to the future. In E. Traugott and B. Heine (eds.), *Approaches to Grammaticalization*, Vol. II, 17-58. Amsterdam: John Benjamins.

Bybee, Joan L., Revere Perkins, and William Pagliuca 1994 *The Evolution of Grammar: Tense, Aspect, and Modality in the Languages of the World*. Chicago: University of Chicago Press.

Campbell, Lyle 2001 What's wrong with grammaticalization? *Language Sciences* 23, 113-161.

Chappell, Hilary and Alain Peyraube 2006 The analytic causatives of Early Modern Southern Min in diachronic perspective. In 何大安、张洪年、潘悟云、吴福祥编《语言暨语言学》专刊外编之六《山高水长：丁邦新先生七秩寿庆论文集》, 973-1011. Taipei: Academia Sinica.

Croft, William 2000 *Typology and Universals*. Cambridge: Cambridge University Press.

Djamouri, Redouane 2007 Uses of '以' in Archaic Chinese. Paper presented at the 15th Annual Conference of the International Association of Chinese Linguistics & 19th North American Conference on Chinese Linguistics Joint Meeting, Columbia University, New York, May 25-28.

Harris, C. Alice and Lyle Campbell 1995 *Historical Syntax in Cross-linguistic Perspective*. Cambridge : Cambridge University Press.

Haspelmath, Martin 1998 Does grammaticalization need reanalysis? *Studies in Language* 22, 49-85.

Haspelmath, Martin 1999 Why is grammaticalization irreversible? *Linguistics* 37, 1043-1068.

Haspelmath, Martin 2004 On directionality in language change with particular reference to grammaticalization. In Olga Fischer, Muriel Norde, and Harry Perridon (eds.), *Up and Down the Cline : The Nature of Grammaticalization*, 17-44. Amsterdam : Benjamins.

Heine, Bernd 1993 *Auxiliaries : Cognitive Forces and Grammaticalization*. Oxford : Oxford University Press.

Heine, Bernd and Mechthild Reh. 1984 *Grammaticalization and Reanalysis in African Languages*. Hamburg : Helmut Buske.

Heine, Bernd, Ulrike Claude, and Friederike Hünnemeyer 1991 *Grammaticalization : A Conceptual Framework*. University of Chicago Press, Chicago.

Hopper, Paul J. and Elizabeth Closs Traugott 1993 *Grammaticalization*. Cambridge : Cambridge University Press.

Hopper, Paul J. and Elizabeth Closs Traugott 2003 *Grammaticalization* (second edition). Cambridge : Cambridge University Press.

Horn, Laurence R. 1984 Toward a new taxonomy for pragmatic inference : Q-based and R-based implicature. In Deborah Schiffrin (ed.), *Meaning, Form, and Use in Context : Linguistic Applications*, 11-42. Washington, D. C. : Georgetown University Press.

Kemenade, Ans van. 2000 Jespersen's cycle revisited : formal properties of grammaticalization. In : S. Pintzuk, G. Tsoulas, and A. Warner (eds.), *Diachronic Syntax : Models and mechanisms*, 51-74. Oxford : Oxford University Press.

König, Ekkehard 1991 *The Meaning of Focus Particles*. London : Routledge.

Lehmann, Christian 1982/1995 *Thoughts on Grammaticalization*. Munich : Lincom Europa.

Li, Charles N. and Sandra A. Thompson 1977 A mechanism for the development of copula morphemes. In Charles N. Li (ed.), *Mechanisms of Syntactic Change*, 419-444. Austin : University of Texas Press.

Lightfoot, D. W. 1979 *Principles of Diachronic Syntax*. Cambridge : Cambridge University Press.

Liu, Jian and Alain Peyraube 1994 History of some coordinative constructions in Chinese. *Journal of Chinese Linguistics* 22/2 ; 179-201.

Mei, Kuang (梅广) 2001 Functional categories in Classical Chinese. Paper presented at the 2nd International Conference on Ancient Chinese Grammar, Vancouver, August 15-17.

Newmeyer, Frederick J. 1998 *Language Form and Language Function*. Cambridge, MA : MIT Press.

Peyraube, Alain 1999 Historical change in Chinese grammar. *Cahiers de Linguistique-Asie Orientale* 28/2, 177-226.

Peyraube, Alain 2004 On the modal auxiliaries of volition in Classical Chinese. In Hilary Chappell (ed.), *Chinese Grammar : Synchronic and Diachronic Perspectives*, 172-187. Oxford : Oxford University Press.

Peyraube, Alain and Thekla Wiebusch 1995 Problems relating to the history of different copulas in Ancient Chinese. In Mathew Y. Chen and Ovid J. L. Tzeng (eds.), *Linguistics Essays in Honor of William S-Y Wang*, 383-404. Taipei : Pyramid Press.

Roberts, Ian and Anna Roussou 1999 A formal approach to 'grammaticalization'. *Linguistics* 37/6, 1011-1041.

Shinzato, Rumiko 2004 Some observations concerning mental verbs and speech act verbs. *Journal of Pragmatics* 36 : 861-882.

Simpson, Andrew, and Zoe Wu 2002 From D to T ; determiner incorporation and the creation of tense. *Journal of East Asian Linguistics* 11, 169-209.

Sweetser, Eve E. 1990 *From Etymology to Pragmatics*. Cambridge : Cambridge University Press.

Traugott, Elizabeth Closs 1985 Conditional markers. In John Haiman (ed.), *Iconicity in Syntax*, 289-307. Amsterdam/Philadelphia : John

Benjamins.

Traugott, Elizabeth Closs 1989 On the rise of epistemic meanings in English : an example of subjectification in semantic change. *Language* 65/1 : 31-55.

Traugott, Elizabeth Closs 1995 The role of discourse markers in a theory of grammaticalization. Paper presented at the 12th International Conference on Historical Linguistics, Manchester, UK, August.

Traugott, Elizabeth Closs 1999 Why *must* is not *moot*. Paper presented at the Fourteenth International Conference on Historical Linguistics, Vancouver, Canada.

Traugott, Elizabeth Closs 2001 Legitimate counterexamples to unidirectionality. Paper presented at Freiburg University, October 17.

Traugott, Elizabeth Closs 2002 From etymology to historical pragmatics, In Donka Minkova and Robert Stockwell (eds.), *Studying the History of the English Language : Millennial perspectives*, 19-49. Berlin : Mouton de Gruyter.

Traugott, Elizabeth Closs, and Richard B. Dasher 2002 *Regularity in Semantic Change*. Cambridge : Cambridge University Press.

Whitman, John 2001 Relabeling. In S. Pintzuk, G. Tsoulas, and A. Warner (eds.), *Diachronic Syntax : Models and mechanisms*, 220-240. Oxford : Oxford University Press.

Whitman, John and Waltraud Paul 2005 Reanalysis and conservancy of structure in Chinese. In M. Batllori, M. -L. Hernanz, C. Picallo, and F. Roca (eds.), *Grammaticalization and Parametric Variation*, 82-94. Oxford : Oxford University Press.

Wu, Zoe 2000 *Grammaticalisation and the Development of Functional Categories in Chinese*. PhD Dissertation, USC.

汉语意愿动词的历史演变[*]

提要 本文主要讨论汉语史各个时期意愿动词在语义上的发展变化。首先我们将给意愿类情态进行分类，然后我们再逐类分析该类动词在汉语史中的发展变化。主要结论是：(1)从意愿动词的发展来看，第一类意愿动词的形式最稳定，第二类其次，第三、四类变动最大。(2)意愿动词不是典型的情态动词，同典型的情态意义（认识或道义）没有关联。

关键词 意愿动词 情态 语义演变

表示意愿的动词，在现代汉语里主要有"肯、敢、愿、希望、想、要"等。这些动词通常归入情态动词。本文主要讨论汉语史各个时期意愿动词在语义上的发展变化。[①]

首先我们将对汉语的情态系统作一个大概的描述，说明意愿类情态在整个情态系统中的地位，并给意愿类情态进行分类。然后再逐类分析该类动词在汉语史中的发展变化。

1 汉语情态的分类

汉语的情态，大致可以分为四类：认识类、道义类、动力类、估价类。

认识类情态动词表示说话人的推测（或推断），典型的认识

---

[*] 本文与李明合著。原载《汉语史学报》（第八辑），上海教育出版社 2009 年，pp. 17—35。

[①] 先秦汉语意愿类情态动词的研究，请参看 Peyraube（2004）。

类情态动词是"可能、应该、一定"。认识类情态动词都带说话人的主观性（subjectivity）。①

道义类情态动词表示道义上的责任主体实施行为的可行性与必要性。道义类情态动词有主观性和客观性之别。主观性道义情态表示说话人个人的态度：比如"可以"的主观性用法是表示说话人个人的许可，"必须②"的主观性用法是表示说话人个人的指令（用于祈使）。"可以、必须"也有非主观性的用法：它们可以是完全客观地"报导"一种许可或指令；也可以是介于主客观之间，既不是纯粹的"报导"，也不是纯粹的"施加"义务或"给予"许可。从主观性的角度来看，"应该"的用法总是介于主客观之间，因为人们说"应该"的时候，似乎总是以一定的外界条件或社会规约作为依据，而不是单凭个人的态度。

有的情态动词既不属于认识类也不表示道义类。比如说"他能游一百米"时，"能"表示主体"他"的能力；说"他今天能来"时，"能"表示主体内在条件（比如身体好）或/和客观外界条件（比如天气好）的可能性。再比如本文要讨论的意愿动词"敢、肯、愿意"等等。这些情态动词，可归为"动力情态"（dynamic modality），它们都没有主观性。

以上的分类涉及主观性情态动词和客观性情态动词。这种区分可以从句法上得到验证。比如时间副词"一度"表示过去某一阶段的现实性（该事实与目前的状况相反），它不能与主观性情

---

① Lyons（1977）提到客观性认识情态。人们在作推测的时候，或多或少有一定的客观依据。客观依据属于"示证"（evidentiality）范畴。我们主张把"示证"同认识情态区分开来。我们不认为有客观性的认识情态。

② 现代汉语的"必须"实际是个副词，因为它不能像其他情态动词一样有否定形式。这里提到它是为了讨论语义的方便。

态词连用,但却可以与客观性情态动词连用。比较:

(1)a* 这座桥一度可能通车(认识类,主观)
　　b 这座桥一度可以/能够通车(表条件的可能,动力类,客观)
(2)a? 这座桥一度应该整修(道义类,主客观难以分开)
　　b 这座桥一度须要整修(道义类,客观)
(3)a* 他一度可能去北京(认识类,主观)
　　b 他一度想去北京(动力类,客观)

估价类是汉语中特殊的一类情态动词。它表示对人或事物价值的估计,比如现代汉语的"值得、配"(朱德熙 1961/1982:65)以及古汉语的"可、足"。

Palmer(1986:16)把情态定义为:说话人(主观)态度和观点的语法化。典型的情态总是带有"主观性",即:说话人在说出这句话的时候,同时对它进行了评论、表达了对所说内容的态度(Lyons 1977:739)。Palmer(1990:206)说:"对情态的总体的、类型学的研究可以证明,主观性是情态的基本特征,严格地说,能力和意愿到底是不是情态特征尚有疑问。"

综上所述,从主观性的角度来看,意愿类情态并不能算作严格意义上的情态。但是,意愿类情态动词与认识类情态动词有一定联系,表意愿可以发展为表示认识。因此,我们仍旧采取一般的观点,把意愿包含在情态之内。

2　意愿动词的分类

现代汉语普通话表示意愿的动词,按照意愿性的强弱,可分为四类:

(4)敢;肯;愿→希望→想→要

第一类包括"敢、肯、愿"。这一类的特点是：主体只是敢于或者愿意实施某种行为，这种意愿并不积极，而且主体也不是急切地要实施行为。"敢"表示某人有胆量。"肯"表示接受要求，即主体应他人的要求而同意做某事：如果说某人肯怎么样，那么，一定有另一方提出了要求。"愿"（包括"愿意"、"情愿"）与"肯"意义相近，但不一定是接受他人的要求，也可以是主体自发的意愿。

第二类表示愿望，包括"希望、但愿"等。主体的意愿是积极的，但主体并不是急切地要实施某种行为或实现某个结果。[1]

第三类、第四类表示意志。第三类包括"想"，主体的意愿是积极的，而且这种意愿较第二类要急切。第四类包括"要"，主体积极且急切地意欲自己或他人行动。[2]

第一、二类比较接近，古汉语的"愿"既可以表示[愿意][3]，也可以表示[愿望]。第三、四类比较接近，古汉语的"欲"既可以表示[想]，也可以表示[要]。从"是否积极"和"是否急切"两个参项来看，意愿动词可归类如下：

---

[1] 以往的研究（比如朱德熙1961，丁声树等1961）并不把第二类看作助动词（从语义上说就是"情态动词"），原因是这些动词常带小句宾语，而不仅仅只带 VP 宾语。如果以这条标准来衡量什么是情态动词，那么，通常所认为的意愿类情态动词"要"、"愿意"、"想"也将面临被排除的危险，因为"要"可以很顺当地带小句宾语，如"我要你停车"；"愿意、想"也偶带小句宾语，比如：
我真不愿意你跟我一起回去。（《北京人在纽约》）
我想你做个温柔、可爱、听话的好姑娘，不多嘴多舌。（王朔《空中小姐》）
本文的主要目的，是考察"意愿"这个语义范畴的发展变化，为了照顾语义系统的完整性，我们把"希望、但愿"等词也纳入考察范围。

[2] 愿望一般是主体所珍视的意愿，比如"希望考上大学"，从这一点而言，[愿望]的意愿性又似乎强于[意志]（比如"想睡觉"）。这里不考虑这一因素。

[3] 方括号表示标示的是意义。

	积极性	急切性
第一类：敢，肯，愿意	−	−
第二类：愿望	+	−
第三类：想	+	+
第四类：要	+	++

从"敢/肯/愿意"到"希望"，再到"想"，再到"要"，主体越来越急切地意欲行动，动作实现的可能性越来越大。

3 第一类意愿动词的发展

这一类动词从语义上又可分为三个小类：[敢]、[肯]、[愿意]。下面分别讨论。

3.1 [敢]

[敢]这个意思，汉语中一直用"敢"表示。"敢"较早见于西周金文，有两个意义：一是用作情态动词，表示有胆量；二是用作表敬副词，金文中"敢对扬××（称谓）休"是程式化的语言，其中的"敢"是表敬副词。

"敢"用作情态动词，在西周金文中多出现于"弗敢、不敢、毋敢"、"不敢不、不敢弗、毋敢不"等否定或双重否定之中，例如：

(5) 女母（毋）敢妄（荒）宁。（毛公鼎）
(6) 效不敢不万年夙夜奔走扬公休。（效尊）

例（5）"毋敢"带禁止语气，可译为"不得敢"。[①]

少数"敢"用于肯定句，但附带有语气，例如：

[①] 参看管燮初（1981：9）。

(7) 白（伯）扬父乃或事（使）牧牛誓曰："自今余敢扰乃小大事。"（儵匜）

(8) 乃可湛，女敢以乃师讼。（儵匜）

例（7）"敢"有"岂敢"的意味，例（8）"敢"有"竟敢"的意味。从这两例"敢"可推测出它由动词发展为表敬副词的路线："岂"一类的语气首先是作为一种特定语境中的"隐含义"附加在动词"敢"之上，由于有越来越多的话语形式经常传递这种隐含义，它逐渐固定为"敢"的词义；这时候，"敢"就由动词发展为表敬副词。

从春秋战国一直到现代汉语，情态动词"敢"的语义没有什么变化，这里不再举例。

3.2 [肯]

[肯]，即接受要求，这个意思现代汉语用"肯"表示。但先秦汉语的"肯"，意思还不完全等同于现代汉语的"接受要求"，而是应该理解为表示[愿意]。[肯]也是[愿意]，但是是在他人有所要求的前提下的[愿意]，而不是自发的[愿意]。"肯"由表示[愿意]转化为表示[肯]，是词义的缩小。

"肯"表[愿意]，较早见于今文《尚书》、《诗经》：

(9) 王曰："若昔朕其逝，朕言艰日思。若考作室，既厎法，厥子乃弗肯堂，矧肯构？厥父菑，厥子乃弗肯播，矧肯获？厥考翼其肯曰：予有后弗弃基？……"（《尚书·大诰》）

(10) 此邦之人，不我肯谷。（《诗经·秦风·黄鸟》）

先秦汉语中，多数情况下，并没有上下文暗示"肯"是接受要求，如上两例。我们推测当时的"肯"应理解为[愿意]而不是单纯的[肯]。下面两例，明显是表示[愿意]而不是[肯]：

(11) 匠石之齐，至于曲辕，见栎社树。……观者如市，匠伯不顾，遂行不辍。弟子厌观之，走及匠石，曰："自吾执斧斤以随夫子，未尝见材如此其美也。先生不肯视，行不辍，何邪？"（《庄子·人间世》）

（12）孔子相卫，弟子子皋为狱吏，刖人足，所刖者守门。人有恶孔子于卫君者，曰："尼欲作乱。"卫君欲执孔子。孔子走，弟子皆逃。子皋从出门，刖危引之而逃之门下室中，吏追不得。夜半，子皋问刖危曰："吾不能亏主之法令而亲刖子之足，是子报仇之时也，而子何故乃肯逃我？我何以得此于子？"（《韩非子·外储说左下》）

例（11）"先生不肯观"，从上下文看，并没有人提出要求让匠石观看，匠石是自己不愿观看。例（12）同此：并没有人要求刖危（跪）帮助子皋逃走，"子何故乃肯逃我"是"你为何愿意帮助我逃走"的意思。

先秦汉语中，部分"肯"的用例从上下文来看，确实表示接受要求，即[肯]：

（13）公有疾，使季文子会齐侯于阳谷。请盟，齐侯不肯，曰："请俟君间。"（《左传·文公十六年》）

（14）吾已召之矣，丙怒甚，不肯来。（《韩非子·内储说上》）

在两汉、魏晋时期，多数"肯"的例子都可以理解为[肯]。少数"肯"仍然不宜理解为[肯]，而只能理解为[愿意]，例如：

（15）尝过樊将军哙，哙趋拜送迎，言称臣，曰："大王乃肯临臣。"（《史记·淮阴侯列传》）

（16）见污伤不肯自明，位不进亦不怀恨。（《论衡·自纪》）

（17）有一梵志，妇名莲华……其梵志有一婢使，而亲近之，顺敬于婢，不肯恭敬莲华之妇。（晋·竺法护译《生经》，3/106c）

估计到了南北朝时期，"肯"已经完成由"[愿意] > [肯]"的转变。"肯"表示[肯]，一直延续到现代汉语。

东汉至唐，出现了少数表示可能的"肯"，义为"能、能够"，属动力情态（dynamic modality）（参看李明2002：266）。

例如:

(18) 我五百弟子今朝燃火,了不肯燃,是佛所为乎?(东汉·昙果共康孟详译《中本起经》,4/151a)

在唐代,"肯"还可义为"会",表主观推测的可能性,属认识情态。下面是张相(1955:231)所举的例子:

(19) 丈夫生儿有如此二雏者,名位岂肯卑微休!(杜甫《徐卿二子歌》)
(20) 人间纵道铅华少,蝶翅新篁未肯无。(陆龟蒙《自遣》)

上两例"肯VP"中的VP对于"当事"来说都是消极的、否定的,因此可以判定这两例"肯"义为"会"。

综合以上"肯"的发展,其语义演变的路线为:

(21) [愿意] > [肯] > [能够](dynamic) > [会](epistemic)

3.3 [愿意]

表示[愿意]的情态动词,最常用的是"愿"。"愿"最早出现于《论语》(5次):

(22) 颜渊、季路侍。子曰:"盍各言尔志?"……子路曰:"愿闻子之志!"(《论语·公冶长》)
(23) "赤,尔何如?"对曰:"非曰能之,愿学焉。宗庙之事,如会同,端章甫,愿为小相焉。"(《论语·先进》)

例(22)"愿"表示[愿望],例(23)"愿"可以理解为[愿意]。当然,这两个意思有时并不能区分得很清楚。

下面是先秦"愿"表示[愿意]的其他例子:

(24) 司徒老祁、虑癸伪废疾,使请于南蒯曰:"臣愿受盟而疾兴。……"(《左传·昭公十四年》)
(25) 墨者夷子,因徐辟而求见孟子。孟子曰:"吾固愿见,今吾尚

病,病愈,我且往见。"(《孟子·滕文公上》)

例(23)为自发的意愿,例(24)、(25)则是接受请求。

下例是否定的例子:

(26)孔子谓颜回曰:"回,来!家贫,居卑,胡不仕乎?"颜回对曰:"不愿仕。……回不愿仕。"(《庄子·让王》)

先秦"愿"、"肯"都可以表示[愿意],区别在于:一、"肯"一般不能表示说话人的意愿,"愿"则常表示说话人的意愿。二、"肯"多用于否定(包括反问),"愿"则没有这个限制。因此二者的分布基本是互补的。

"愿"表示[愿意],一直用到现代汉语,以下不再举例。

唐宋时期,新出现了"情愿"一词表示[愿意][①]:

(27)愿舍此身与将军为奴,情愿马前驱使。(变文,《庐山远公话》)

"情愿"在六朝时已出现,当时多用作复合名词:

(28)以此获赏,殊乖情愿。(《魏书·彭城王传》)

元代始出现"愿意":

(29)玉箫,你既愿意,就配与元帅为夫人者。(《元曲选·玉箫女》,第四折)

带VP宾语较早见于《红楼梦》:

(30)都是二婶婶叫穿的,谁愿意穿这些。(《红楼梦》,三十一回)

---

① 元刊杂剧中还有"愿情",表示[愿意]:
愿情云阳闹市伸着脖项!(《元刊杂剧·好酒赵元遇上皇》,第一折)
怕主公难意,大臣猜忌,愿情的把家私封记,老妻留系,伯禽监系,俺一家儿当纳质。(《元刊杂剧·辅成王周公摄政》,第三折)

3.4 小结

第一类意愿动词，也就是意愿性最弱的意愿动词，有三个语义小类：[敢]、[肯]、[愿意]。[敢]一直用"敢"表示。[肯]一直是用"肯"表示。[愿意]可以用"愿"、"肯"表示，但可能自南北朝始，"肯"专指接受请求；唐宋时期新出现了"情愿"表示[愿意]，元代又出现了"愿意"。

4 第二类意愿动词的发展

这一小类动词都表示[愿望]。

4.1 欲

"欲"最早见于西周金文，例如：

（31）谷（欲）女弗以乃辟函（陷）于囏（艰）。(师询簋)
（32）俗（欲）我弗作先王忧。(毛公鼎)
（33）俗（欲）女弗以乃辟函（陷）于囏（艰）。(同上)

这些"欲"都表示愿望，义为"希望"，而不是表示意志（即"想"、"要"）。

在今文《尚书》中，仍然有"欲"明显表示愿望的用法：

（34）欲王以小民受天永命。（《尚书·召诰》）
（35）欲至于万年惟王，子子孙孙永保民。（《尚书·梓材》）

以上五例表示说话人的希望、祝愿，在春秋战国要用"愿"。比如：

（36）王曰："吾惛，不能进于是矣。愿夫子辅吾志，明以教我。……"（《孟子·梁惠王上》）

在今文《尚书》、《诗经》中，没有情态动词"愿"。因此可以推断:"欲"本来表示对对方的希望、祝愿,即表示愿望,但是后起的"愿"在春秋战国时期替代了"欲"的这种用法,"欲"转而表示意志,即[想]、[要]。"欲"的词义演变路线如下[①]:

(37)表愿望 > 表意志

4.2 将

先秦汉语的"将"经历了与"欲"同样的词义演变。"将"可以表愿望,但这种用法只保存在《诗经》中:

(38)将伯助予。(《诗经·小雅·正月》)
(39)将子无怒,秋以为期。(《诗经·卫风·氓》)
(40)将仲子兮,无踰我里,无折我树杞。(《诗经·郑风·将仲子》)
(41)将叔无狃,戒其伤女。(《诗经·郑风·大叔于田》)

同时,我们也看到"将"相当于"欲"、表示意志的例子[②]:

(42)梓匠轮舆,其志将以求食也。君子之为道也,其志亦将以求食与?(《孟子·滕文公下》)
(43)古之为关也,将以御暴;今之为关也,将以为暴。(《孟子·尽心下》)

上两例"将"宜理解为表意志而不是表将来。

但是,"将"虚化得很早,在《尚书》中就已用作表将来的副词,例如:

(44)武王既丧,管叔及其群弟乃流言于国,曰:"公将不利于孺子。"(《尚书·金縢》)

表将来的副词"将",应该是由表愿望发展为表示意志,然后再发展而来的:

---

① "欲"的这种词义演变 Peyraube(2004)已指出。
② "将"表示意志,可以参看 Mei(梅广 2004)。

（45）表愿望＞表意志＞表将来

我们推测（45）在春秋战国之前已经完成，因此存留下来的"将"明显表愿望或表意志的动词用例比较少。

4.3 愿、但愿

上文（3.3节）已提到："愿"[愿望]最早出现在《论语》之中：

（46）颜渊、季路侍。子曰："盍各言尔志？"……子路曰："愿闻子之志！"（《论语·公冶长》）[同例22]

"愿"[愿望]一直沿用到清代。下面是先秦时期其他"愿"表愿望的例子：

（47）札虽不才，愿附于子臧，以无失节。（《左传·襄公十四年》）
（48）丘愿有喙三尺。（《庄子·徐无鬼》）

下面是先秦之后"愿"[愿望]的例子：

（49）道遇一丈夫独行，愿得俱，皆哀欲许之。（《三国志·魏书·华歆传》注引《谱叙》）
（50）吾常愿一切世人，心地常自开佛知见，莫开众生知见。（《坛经》）
（51）我不愿生前贵显，但只愿身后名留。（《元曲选外编·九世同居》，第二折）
（52）你愿他死了，有什么好处？你别做梦！（《红楼梦》，二十五回）

这种用法到了现代汉语要用"希望"表示。

从先秦到六朝，"愿"[愿望]最常见的，还不是上面的用法，而是用于对话之中，表示说话人对听话人委婉的请求。与上一种用法相比，这种用法具有"施为性"（performativity），它是说话人的行为；说话人说话的同时，也就是实施了"请求"这一行为。这种委婉的请求，或者是说话人希望自己做什么，但与听话人有关，这时候"愿"仍带 VP 作宾语：

（53）纳我而无二心者，吾皆许之上大夫之事，吾愿与伯父图之。（《左传·庄公十四年》）

（54）寡君[①]愿与一二兄弟相见，以谋不协。(《左传·襄公三年》)

或者是说话人希望听话人做什么，这时候"愿"带小句宾语。这种用法最早见于《左传》，只有一例：

（55）抑臣愿君安其乐而思其终也。(《左传·襄公十一年》)

但是在《左传》之后的文献中，这种用法就很常见了。

下面是先秦之后"愿"[愿望]用于对话中、表示说话人对听话人委婉的请求的例子：

（56）乃密怀金三十斤，谓豫曰："愿避左右，我欲有所道。"(《三国志·魏志·田豫传》注引《魏略》)

（57）惟愿大王放儿出家修道。(变文，《太子成道变文（一）》)

（58）天使，只愿你宽恕咱。(《元曲选·风光好》，第一折)

这种用法在《金瓶梅》中已经只能见到极少的用例，例如：

（59）奴凡事依你，只愿你休忘了心肠！(《金瓶梅》，十二回)

我们推测，到了明代清代，"愿"已经不能用在对话中委婉地表示说话人对听话人的请求。这种用法都换成了"望"。到了现代汉语，这种用法又都用"希望"表示。

从唐代始，"愿"又可以表示祝愿，这也是一种[愿望]。这种用法一直沿用到现代汉语：

（60）愿圣人万岁、万万岁！(变文，《韩擒虎话本》)

[①] 此例主语"寡君"虽不是说话人自己，但也是说话人一方的人。

"但愿"较早见于唐代,当时义为"只愿",似还未成词:

(61)如今火急要王陵,但愿修书须命取。(变文,《汉将王陵变》)
(62)但愿汉存朝帝阙,老身甘奉入黄泉!(同上)

例(61)表示说话人的请求,例(62)表示祝愿。

从元代开始,"但愿"专门用于表示祝愿:

(63)但愿娘亲蚤痊济。(《元曲选·窦娥冤》,第二折)

祝愿是一种特殊的[愿望],也具有明显的"施为性"(performativity),说话人说出祝愿的同时,就是实施了一种行为。

4.4 冀

《说文·北部》:"冀,北方州也。"段玉裁注:"假借为望也,幸也,盖以冀同觊也。"

动词"冀"[愿望]在战国已出现,但不多见[①]。例如:

(64)以巨子为圣人,皆愿为之尸,冀得为其后世,至今不决。(《庄子·天下》)
(65)宋人有耕者,田中有株,兔走触株,折颈而死,因释其耒而守株,冀复得兔。(《韩非子·五蠹》)
(66)志不免于曲私,而冀人之以己为公也。(《荀子·儒效》)
(67)吾冀而朝夕修我曰:"必无废先人。"(《国语·鲁语下》)

"冀"既可以带 VP 宾语,如前两例;也可以带小句宾语,如后两例。既可以叙述他人的意愿,如前三例;也可以表示说话人的意愿,如最后一例。

"冀"在两汉六朝使用得较多:

(68)哙见吾病,乃冀我死也。(《史记·陈丞相世家》)
(69)植每欲求别见独谈,论及时政,幸冀试用,终不能得。(《三

[①] "冀"也可以带 NP 作宾语,例如:
去晋而不送,归楚而不逆,何以冀国?(《左传·昭公十三年》)

国志·魏书·曹植传》）

"冀"没有否定形式。

"冀"、"愿"都表示[愿望]，二者的区别在于："愿"常用于说话人表示自己的意愿，"冀"没有这种限制：它既可以叙述他人的愿望，也可以是说话人表示自己的意愿。"冀"、"愿"用于对话中表示说话人的愿望时，用"愿"则显得尊敬、客气，用"冀"则没有这种意味。如例（67），又如：

（70）权曰："今尽力一方，冀以辅汉耳，此言非所及也。"（《三国志·吴书·鲁肃传》）

（71）冀罪止于身，二儿可得全不？（《世说新语·言语》）

（72）吾日冀汝美，勿得秽如风过耳，使吾失气。（《南齐书·武十七王传》）

六朝之后，"冀"的用例极少，我们推测它在口语中已消失。

4.5 望

"望"是由表示观望引申为表示意愿。从下例可以看出这种意义的变化：

（73）国人望君如望岁焉，日日以几，若见君面，是得艾也。（《左传·哀公十六年》）

"望"带谓词性宾语在战国已出现，但不多见：

（74）王如知此，则无望民之多于邻国也。（《孟子·梁惠王上》）

下面是"望"在两汉六朝的例证：

（75）大丈夫不能自食，吾哀王孙而进食，岂望报乎！（《史记·淮阴侯列传》）

（76）我今故与林公来相看，望卿摆拨常务，应对玄言，那得方低头看此邪？（《世说新语·政事》）

"望"与"冀"、"愿"[愿望]的不同之处在于:"望"可用于否定(包括反问),"冀"没有这种用法,"愿"[愿望]也较少用于否定(包括反问)。"望"既可以叙述他人的愿望,也可以是说话人表明自己的意愿,当用在对话中表示说话人的愿望时,没有尊敬、客气的意味,如例(76),这一点与"冀"类似,而与"愿"不同。

唐宋时期,"望"[愿望]的频率明显增多。有的"望"表示地位低下者对尊长的请求,这种用法此前一直是用"愿"表示:

(77)今朝欣逢,伏望大圣慈悲,与我小谈法味。(变文,《维摩诘经讲经文(五)》)

比较:伏愿上人慈悲,与说宿生[因]果。(变文,《庐山远公话》)

(78)免吾种种疑心起,幸望通传何姓名。(变文,《双恩记》)

比较:恩泽不用语人知,幸愿娘子知怀抱。(《游仙窟》)

到了明代清代,"愿"已经不能用在对话中表示说话人对听话人的请求(参看4.3节)。这种用法都换成了"望"。例如:

(79)望相公与小人做主。(《金瓶梅》,十回)

"望"[愿望]在现代汉语中已经不单用,现代汉语用"希望"替换了"望"的用法。

4.6 承望、指望

"承望"也表[愿望],较早出现于唐代。"承"本为表敬副词;复合为双音词之后,"承"不再有尊敬义。

(80)若为得口子,余事不承望。(《游仙窟》)
(81)何时出离波吒苦,岂敢承望重作人。(变文,《大目乾连冥间

救母变文》）

"指望"［愿望］较早出现于宋代，如：

（82）若得应爻，则所祈望之人，所指望之事，皆相应。（《朱子语类》，卷七三）

此例"指望"出现于关系小句，其宾语是NP"事"。

"指望"［愿望］带VP或小句宾语，较早见于金元时期：

（83）我也不指望享荣华，只愿你无事还家。（《元曲选·救孝子》，第一折）

"指望"［愿望］一直沿用到现代汉语。"承望"在清代已不表示［愿望］而只有［料想］义。这两个词表示［愿望］，都不能像"愿"、"望"一样表示说话人对听话人的请求。

4.7 希、希望

《说文·目部》："睎，望也。"段玉裁注："古多假希为睎。"《广雅·释诂一》："睎，望也。"王念孙疏证："《庄子·让王篇》：'希世而行。'司马彪注云：希，望也。希与睎通。"《庄子》之中，还有一例"希"用为"望"的例子：

（84）希意道言，谓之谄。（《庄子·渔父》）

《庄子》中的这两例"希"都带NP作宾语。

在汉魏六朝的佛经中，能见到"希望"（或写作"悕望"）连用的例子，而极少见到单用的"希"。下例"希"单独带谓词性宾语的例子是很少见的：

（85）吾唯欲鸽，不用余肉。希王当相惠，而夺吾食乎？"（吴·康僧会译《六度集经》，3/1c）

在六朝的中土文献中，我们见到了"希"表［愿望］、带NP

的例子：

（86）汉朝倾覆，天下崩坏，豪杰之士，竞希神器。(《三国志·蜀书·诸葛亮传》注引《默记》)

（87）丧败之余，乞粗存活，便足慰吾余年，何敢希汝比！(《世说新语·假谲》)

再比较下面两例：

（88）王公曰：卿欲希嵇、阮邪？答曰：何敢近舍明公，远希嵇、阮！(《世说新语·言语》)

（89）赐也何敢望回？回也闻一以知十，赐也闻一以知二。(《论语·公冶长》)

"望"、"希"在这里都是"企望"的意思，与本义（表示视觉）非常接近。

唐五代时期，"希"[愿望]带VP才真正成熟起来，但它的运用仍没有"望"、"愿"[愿望]频繁。例如：

（90）心心希听受，当日到庵园。(变文，《维摩诘经讲经文（一）》)

"望"可用于否定（包括反问），但"希"没有这样的用法。

进入宋代之后，就很少再看到"希"[愿望]的例证。

现代汉语表示[愿望]，最常用的是"希望"。"希望"组合在一起，最早见于东汉佛经（佛经中又写作"悕望"）：

（91）不于是中有所悕望。(东汉·支娄迦谶译《阿阇世王经》，15/398b)

又如：

（92）时有婆罗门等五百人，欲诣恒水三祠神池，沐浴垢秽，希望神仙。……同声答曰："欲诣神池，澡浴望仙，今日饥渴，幸哀矜济。"(东汉·昙果共康孟详译《中本起经》，4/157a)

（93）不得悕望人有所索。（东汉·支娄迦谶译《般舟三昧经》，13/909c）

例（92）"希望"似乎还是拜望义，而不是表示意愿。例（93）"希望"带小句宾语。

在六朝佛经之中，也有少数"希望"的例证：

（94）佛在王舍城迦兰陀竹林，时那罗聚落多诸疫鬼，杀害民众。各竞求请，塞天善神，悕望疫病渐得除降。（吴·支谦译《撰集百缘经》，4/209c）

（95）为天作福，希望有儿。（姚秦·佛陀耶舍共竺佛念等译《四分律》，22/911a）

（96）世间愚人修习少福，谓为具足，便谓菩提已可证得。如彼田夫，悕望王女。（萧齐·求那毗地译《百喻经》，4/555a）

第一例带小句宾语，中间一例带VP，最后一例带NP。

但在汉魏六朝的中土文献中，"希望"非常少见，而且未见带VP的例子。《三国志》及《三国志》注中只有1例，《宋书》中有1例，《世说新语》、《颜氏家训》中未见：

（97）非敢希望高位，庶几显达。（《三国志·魏书·武帝纪》注引《魏略》）

（98）而群小相煽，构造无端，贪利幼弱，竞怀希望。（《宋书·殷孝祖传》）

唐宋到清代，"希望"仍然很少见：

（99）头陁兰若精进，希望后世功德。（王梵志诗）
（100）体云："不希望。"（《祖堂集》，卷八，云居和尚）
（101）量范雎是一愚瞽之夫，则可待时守分，知命安身，未敢希望功名也。（《元曲选·䜣范叔》，第一折）

所以，"希望"一词的大量运用，应该是较晚的事情。

4.8 盼、盼望

"盼",《说文·目部》:"白黑分也。"由此引申为凝神注视:

(102)盼庭柯,都老大,树犹如此。(《全宋词》,范成大《三登乐》)

在金元时期,"盼"又由表示观看引申为表示 [愿望]:

(103)我眼巴巴的盼今宵,还二更左右不来到。(《西厢记诸宫调》,卷五)

下面是带小句宾语的例子:

(104)倒也不是盼俺哥哥复任,思量告他。(《元曲选·金线池》,第二折)

"盼望"例如:

(105)你那一双年老爷娘兀的正盼望杀你!(《元刊杂剧·薛仁贵衣锦还乡》,第三折)

(106)彩扇交,锦帐飘,金珠错落,盼望他娇滴滴袅香风玉人来到。(《元由选·梧桐叶》,第三折)

前一例带 NP 宾语,后一例带小句宾语。

"盼、盼望"都一直沿用到现代汉语。

4.9 小结

第二类意愿动词表示 [愿望],在汉语史中先后有:

先秦:将(春秋战国之前)、欲(春秋战国之前)、愿、冀(战国时出现)、望(战国时出现)

两汉六朝:愿、冀、望、希

唐五代:愿、望、希、承望

宋代:愿、望、承望

元明:愿、但愿、望、承望、指望、盼、盼望

清代:愿、但愿、望、指望、盼、盼望

现代汉语：愿、但愿、希望、指望、盼、盼望

5 第三、四类意愿动词的发展

第三、四类意愿动词都表示[意志]。现代汉语里，[意志]明显可以区分出"想"、"要"两个小类，"要"的意愿性强于"想"。但是，表意志的"想"在清代才真正成熟起来；在清代之前，表意志的动词实际难以细加区分，只能视为一类。即使在清代，"要"仍然是既可以表示[想]，也可以表示[要]。因此，讨论古汉语时，需要把现代汉语表意愿的第三、四类合并起来视为一类处理。

5.1 欲

大约在春秋战国时期，"欲"由表[愿望]转化为表[意志]（参看4.1节）。这里主要描写春秋战国时期"欲"的语义句法特点，同时与"愿"[愿望]进行比较。

5.1.1 春秋战国时期的"欲"

大多数情况下，"欲"到底是表[想]还是[要]，是难以区分的。但"欲"前或"欲"后有否定词时，"欲"表示[想]，例如：

（107）我不欲人之加诸我也，吾亦欲无加诸人。（《论语·公冶长》）
（108）夫子疾病，不欲见人。（《左传·昭公四年》）
（109）宋人请猛获于卫，卫人欲勿与。（《左传·庄公十二年》）

"欲"表示意志，"愿"[愿望]是主体所珍视的意愿，比如心愿、志愿，等等。因此二者的区分在大多数情况下是很明显的。例如：

（110）札虽不才，愿附于子臧，以无失节。（《左传·襄公十四年》）

(111) 我欲战矣，齐、秦未可，若之何？(《左传·僖公二十八年》)

再比如：

(112) 今王发政施仁，使天下仕者皆欲立于王之朝……(《孟子·梁惠王上》)
尊贤使能，俊杰在位，则天下之士皆悦而愿立于其朝矣。(《孟子·公孙丑上》)
(113) 臣有道于此，使天下丈夫女子莫不欢然皆欲爱利之。……孔丘、墨翟无地为君，无官为长，天下丈夫女子莫不延颈举踵而愿安利之。(《吕氏春秋·顺说》)

上两例中"欲"出现于使动句，表示"仁政"、"道"使人们急于归顺，以显示"仁政"、"道"的威力。"愿"则表示心愿。二者的侧重点不同。

在表示说话人对听话人的请求的场合，由于"欲"表示意愿的强度要大于"愿"，因此用"愿"比用"欲"显得语气缓和。比较：

(114) 纳我而无二心者，吾皆许之上大夫之事，吾愿与伯父图之。(《左传·庄公十四年》)
(115) 卫君之晋，谓薄疑曰："吾欲与子皆行。"(《韩非子·外储说右上》)

从句法上看，先秦时期，"愿"[愿望]最常用于表示说话人对听话人委婉的请求，因此其主语第一人称（说话人）最多，偶尔是第三人称，几乎未见第二人称的例子。① 因为"愿"最常表

---

① 在《左传》中，有极少数"愿"与第三人称连用，与"欲"似乎没有什么区别，这是很特殊的现象：
楚子成章华之台，愿与诸侯落之。(《左传·昭公七年》)
刘献公之庶子伯蚠事单穆公，恶宾孟之为人也，愿杀之；又恶王子朝之言，以为乱，愿去之。(《左传·昭公二十二年》)
丙戌，与华氏战于赭丘。郑翩愿为鹳，其御愿为鹅。(《左传·昭公二十一年》)

示委婉的请求,因此,"愿"的施为性(performativity)很强。"欲"则没有这个特点。

现在再看否定形式。"愿"[愿望]少有否定形式,"欲"则可以有否定形式,如例(107)、(108)。

"愿"常带小句宾语,"欲"带小句宾语比较少见,例如:

(116)季平子欲其速成也。(《左传·昭公九年》)

"欲"、"愿"带名词宾语都比较少见:

(117)吾不可以欲城而迩奸,所丧滋多。(《左传·昭公十五年》)
(118)仁远乎哉?我欲仁,斯仁至矣!(《论语·述而》)
(119)《诗》云:"既醉以酒,既饱以德。"言饱乎仁义也,所以不愿人之膏粱之味也;令闻广誉施于身,所以不愿人之文绣也。(《孟子·告子上》)
(120)富而不愿财,贵而不愿执。(《荀子·性恶》)

5.1.2 春秋战国之后的"欲"

春秋战国之后,"欲"[意志]没有什么变化。下面只举两汉六朝"欲"[意志]带小句宾语的例子:

(121)帝使太尉守北军,欲足下之国,急归将印辞去,不然,祸且起。(《史记·吕太后本纪》)
(122)群情欲府君先入廨。(《世说新语·德行》)

汉代"欲"出现了表示将来的用法:

(123)引玺而佩之,左右百官莫从;上殿,殿欲坏者三。(《史记·李斯列传》)
(124)朱儒饱欲死,臣朔饥欲死。(《汉书·东方朔传》)

前一例"欲"的主语不是人,后一例"欲死"不能说是人的意愿,都只能理解为表将来。

至迟在明代，口语中"欲"已完全被"要"代替。在宋代，还能见到在同样的语境既用"欲"又用"要"表意愿的例子。在《元刊杂剧三十种》中，动词"欲"总共只出现了18次（包括"欲待"2次、"欲要"3次）。在《金瓶梅》中，"欲"的出现频率远远少于"要"，而且几乎已经没有用于日常对话中的例子。

5.2 欲得

在唐五代，"欲得"也常用于表示意志：

（125）欲得儿孙孝，无过教及身。（王梵志诗）
（126）念经即是闲事，我等各自带杀，不欲得闻念经之声。（变文，《庐山远公话》）
（127）弟便出来屈其老宿。老宿不欲得入，见其僧苦切，老宿许之。（《祖堂集》，卷三，一宿觉和尚）

"欲得"表示将来少见：

（128）师与乐普同行，欲得相别时，乐普云："同行什摩处去？"（《祖堂集》，卷十九，香严和尚）

5.3 规（贵）

六朝新出现了一个表示意志的动词"规"，例如：

（129）须军到，乃规取之。（《三国志·魏书·陈泰传》）
（130）不规钱买，但欲唐得。（元魏·慧觉等译《贤愚经》，4/365c）

"规"表意志，是由"规划"义引申而来。下两例一带 NP 作宾语，一带 VP 作宾语，"谋划、规划"义还比较明显：

（131）大势弥广，即可渐规巴蜀。（《三国志·吴书·甘宁传》）
（132）规定巴蜀，次取襄阳。（《三国志·吴书·周瑜传》注引《江表传》）

"规"又写作"贵"①,例如:

(133)南方以晋家渡江后,北间传记,皆名为伪书,不贵省读,故不见也。(《颜氏家训·书证》)

(134)若一朝陨殁,志画不立,贵令来世知我所忧,可思于后。(《三国志·吴书·诸葛恪传》)

唐宋时期,仍有少数"规(贵)"表示意志的例子:

(135)某虽小吏,慎密未尝有过,反招残贼,规夺赤子,已诉于天。(《太平广记》,卷一二三"王表")

(136)雀儿已愁,贵在淹流。迁延不去,望得脱头。(变文,《燕子赋(一)》)

5.4 拟

"拟"表意志,是由"准备"义发展而来。例如:

(137)各取少许,分置一处,拟供众僧。(东晋·佛陀跋陀罗共法显译《摩诃僧祇律》,22/352a)

(138)事事拟学,而不免俭狭。(《世说新语·文学》)

(139)王中郎年少时,江虨为仆射,领选,欲拟之为尚书郎。有语王者,王曰:"自过江来,尚书郎正用第二人,何得拟我?"江闻而止。(《世说新语·方正》)

(140)持三千万种种货物,复持十万以为资粮,拟于道路兴贩取利。复有别财,用拟船师。(隋·阇那崛多译《佛本行集经》,3/879a)

例(139)及例(140)"拟船师"带 NP 作宾语,义为"备";其余几个"欲"虽然带 VP,但准备义都还很明显。②

到了唐代,"拟"表意志才成熟起来。比如:

---

① 刘淇《助字辨略》卷四:"《战国策》:'贵合于秦以伐齐。'注云:'贵犹欲也。'"据此则"贵"表意志,似乎出现得比"规"还早。此例姑且存疑。

② 在变文中,还出现了同义连文的"备拟":"佛家道场,卿须备拟。"(《降魔变文》)更可证"拟"有"备"义。

（141）只拟人间死，不肯佛边生。(王梵志诗)
（142）常持智慧剑，拟破烦恼贼。(寒山诗)

下面是宋代"拟"的例子：

（143）别来也拟不思量，怎奈余香犹未歇。(《全宋词》，柳永《玉楼春》)

宋代之后，"拟"表意志已经消失。

5.5 待

"待"是宋代出现的表示意志的动词。"待"本义为"等待"，它接VP时，表示"等着做某事"，这个意思很容易引申为"想要做某事、打算做某事"，这时"待"转化为表示意志。例如：

（144）若挈了阿适，也待与南朝。(《三朝北盟会编》，赵良嗣《燕云奉使录》)
（145）粘罕云："你意下待如何？"（同上，马扩《茅斋自叙》)

在元曲中，出现了否定形式的"待"：

（146）我心中不待与他吃酒，我则想着衙内。(《元曲选·燕青博鱼》，第三折)

表意志的"待"在元曲、《金瓶梅》中常见，在《红楼梦》中，除"待要"仍常用之外，"待"单独表意志已很少见。我们推测到了清代，表意志的"待"已在口语中消失。

"待"有个别表示将来的用法：

（147）快请你爹去，你说孩子待断气也。(《金瓶梅》，五十九回)
[转引自白维国 1991：106]
（148）请看这位娘子，敢待生养也！（同上，三十回）
（149）你这少死的贼短命，谁要你扑！将人来听见，敢待死也。(同上，五十二回)

5.6 想

表意志的"想"由表示思想的"想"引申而来：一个人"想"[意愿]做什么，他就会"想"[思想]着那件事。例如：

（150）只想着与陈经济拘搭，便心上乱乱的焦燥起来。(《金瓶梅》，五十五回)

上例"想"表示[思想]，可是明显有[意愿]的成分。

下例"思想"实表示意愿，明显可以看出两个意思的联系：

（151）闻的那西门庆家里豪富，见他侍妾多人，思想拐些用度，因此频频往来。(《金瓶梅》，五十七回)。

在《元刊杂剧三十种》中，已经有个别"想"可以理解为表示意志：

（152）你常想归去急，休辞惮去路难。(《元刊杂剧·楚昭王疏者下船》，第一折)

在《金瓶梅》中，有少数"想"表示[意愿]：

（153）吴月娘见西门庆在院中留恋烟花，不想回家，一面使小厮玳安，拿马往院中接西门庆。(《金瓶梅》，十二回)
（154）因说："你心里要吃甚么，我往后边教丫鬟做来与你吃。"西门庆道："我心里不想吃。"(同上，七十九回)
（155）那妇人明明看见包里十二三两银子一堆，喜的抢近前来，就想要在老公手里夺去。(同上，五十六回)
（156）那两个那有心想坐。(同上，五十三回)

但是，即使例（153）中的"想"，也还是可以理解为[思想]，比较：

（157）把我丢在家中，独自空房一个，就不思想来家。(《金瓶梅》，九十八回)

到了《红楼梦》，"想"[意愿]的例子才真正成熟起来：

（158）我正要算算命今儿该输多少呢，我还想赢呢！（《红楼梦》，四十七回）

5.7 要

5.7.1 表意志的"要"的产生及发展

表意志的"要"产生于唐代，是从"约请、要求"等义引申来的。①

下面几例出自《三国志》正文或裴注，"要"义为"要求、约请"：

（159）会太祖遣使诣州，有所案问。晔往见，为论事势，要将与归，驻止数日。（《三国志·魏书·刘晔传》）

（160）司马文王初为晋王，司空荀𫖮要祥尽敬，祥不从。（《三国志·魏书·吕虔传》注引《晋书》）

前一例"要"后接VP，后一例"要"后接兼语式。这两例"要"，"欲"的意思已较明显。

表意志的"要"在唐代始多见，举五例如下：

（161）我故远来求法，不要其衣。（《坛经》）
（162）若要相知者，但入天台山。（拾得诗）
（163）皇帝宣曰："不要你把棒勾当。须自担土。"（《入唐求法巡礼行记》，卷四）
（164）师曰："汝只要我道不得。"（《祖堂集》，卷六，投子和尚）

例（161）带NP，例（162）带VP，后两例带小句宾语。

唐宋元明清时期，表意志的"要VP"可以以否定或"只要"的形式出现。这类"要"，在现代汉语中都要用"想"。如：

（165）怕府眷不要入去。（《张协状元》，四十四出）

---

① 表必要的助动词"要"是从副词义"终归、总之"等转化而来，在南北朝已有一些例子。表意愿与表必要的"要"是经由不同的途径在不同时代产生的。

（166）我只要拿一拿大姐的俊手儿。(近代汉语语法资料汇编（元代明代卷），《团圆梦》)

（167）我们没人要听那些野话。(《红楼梦》，六十二回)

（168）我何尝不要睡？只是睡不着。(《红楼梦》，八十二回)

5.7.2 表将来的"要"的产生

当主语不指人或者"要"后的动词是非自主动词时，"要"不再表意志而是表将来。"将要"的"要"在我们调查的文献中较早见于《朱子语类》。例如：

（169）为学极要求把篙处著力。到工夫要断绝处，又更增工夫，著力不放令倒，方是向进处。(《朱子语类》，卷八)[转引自太田辰夫 1958/2003：189]

（170）凡人看文字，初看时心尚要走作，道理尚见得未定，犹没奈他何。(同上，卷十一)

（171）如老人耳重目昏，便是魄渐要散。(同上，卷八七)

5.8 连用形式：规（贵）欲、欲要、欲拟、拟欲、欲待、拟待、待要

"规（贵）欲"连用见于六朝：

（172）送至杀处，规欲刑戮。(吴·支谦译《撰集百缘经》，4/212a)

（173）太子虽无所有，贵欲相见耳。(西秦·圣坚译《太子须大拏经》，3/421c)

"欲要"连用见于唐宋及元代：

（174）如欲要行，且向扬、楚州界，彼方谷熟，饭食易得。(《入唐求法巡礼行记》，卷二)

（175）皇帝遣来奉使，欲要讲和罢兵。(《三朝北盟会编》，王绘《绍兴甲寅通和录》)

（176）寡人欲要封你为官，为何推托？(《元曲选外编·遇上皇》，第四折)

"欲拟"、"拟欲"连用多见唐，唐代之前或之后极少见：

（177）或有持水，欲拟洗足。(隋·阇那崛多译《佛本行集经》, 3/809b)

（178）不知向后有数百人来，欲拟头惠能夺于法。(《坛经》)

（179）持果子兮拟欲归庵，见兽王兮居其要路。(变文，《妙法莲华经讲经文（一）》)

（180）念是读书辈，往长安拟欲应举。(《张协状元》，一出)

"欲待"连用见于宋代及元明时期：

（181）不知贵朝欲待自守？为复待与夏国？(《三朝北盟会编》, 赵良嗣《燕云奉使录》)

（182）我欲待挞了你面皮，又恐伤了就里。(《金瓶梅》，七十四回)

"拟待"连用见于宋代：

（183）也拟待，却回征辔。又怎奈，已成行计。(《全宋词》，柳永《忆帝京》)

（184）拟待不思量，怎奈向，目下恓惶。(《全宋词》，黄庭坚《好女儿》)

"待要"连用见于宋元明清：

（185）皇子郎君道，少许多金银，却着这些价钱准折，待要做恩数。(《三朝北盟会编》，郑望之《靖康城下奉使录》)

（186）待要迎上，又不好去的。(《红楼梦》，二十五回)

5.9 小结

第三、四类意愿动词表示意志，在汉语史中先后主要有：

先秦：将、欲

两汉：欲

六朝：欲、规（觊）、规（觊）欲

唐五代：欲、拟、要、欲得、欲要、欲拟、拟欲

宋代：欲、拟、待、要、欲要、欲待、拟待、待要
元代：欲、待、要、欲要、欲待、待要
明代：待、要、想、欲待、待要
清代：要、想、待要
现代汉语：要、想

6　总　结

下面把各时代表示意愿的常用动词列表如下[①]：

	第一类			第二类	第三、四类
	[敢]	[肯]	[愿意]	[愿望]	[意志]
先秦	敢	肯	肯，愿	将（春秋战国前），欲（春秋战国前），愿，冀（战国时出现），望（战国时出现）	将，欲
两汉	敢	肯	肯，愿	愿，冀，望，希	欲
六朝	敢	敢	愿	愿，冀，望，希	欲，规（觊），规（觊）欲
唐五代	敢	肯	愿	愿，望，希，承望	欲，拟，要，欲得，欲要，欲拟，拟欲
宋	敢	肯	愿	愿，望，承望，指望	欲，拟，待，要，欲要，欲待，拟待，待要
元	敢	肯	愿，情愿	愿，但愿，望，承望，指望，盼，盼望	欲，待，要，欲要，欲待，待要
明	敢	肯	愿，情愿	愿，但愿，望，承望，指望，盼，盼望	待，要，想，欲待，待要

---

① 这里列出的只是一些常用形式，当然汉语史中还出现过不少表示意愿的动词，如"冀望""欲望""拟望"，等等。

续表

	第一类			第二类	第三、四类
	[敢]	[肯]	[愿意]	[愿望]	[意志]
清	敢	肯	愿，情愿，愿意	愿，但愿，望，指望，盼，盼望	要，想，待要
现代汉语	敢	肯	愿，情愿，愿意	愿，但愿，希望，指望，盼，盼望	要，想

从上表中可以看出：（1）从意愿动词的发展来看，第一类意愿动词的形式最稳定，第二类其次，第三、四类变动最大。第二类还有一个"愿"从上古汉语一直运用到现代汉语（其语义范围有所变化），第三、四类则没有一个词能够从上古一直存活到现在。我们推测这里有一个频率的原因：第三、四类在生活中运用得最多，所以"推陈出新"的可能性最大。（2）与第一类相比，后三类有更多的双音节复合形式。这类复合多是新旧形式相互妥协的结果。在新形式与旧形式竞争的过程之中，如果有一个阶段新旧形式势均力敌，那么，它们就可能互相妥协而组合在一起。随着旧形式或新形式逐渐退出舞台，复合形式也就可能随之解体。"规（贵）欲"、"欲要"、"欲拟"、"拟欲"、"欲待"、"拟待"、"待要"都是如此，只有"希望"、"盼望"一直运用到现在。

从意愿动词的语义演变来看，以下几点值得注意：（1）由表示意志发展为表示将来。这条演变路线在"欲"、"要"身上体现得很清楚。一个问题是：为什么同样是表意志，"想"不能引申出将来义？原因可能在于：只有第四类才表示主体急于行动，因此预示动作的发生。（2）从弱意愿发展为强意愿。这一点可以由"将"、"欲"的发展得到证明。它们都是由表示愿望发展为表示意志。（3）从客观世界域发展为心理认知域。

"望、希、盼"起初都是表示视觉,然后发展为表示愿望。(4)表示意志有若干个来源:"规划"义(如"规"),"准备"义(如"拟"),"等待"义(如"待"),"约请、要求"义(如"要"),"思想"义(如"想")。

第1节已经提到,意愿动词不是典型的情态动词。本文的考察更可以证明这一点:首先,从句法上说,第二类意愿动词(表愿望,如"愿")都是既可以带VP宾语,也可以带小句宾语,第三、四类的"欲、要",同样可以带小句宾语,这都不符合情态动词只带VP宾语的特征。其次,从语义上说,第一类的"肯"发展出了认识情态的意义,第三、四类的"将、欲、欲得、要、待"发展出了表将来(可视为属于认识情态)的用法,但是其他的意愿动词同典型的情态意义(认识或道义)没有关联。

主要引用书目

先秦:《尚书》、《诗经》、《论语》、《左传》、《孟子》据十三经注疏本,中华书局,1979。《庄子》据郭庆藩《庄子集释》(见《诸子集成》),中华书局,1954。《韩非子》据王先慎《韩非子集解》,中华书局,1998。

两汉:《史记》,中华书局,1982。《论衡校释》,〔东汉〕王充撰,黄晖校释,中华书局,1990。

六朝:《三国志》,〔晋〕陈寿撰,中华书局,1959。《世说新语笺疏》(修订本),〔刘宋〕刘义庆撰,余嘉锡笺疏,1993。

唐五代:《王梵志诗校注》,项楚校注,上海古籍出版社,1991。《寒山诗注》(附拾得诗注),项楚校注,中华书局,2000。《敦煌变文校注》,黄征、张涌泉校注,中华书局,1997。《祖堂集》,〔南唐〕释静、释筠编撰,上海古籍出版社,1994。

宋:《朱子语类》,〔宋〕黎靖德编,王星贤点校,中华书局,1994。《三朝北盟会编》据《近代汉语语法资料汇编》(宋代卷),刘坚、蒋绍愚主编,商务印书馆,1992。

金元:《新校元刊杂剧三十种》,徐沁君校点,中华书局,1980。《元曲选》,〔明〕臧晋叔编,中华书局,1958。

明:《金瓶梅词语》,〔明〕兰陵笑笑生著,戴鸿森校点,人民文学出版社,1985。

清:《红楼梦》,〔清〕曹雪芹著,人民文学出版社,1990。《儿女英雄传》,〔清〕文康著,上海古籍出版社,1991。

参考文献

白维国　1991　《金瓶梅词典》,北京:中华书局。

丁声树等　1961　《现代汉语语法讲话》,北京:商务印书馆。

管燮初　1981　《西周金文语法研究》,北京:商务印书馆。

李　明　2002　两汉时期的助动词系统,《语言学论丛》第25辑,北京:商务印书馆。

太田辰夫　1958　《中国语历史文法》(修订译本),蒋绍愚、徐昌华译,北京:北京大学出版社,2003。

张　相　1955　《诗词曲语辞汇释》,北京:中华书局。

朱德熙　1961　《语法讲义》,北京:商务印书馆,1982。

Bybee, Joan, R. Perkins & W. Pagliuca. 1994. *The Evolution of Grammar—Tense, Aspect, and Modality in the Languages of the World*. Chicago: University of Chicago Press.

Lyons, John. 1977. *Semantics*, vol. 2. Cambridge: Cambridge University Press.

Mei, Guang. 2004. Functional categories in Classical Chinese, ms.

Palmer, F. R. 1986. *Mood and Modality*. Cambridge: Cambridge University Press.

Palmer, F. R. 1990. *Modality and the English Modals* (2nd edn). London and New York: Longman.

Peyraube, Alain. 1998. On the modal auxiliaries of possibility in Classical Chinese. In: H. S. Wang, F. Tsao, and C. Lien (eds.), *Selected Papers from the 5th International Conference on Chinese Linguistics*, 27-52. Taipei: Crane Publishing Company.

Peyraube, Alain. 2004. On the modal auxiliaries of volition in Classical Chinese. In: Hilary Chappell (ed.), *Chinese Grammar: Synchronic and Diachronic Perspectives*, 172-187. Oxford: Oxford University Press.

《老乞大》的个体量词
和语言循环现象之关系*

提要 本文主要讨论汉语个体量词的历史演变和语言循环现象之间的关系。我们采用《老乞大》先后修订的两个版本，观察汉语量词的历史演变。通过这项观察，发现过去所提出有关量词的循环变化假设，在北方汉语里可能不适用。不过这个假设，无疑地仍然适合于南方的语言。

关键词 个体量词　历史语法　语言循环演变　北方话　闽南话

1 导　言

本文旨在分析《老乞大》的个体量词，并进一步讨论过去曾提出过的一个假设：在汉语量词历史上，发生过语言循环演变（cyclic change）的现象。

学者们通常采用分布的标准为量词下定义（Chao Yuen Ren 1968：584；Li ＆ Thompson 1981：104；朱德熙 1982：48）：量词是放在名词前，指示代词及数词后的一类词。

但这个定义的缺点是，第一，无法体现量词的功能；第二，无法把量词及单位词区分开来。

本文所讨论的"量词"，将只限于"个体量词"（以下简

---

* 本文与林徵玲合著。原载《汉语史学报》（第十辑），上海教育出版社 2010 年，pp. 1—9。

称"量词")。其他一般所说的度量衡量词，容量量词，集体量词，部分量词等，在我们看来都是单位词，因此均不在讨论的范围内①。从共时的角度观察，单位词很可能是所有的语言都有的，而量词却不是。许多东亚语言都有量词，但是印欧语系里大部分语言却没有量词（贝罗贝1998）。

为了准确地进行比较分析，本文利用前后编写的两个版本的《老乞大》材料：古本《老乞大》（也叫{原刊}《老乞大》）和《老乞大谚解》②。古本《老乞大》出版的时间大约在1392到1418年间，一般认为代表元末的语言（曹广顺等2009）。而《老乞大谚解》修订于1670年，到了1745年才出版，不过，一般认为代表的是元末明初语言（郑光等2000）③。

在正式讨论《老乞大》的个体量词之前，我们首先简略说明一下量词的历史演变。

2 汉语量词简史

贝罗贝（1998）曾指出：从甲骨文到先秦时代只有单位词，而没有量词。在公元前二到一世纪间，才开始有了量词，例如：

一枚（"鸡子五枚"，"狗一枚"）；

一领，封（"书二封"）；

一具，口，个，条，件等。

量词产生的动机是句法的，而不是语义上的。量词出现

---

① 《老乞大》的这两个版本里，单位词的数量为数不少，例如："一束草""一群羊"（集体量词），"一碗饭""一盏酒"（容器量词），"一斗粳米""十斤面"（度量衡量词）等。

② 以下古本《老乞大》简称《古本》，《老乞大谚解》简称《谚解》。

③ 有关诸多不同版本的问题等，还可以参考康寔镇（1985），李泰洙（2003）、汪维辉（2007）。

的原因，很可能就是因为在古代汉语里表达复数的词缀 -r- 脱落了。

Peyraube 和 Wiebusch（1993）的假设是，在汉魏六朝的时候，量词只有把名词量化（quantification）的功能，作用是使后面的名词个体化（individuation）。到了唐朝，量词有了新的功能，就是对名词指出性质和分类（categorisation）。

在这个时期，量词也开始多样化了。为配合不同的名词，出现了许多新的量词。而这项演变的历程一直持续到十九世纪。但是，从十九世纪起，量词开始朝着一个相反的方向演变：

——量词开始失去了标明性质与分类的功能。同时，在数量上，大量地减少了。

——"个"（或"箇"）取代了很多特殊量词，成为了唯一的通用量词。

将以上的描述，做成公式，就叫作'语言循环变化假设'：

量词 [+ 量化 / 个体化] / [− 性质化 / 分类] / [− 多元化] >

量词 [+ 量化 / 个体化] / [+ 性质化 / 分类] / [+ 多元化] >

量词 [+ 量化 / 个体化] / [− 性质化 / 分类] / [− 多元化]

本文以《老乞大》的量词为例，对过去所提出的假设（语言循环变化）重新进行思考。

3 《老乞大》量词的数目

3.1 古本《老乞大》的量词

古本《老乞大》的量词共有 21 个，使用次数共 282 次。其中大量使用的"箇"字，就出现了 207 次[①]。

---

① 必须说明的是，经常出现的不定量词"些个"，在《古本》出现了 24 次，在《谚解》出现 19 次，都不列入我们的讨论范围。

下表列出了古本《老乞大》所有的量词，以及跟这些量词一起使用的名词①。

表1 古本《老乞大》的量词

量词数目	当时的量词	使用次数	与这些量词配合使用的名词
1	个	207	**人物**：五箇人，一箇人家，等等 **动物**：这箇青马，这五箇好马，这十箇歹马，这几箇头口，这箇羝羊，这几箇羊，等等 **食物、药品**：一箇白□肉，我这药里头与你箇克化的药饵，等等 **店铺、房屋**：几箇铺家，这箇店子，有箇草店儿，有箇酒馆，有箇稍房子，一箇车房，等等 **地方、时间**：行到箇酸枣林，到箇村里，一箇山峪，半箇月，五箇日头，等等 **布、帽子**：这箇紫纻丝段子，这一箇布，一箇帽子，毡帽一百箇，织结棕帽儿一百箇，等等 **身体一部分**：一箇后腿，一箇手，一箇脚 **扁长、大张或圆形的物品**：免帖一箇，一箇竹签，三箇蒿荐，几箇席子，针铁条环一百箇，小铃儿一百箇，等等 **长形用品、利器**：镊儿一百箇，就待箇苕帚来指绾，搅料棒也没一箇，锥儿一百箇，枣木梳子一百箇，黄杨木梳子一百箇，大笓子一百箇，虮笓子一百箇，快馒刀借一箇去，剃头刀子一百箇，一箇箭，等等 **盛物容器**：一箇签筒儿，斜皮针筒儿一百箇，两箇荆笼子，鹿顶盒儿一百箇，牛角盒儿一百箇，有碗与一箇，等等 **其他**：这一箇契，这箇马契

---

① 我们认为"副""把""部"属于个体量词。竹越孝（2007）将"副""部"当作集体量词，"把"当作部分量词。此外，他将"丸""贴""服""顿""卷"（这几个词都只有一个例子）都列入个体量词。但我们没有将这几个词列入个体量词的范围。

续表

量词数目	当时的量词	使用次数	与这些量词配合使用的名词
2	疋	14	（用于布疋和马匹）薄绢一疋十七两，绫子每疋染钱，绢子一疋卖五综，麻布三疋折钞三十两，绫子一疋，小红的卖布五疋，绵子每四两卖布一疋，赤色骗马一疋
3	副	8	琥珀顶子一百副，压缨儿一百副，大小刀子一百副，象棋十副，等等
4	道	7	头一道细粉，第二道鱼汤，第三道鸡儿汤，第四道三下锅，第五道乾按酒，第六道灌肺，蒸饼，第七道粉羹
5	句（儿）	7	一句（儿）话
6	张	6	一张弓，一张黄桦弓，一张儿好的（钞）
7	条	5	一条细绳子，有卖的弓弦时将来俺一就买一条，茶褐象眼地儿栾带一百条，紫条儿一百条，三条道儿
8	把	5	双鞘刀子一十把，杂使刀子一十把，割纸细刀子一十把，裙刀子一十把，剪子一百把
9	匹	4	（只用于布疋）低的三十匹，粗木绵一百匹，浑金和素段子一百匹，草金段子一百匹
10	裹	3	大针一百裹，小针一百裹，绣针一百裹
11	块	2	一块大石头，一块砖头
12	连	2	秤三十连，等子十连
13	部	2	一部四书，一部毛诗
14	颗	2	红缨一百颗，马缨额一百颗
15	件	2	一件勾当，一件（要求）
16	只	1	更买几只箭
17	头	1	赶着一头驴
18	坐	1	一坐桥墩
19	槽	1	这槽道好生宽有，厮离的较远些儿拴，又恐怕绳子厮扭着

续表

量词数目	当时的量词	使用次数	与这些量词配合使用的名词
20	间	1	这间壁肉案
21	顿	1	粜与俺一顿饭的米和马草料如何？
总数		282	

3.2 《老乞大谚解》的量词

《老乞大谚解》中的量词共有 26 个，这些量词使用的次数一共是 300 次。其中"箇"字就出现了 221 次。下表中我们列出了所有的量词，以及跟这些量词一起使用的名词。

比较目前所知最早的版本《古本老乞大》，《谚解》本中量词的数量多了 5 个，总使用次数增加了 18 次。而最重要的量词"箇"，使用上也多了 14 次。

表2 《老乞大谚解》的量词

量词数目	当时的量词	使用次数	与这些量词配合使用的名词
1	个	221	**人物**：一箇火伴，五箇人，一箇学生，一箇客人，一箇贼，等等 **动物**：这几箇马，等等… **店铺、房屋**：几箇铺家，这箇店子，那箇房子，等等 **地方、时间**：半箇月，五箇日头，选箇好日头，一箇山峪里，等等 **布、帽子、衣服**：这箇柳青纻丝，一箇帽子，一箇袄子，等等 **身体一部分**：一箇后腿，等等 **扁长、大张或圆形等各种形状的东西**：几箇席子，等等 **长形用品、利器**：搅料棒也没一箇，锥儿一百箇，枣木梳子一百箇，黄杨木梳子一百箇，大篦子一百箇，密篦子一百箇，等等

353

续表

量词数目	当时的量词	使用次数	与这些量词配合使用的名词
1	箇	221	**盛物容器**：一箇签筒儿，斜皮针筒儿一百箇，两箇荆笼子，鹿角盒儿一百箇，牛角盒儿一百箇，等等 **钱**：一十箇钱 **其他**：这一箇契，这箇马契
2	疋	15	（用在布疋和马匹）小绢一疋，等等，几疋马，赤色骟马一疋
3	道	7	头一道团撺汤，第二道鲜鱼汤，第三道鸡汤，第四道五软三下锅，第五道乾安酒，第六道灌肺、蒸饼、脱脱麻食，第七道粉汤
4	把	6	双鞘刀子一十把，镊儿一百把，剃头刀子一百把，等等
5	匹	6	（用在布疋和马匹）细麻布两匹，织金和素段子一百匹，花样段子一百匹。这五匹好马，等等
6	副	6	琥珀顶子一百副，大棋十副，等等
7	句（儿）	6	一句（儿）话，等等…
8	条	5	三条路儿中间里行着，等等
9	张	3	一张弓，一张黄桦弓，等等
10	帖	3	大针一百帖，小针一百帖，绣针一百帖
11	块	2	一块大石头，一块砖头
12	连	2	秤三十连，等子十连
13	部	2	一部《四书》，一部《毛诗》
14	件	2	一件勾当，一件（要求）
15	服	2	则吃一服槟榔丸，每服三十丸
16	间	2	这间壁肉案，一间空房子
17	只	1	再买几只箭
18	枝	1	一枝箭
19	头	1	赶着一头驴
20	坐	1	一坐桥

续表

量词数目	当时的量词	使用次数	与这些量词配合使用的名词
21	槽	1	道槽道好生宽，离的远些儿拴，又怕绳子纽着
22	颗	1	马缨一百颗
23	顿	1	粜与我一顿饭的米和马草料如何？
24	口	1	饥时得一口（饭）
25	匣	1	面粉一百匣
26	丸	1	每服三十九
总数		300	

4 《老乞大》——《古本》和《谚解》两个版本里量词的变化

从"表一"和"表二"中可以看出，大体上来说，量词使用的情况在这两个版本里没有很大的差别。由此我们得到的第一个结论是，不论在《古本》还是《谚解》里，量词使用的数量并不多。但《谚解》中的量词还是比最早的版本《古本》多了一点。

第二个结论是，很明显地，在这两个不同时代的版本中，量词"箇"使用的数量都十分地庞大。《古本》里使用的282例量词中，"箇"就占了207例，使用量占73.4%。《谚解》使用的300例量词中，"箇"就占了221例，使用量占73.7%。因此，我们可以肯定地说，当时的通用量词就是"箇"。也就是说，在十四、十五世纪的北方汉语'箇'的功能与'枚'在魏晋南北朝时代是一样的，都是通用量词。"箇"在当时可以跟各种各样的名词配合使用，包括一些一般需要用专用量词的名词，都只用"箇"作量词。

此外，在这两个先后不同的版本当中，也反映出一些改变的地方：

（1）《古本》中房子的量词是"筃"（"有个稍房子"），到了《谚解》本被"间"所取代（"有一间空房子"）。

（2）《古本》中"筃"是食物"肉"的量词，到了《谚解》本，"肉"只跟单位词（度量衡量词）和不定量词"些"结合。"筃"因此不再是食物的量词。

（3）《古本》中，刀类的量词有三个："筃""副"和"把"。到了《谚解》本，只有"副"和"把"两个刀类物品的量词。

（4）《古本》没有提到"锲儿"这种器物，到了《谚解》本出现了这种新工具，与现代汉语一样，也用"把"作量词。

（5）《古本》中的"一个箭"到了《谚解》本中变成"一枝箭"。这个"枝"在新时代重新订正的《谚解》版中，是一个新的个体量词。但值得注意的是，《古本》里，表示"箭"的量词除了"筃"还有"只"（如"更买几只箭"）。同样地，《谚解》本里的"箭"也有两个量词，就是"枝"和"只"（如"一会儿再添一枝箭时咱们满了"，"造弓和弦都买了也，再买几只箭。"）

（6）《古本》中，表示"药"的量词是"筃"（如"我这药里头与你个克化的药饵"）。到了《谚解》本"药"的量词是"服"（如"则吃一服槟榔丸。食后吃，每服三十丸。"）

（7）《谚解》中"筃"成为钱的新量词（如"一十个钱"）。

（8）在《古本》和《谚解》两个版本中，"头"都作"驴"的量词，句子也没有改变（如"赶着一头驴"）。

（9）在《古本》里，针的量词'裹'（如"绣针一百裹"），在《谚解》中消失了，由新量词'帖'取代（如"绣针一百帖）。

（10）在《古本》时代，"匹"只作"布"的量词，不用作"马"的量词。到了《谚解》的时代，"匹"可以同时作"布"和

"马"的量词。而用法上类同的"疋",在两个不同时代的版本里,一直稳定地作"布"和"马"的量词。

(11) 总而言之,在《古本》没有,到了《谚解》才出现的新量词有"帖""枝""服""丸"。在《古本》里使用,但到了《谚解》消失的量词有"裹"。

5 语言的循环理论是否真正存在?

从上面的几点比较分析,我们对语言循环演变的假设,能不能得出一些结论呢?

过去曾提出的观察结果是,自唐代起到十九世纪,量词的使用数目是一直朝着大量增加,即朝着多样化的方向进行演变的。但从我们上面对两个版本《老乞大》进行的考察来看,当时提出的这项结论,受到了质疑和挑战。在两个版本的《老乞大》里,所使用的量词都不多,过去提出的多样化历时演变的观点,因此也就失去了支撑。

过去我们还曾提出,自唐代起,汉语量词出现了新功能,也就是为名词标示性质和分类,但现在这个观点也不准确了。事实上,在我们的这项研究里,有一个无所不在的通用量词"个"。这个"个"几乎可以和任何种类、任何语义范畴的名词结合使用。而在物品方面,不论什么形状的东西都可以用"个"作量词。量词"个"的功能很明显只是将名词量化和个体化。由于其他的量词少,使用量也不多,因此在我们的这项考察里,无法证实当时的汉语量词除了量化外还承担了其他重要的功能或功用。

鉴于这种情况,迫使我们不得不就过去所提出的假设,重新进行反省。其实,我们可以得出两个假设。第一,根本没有量词的循环演变。第二,我们坚持循环变化的假设,可是肯定没有在唐代就起步,要晚了许多个世纪,至十四、十五世纪以后才起步。竹越孝(2007)用了《老乞大》的四个版本(古本《老乞大》、《翻译老乞大》、《老乞大新释》、《重刊老乞大》),对量词进行了深入的探讨。他得到的结论是,在《古本》里的"个",到了稍晚修订的那三个版本中,逐渐地被其他的专用量词取代了,说明量词多样化是16世纪或17世纪以后才开始的。

竹越孝利用《老乞大》的这四个版本,举出的例子中有:

表3 《老乞大》四个版本里量词的演变

《古本》 (14、15世纪)	《翻译》 (1517年以前)	《新释》 (1761年)	《重刊》 (1795年)
个(马)	个,疋	匹,疋	匹,疋
个(纸张)	个	张	张
个(刀子、镊儿)	个、把	把	个、把
个(被毡)	个	领	领
个(房子)	间	间	间

关于第二个假设(循环变化确实曾经存在,不过是在唐代的几个世纪以后才开始的),问题是:《老乞大》的语言是不是能够真实地反映元朝末的语言呢?这是不一定的。目前对这一问题的相关讨论,正反两方面的观点都有。关于第二个假设,还有另外一个问题是:我们对于唐诗里量词多样化的情形应该如何解释呢?进一步的问题是,为什么在《老乞大》里我们却又找不到这种多样化的现象呢?

为此,我们提出这样一个新的假设:语言的循环现象确实在唐代出现了,量词也确实大量地增加了。不过,这种情形只表现在南方语言里,而没有在北方话里出现。在北方话里,一直有一个可以跟任何名词结合使用的通用量词"个",而且直到今天,情况都没变。

在我们看来，这一新假设似乎是比较合理的。也就是说，我们在上面的汉语量词简史里所提出的语言循环现象，确实曾经出现过，但不是出现在北方话里。在南方的语言，现存最古老的口语文献（如十六世纪的闽南话《荔镜记》之中①），量词的数量众多，而且，不但有量化的功能，也承担了为名词标示性质和分类的功能。

6 结 论

本文对古本《老乞大》和《老乞大谚解》这两个版本进行了研究，通过研究，促使我们对过去（贝罗贝 1993）的假设（汉语量词的循环现象）提出质疑。该假设的观点是，西汉时期，量词开始出现的时候，数量很少。当时，量词的功能只是为名词量化与个体化。到了唐代，量词急剧增加，并产生了标明性质和分类的功能。而这种趋势一直持续到十九世纪。从十九世纪起，量词又开始朝着减少的方向演变，同时也逐渐失去了为名词分类的功能。

而在 14、15 世纪，从《老乞大》这一口语文献中，我们发现还有一个被大量使用，可以跟任何类别的名词结合的通用量词"个"。这样一来，之前提到的量词的多样化演变或标明性质、分类等功能，就根本不能成立了。

但有些论证仍然继续支持汉语量词循环现象的假设，只是北方话完全脱离了这项演变的过程。

要想使我们的新观点成立，并进而得出一个更加符合量词演

---

① 我们参考的文献是嘉靖版的《荔镜记》，嘉靖的年代是在 1522 到 1566 年之间。

变真实面貌的结论,还需要对16世纪到今天北方话的口语资料做进一步的深入研究。

参考文献

〔法〕贝罗贝(Alain Peyraube) 1998 上古、中古汉语量词的历史发展,《语言学论丛》第21辑,北京:商务印书馆。

曹广顺、陈丹丹 2009 元白话特殊语言现象再研究,《历史语言学研究》第2辑,北京:商务印书馆。

康寔镇 1985 《〈老乞大〉〈朴通事〉研究——诸书之著成及其书中汉语语音语法之析论》,台北:学生书局。

〔韩〕李泰洙 2003 《〈老乞大〉四种版本语言研究》,北京:语文出版社。

联经出版社影印 1978 《老乞大谚解、朴通事谚解》,台北:联经出版社。

汪维辉 2007 《〈老乞大〉诸版谚解本所反映的基本词历时更替》,《汉语词汇史新探》,上海:上海人民出版社。

〔韩〕郑光主编、梁伍镇、南权熙、郑丞惠编著 2000 《{原刊}〈老乞大〉研究》,北京:外语教学与研究出版社。

朱德熙 1982 《语法讲义》,北京:商务印书馆。

〔日〕竹越孝 2007 论《老乞大》四种版本中所见的量词演变,《佐藤进教授还历纪念——中国语学论集》,东京:好文出版株式会社。

Chao, Yuen-Ren. 1968. *A Grammar of Spoken Chinese*. Berkeley: University of California Press.

Li, Charles N. & Sandra Thompson. 1981. *Mandarin Chinese-A Functional Reference Grammar*. Berkeley & Los Angeles: California University Press.

Peyraube, Alain(贝罗贝) & Thekla Wiebusch. 1993. Le rôle des classificateurs nominaux en chinois et leur évolution historique : un cas de changement cyclique. *Faits de langue* 2 : 51-61.

关于连动式的历史及发展的几点考虑

本文主要探讨连动式的历史及发展,除了重新检验连动式旧有的定义之外,还借由汉语史上几个重要句法结构等的演变来印证,例如处置式、被动式、处所介词、比较式、与格、动态助词、趋向补语、副词的演变等。我们认为这些句法结构的产生都源于连动式,在整个漫长的汉语史中经历不同时期的语法化过程而形成了今日汉语的面貌。

一 定 义

近年来有关连动式的讨论非常多,但并没有一致的结论,这有可能是因为各家对连动式的定义不相同,而导致了研究上的分歧,因此我们认为应该从这个基本问题开始谈起。首先,我们将回顾几位语言学家对连动式所下的定义,再重新审视这些定义的合理性,并提出我们的看法。

1.1 回顾

(A)朱德熙(1982)

朱德熙在《语法讲义》(1982:160—173)中指出:"连谓结

---

* 本文与熊慧如合著。原载《吕叔湘先生百年诞辰纪念文集》,北京:商务印书馆 2010 年,pp. 249—258。

构是谓词或谓词结构连用的格式。"前一个直接成分可以是动词或动词结构；后一个直接成分可以是动词或动词结构，也可以是形容词。例如：

> 去看病
> 站着说
> 想办法通知他
> 怪你自己粗心

他认为汉语的介词大都带有动词的性质，所以"介词＋宾语＋谓词性成分"的格式也可以算是连谓结构的一种，例如：

> 把这首诗抄下来
> 跟你开玩笑
> 被人家发现了

他还特别指出连谓结构和并列的动词结构以及包孕的动词结构之间应该有所区别。根据他的定义，"不停地抽烟喝茶"并不是连谓结构，因为这个句子是由两个述宾结构组成的联合结构。同样地，"喜欢看电视"也不能视为连谓结构，它是由述宾结构套述宾结构所组成的句子。

（B）Li & Thompson（1981）

Li & Thompson 在 *Mandarin Chinese : a Functional Reference Grammar*（1981：594—622）一书中指出："我们使用连动式一词指的是包含两个或两个以上动词词组或分句的句子，这些成分之间没有任何标记标明彼此间的语法关系"，可用结构式（NP）V（NP）（NP）V（NP）来表示。以下列举几个书中的例句：

> 我买票进去
> 学蒙古语很不容易
> 我盼望你快一点毕业

我求他代表我
他有一个妹妹很喜欢看电影
我们种那种菜吃

（C）Aikhenvald（1999、2003）

Aikhenvald 对北阿拉瓦克（North Arawak）印第安人的语言 Tariana 进行考察，进一步为连动式提出了更详细的定义。她认为"连动式是两个或两个以上的动词做一个单独的谓语"，包含三项特征：(i) 只有一个主语，(ii) 谓语只表示单一事件（one single event），(iii) 动词的宾语通常指涉同一对象或事物（co-referential）。如下面 Tariana 语的例子：

[nhuta nu-thaketa]-ka di-ka-pidana

[第一人称单数 + 拿第一人称单数-横越 + 使动]-从属句第三人称单数阳性-看-从远方 + 介词

"他看到我拿东西横越过去。"[字面义："他看我拿（某物）横越"]

1.2 重新定义

在回顾连动式的定义之后，可以发现这些定义并不能充分说明连动式的内涵及特征，也无法彻底解决汉语连动式的问题，以下就针对几点考虑提出讨论。

首先，我们认为应当对连动式与递系式作一区分。连动式毫无异议包含两个或两个以上的动词，递系式也具有相同的特征。但是连动式中第一个动词和第二个动词的主语是相同的，而递系式中第二个动词的主语是由第一个动词的宾语来充当，因此这两种句子的结构是不一样的。（赵元任，1968）例如上一节提到的 Li & Thompson 的例句"我求他代表我"，这是递系结构，不能与连动式混为一谈。

其次需要厘清的问题是：谓语是否只表示单一事件或动作。

我们认为并不一定。举例来说,"跟我走"只表示单一事件;"背书包上学"很难说是一个事件或是两个;但是"换衣服上街"则很明显包含两个事件。所以,谓语可以表示一个或一个以上的事件或动作。

最后,动词的宾语是否指涉同一对象或事物这一特征也需要再商榷。例如"拿书看",句中两个动词"拿"和"看"的宾语指涉的都是"书",但是"拿笔写",两个动词"拿"和"写"的宾语,则非指涉同一事物。

基于这几点考量,我们为连动式提出新的定义:"连动式是两个或两个以上的动词做一个谓语,动词之间没有连接成分,而且这些动词指涉的动作皆由同一施事主语所发出。"因此连动式应具有下列三项特征:

(i)递系结构不是连动式;
(ii)谓语不一定只表示一个动作或事件;
(iii)动词的宾语不一定指涉同一对象或事物(non co-referential)。

二 分 类

现今所讨论的连动式有几种不同的类别,这些类别都是按照连动式的语义来作为划分的依据,例如表达方式或方法、原因、目的、伴随、方向等。下面我们将为连动式提出新的类别,分类标准也有别于之前的方法。我们根据动词在连动式里所担任的角色与特性,同时考虑第一个动词和第二个动词发生语法化的能力与倾向,因此这个分类方法是从历时演变的角度出发的。

构成连动式的动词,有可能属于开放或限制较小的类别,也有可能属于语义及语法上都相对较为封闭的类别。依据连动式内部动词成分的属性，大致可以分为三大类：

（一）对称性的连动式（symmetrical serial verb constructions）

（二）不对称性的连动式（asymmetrical serial verb constructions）

（三）外围的连动式（ambient serial verb constructions）

前两项由 Aikhenvald（1999）根据 Durie（1997）的理论所提出，第三项由 Crowley（1987）提出，兹分别于下面的章节说明。

2.1 对称性的连动式

此类连动式的两个动词皆为大的开放类，两者之中没有任何一个为中心成分（head）（Nichols，1986），但成分序列具有象似性（iconicity）。例如：

> 买了碗面吃
> 拿书看

对称性连动式包含两个事件（two separate events），彼此之间常具有连续性的伴随关系、因果关系或目的关系。句子只有一个主语，而且宾语指涉同一对象或事物。

2.2 不对称性的连动式

不对称性连动式为一典型的连动式。两个动词之中有一个是大的开放类，在语义与语法上都表现得较为主要，可视为中心成分；另外一个则属于封闭类，且经常发生语法化。这两个动词的序列关系不一定具有象似性。例如：

> 拿书来
> 吃饭去（相当于"去吃饭"）

这两个例句皆为趋向结构，句子中的次要动词"来"与"去"都经历了语法化的过程。

此类连动式只包含一个事件，且只有一个主语，宾语很难判断是否指涉同一对象或事物。

Aikhenvald（2003）指出，对称性连动式与不对称性连动式最大的差别在于是否经历语法化或词汇化。前者倾向于发生词汇化，并进而组合成惯用的表达；相反地，后者则倾向于发生语法化，尤其是次要动词经常演变为语法标记。

2.3　外围的连动式

在这一类连动式中，一个动词用来修饰另一个动词，而且成分序列通常具有象似关系。例如：

笑着说
开着门睡觉
躺着看书

此类连动式只包含一个事件以及一个主语，宾语很难判断是否指涉同一对象或事物，两个动词当中有一个为中心成分。

三　历史与发展

3.1　对称性的连动式

对称性的连动式在先秦时期已经出现，到汉代用例开始增多。例如：

（1）卒买鱼烹食。（《史记·陈涉世家》）
（2）引河水灌民田。（《史记·滑稽列传》）
（3）使骑将灌婴追杀项羽东城。（《史记·高祖本纪》）
（4）尽斩杀降下之。（《史记·匈奴列传》）

在这四个例句中，不论是第一个动词（以下简称动词1）或第二个动词（以下简称动词2）都没有经过语法化的过程。有些"$V_1 + V_2$"结构中的 V_2 也有可能成为动补结构中的补语，如例句(3)和(4),在这种情况下,V_2的改变和语法化过程是没有关系的。①

3.2 不对称性的连动式

一般而言,封闭类的动词都会经过语法化,有时发生在动词1,有时发生在动词2上。以下分别就这两种情形作一说明。

第一,第一动词经过语法化之后成为介词

不对称性连动式里的动词1经常历经语法化的过程而成为介词,我们可由处置式、被动式、处所介词"在"的形成及比较式得到印证。

A. 处置式

汉语的处置式结构为:NPO + BA + NP_1 + VP,其中 NPO 表示主语,BA 表示引出宾语(NP_1)的介词,可以是"取"、"将"、"把"。根据 Peyraube(1991)的研究,BA 在中古前期应为"V_1 + O + V_2"结构中动词1的功能,从六朝时期开始,出现了两种连动式的用法:(1)S + V_1 + O_1 + V_2 (+ O_2),(2)S + V_1 + O + V_2。很显然,V_2 在连动式里表达主要的动作,不管是语义或语法都比 V_1 显得更为中心。经过语法化的过程后,第一种结构的 V_1 变成工具格,而第二种结构则为处置式的来源。

取 [+ V] > 介词

(5)或啄其头取脑食之。(《增壹阿含经》)
(6)又取我父母杀之。(《增壹阿含经》)

例句(5)的"取"仍为"S + V_1 + O + V_2"连动结构中动词1的用法,经过语法化之后变成"取 + O + V + 之"的结构,因

---

① 本文匿名审稿者提供了在《尚书》中出现的两个连动式例句:1. 予誓告汝:有扈氏威侮五行,怠弃三正,天用剿绝其命(夏书·甘誓);2. 若火之燎于原,不可向迩,其犹可扑灭?(《商书·盘庚上》)謹在此对审稿者的建议与指正致以谢意。

此例句（6）的"取"已经从动词演变成了处置介词（参考 Cao & Yu，2000）。

将 [+ V] > 介词

(7) 于是即将雌剑往见楚王。(《搜神记》)
(8) 轻将玉杖敲花片。(张祜《公子行》)
(9) 汝将此人安徐杀之勿损皮肉。(《佛说长阿含经》)
(10) 即将梁元纬等罪人于真墓前斩之讫。(敦煌变文)
(11) 世界似将红锦展。(敦煌变文)

例句（7）的"将"为连动式"$S + V_1 + O_1 + V_2 (+ O_2)$"里的动词1，这种结构的"将"经过语法化之后经常发展为介引工具的介词，如例句（8）。例句（9）和例句（10）的"将"仍为连动式里的动词1，经过语法化之后变成"$NPO + BA + NP_1 + V_2 + NP_2$"的结构，由于 NP_2 等于 NP_1，因此 NP_2 消失，继而发展成"$NPO + BA + NP_1 + V_2$"的结构，例如例句（11）。

把 [+ V] > 介词

(12) 醉把茱萸仔细看。(《九日蓝田崔氏庄》)
(13) 阿郎把数都计算。(敦煌变文)

很多文章探讨过"把"字句的形成，例如贝罗贝（1989）、Cao & Yu（2000）等，并且也已证实了介词"把"的来源的确和连动式有关。在例句（12）中，"把"位于连动结构中动词1的位置，两个动词的宾语相同，经过语法化过程之后变成处置介词，如例句（13）。

B. 被动式：被 [+ V] > 介词

汉语被动式也是从连动式发展而来的，位于动词1位置的"被"经过语法化过程演变成表示被动的介词。Peyraube（1989）统计"被"在《史记》出现的频率，发现"被"一共出现了149

次，其中56次为名词，88次为动词，如例句（14）：

（14）人皆以斯极忠而被五刑死。(《史记·李斯列传》)

值得注意的是，从"被"开始出现到广为使用，"被"与动词2之间很少插入主事者（agent）。以《世说新语》及《百喻经》为例，"被 [V_1] + V_2"分别出现27次和6次，而"被 [V_1] + agent + V_2"只分别出现两次和1次。动词1与动词2之间出现主事者的这种结构，一直到中古晚期才成为主流，如例句（15）和（16）。

（15）亮子被苏峻害。(《世说新语·方正》)
（16）子胥被夫人认识。(敦煌变文)

"被"作为动词V_1的用法一直持续到大约公元8世纪，演变为介词的过程为："被 [V_1] + NP_1 + V_2 + NP_2"经过删除相同宾语NP_2（deletion of identical NPs）的共时变化后变为"被 [V_1] + NP + V_2"，再经过历时的语法变化而成为"被 [Prep] + NP + V"，例如（17）中的"被"已经从动词演变为表示被动的介词。

（17）早被妻儿送坟墓。(敦煌变文)

C. 处所介词：在 [+ V] > 介词

"在"的介词用法存在已久，上古早期（11th—6th c. B. C.）即已出现用例，但是一直到中古早期（3rd—6th c. A. D.）这种用法仍不广泛。以《诗经》和《史记》为例，《诗经》里"在"共出现130次，其中只有5例具有介词的功能；《史记》共出现875次，只有39例符合介词的功能（Peyraube，1994），如以下例句所示：

(18)王在新邑烝。(《尚书·周书·洛诰》)
(19)在船中弹琴。(《世说新语·任诞》)

由于篇幅的关系,详细的演变过程请参考 Peyraube(1989)、Cao & Yu(2000),在此不另作赘述。

然而,这两个句子也同样可以诠释为连动式的结构,这种情况下,"在"就担任连动式里动词 V_1 的角色。从中古后期(7th—13th c. A. D.)开始,"在"历经语法化过程,逐渐由处所动词演变为处所介词,佛经里可以找到许多用例[参考例句(20)及(21)]。但这个演变过程极为漫长,"在"维持处所动词的用法仍一直持续了好几个世纪,敦煌变文里还可发现作为动词的用例,如例句(22)。

(20)弟子只在西边村居住。(敦煌变文)
(21)今夜在此宿,还得摩?(《祖堂集》卷五)
(22)君子是何处之人?姓名是甚?在此而坐。(敦煌变文)

D. 比较式:比 [+V] > 介词

从上古时期一直到汉代,"比"用在比较句中仍只是单纯及物动词的功能,直到中古早期(2nd—6th c. A. D.)才开始出现连动式中动词 V_1 的用法,形成"比 $[V_1] + O_1 + VP_2$"的结构,例如:

(23)阿奴比丞相但有都长。(《世说新语·品藻》)

到了公元 8 世纪中唐时期,"比"的动词用法逐渐泛化,最终产生介词用法,形成"比[Prep]+O+VP"的结构,如例句(24)。

(24)官职比君虽较小。(白居易诗)

第二,第二个动词经过语法化之后成为介词或助词

不对称性连动式里的动词 V_2 就如同动词 V_1 一样,也历经语

法化的过程而成为了介词或助词等功能词。以下我们就从与格、完成貌助词以及趋向补语来探讨连动式的这一发展与变化。

A. 与格：与 [+ V] > 介词

"与"用作与格的功能出现在中古汉语晚期，并且一直持续到近代汉语（modern Chinese，公元18世纪为止）。它一开始出现在语法结构"$V_1 + V_2 + IO + DO$"中动词2的位置（IO为间接宾语，DO为直接宾语）。这种结构在汉代末期广为使用，可以在佛经找到许多用例，如以下的例句：

（25）而厚分与其女财。（《史记·司马相如列传》）
（26）分与文君僮百人。（《汉书·司马相如传》）
（27）比丘即以蜜饼授与之。（《大正藏·阿阇世王经》626号，15本）

到了六朝时期，"与"作为与格的用法更为普遍，并且在这一时期出现了新的语法形式："$V_1 + DO + V_2 + IO$"，"与"仍然占据V_2的位置，例如：

（28）时跋跋提国送狮子儿两头与乾陀罗王。（《洛阳伽蓝记·城北》）
（29）留二万钱与潜。（《宋书·陶潜传》）

到公元8、9世纪的时候，又有新的与格结构出现："与 + IO + V + DO"。值得注意的是，"与 + IO"已移到动词前，根据同时期汉语介宾词组位于动词前的现象来类推，此种结构的"与"不再具有动词的功能。因此可以推断"与"的实词用法在这个时期之前已逐渐泛化，约于公元8世纪唐代时期完成语法化的过程，由动词变成介词，如下列的句子：

（30）遂度与天使弓箭。（敦煌变文）
（31）此说某不欲说与人。（《朱子语类》卷一百一十四）

B. 动态助词：了 [+ V] > 助词

"了"于唐代开始用于"$V_1 + O + V_2$"连动式结构中动词2的位置,表示一个动作或事件的完成,例如:

(32)作此语了遂即南行(敦煌变文)

及至唐代中期,"$V_1 + O + 了 [V_2]$"的使用频率高于其他表示同样语义的动词"毕"、"讫"、"已"、"竟",而成为主要的动词。后来经过词汇统一(lexical unification)的过程,原有的结构发生变化,动词宾语移到动词2的后面,形成了一个新的语序结构:"$V_1 + 了 [V_2] + O$"。受到语序结构改变的影响,"了"的实词用法也发生变化:"了"的动词功能演变成表示完成貌的助词功能,亦即:了 [+ V] > 动态助词,例如:

(33)见了师兄便入来。(敦煌变文)

C. 趋向补语:去 / 来 [+ directional V] > 去 / 来 [+ directional complement]

汉语趋向述补结构由一个位移动词(motion verb)加趋向补语"去"或"来"所构成,其发展历程起源于"NP-subject + V + directional verb"的连动式结构。"去"与"来"作为趋向动词(directional verb,以 Vd 表示)用在连动式中动词2的位置,最早可追溯至上古早期(11th—6th c. B. C.),到了上古晚期(5th—2nd c. B. C.)逐渐广泛使用,例如:

(34)牛羊下来。(《诗经·王风·君子于役》)

到了东汉末期,新的结构"V + Vd + NP-subject"第一次出现,做主语的名词词组从动词前移到动词后,这种结构在六朝之后变得广泛,例如:

(35)飞来双白鹄。(古辞)

此外，东汉末年也有不少处所短语（locative phrase，以 LP 表示）出现在句子里的用例，形成"V + 去 / 来 + LP"或"V + LP + 去 / 来"的结构。起初 LP 位于"去"/"来"的后面，到了六朝时期，LP 大都中插于 V 和"去"/"来"之间，因此"V + Vd + LP"演变成"V + LP + Vd"。这种结构中的 V 和 Vd 仍为两个独立的动词，也就是说，"去"/"来"尚未变成趋向补语，如下面的例子：

（36）便出宫去。(《生经》)
（37）弘于是便下床去。(《杂鬼神志怪》)

随着语法结构的演变，"去"/"来"也可以接在及物动词（Vt）之后，因此 Vt 与"去"/"来"之间出现 NP，形成 NP_1 + Vt + NP_2 + "去"/"来"的结构。后来 NP_2 移位提前，遂又形成 NP_2 + NP_1 + Vt + "去"/"来"的新结构，这也促使了 $V_1 + V_2$ 连动式的重新分析以及 V_2 的语法化（参考 Peyraube、Wu & Liang，2004）。"去"/"来"经历语法化之后，词类没有改变，但是语义上成为较虚的动词，失去了原有的独立性，从此演变为现代汉语里常见的趋向补语标记，例如：

（38）又拽一叶舟来。(《搜神记》)
（39）移他处去。(《佛本行集经》)

3.3 外围的连动式

第一个动词（非中心语的修饰成分）也经常发生语法化，有不少副词就是从外围连动式的第一个动词演变而来的，例如：

A. 总括副词：
悉 < 动词
皆 < 形容词

都 < 动词

"悉"当动词时表示"全部"、"详尽"之意;"皆"的形容词语义表示"普遍"、"一般";"都"的动词用法则表示"总括"、"聚集"之义,三者皆演变成副词,表示"总括"的概念。以"都"为例,第(40)句仍为动词用法,第(41)句则已演变成副词用法:

(40)都为一集。(《与吴质书》)
(41)都已晓。(《世说新语·文学》)

B. 限制副词:

唯 < 动词

独 < 形容词

"唯"有可能是在上古汉语早期由系词"隹"演变而来的,例如:

(42)汝隹小子(《尚书·周书·康诰》)
(43)父母唯其疾之忧。(《论语·为政》)

例句(42)的"隹"作为系词,但(43)的"唯"已变成副词的用法。

四 结 论

从上面的讨论可以确定汉语为一具有连动式的语言,而且连动式存在的历史已经非常久,三类连动式(对称性、不对称性以及外围的连动式)皆在古代汉语就已经出现。

在汉语语法结构的历时演变与发展过程中,连动式和功能词的形成有密不可分的关系。很大一部分的功能词——包括介词、助词、副词等,皆是经由语法化的过程从连动结构中的第一个动词或第二个动词演变而来的。

我们也在本文证实了，由动词向功能词发展的过程当中，早期阶段的结构变化几乎全部是从不对称性的连动式演变而来的，只有极少数的例子从外围的连动式产生，但没有一个是从对称性的连动式发展而来的。

参考文献

贝罗贝　1989　早期"把"字句的几个问题，《语文研究》第1期。
朱德熙　1982　《语法讲义》，北京：商务印书馆。
Aikhenvald, Alexandra Y. 1999 Serial constructions and verb compounding : evidence from Tariana (North Arawak). *Studies in Language* 23-3 : 479-508.
Aikhenvald, Alexandra Y. 2003 *Serial verb Constructions*. Paper presented at the International Workshop on Serial Verb Constructions. 9-14 June, 2003, RCLT, La Trobe University. (http://www.latrobe.edu.au/rclt/workshops/2003/position%20paper.pdf)
Cao, Guangshun & Hsiao-jung Yu 2000 The influence of translated Later Han Buddhist Sutras on the development of the Chinese disposal construction. *Cahiers de Linguistique Asie Orientale* 29-2, 151-177.
Chao, Yuan Ren 1968 *A Grammar of Spoken Chinese*. Berkeley : University of California Press.
Collins, C. 1997 Argument sharing in serial verb constructions. *Linguistic Inquiry* 28-3 : 461-497.
Crowley, Terry 1987 Serial verbs in Paamese. *Studies in Language* 11 : 35-84.
Durie, M. 1997 Grammatical structures in verb serialization. In : Alsina, Bresnan & Sells (eds.) *Complex Predicates*. Stanford : CSLI. 289-354.
Li, Charles N. & Sandra A. Thompson 1981 *Mandarin Chinese : a Functional Reference Grammar*. Berkeley : University of California Press.
Nichols, Johanna 1986 Head-marking and dependent-marking grammar.

Language 62 : 56-119.

Peyraube, Alain 1989 History of the passive construction until the 10th century. *Journal of Chinese Linguistics* 17-2 : 335-371.

Peyraube, Alain 1991 Syntactic change in Chinese: on grammaticalization. *Bulletin of the Institute of History and Philology*. Vol. 59-3 : 617-652.

Peyraube, Alain 1994 On the history of Chinese locative prepositions. *Language and Linguistics* 2 : 361-387.

论汉语言说动词的历时发展[*]

1 前 言

本文将着重分析汉语言说动词的历时发展,从"曰、言、语、云"等开始试图确定言说动词的非词汇用法的可能性。实际上,早在上古时期的书面文献中的这一现象 Waley & Armbruster（1934）已注意到,但只提到"曰"的使用情况。我们将探讨中古和近代的高频言说动词"讲""话""说""道"并追溯它们的来源与演变。言说动词的语法化会产生诸如小句标句词（complementizer）、条件连词、小句句尾语气助词、话题标记和言据标记等语法功能。这些功能在汉语共时层面都可发现。重点可参考 Chappell（2008）、刘月华（1986）、孟琮（1982）、谷峰（2007）和刘一之（2006）。

本文只讨论"言说动词（verbs of saying）> 小句标句词（complementizer）",不讨论言说动词的其他用法。"言说动词 > 小句标句词"这个现象现代汉语普通话中不多见,可是北京话、广东话、客家话和闽南话等都有。（参看方梅,2006；Chappell,

---

[*] 本文与曹茜蕾合著。本研究得到欧洲研究理事会（ERC-230388）和法国国家基金会（ANR-11-ISH2-001-01）资助。作者感谢在巴黎访学的清华大学博士生刘华丽同学给予的帮助。原载吴福祥、邢向东主编《语法化与语法研究》（六）,北京：商务印书馆 2013 年,pp.23—39。

2008；Chen & Lien，2008；Xu & Matthews，2007；Yeung，2006）不只在汉语中存在，东亚/东南亚语言、非洲语言也有这样的演变。（参看 Heine & Kuteva，2002；Lord，1993；Saxena，1988；Güldemann，2001 等）

本文不讨论从共时和类型学角度来看汉语方言中的这种现象，而只想分析言说动词演变为小句标句词的历时过程，旨在进一步证实 Chappell and Peyraube（2006）当时提出的尝试性假设。

首先来定义一下：什么是小句标句词（也有学者称作"从句连词"subordinating conjunction）？它是一个语法词，能使一个独立的小句插入一个主句之中。举例来说：

英语：

(1) I heard THAT there was a terrible train accident in China.

北京话（北京口语）：

(2) 有很多人，他们就认为说这得政府给我们解决，我们下岗不是我们的错。（方梅，2006：111，口语语料库）

闽南话的"讲"*kóng*：

(3) 这事感觉讲这足危险。

Che1 su 7 kam2-kak4 kong2 che1 chiok4 gui5-hiam2.（Japanese tales，1081—1083）

广东话的"话"*waa6*：

(4) 我讲话佢係美国来㗎。

Ngoh⁵ gong² waa⁶ keoi⁵ hai⁶ mei⁵ gwok³ lai⁴ gaa³.

（引自 *Hwang*，1998）

更多闽南话、广东话、客家话和其他方言的例子可在我们上述提到的著作中找到。我们现在继续讨论言说动词到小句标句词的历时发展过程。Chappell & Peyraube（2006）提出，表示引用的言说动词语法化过程有两个主要阶段：(ⅰ)第一阶段：准小句标句词（semi-complementizer）；(ⅱ)第二阶段：小句标句词（complementizer）。

Chappell（2008）又认为汉语方言言说动词语法化过程如下：

表引用（quotative use）	第一阶段	第二阶段
普通话		
长沙话（湘）	粤语（香港）	台湾闽南话
上海话（吴）	客家话（台湾四县、桃源）	台湾"国语"
南昌话（赣）		北京话
获嘉话（晋）		
	潮州话	

我们认为，准小句标句词还处于半实半虚的状态，词汇义还比较明显，不是真正的语法词（gram）[①]。

2 历时研究——上古汉语

根据汪维辉（2003），早期上古汉语中（Pre-Archaic & Early Archaic）言说动词已有："言""云""曰"（见于甲骨文），"语"（见于金文）。后期上古汉语（Late Archaic）有："谓""说""道"（但"说、道"几乎没有言说义）。

[①] Chappell（2008）区分准小句标句词和小句标句词的主要标准是言说义动词前面的动词如果是言说动词或认知动词，则为准小句标句词；言说义动词前为一般动词时，言说义动词则语法化为小句标句词。

上古汉语言说义动词的功能可分为两组：

第一组："语"和"言"，多用于实义动词，很少引出直接引语（direct quotation），直接引语的用法直到后期才出现。李佐丰（1991）甚至认为"语"跟"言"不可以带直接引语。后期上古汉语的例子：

(5) 子不<u>语</u>怪力乱神。(《论语·述而》)
(6) 与朋友交，<u>言</u>而有信。(《论语·学而》)

第二组："云"和"曰"，仅用于引出直接引语，偶尔也用于引出间接引语（indirect quotation）。"云"常用作引出经典中的原文，如"诗云……"(《诗经》上说……)。"曰"多引出直接引语。有关"曰"跟"云"的用法和差别，参考 Pulleyblank（1995：81—82）：他认为"云"相当于"曰 + 之"，他也这样解释"曰"跟"云"的差异："'云' was probably originally aspectual, that is, 'say' as an indefinite act without any time reference versus 'say' as a definite act on a particular occasion（曰）."例如：

(7) 孟子<u>曰</u>："天下之言性也，则故而已矣。"(《孟子·离娄下》)
(8) 诗<u>云</u>："经始灵台，经之营之，庶民攻之，不日成之。"(《孟子·梁惠王上》)

Pulleyblank（1995：21）还指出"云"可在"叫喊义"动词后引出补足语。

后期上古汉语的"谓"也可以带直接引语，它又常用作间接引语动词。最后，"说"和"道"在这个阶段很少有言说义，"说"义为"解释"，"道"义为"讨论"。

(9) 人皆<u>谓</u>我毁明堂。(《孟子·梁惠王下》)

无论如何，这些言说动词均不能做准小句标句词，更不可做宾语从句的标句词。它们仍具有实在的词汇义或被用作表引用的动词。

3 历时研究——中古汉语和近代汉语

中古和近代时期，言说义动词又出现了"话"和"讲"，并且"说"和"道"出现言说义用法。"话"一词在唐代产生，"讲"要等到元代才产生。言说义的"说"在唐宋之间产生，只是在元代以后，才多用于引出直接引语。在《孝经直解》（14世纪）里有57个"说"，27个引出直接引语。（汪维辉，2003）"道"的言说义在唐宋之间也很流行，但多引出间接引语。《三朝北盟会编》有41个"道"，26个引出间接引语。（汪维辉，2003）

"说道"合用也见于宋代，可只在元明时才开始普遍使用。刘丹青（2006）也认为它是元明以来用于引出对话最常见的一个词。除了"说道"以外，还有"知道""闻道""信道""见道""愿道"都出现在《祖堂集》（10世纪）里，参看太田辰夫（1988：166），但这些词语还不是一个词，刘丹青（2006）也谈到"'V道'组合并不是词汇单位"。

"话""讲""说""道"的例子有：

（10）洞山云："三十年同行，作什摩语话！"（《祖堂集卷六·神山和尚》）

（11）行者你快请他转来，贫僧还有话讲。（《元曲选·范子安〈竹叶舟〉》楔子）（汪维辉，2003）

（12）子曰：先王有至德要道，以顺天下，民用和睦，上下无怨，汝知之乎。（孔子说：……）（《孝经直解》）

（13）或金国皇帝相重据理，贵朝皇帝却道便与西京，更不要一物。（《三朝北盟会编·燕云奉使录》）"说道"的例子有：

（14）说道韩家有几万，岳家有几万，都在淮南。（《三朝北盟会编5》）（刘丹青，2006）

4 语法化过程

4.1 本小节讨论言说义动词的功能及其语法化过程

先讨论从"说道"到"V道"的演变。刘丹青（2006）认为：说道＞V-道。动词"说"大概通过类推词汇扩展（analogical lexical extension）的方式发展到一般动词，然后"道"语法化为宾语从句的标句词：$V_1 + V_2 > V_1 +$ 标句词，并指出这一语法化（grammaticalization）进程可能是在宋元之间发生的。我们认为这个假设不容易被接受：(i)"道"大概没有变成一个真正的标句词，而是停留在语法化第一阶段，即准标句词阶段；(ii) 语法化的过程是比较晚才进行的。

4.2 言说义动词的另一种提案

李明（2003）提出好几个言说义动词在中古和近代有"以为""认为"义，其中有"言、云、道"。"言"和"云"之"认为、以为"义见于六朝到唐，"道"之"以为"义见于近代汉语。言说义动词词义的演变过程为："言说"义 [+ say]（叙实 factive）＞"认为"义（非叙实 non-factive）＞"以为"义（反叙实 contrafactive）。[①] 现代汉语的"以为"是纯粹的反叙实动词。要注意的是"叙实＞非叙实＞反叙实"这个演变是语义演变的机制而不是语法化的机制（mechanism），可是语义演变跟语法化（或重新分析）还是有关系：语义演变是语法化的动因（motivation），语义演变的动因是主观化（subjectification）。（参考 Traugott, 1989; Peyraube, forthcoming）。这一点李明（2003）已经提及："'以为'一词意义的转变，即是主观化的过程。"下

[①] 叙实动词是指带一个补语小句的动词，说话人预设该补语小句表达的命题为真。非叙实结构并不要求说话人预设补语小句表达的命题为真。反叙实结构预设补语小句表达的命题为假。

面"言、云、道"的例子引自李明(2003):

（15）非但我言卿不可,李阳亦谓卿不可。(《世说新语·规箴》)[言＝认为]
（16）山公大儿著短帢,车中倚,武帝欲见之,山公不敢辞。问儿,儿不肯行。时论乃云胜山公。(《世说新语·方正》)[云＝认为]
（17）昨夜沧江别,言乖天汉游。宁期此相遇,尚接武陵洲。(《全唐诗》卷84,陈子昂《江上暂别肖四刘三旋欣接遇》)[言＝以为]
（18）(桓南郡)乃夜往鹅栏间,取诸兄弟鹅悉杀之。既晓,家人咸以惊骇,云是变怪。(《世说新语·忿狷》)[云＝以为]
（19）周秀便理会得,道是个使钱的勤儿。(《大宋宣和遗事·亨集》)[道＝以为]

5 言说动词演变的假设

我们认为宾语从句标句词不是直接从言说动词来,而是从"认为"和"以为"等认知动词而来。言说义动词的语义变化过程：言说＞认为＞以为＞(准)标句词(SAY ＞ CONSIDER ＞ THINK ＞ [SEMI-]COMPLEMENTIZER)。只有最后一个阶段属于语法化进程之一。换句话说,我们的假设是认知动词导致了语法化的过程。

在近代汉语中也有"说"用于表认知义的例子,如同李明提到的中古的言说义动词"言、云、曰"有认知义用法一样。

（20）子兴道："依你说,'成则王侯败则贼'了?"(《红楼梦》第二回)

至于认知义动词语法化为(准)小句标句词的时间,很可能最早见于18、19世纪。我们的推测主要根据近代闽南话文献和北京话文献。

近代闽南话文献主要有 *Doctrina Christiana*（传教士资料，16世纪末17世纪初，马尼拉出版），《荔镜记》（15、16世纪的潮州和泉州方言材料）。北京话文献主要有《官话指南》（19世纪作品）。

闽南话文献 *Doctrina Christiana* 体现的是书面语层面，因为文献中使用言说动词的古语词"曰"，而《荔镜记》则比较口语，与"曰"相对应使用"呾 $tann^3$""说 seh^4""讲 $kong^2$"和"叫 kio^3"。15、16世纪这个阶段，没有言说动词语法化为宾语从句标句词的例证。在 *Doctrina Christiana* 中有55个"曰 uar"（38个"答曰"），都用作表引用的动词，引出直接引语。还有4例"说 seh^4"（两例表示解释义，另外两例言说动词，其中有一个勉强可以看作"准小句标句词"）：

（21）汝子西士氏。差一天人。名曰。山呀腊迷降下。报说僚氏要援汝身与神魂。齐登天堂受福。

Lu kia Jesu che-tien yin-San Galabe cang he po sue Diosi ay uan lu sin cang sin hun teng tian tong siu hoc.（原文的罗马字母注音。*Doctrina Christiana*：179—180）

（你的儿子派 St. Gabriel 天使来告诉你说，上帝要把你的身体和灵魂带到天堂里去受福。）

据 Lien（2011），《荔镜记》中也没有言说动词用于小句标句词的例子。

北京口语中言说动词"说"的语法化也是一个较晚才发生的现象。初见于晚清，即19世纪后期（方梅，2006）。我们在《官话指南》中也发现了一些例子，但是这些言说动词很可能是个准小句标句词，而不是一个完全的小句标句词：

（22）是，我来是和您打听一件事情，是我听见说您这西院里那处房要出租，是真的么？不错，是真的。（《官商吐属》第二卷第一章）

（23）那好办，赶您租妥之后，您可以告诉我说，您是匀出多少间来出租，我可以替您找住房/房子的。（《官商吐属》第二卷第一章）

《官话指南》中的这些例子证明，言说动词"说"的语法化阶段仍属于第一阶段：准小句标句词，还未完全发展出小句标句词的语法功能，从而进入第二阶段。

要等到20世纪晚期才有北京话里真小句标句词的例子：

（24）我总是觉得说生活里缺了点儿什么。（方梅，2006：109）

台湾闽南话和国语中言说动词语法化为小句标句词也是20世纪晚期的事情。如：

闽南话：

（25）啊，我想讲我唔认做善事（《命运》Fate：81—82）
A^1, goa^2 siu^7 $kong^2$ goa^2 m^7 bat^4 cho^3 $sian^7$-siu^7
（我以为我从来没做过善事）

国语：

（26）他们不知道说系里面最近有什么样的事情。（引自Huang，2003：440）

6 结　语

汉语方言中言说动词到宾语从句标句词的语法化不可能在18、19世纪以前开始。言说动词的语法化过程的两个主要阶段为：（ⅰ）表引用的动词>准小句标句词；（ⅱ）准小句标句词>小句标句词。

言说义动词语法化过程是在语义变化（从实义动词到认知动词）的基础上产生的。其语法化机制的主要动因是语义演变：言说>认为>以为>[准]小句标句词。

参考文献

方 梅 2006 北京话里"说"的语法化——从言说动词到从句标记,《中国方言学报》第一辑。

谷 峰 2007 从言说义动词到语气词——说上古汉语"云"的语法化,《中国语文》第3期。

李 明 2003 试谈言说动词向认知动词的引申,吴福祥、洪波主编《语法化与语法研究》(一),北京:商务印书馆。

李佐丰 1991 《左传》的"语""言"和"谓""曰""云",《语言学论丛》第16辑。

刘丹青 2006 汉语里的一个内容宾语标句词——从"说道"的"道"说起,"庆祝中国语文创刊50年"国际学术研讨会(南昌)。

刘一之 2006 北京话中的"(说):'……'说"句式,《语言学论丛》第33辑。

刘月华 1986 对话中"说""想""看"的一种特殊用法,《中国语文》第3期。

孟 琮 1982 口语"说"字小集,《语法研究和探索》(2),北京:北京大学出版社。

太田辰夫 1988 《中国语史通考》,东京:白帝社。

汪维辉 2003 汉语"说"类词的历时演变与共时分布,《中国语文》第4期。

Chappell H. 2008 Variation in the grammaticalization of complementizers from *verba dicendi* in Sinitic languages. *Linguistic Typology* 12-1:45-98.

Chappell H. &. A. Peyraube 2006 Polygrammaticalization of *say* verbs in Sinitic languages. Paper presented at the 20th Journees de linguistique d'Asie Orientale. Paris,22-24 June.

Chen I-Hsuan & Chin-fa Lien 2008 The interaction between the construction *kong* + Topic and its thematic markers in Taiwanese Southern Min. In R. Djamouri & R. Sybesma(eds.)*Chinese Linguistics in Europe* 2. Paris:EHESS. 175-190.

Güldemann T. 2008 *Quotative Indexes in African Languages*:*A Synchronic and Diachronic Survey*. Berlin:Mouton de Gruyter.

Heine B. & T. Kuteva 2002 *World Lexicon of Grammaticalization*. Cambridge：Cambridge University Press.

Huang Shuan-fang 2003 Doubts about complementation：A functionalistic analysis. *Languages and Linguistics* 4-2：429-455.

Hwang Jya-Lin 1998 A comparative study on the grammaticalization of saying verbs in Chinese. In C. Sun（ed.）*Proceddings of the 10th North American Conference on Chinese Linguistics*. 574-584.

Lien Chin-fa 2011 Verbs of saying *serh4*, *tann3* and *kong2* in *Li Jing Ji*：A constructional approach. *Cahiers de linguistique Asie Orientale* 40-1：33-72.

Lord C. 1993 *Historical Change in Serial Verb Constructions*. Amsterdam：John Benjamins.

Peyraube, A.（Forthcoming）Historical grammar, typology and cognition in Chinese. In H. Chappell（ed.）*Diversity in Sinitic Languages*. Journal of Chinese Linguistics monograph.

Pulleyblank, E. 1995 *Outline of Classical Chinese Grammar*. Vancouver. UBC Press.

Saxena A. 1988 The case of the verb 'say' in Tibeto-Burman. *Proceedings of the Berkeley Linguistic Society* 14：375-388.

Traugott E. C. 1989 On the rise of epistemic meanings in English：An example of subjectification in semantic change. *Language* 65-1：31-55.

Waley A. & C. H. Armbruster. 1934 The verb 'to say' as an auxiliary in Africa and China. *Bulletin of the School of Oriental Studies*（London）. Vol. 7：573-576.

Waley A. & C. H. Armbruster. 2007 从动词到字句结构标记：潮州方言和台湾闽南话动词"说"和"看"的虚化过程,《中国语文研究》第23辑。

Yeung Kawai 2006 On the status of the complementizer waa6 in Cantonese. *Taiwan Journal of Linguistics* 4-1：1-43.

汉语"等待"义动词历时考察[*]

提要 本文在分析过程中赞同 Traugott & Dasher(2002:7)的看法,他们认为语言的基本功能是表达意义(meaning)。同时本文认为意义既具有认知(cognitive)功能,又具有交际(communicative)功能,就是说词位(lexemes)是宏观概念结构(macro-level conceptual structures)的具象的语言表征。它们是人类共有的,但也要受到特定文化因素的影响。

基于这种观点,本文讨论"等待"语义域(semantic domain)动词的语义演变。现代汉语普通话中常用"等待"义动词主要是"等"。在古代汉语(上古及中古)和近代汉语中"等待"义的动词有:竢(俟)、徯、待、候、须、赶、等待、等候。本文从历时角度来分析这些词位跟它们的语义演变。本文的假设是只有两个语义演变的机制:隐喻化(metaphorization)和转喻化(metonymization)。

关键词 "等""等待"语义变化 历史演变 隐喻化 转喻化

1 引 言

本文在分析过程中赞同 Traugott & Dasher(2002:7)的看法,他们认为语言的基本功能是表达意义(meaning)。同

---

[*] 本文与刘华丽合著。本文得到了国家社科重大课题"近代汉语常用词词库与常用词历史演变研究"的资助(编号 11 & ZD125),法国的国家科学基金会(ANR)的资助(编号 TYSOMIN-11-ISH2-001-01)。在论文写作过程中,承蒙曹茜蕾(Hilary Chappell)、蒋绍愚、曹广顺、杨永龙、杨秀芳、鹿钦佞、王统尚提出宝贵意见,在此谨表谢忱。论文写作还得到张美兰教授、刘曼同学提供的《清文指要》(七个版本)、《官话指南》(1881/1893)和《官话类编》等文献,特此致谢。

载《历史语言学研究》(第六辑),北京:商务印书馆 2013 年,pp. 23—39。

时我们也认为意义既具有认知（cognitive）功能，又具有交际（communicative）功能，就是说词位（lexemes）是宏观概念结构（macro-level conceptual structures）的具象的语言表征。它们是人类共有的，但也要受到特定文化因素的影响。

基于这种观点，我们在本文中会讨论"等待"语义域（semantic domain）动词的语义演变。该语义域的研究至今几乎没有人详细研究过，不论是汉语，还是其他语言[①]。

现代汉语普通话中常用的"等待"义动词主要是"等"。上古、中古常用的"待、候"不再单用，而是作为语素构成一个词"等待""等候"，多用于书面语。在古代汉语（上古及中古）和近代汉语中"等待"义的动词有：竢（俟）、徯、待、候、须、赶、等待、等候。本文从历时角度来分析这些词位跟它们的语义演变。

我们认为语义演变只有两个主要机制：隐喻化（metaphorization）和转喻化（metonymization）[②]，参看贝罗贝（2005），吴福祥（2009：1—19），没有其他机制[③]。至于"词义恶化"（pejoration），"词义改良"（amelioration），"受限"（restriction）[或"意义缩小"（narrowing of meaning）]，"扩大"（expansion）[或"泛化"（generalization）]等语义学提法（参看 Bréal 1897；蒋绍愚 1989，1994，1999，2007；江蓝生 1992），它们只是这两个机制之中的一个次语类（sub-class）或两种机制综合产生的结果。

[①] 目前只有张庆庆（2007）和蔡晓（2010）的研究。

[②] "隐喻化"是指语义从一个概念域（conceptual domain）到另一个概念域的发展，转喻化指语义演变在同一个概念域之内完成。参看 Tragott & Dasher（2002：28），Sweeter（1990：19）。

[③] 概念转喻（conceptual metonymy）大概也包括主观化（subjectification）与交互主观化（intersubjectification）。参看吴福祥（2006：6—8）。

本文第二部分分析先秦使用的"等待"义动词,第三和第四部分分别讨论两汉和魏晋南北朝时期"等待"义动词的使用情况,第五、六部分继续讨论唐宋和元明清"等待"义动词的演变。

2 先秦时期

先秦本义表示"等待"义的动词有四个:待、竢(俟)、徯、颢(须)。"待、竢、徯、颢"就所从部首来看,均与人之行走有关。"徯、待"从"彳",表示行人之步趋,"竢、颢"从"立",表示人之驻留。"颢"假借"须"表示"等待","竢"假借"俟"表示"等待"。下面我们将逐个分析这些动词的语义。

2.1 待

"待"的本义:即"等待",《说文解字》:待,竢也。段注:竢也。立部曰。竢,待也。今人易其语曰等。"待"常用于"待+人""待+处所短语"等表示一种具体行为,如例1、2:

(1)王昧爽丕显。坐以待旦。(尚书,商书,太甲上)
(2)一人待于洗南,长致者阼阶下再拜稽首。(仪礼,大射第七)

"待"的语义在使用过程中也产生语义引申,这些语义引申包括三种情况:

引申义(一):从"等待"发展到"期待"。

(3)公曰:"多行不义,必自毙,子姑待之。"(左传,隐公元年)
(4)余一人无日忘之,闵闵焉如农夫之望岁,惧以待时。(左传,昭公三十二年)
(5)山东见亡必恐,恐必大合,山东尚强,臣见秦之必大忧可立而待也。(战国策,卷二十五,魏四,献书秦王)

这种引申是在同一个概念域内发生的，所以我们认为这是通过转喻化（metonymization）机制而实现，也可以被解释为语用推理（pragmatic inferencing）。

引申义（二）：从"等待"发展到"对待"。

(6) 以同邦国之礼, 而待其宾客。（周礼, 秋官司寇, 大行人）
(7) 晋师必至, 吾无以待之, 不如与之。（左传, 昭公七年）
(8) 诸侯诸伯诸子诸男之相为宾也, 各以其礼相待也, 如诸公之仪。（周礼, 秋官司寇, 司仪）
(9) 小行人掌邦国宾客之礼籍, 以待四方之使者。（周礼, 秋官司寇, 小行人）
(10) 乃召苏氏, 复善待之。（战国策, 卷二十九, 燕一, 齐伐宋宋急）

这种用法的例子多用于《周礼》和《战国策》中，出现在"待 + 表人宾语"（例6）或"以（NP）+ 待（N）"（例7、8、9），"形容词 + 待"（例10）。

这种引申是从一个语义域到另一个语义域，属于隐喻联想（metaphorical extension）过程。

引申义（三）：从"等待"发展到"依靠、凭借"，与"恃"相通，常见于《庄子》和《荀子》《韩非子》的哲学话语中，如：

(11) 不离不劳, 则不求文以待形；不求文以待形, 固不待物。（庄子, 第二十, 山木）
(12) 行为动静, 待之而后适者邪？血气之精也, 志意之荣也, 百姓待之而后宁也, 天下待之而后平也, 明达纯粹而无疵也, 夫是之谓君子之知。（荀子, 成相）

这种引申也是从一个语义域到另一个语义域，同样属于隐喻联想（metaphorical extension）过程。

引申义（一）和引申义（二）的语义演变的动因是：当"等

待"一个人或一件事的发生时,则"期待"其出现或发生;而当其出现或发生时,则出现"对待"的语义。引申义(三)的语义演变是"等待"一个人或一件事时,期待其出现或发生,如果处于不自主的语境时则要"依赖"它。英语中也有这种演变过程:wait > wait upon(the Emperor/a result/a decision)> rely on[①]。

关于这些演变我们还有一些问题需要讨论:它们的路径是属于"语义变化链"(chain of semantic change)还是"多重语义变化"(poly-semantic change),也就是说,是以下的模式 i 还是模式 ii:

  i. 等待 > 期待 > 对待 > 依靠(chain of semantic change)
  ii. 等待 > 期待
    等待 > 对待
    等待 > 依靠(poly-semantic change)

我们认为模式 ii 是比较可靠的语义演变路径。

我们还统计了"待"在先秦文献中的使用情况,见下表:

	尚书	周易	仪礼	周礼	左传	礼记	论语	孟子	庄子	荀子	韩非子	吕氏春秋	战国策
等待	1	7	10	60	131	26	2	16	16	48	41	26	52
对待,接待	0	0	0	12	4	7	2	2	9	7	8	5	10
凭借(需要),与"待、恃"音同义通	0	0	0	0	0	0	0	0	17	12	9	9	0

从上表可知,先秦时期"待"的使用数量相对比较大,但或因文献性质、内容和篇幅大小,在先秦文献中分布并不均匀。《尚书》只有"待"的一个例子,暂且列出。《诗经》不用"待",而用"俟"。

---

 ① 关于英语中"wait"的演变,感谢曹茜蕾教授提供的资料。

《周礼》中还有20多个例句既可理解为"等待",也可理解为"供给、预备"之义。如:

(13)内府掌受九贡九赋九功之货贿,良兵良器,以待邦之大用。(周礼,天官冢宰,内府)

《战国策》还出现"留待"同义动词连用情况。如:

(14)荆轲有所待,欲与俱,其人居远未来,而为留待。(战国策,卷三十一,燕三,燕太子丹质于秦亡归)

2.2 竢(俟)

"竢"也表示"等待",此为本字,但常假借"俟"表示"等待"。段注释"竢","经传多叚俟为之,俟行而竢废矣。"《说文解字·立部》曰:竢,待也。"俟"主要用于"俟+于+处所名词"和"VP而俟",少量使用在"俟+指人名词或代词"、"俟+时间名词"用法没有"待+时间名词"常见。

(15)季孙使从于朝,俟于党氏之沟。(左传,哀公十一年)
(16)父醴女而俟迎者,母南面于房外。(仪礼,士昏礼第二)
(17)获者适侯,执旌负侯而俟。(仪礼,乡射礼第五)
(18)姬之衰也,日可俟也。(左传,哀公元年)

以下是"俟"在先秦的使用情况:

	尚书	周易	诗经	仪礼	周礼	礼记	左传	论语	孟子	荀子
总数	4	1	7	60	1	23	14	3	4	5
俟+于+处所	0	0	6	15	0	4	2	0	0	0

上表《尚书》中例子,如:

(19)归俟尔命,尔不许我。(尚书,周书,金縢)
(20)太保降,收,诸侯出庙门俟。(尚书,周书,顾命)

《诗经》有7例，6例用于"俟+代词+于+处所"结构中，表示在某处等待某人。

（21）静女其姝，俟我于城隅。爱而不见，搔首踟蹰。（毛诗，国风，邶，静女）
（22）子之丰兮，俟我乎巷兮；悔予不送兮。子之昌兮，俟我乎堂兮；悔予不将兮。（毛诗，国风，郑，丰）

《周易》只有1例。

（23）君子见几而作。不俟终日。（周易，系辞下）

2.3 頾（须）

"頾"在先秦文献中也表示"等待"义，但是常假借"须"表示"等待"义，不是常用词。《说文解字·立部》：頾，待也。段注：立而待也。杨树达（1932）《词诠》收录"须"。外动词，须，待也。"须"与"徯"在《尚书》中出现异文情况。如：

（24）太康失邦，昆弟五人，须于洛汭，作五子之歌。（尚书，夏书，五子之歌）
（25）御其母以从，徯于洛之汭，五子咸怨。（尚书，夏书，五子之歌）

"须"的"等待"义，后世注疏文献用"待"或"须待"来释义。

（26）丁卯，命作册度，越七日癸酉，伯相命士须材。（尚书，周书，顾命；孔安国传：于丁卯七日癸酉，召公命士致材木，须待以供丧用。孔颖达疏："须"训待也。）
（27）天惟五年须暇之子孙，诞作民主，罔可念听。（尚书，周书，多方；孔疏：天惟以成汤之故，故积五年须待闲暇汤之子孙。）

《管子》和《韩非子》出现"须"与"待"对文用法和"须"与"待"连用情况。

(28) 安徐而静，柔节先定，虚心平意以待须。（管子，九守；尹知章注："须亦待也。"）

(29) 是不须视而定明也，不待对而定辩也，喑盲者不得矣。（韩非子，第四十六篇，六反）

《荀子》"须"与"待"也同义互文并用。

(30) 故奸言，奸说，奸事，奸能，遁逃反侧之民，职而教之，湏（须）而待之，勉之以庆赏，惩之以刑罚。（荀子，王制；唐杨倞注：湏而待之，谓湏暇之而待其迁善也。）

《诗经》只有1例使用"须"表示"等待"。

(31) 招招舟子，人涉卬否。人涉卬否，卬须我友。（毛诗，国风，邶，匏有苦叶；孔颖达疏《国风·邶》郑笺（传）：人皆涉，我友未至，我独待之而不涉。孔疏：人见号召，皆从渡，而我独否。所以人皆涉，我独否者，由我待我友，我友未至，故不渡耳。）

以下为我们统计的"须"在先秦的使用情况：

	尚书	诗经	周易	仪礼	礼记	左传	荀子	韩非子	战国策
使用数量	3	1	1	2	6	2	2	6	9

值得注意的是在先秦文献中，虽然"须"不是"等待"义常用词，但是"等待"义比"须"的"需要"[①]义和"须发"义常用。在语料中我们还常见双音节词"须臾"[②]和"斯须"[③]。

[①] "须"的"需要"义，如：故天子之与后，犹日之与月，阴之与阳，相须而后成者也。（礼记，昏义）

[②] 对于"须臾"一词的考证，宋洪迈《容斋随笔》指出"须臾"是"须臾"梵语外来词，王念孙《读书杂志》认为"须臾"有多义，既有"从容"义，又有"片刻（时间短）"之义。

[③] "斯须"一词，郑玄注《礼记》为"'君子曰：礼乐不可斯须去身'，'犹须臾也'"，按：可译作"片刻"。段玉裁注："凡汉人作注云犹者，皆义隔而通之。"

2.4 徯

"徯"也表示等待,《说文解字》:"徯,待也。""徯"上古不多见,只用于《尚书》,共4例。

(32)禹曰:安汝止,惟几惟康,其弼直。惟动丕应徯志,以昭受上帝。天其申命用休。(尚书,虞书,益稷;孔颖达《尚书正义》:徯,待也。帝先安所止,动则天下大应之,顺命以待帝志。)

(33)有穷后羿,因民弗忍,距于河,厥弟五人,御其母以从,徯于洛之汭。(尚书,夏书,五子之歌)

2.5 小结

先秦主要使用"待"表示"等待","俟""徯""须"作为非常用词。"候"与"伺"在先秦主要作"候望、窥伺、视"等义讲,还未产生"等待"义。它们属于"视看"语义域。《说文解字》:"候,伺望也。古文作'矦'。"《说文解字》:"伺,候望也。"对先秦文献注疏时,动词"候"都注释"望、视"义。蔡晓(2010)统计《庄子》《左传》和《韩非子》认为"候"有"等待"义,其实不然,它们应当解释为"视看"。如:

(34)庄子曰:"子独不见狸狌乎?卑身而伏,以候敖者;东西跳梁,不辟高下;中于机辟,死于罔罟。"(庄子,第一,逍遥游;郭璞注:候敖,谓伺遨翔之物而食之。)

(35)齐攻宋,宋王使人候齐寇之所至。(吕氏春秋,贵直论第三,壅塞;高注:候,视也。)

我们总结先秦"等待"语义域词汇使用的情况:

	尚书	诗经	周易	仪礼	周礼	礼记	左传	论语	孟子	庄子	荀子	韩非子	战国策	吕氏春秋
待	1	0	7	10	60	26	131	2	16	16	48	41	52	26
俟	4	7	1	60	1	23	14	3	4	0	5	0	0	0
须	3	1	1	2	0	0	2	0	0	0	2	6	9	0
徯	4	0	0	0	0	0	0	0	0	0	0	0	0	0

由上表可知，先秦汉语"等待"语义场中，"待"为核心常用词，有多种义项。"俟、溪"语义单一，只有"等待"义。不同文献使用词汇时具有选择性，如《诗经》选择"俟"而不用"待"。"俟"与"待"构成竞争关系，"溪、须"都为边缘词汇，只在个别文献中使用，"候"与"伺"在先秦还没有"等待"义。

3 两汉时期

秦汉时期"待"仍为"等待"义语义场的核心常用词汇，"溪"几乎不使用，"俟、须"等已经边缘化。"须"的常用义已经变为"需要"。"候"始出现"等待"义。以下是两汉"等待"义动词的使用情况：

	史记	淮南子	论衡	汉书
待	148	33	16	55
候	22	2	2	4
俟	5	3	11	16
须	6	3	13	13
溪	0	0	1	0

3.1 待

"待"两汉时期仍旧为常用词，在《史记》《淮南子》中出现随文义"积极等待"。

（36）王所待于晋者，非有马汗之力也，又非可与合军连和也，将待之以分楚，今楚众已分，何也待于晋？（史记，世家，越王句践世家）

（37）文王归，乃为玉门，筑灵台，相女童，击钟鼓，以待纣之失也。（淮南子，第十二卷，道应训）

除了"等待"外,"待"的义位(sememe)同先秦一样,还有引申义"凭借、依靠"和"对待",在此不举例说明。

3.2 候

两汉时"候"(候)的主要义还是"视看",但在《史记》中出现了"等待"义,使用于具有尊卑关系和上下关系的语境,如:

(38)乃拜卿为郎,东使<u>候</u>神于太室。(史记,本纪,孝武本纪)

"候"由本义"视看,察看,窥伺"引申出"等待,等候"义,从西汉时起,"视看"语义域的"候"始出现在"等待"语义域。我们的假设是:从"视看"到"等待"是隐喻化机制起作用,动因是"视看"这个动作的发生和持续就会引起"等待"义产生。

徐正考(2004)指出,候、候时(司、伺)、伺在"视看"义上为同义词。因此,东汉"候、伺"常用义仍是"视看"义。直到北朝时期《齐民要术》中"候"才大量有"等待、等到"用法。

3.3 须

两汉的"须"的语义受到"需"影响,常用义是为"需要"。"须"主要用作助动词"需要",两汉时"须"的"等待"义主要是存古,如《论衡》引用《韩非子》原文。实际上,其常用义为动词"需要"和助动词用法"需"。《论衡》中"等待"13例(助动词"需"57例,动词"需要"27例)。

"须""待"对文的例子有:

(39)然足蹈路而行,所蹈之路,<u>须</u>不蹈者;身须手足而动,<u>待</u>不动者。(论衡,第十卷,非韩第二十九)
(40)赏<u>须</u>功而加,罚<u>待</u>罪而施。(同上)

3.4 俟

"俟"在两汉时期已经不再常用,但其语义唯一,多用于"俟时""俟命""俟罪"表示"等待"。

(41)今我其即命于元龟,尔之许我,我以其璧与圭归,以<u>俟</u>尔命。(史记,世家,鲁周公世家)

(42)共承嘉惠兮,<u>俟</u>罪长沙。(史记,列传,屈原贾生列传,贾谊本传)

还有一些"俟"与"待"共现的例子:

(43)断决知辜,不必皋陶;调和葵韭,不<u>俟</u>狄牙;闾巷之乐,不用韶、武;里母之祀,不<u>待</u>太牢。(论卫校释,第三十卷,自纪第八十五)

4 魏晋南北朝

"待"为常用词,"候"之"等待"义用例增多。

4.1 待

"待"在该时期,句法上最大的变化就是小句和动词宾语越来越多,这为"待"进一步虚化为助动词和使役标记词提供了句法可能性,这两种用法在宋以后才开始多见。

(44)魏武曰:"卿未可言,<u>待</u>我思之。"(世说新语,捷悟)

(45)今若举四郡保三江以<u>待</u>其来,而为之内应,不亦可乎!(魏书,桓二陈徐卫卢传第二十二)

(46)魔言:"小<u>待</u>我入林中。"(西晋安法钦,阿育王传,卷第五)

(47)一人观瓶而作是言:"<u>待</u>我看讫。"如是渐冉,乃至日没,观瓶不已,失于衣食。(百喻经卷第三,观作瓶喻)

佛经文献中常有双音同义复用:留待,听待,须待。

（48）复恐人见令不听入，<u>留待</u>日暮。(贤愚经卷第十二，波婆离品第五十)

（49）如是乃至若日西来。还复语言。<u>听待</u>晨朝。若晨朝来。<u>听待</u>日西。(隋阇那崛多，佛本行集经，卷第五十四)

4.2 候

"候"已经逐渐从"视看"语义域转向"等待"语义域，从《齐民要术》的用例即可看出。但是《齐民要术》中有时不易分辨出"视看"或"等待"，如：

（50）九月中，<u>候</u>近地叶有黄落者，速刈之。(大豆第六)
（51）取麦种，<u>候</u>熟可获，择穗大疆者斩，束，立场中之高燥处，曝使极燥。(收种第二)

以上例子说明，"候"的语义变化还处在"等待"和"视看"共存的阶段[①]。无论是消极等待还是积极等待，施事多有自主性，"视看"义的"候"表达"等待"时总带有"观察，察候"的语义因素。

可以确定的是当"候"进入连动句式，如"候……，便……"句式，则无疑表示"等候"。也可以说，连动句是"候"从"视看"义转换为"等待"义的必要关键的句法环境。《齐民要术》中出现连动句式"候……，便……"句式共 8 例。如：

（52）但<u>候</u>曲香沫起，<u>便</u>速酿。(造神曲并酒第六十四)
（53）<u>候</u>实口开，<u>便</u>速收之。(种椒第四十三)

还有"候……，乃(则)……"句式。如：

（54）收胡瓜，<u>候</u>色黄<u>则</u>摘。(种瓜第十四)
（55）三月中，<u>候</u>枣叶始生，<u>乃</u>种兰香。(种兰香第二十五)

讨论"视看"到"等待"上文已经提及，这种演变的动因是

[①] 语义演变和语法演变一样，从 A > B 的变化，常常存在 A 与 B 共存的阶段：A > A/B > B。参看 Hopper (1991) 的"层次原则"(layering principle)。

隐喻推理。

《齐民要术》中无论"待"还是"候"使用数量及频率都超过了同时期的中土文献及佛经文献,"候"有"待"义用例也比其他文献要多得多。或许,这部"晓示家童","不尚浮辞"(《齐民要术·序》)的农学专著更接近当时的口语。这点汪维辉先生(2004)已经专文指出,"在传世的'北魏三书'中,《要术》(约成书于公元530—540年)最贴近口语,而且带有明显的北方方言色彩,是研究南北朝汉语不可多得的宝贵资料",并从词汇角度证明《齐》的口语性,指出"候"有"待"义。此外,"待、候"在《齐》中用例情况应该还与该文献的性质有关,因为是农学著作,就涉及时令季节先后、耕种方法程序等问题,与"等待"需求的语义框架有很大关联,由此,"待、候"出现的机率也就大。

魏晋南北朝"等待"义动词使用情况

	(晋)三国志	(晋)抱朴子内篇	(刘宋)世说新语(含注)	(南朝)颜氏家训	(北魏)齐民要术(不含注)
待	22	8	7	15	48[①]
候	6	3	1	7	34

佛经文献

	(西晋)生经(5卷)	(西晋)正法华经(10卷)	(西晋)阿育王传(7卷)	(后秦)出曜经(30卷)	(后秦)妙法莲华经(7卷)	(北凉)悲华经(10卷)	(萧齐)百喻经(4卷)	(北魏)贤愚经(13卷)	(梁)经律异相(50卷)	(隋)佛本行集经(60卷)
待	2	3	8	12	4	8	5	12	39	39
候	0(窥探2)	0	0	0(候望3)	0	0	0(候望2)	0	0(候望9,候验3)	0(候望3)

[①] 《齐民要术》共48例"待",且只有一种意义:等待,等到。

从上两表可知,"等待"语义域中古时期在中土文献中常用词以"待"为主,"候"开始出现"等待"义,还不普遍。在口语性较强的佛经文献中,"候"的常用义仍沿袭"候望、窥探"义。中古的中土文献中仍旧使用"待"表示"等待",佛经文献中多使用"须待"表达"等待"。如:

(56)然今我母怀妊。须待分身。若苟是女。入财不迟;若或是男。应为财主。(贤愚经,卷第五,长者无耳目舌品第二十四)

(57)是故大王,莫作是事,应须待彼太子来到。(佛本行集经,卷第五十一)

5 唐宋时期

唐宋时期,"等待"义动词显著的变化就是新成员"等"的加入,还有就是双音词"等候"(唐诗)、"等待"和"伺候"(宋代)、"俟候"(宋元之际)的出现。

5.1 等

"等"的"等待"义在王梵志诗、寒山诗中都没有,直到唐代晚期才产生[1],"等"产生后便逐渐取代"待"的常用词地位。检索《全唐诗》发现4例"等"表示"等待",还有4例双音词"等候"。

(58)斗转时乘势,旁捎乍进空。等来低背手,争得旋分鬃。(唐张祜,观泗州李常侍打球)

(59)等候大家来院里,看教鹦鹉念新诗。(五代花蕊夫人,宫词)

"等"最初的动词义"齐等,等同"义,如何发展出"等待"义呢?我们似乎找不出语义上的发展路径。根据王力先生

---

[1] 张庆庆(2007)和蔡晓(2010)指出唐代出现"等"。

《同源字典》考证:"等"与"待"语音相近,为"定端旁纽,之蒸对转",并指出中古以后"等"才有"待"之义[①]。因此,正是"等"与"待"这种语音上的联系,"等"的"等待"义才逐渐产生。

《入唐求法巡礼行记》《游仙窟》《祖堂集》《敦煌变文新书》中亦无"等待"之"等",此时之"等"动词用作"等同",名词用作"等级",助词用作复数标记"我等""汝等""卿等""某等"。因此唐代"等待"义动词仍以"待"为主要。

宋代"等"虽然不是常用词,但在文献中的使用已经逐渐增多。

(60)恰限今日专等天子来,那里敢接别人,交人道甚来?(大宋宣和遗事,亨集)

《朱子语类》"等"的例子:

(61)曰:"……今见看诗,不从头看一过,云,且等我看了一个了,却看那个,几时得再看?"(朱子语类,卷第八十,诗一)

5.2 待

"待"在王梵志诗也仅2例,寒山诗5例。宋代"待"的使用频率仍很高,既可表示"等待"。此外,"待"在宋代使役用法开始萌芽,《大唐三藏取经诗话》[②]4例"待",均用作兼语句中,表达使役,《大宋宣和遗事》中也均出现使役句式,与表祈使的句末语气词"则个"[③]搭配。

---

① 关于"等"与"待"语音联系这一点,是蒋绍愚先生在"第六届汉语史及西北方言中的语言接触专题研讨会"(美国加州大学圣塔芭芭拉校区,2013.3.15—16)上提出的交流意见,谨表谢忱。

② 刘坚先生提出,这本诗话出现大量宋以前词语,少量宋人用语。参见刘坚(1982)。

③ "则个"的用法见龙潜庵(1985:310)。

（62）猴行者曰："我师不用前去，定是妖精。待我向前问他姓字。"（大唐三藏取经诗话，过长坑大蛇岭处第六）

（63）徽宗闻奏，大悦，命中官排办御宴："待朕与诸臣消愁解闷则个！"（大宋宣和遗事，元集）

5.3 候

唐宋"候"的"等待"义已经是其常用义，用于上下级尊卑关系语境中。

（64）宰君近报来云："以申州，候十数日间，州司有处分，方可东西者。"（入唐求法巡礼行记，开成五年）

（65）唐国风法，官人政理，一日两衙，朝衙晚衙。须听鼓声，方知坐衙，公私宾客候衙时，即得见官人也。（同上）

5.4 双音节"等待"义动词

唐宋时"等"的出现，双音节"等待"义动词也开始出现，如"等待""等候"，双音节"伺候"和"俟候"也偶见出现。

《朱子语类》使用双音节"等待""等候"：

（66）若是等待，终误事去。（朱子语类，卷第十四，大学一）

（67）逆是前去追迎之之意，盖是将自家意思去前面等候诗人之志来。（朱子语类，卷第五十八，孟子八）

双音节"俟候"和"伺候"都用作上下级尊卑语境中，表示下对上的尊敬或上对下的命令。使用范围有限，因此口语中不常使用，多用于比较正式的语境中，不是常用词。

（68）刘太尉在堂下俟候，担阁了半日，不闻钧旨。（史弘肇龙虎君臣会，自刘坚2005）

（69）当日不去衙前俟候，闷闷不已，在客店前闲坐。（同上）

"伺"的"等待"义是在词义感染（contagion）中产生，因为单用时仍表示"暗中观察"义，如：

（70）或者谓虚中虽在房中，乃为朝廷尝探伺房动静来报这下，多结豪杰，欲为内应，因其子为帅。（朱子语类，卷第一百三十，本朝四）

只有"伺候"连用时，表示"恭候，等待"。

（71）我前日听得你与丈夫官司，我日逐在这里伺候。（简帖和尚，自刘坚2005）

总之，"候"在北宋以后基本表示"等待"，"伺"多用在双音词中表示"等待"义。

唐宋"等待"义动词使用情况

	入唐求法巡礼行记	游仙窟	敦煌变文新书	祖堂集	大唐三藏取经诗话	大宋宣和遗事	朱子语类
等	0	0	0	0	0	3	21
待	28	4	30	2	4	13	489
候	9	1	4	3	0	12	20
等待/等候	0	0	0	1"等候"	0	4"等候"	30"等待"，7"等候"

6　元明清时期

"待"作为"等待"语义域的核心词地位在元代受到动摇，"待"的常用义不再是"等待"，而是助动词"将要，想要"，张相《诗词曲语辞汇释》："待"：拟辞，犹将也；打算也。我们可将"待"分为动词"待$_1$"和助动词"待$_2$"。也就是说，"待$_1$"已不再是"等待"语义域的核心词，明清时期"待$_1$"常用义为"对待"，"待$_2$"主要用于表"将要"，后来又有"假使"义。"等待"义双音节词汇使用频率并不高，主要用于书面语中。此外，清代中期北方话中出现动词"赶"，表示"等到"义，用在连动句中。

6.1 等

元代"等"的使用频率很高,产生重叠形式"等X一等""等一等"等用法。《关汉卿戏曲集》中"等"用法丰富:出现"等"重叠用法和"等"后持续助词"着"。

(72)他便道你今夜晚间来我这后花园中太湖石边等着。我着梅香送与你一包袱金珠财宝与你。(王闰香夜月四春园,第二折)

(73)〔张千上,云〕等我一等,我张千也来送柳先生。(钱大尹智宠谢天香,第一折)

双音节词"等候","待等":

(74)〔卜〕秀才请家里坐,老身等候多时也。(感天动地窦娥冤,第一出)

(75)〔隔尾〕这厮般调着老母,待等成合了你。自药死亲爷,今日唬吓谁。(感天动地窦娥冤,第二出)

元代《元刊杂剧三十种》唱曲中"等""等候""待等""候等"的例子有:

(76)少呵,等十朝待半月;(元刊杂剧三十种,醉思乡王粲登楼杂剧,第二折)

(77)国舅,太后,君王行两三遍题名儿奏,着咱家自等候。(元刊杂剧三十种,晋文公火烧介子推杂剧,第二折)

(78)〔秃厮儿〕这招女婿的别无望想,要补后代祭奠灵堂。家私里外在你行,待父母,有情肠,子待等我身亡。(散家财天赐老生儿杂剧,第三折)

(79)〔尾〕您每朝聚九卿,你须当起五更。去的迟呵,着则两班文武在丹墀候等。俺出家,索纳被蒙头,黑甜一阵,直睡到红日三竿,犹兀自唤不的我醒!(严子陵垂钓七里滩杂剧,第三折)

可是《元刊杂剧三十种》宾白中只有"等"和"等待",其用例比唱曲中其他"等待"义动词用法更多:

（80）〔等外末云了〕我则这营门外等者，你则疾出来。（元刊杂剧三十种，汉高皇濯足气英布杂剧，第二折）

（81）〔旦上云〕准备酒食，等待小叔叔。（鲠直张千替杀妻杂剧，第二折）

明代"等待"语义域已经全使用"等"。15世纪初的《训世评话》中已经用"等"来替换其他"等待"义动词。如：

（82）今有所避，请俟他日。——今日呵有缘故，再等改日来。（上卷）

《金瓶梅词语》中"等"重叠用法也多见：

（83）西门庆坐着，从头至尾问妇人："我那等对你说过，教你略等等儿，我家中有些事儿，如何不依我，慌忙就嫁了蒋太医那厮？"（金瓶梅词话，十九回）

（84）潘金莲遂叫道："孟三儿等我等儿，我也去。"（金瓶梅词话，二十七回）

（85）书童在旁说："二爹叫他等一等，亦发和吹打的一答里吃罢。"（金瓶梅词话，第四十六回）

6.2 待

"待"除了"等待"义外，（记作"待₁"）还用在"待+动词"中，（记作"待₂"）用作助动词，《新编五代史平话》表示"将要""打算"①（27例），常作"待要，待欲、欲待"连用。

（86）郭威道："咱到此间，待要去充军；又待要奔归邢州乡里。这卦吉凶怎生？愿先生明告！"（周史平话，卷上）

要注意的是，"待₁"的"等待"义几乎都用在元杂剧的唱曲中，"待₂"却用在唱曲和宾白中，常见的有：敢待，待要，欲

---

① 龙潜庵（1985：657）引北宋词人晁端礼的词作《安公子》词："又只恐，日疏日远衷肠变。便忘了，当本深深愿。待寄封书去，便与丁宁一遍。"

407

待,恰待,却待,待+"将"字句,待+"把"字句。

(87)[斗鹌鹑]恰才个倚翠偎红,揣与个论黄数黑。子他行怕行羞,和我也面红面赤。谁<u>待</u>两白日,细看春风玉一围,却是甚所为?更做个抱子携男,末不试回干就湿。(李太白贬夜郎杂剧,第三折)(待$_1$=等待)

(88)[元和令]无男儿只一身,担寂寞受孤冈。有男儿役梦人劳魂,心肠百处分。知得有情人不曾来问肯,便<u>待</u>要成眷姻。(诈妮子调风月杂剧,第一折)(待$_2$=将要)

除了"等待"义和"将要"义以外,"待"的使役用法在元代已经开始出现,在此不论,我们记作"待$_3$",请参考刘华丽(2013)。

最后,明清及以后"待"动词用法主要是"对待"义。请参看2.1。

6.3 赶

清代中期"等待"义动词出现新成员"赶",义为"等待,等到",几乎都用在北方话中,与之语义对应的"等",用在南方话中,一般出现在连动句中,表示前一小句动作的完成。"赶"原表示"追上,追赶"义,现在具有"等到"义,我们认为演变的机制为隐喻联想。发展动因是当"赶"用在连动句中时,要"等到"一个动作完成以后,另一个动作才会发生。因此,"赶"用在具有时间意义的小句中时,则发展出"等到"义。张美兰(2011:226)也讨论到"赶"在《官话指南》中的介词用法,表示时间的起点。

《红楼梦》中的"赶":

(89)黛玉道:"既如此,你只抄录前三首罢。赶你写完那三首,我也替你作出这首了。"(十八回)

《官话指南》北京话版与九江书局版对比:

(90)因为我有个朋友,开着个砖瓦窑,用多少砖瓦,他都可以供,

不用给现钱，<u>赶</u>完了活再给钱，很可以行。（第二卷，官商吐属，第十章）（北京话版）

（91）因为我有个朋友，开着个砖瓦窑，用多少砖瓦，他都可以供，不用拿现钱，<u>等</u>完了工再给钱，很可以行。（九江书局版）

《官话类编》（也区分南北官话）：

（92）天已经到了这个时候，<u>赶</u>预备得了，总得到黑。（一百四十四课）（北方）

（93）天已经到了这个时候，<u>等</u>预备好了，总要到黑。（南方）

元明清"等待"义动词使用情况

	新编五代史平话	关汉卿戏曲集	元刊杂剧三十种	金瓶梅词话	水浒传	红楼梦	儒林外史	儿女英雄传
待	3	50	28	138	229	92	2	10
等	71	65	唱词：22 宾白：258	741	372	676	93	351
赶（等到）	0	0	0	0	15	0	9（6例"赶到"连用）	

	训世评话	翻译老乞大	朴通事谚解	清文指要（七个版本）	官话指南（1881/1893）	官话类编
待	4"待"（还有1例"俟"）	0[①]（《老》无一例作"等待"义）	2[②]	0[③]	待_{九江}1（北京话用"等"）赶待_{北京}1 等待_{九江}1 待2	0[④]（常用义："对待"与"待要"（要/得）[⑤]

---

① "想要，将要"11例《古本老乞大》"待"/"待要"被"要"取代，"对待"1例。

② 除了2例"等待"义外，"待"还有"将要"义："待要"7例，也有"停留"义1例，"待慢"1例。

③ 全部表示"对待，招待"义，共46例。

④ "对待"义或"待+V"。

⑤ 《官话类编》指出："待 is used in some places to express futurity, including the idea of purpose or oughtness. In other places 得 is used in the same way. In a general way it may be said that 待 is used in Central and 得 in Southern Mandarin. 待 is used occasionally in the North, but is always followed by 要. The use of both 待 and 得 is quite colloquial, albeit they frequently give a shade of meaning which no other word will quite replace. It is a question whether 待 is not in this case simply a mispronunciation of 得."

续表

	训世评话	翻译老乞大	朴通事谚解	清文指要(七个版本)	官话指南（1881/1893）	官话类编
等	5	等10（4个版本都用"等"表"等待,等到"）	等5	1809：12 1818：10 1830：8 1867：22 1879：14 1880：24 1921：5	等（"等待"）75 等$_{北京}$1 等$_{九江}$107（多与北京"赶"相对，表示"等到"，用在连动句前一分句）	等（"等待"）57 等$_{南方}$2（连动句中，与北方话"赶"对应）
赶	0	0（其他版本也无用例）	0	2（1818/1830各1例）	139（赶-等100例，赶-及12，赶-到5，赶-至1，赶-从1，赶-若1，赶-候1）	14（赶-到4，赶-等2，赶-及1）

7 结　语

本文梳理从先秦到清朝晚期"等待"语义场常用词的历时用法，元代以后口语中，"等"完全取代"待"，称为"等待"语义域常用词，相对比较书面化的双音节词"等候""等待"在唐宋开始使用，属于同义连用。但值得注意的是，唐代"等"出现时，总与"候"一起使用，这或许可看作"等"的"等待"义出现的一个语义因素。

"等待"义的"等"出现后，"等"与"待"各自语义分工："待"已经进入"将要,打算"语义域，出现助动词用法，即"待$_2$"，而动词"待"的常用义不再是"等待"义，而是"对待，招待"义。动词"伺"与"候"则是从"视看"义向"等待"义转化，在宋代出现双音词"伺候""俟候"，但一般出现在具有一定尊卑关系语境中。到现代汉语中，"待"只作为语素在"等待"一词中存在，语素"候"组成的词汇也已成固定用法，如：候车、候诊、候选、候补等。

"赶"与"等"在南北官话中相对应，使用在连动句中表达"等到"义，表示前一小句动作完成之后，后一小句的动作紧接着发生。

"等"与"待"在元以后表示允让使役,在明清南方方言中发现还表示被动,关于这一点我们已另文讨论。

有关语义演变的机制,我们的结论如下:

1. 先秦时期:

待[等待义]>对待义是个隐喻联想的过程;

待[等待义]>期待义是个转喻化(或语用推理)的过程;

待[等待义]>凭借义、依靠义是个隐喻联想的过程。

2. 两汉时期:

须[等待义]>需要义是个隐喻联想的过程,也是个语法化过程(因为一个主要动词>助动词)

3. 唐宋时期:

待[等待义]>想要义、得要义(助动词)>假设连词也是语法化的过程。语义方面是一种语用推理。

最后,关于"等"在唐宋时的出现,只是一个词汇更替(lexical replacement):"等"取代了"待"。

参考文献

贝罗贝 2005a 汉语的语法演变——论语法化,吴福祥主编《汉语语法化研究》,北京:商务印书馆。

贝罗贝 2005b 类推,语法化,去语法化与功能更新,洛阳:第三届汉语语法化问题研讨会。

蔡 晓 2010 常用词"俟、待、候/等"历时更替考,《广东教育学院学报》第4期。

曹茜蕾 2007 汉语方言处置标记的类型,《语言学论丛》第36辑,北京:商务印书馆。

方一新 2010 中古近代汉语词汇学,北京:商务印书馆。

江蓝生 1992 助词"似的"的语法意义及其来源,《中国语文》第6期。

蒋绍愚 1989 关于汉语词汇系统及其发展变化,《中国语文》第1期。

蒋绍愚 1994 词义的发展和变化,《蒋绍愚自选集》,郑州:河南教育出版社。

蒋绍愚 1999 两次分类——再谈词汇系统及其变化,《中国语文》第4期。

蒋绍愚 2007 打击义动词的词义分析,《中国语文》第5期。

刘华丽 2013 汉语"等/待"使役结构考察(待刊)。

刘 坚 1982 《大唐三藏取经诗话》写作时代蠡测,《中国语文》第5期。

刘 坚编 2005 《近代汉语读本》(修订本),上海:上海教育出版社。

龙潜庵编著 1985 《宋元语言词典》,上海:上海辞书出版社。

王 力 1982 《同源字典》,北京:商务印书馆。

汪维辉 2004 试论《齐民要术》的语料价值,《古汉语研究》第4期。

吴福祥 2006 《语法化与汉语历史句法研究》,合肥:安徽教育出版社。

吴福祥 2009 《语法论丛》,上海:上海教育出版社。

徐正考 2004 《〈论衡〉同义词研究》,北京:中国社会科学出版社。

杨树达 1932 《词诠》,上海:商务印书馆。

张美兰 2011 《明清域外官话文献语言研究》,长春:东北师范大学出版社。

张庆庆 2007 《近代汉语几组常用词演变研究》,苏州大学博士学位论文。

张 相 1977 《诗词曲语辞汇释》,北京:中华书局。

Bréal, Michel 1897 *Essai de Sémantique*, Paris.

Hopper, Paul J. 1991 On some principles of grammaticalization. In Traugott E. C. and B. Heine *Approaches to Grammaticalizatio*. Amsterdam: Benjamins, 17-35.

Sweetser, Eve. E. 1990 *From Etymology to Pragmatics*: Metaphorical and Cultural Aspects of Semantic Structure. Cambridge: Cambridge University Press.

Traugott E. C. & R. B. Dasher 2002 *Regularity in Semantic Change*, Cambridge: Cambridge University Press.

《老乞大》和《荔镜记》的指示代词"这"与"那"*

1 导 言

这篇论文旨在讨论汉语方言（Sinitic languages）语言的指示代词，包括近指和远指。由《老乞大》的五个版本代表近代北方汉语，由闽南话的《荔镜记》代表近代南方汉语。[①] 指示代词的两个主要功能是担任主语和定语。学者们，包括吕叔湘 & 江蓝生（1985）、梅祖麟（1984，1986，1987）、曹广顺（1987）、Désirat & Peyraube（1992）等，通过历时性角度的观察，在过去所提出主要关注的重点在于：

1）指示代词作定语修饰名词的时候，能不能单用？

---

* 本文与林征玲合撰。本论文属于法国国家科学研究社 Agence Nationale de la Recherche（ANR），France 赞助的研究计划 "Diachronic Change of Southern Min-Sinitic Language 闽南话的历史演变"，简称 DIAMIN 计划研究成果的一部分。仅此向法国 ANR 深致谢忱！原载洪波、吴福祥、孙朝奋主编《梅祖麟教授八秩寿庆学术论文集》，北京：首都师范大学出版社 2015 年。

① 有关汉语语法史分期请见 Peyraube（贝罗贝）1988。连金发教授提供了《闽南话数据库》电子版，日本竹越孝教授提供了《老乞大》的电子版数据，一并仅此深深致谢。使用的语料、例句都一一对照了纸版书籍，闽南话部分与吴守礼（2001a，2001b，2001c，2001d）的书版作对照，《老乞大》部分对照的出版书籍包括李泰洙 2003，联经出版社 1978，郑光主编，梁伍镇、南权熙、郑丞惠等编著 2000。

2）作为主语的指示代词"这"跟"那",能不能单用?

3）在汉语方言,能不能从北方汉语和闽南话的指示代词的历时演变中呈现出语言循环变化(cycle change)的现象?我们所关注的问题也同样针对这三个方面。

1.1　比较方法及语料

我们首先是以14世纪到18世纪代表北方汉语的韩国汉语教科书《老乞大》来讨论北方汉语指示代词的历史演变。《老乞大》的五个版本分别是:

(古本)《老乞大》:代表14世纪元代的北方汉语

《老乞大谚解》:代表14世纪末、15世纪初,明初的北方汉语

《翻译老乞大》:代表16世纪初,1517年之前的北方汉语

《老乞大新释》:代表18世纪的北方汉语

《重刊老乞大》:代表18世纪的北方汉语

再通过14世纪末到19世纪在中国南方民间以闽南话剧本:《荔镜记》和《荔枝记》代表南方汉语系语言。我们采用的版本分别是:《荔镜记》(以下简称*LJJ—1566*):明嘉靖 丙寅年(1566年)重刊的戏曲说唱本。[①]以泉州话为主,大约仅有十个唱曲是潮州话(van der Loon 1992)。这是现存最早的闽南话文献(吴守礼2001a,2001b)。

《荔枝记》[②](以下简称*LZJ—1581*):明万历辛巳年(1581年)新刻的戏曲说唱本。现存明万历年的这个第二个版本(1581)是

[①] 使用版本原稿收藏在日本奈良的天理大学,全名是《重刊五色潮泉插科增入诗词北曲荔镜记戏文》(吴守礼,2001a,2001b)。另外,在英国牛津的Boldeian文库,也有同剧本、同年代的一个版本,但日本天理大学的版本比较完整(陈丽雪2009)。

[②] 使用的版本是日本汉学家神田喜一郎的私人收藏,全名是《新刻增补全像乡谈荔枝记》。

唯一一个版本完全以潮州话写成的。其他的三个版本都是泉州话为主，混合了少部分潮州话。① 泉州话和潮州话都属于闽南话，从《荔镜记》或《荔枝记》的三个版本来看，只有词汇上少部分的差异。②

《荔镜记》和《荔枝记》共有四个版本，分别是明嘉靖版（1566），明万历版（1581），清顺治版（1651，以下简称 *LZJ—1651*）和清光绪版（1844，以下简称 *LZJ—1884*）。

荷兰汉学家 Piet van der Loon（1992）和吴守礼（2001a）都一致认为1566年重刊的《荔镜记》，是旧版本的重刊，甚至是再重刊，初版也许在明洪武皇帝时代（1368—1398）完成，最迟不会晚过15世纪初。因此，我们认同《荔镜记》是14世纪末的闽南话，跟（古本）《老乞大》的语言时代相差不远。

值得注意的一点还有，吴守礼（2001b）在明万历版（1581）的《荔枝记》序文中谈到，现存16世纪的这两个版本都在篇名上注明了《重刊》或是《新刻增补》（见本书第414页脚注①②）都不是原版，再版时间前后也只相差15年，从词汇、情节、结构等差异来看，很难断定哪一部的初版会是闽南话（现存）最早的文献。

1.2 研究范围

在这篇论文里，我们对（古本）《老乞大》及《荔镜记》的指示代词作了完整的研究，同时也考察了其他的版本，作为比较。我们讨论的范围包括"代词性指示词"（pronominal

---

① 陈三、五娘的爱情故事最早来自于唐代元稹（779—831）的《莺莺传》（又名《会真记》），元朝王实甫（1260—1336）改编成《西厢记》，成为元杂剧的最受欢迎的佳作。流传到中国南方改编成《荔镜记》或《荔枝记》。也见吴守礼 2001a，2001b，2001c，2001d。

② 戏曲在表现与官差对话部分，也夹杂少部分北方汉语。

demonstrative），"定语指示词"（adnominal demonstrative）和"等同指示词"（identificational demonstrative），但不包含"状语指示词"（adverbial demonstrative）。（请参考 Diessel，1999；黄汉君 & 连金发，2007）

2 指示代词的简史

我们先就指示代词的简史作简单回顾：

根据吕叔湘、梅祖麟、曹广顺诸位学者的研究，"这"（包括四个异体字："这"，"者"，"遮"，"适"）和"那"是大约在9世纪到10世纪左右的时候出现，逐渐地取代了原有的近指代词"此"（包括异体字"之"和"是"，也包括"阿堵"）和原有的远指代词"彼"（包括"若""如""尔"）。

从一开始，9世纪到10世纪左右（大约唐代）一直到12世纪（大约南宋）以前，至少三百多年的时间当中，"这"和"那"作主语的时候都不能单用，必须加上语尾（phonetic thickener）"底"（包括"的"）或"个"（包括"个"）。到了南宋（1127—1279），两个指示代词"这"和"那"都可以独用作主语了。奇妙的是，到了元朝（1271—1368）情况又回到了唐朝（618—907）、五代（907—960）和北宋（960—1127）时代的情形。必须在"这"和"那"后面多加上一个音节才能当主语。明代（1368—1644），"这"和"那"重新又可以单用作主语，这种情形一直延续到今天。

叶友文（1988）认为："'这'在客家方言、粤方言、闽南方言里都只有连体性功能。不能作主语。作主语的只能是'这 x'"。这个说法与事实不相符合，现代台湾客家话，例如："（这是一本书）lia3 hel yit4 bun1 shu5"（梅县口音）；台湾闽南话，例如:"这是我做 e(这是我做的)。tse1 si7 gua2 tso3 e5"。台湾客家话的近指代词"lia3"和台湾闽南话的近指代词"tse1",都只能单用。①

Désirat & Peyraube 在 1992 年,就指示代词的历时变化现象,提出了一个语言循环演变的假设,如下:"这/那"不能单用作主语(唐、五代)>"这/那"能单用作主语(南宋)>"这/那"不能单用作主语(元代)>"这/那"能单用作主语(明代以后)。②

所以,我们希望借助新的语料,采取新的视角,从北方语言《老乞大》和南方的闽南话《荔镜记》等,重新观察指示代词在近代汉语方言的演变情况。

3 (古本)《老乞大》的"这"和"那"

在代表 14 世纪语言的(古本)《老乞大》里,共有 299 个近指代词"这",使用量比远指代词"那"(238)多。进入我们讨论范围的对象包含 207 个"这"和 61 个"那"。经常出现的一些词汇,例如"这里""这般","那里""那般"等,还有其他的一些"那"字,当作"就""什么""还是"等意思使用的,都不列入我们的讨论范围。那么,列入讨论范围的 207 个近指示代词"这",有 204 个作为定语的,只有 3 个作主语。列入讨论范围的 61 个远指示代词"那",有 58 个作定语,只有 3 个作主语。不论近指或远指,作主语的都不单用。

---

① 括弧内是句子的翻译,不是本字。感谢发音人叶慧雯,台湾龙潭客家人。林征玲,台北市人,母语:闽南话。
② "A>B"代表"A 转变成 B"。

3.1 （古本）《老乞大》的"这"

3.1.1 "这"作为定语指代词

在（古本）《老乞大》里，作为定语的"这"有204个，分两类：一是，可以直接修饰名词的"这"，有168个。另一是，指代词和名词之间加量词的有36例，几乎所有的量词都是"个"。不过我们也找到了2例加量词"张"，1个加上"间"和1个加"槽"的例子。（贝罗贝 & 林征玲，2010）情况如下：

（i）"这 + 名词"的例子，包括："这马"有18例，"这店"（10例），"这蓡"（8例），"这弓"（6例），"这早晚"（4例），"这伴当"有3例，"这月"（3例）和"这布"（3例）等。

（ii）"这（+ 数）+ 量 + 名"的例子，包括："这例马"有13例，"这例伴当"（7例），"这例羊"（3例），"这例帽子"（2例），"这张弓"（2例），"这间壁肉案"（1例）等。

3.1.2 "这"当主语

在（古本）《老乞大》里，只有3例"这"当作主语。但作主语的时候，都不能单用：

（1）这的是木头的。
（2）这的忒细。
（3）这的却又粗奔。

3.2 （古本）《老乞大》的"那"

3.2.1 "那"作为定语指代词

在（古本）《老乞大》，"那"有58例作为定语的例子，使用情况如下：

（i）"那 + 名"的，有49个例子："那贼"有9例，"那人"有8例，"那客人"有5例，"那马"有1例等。

（ii）"那（+数）+ 量 + 名"的，有9例："那个伴当"有3例，

"那几个客"有1例。

3.2.2 指代词"那"作主语

"那"当主语的例子,在(古本)《老乞大》里有3例,都不单用,必须加上一个词尾"个"[例(4)]或"的"[例(5)],[例(6)]:

(4)那个是刘清甫酒馆。
(5)那的也中。(That will be fine too.)
(6)那的不容易那?

3.2.3 "那"在(古本)《老乞大》的其他用法

在(古本)《老乞大》里,"那"没有独用作主语的例子。但有3例"那+是……",却都作为选择义的并列连词"还是"的意思。代表14世纪北方汉语的(古本)《老乞大》里,"那+是"还没有现代汉语"远指+系词,*that is*"的意思,例(7):

(7)这三个伴当是你亲眷那是相合来的?(Are these three companions your relatives *or* your friends?)

还有3例"那+与",是"那"加动词"与(给与义)"。不过,这些例子的"那"都不是当主语的指示代词,而是转折连词"那么"的意思,例如:

(8)你籴来的米里头,那与些个?(... then give(me)some?)
(9)俺籴来的米里头,那与恁三升?
(10)... 就那与些草料如何?

4 (古本)《老乞大》的指示代词 "兀的""兀那""阿的"

除了"这"和"那"以外,在(古本)《老乞大》里,还有三个现代汉语已经不使用的指示代词：其中"兀的"有14例，"兀那"有8例，"阿的"有3例。而这三个指示代词在以后的版本里也都没有出现。在新的版本里，从14世纪末、15世纪初的《老乞大谚解》，16世纪初的《翻译老乞大》，18世纪的《老乞大新释》和《重刊老乞大》，"兀的""兀那"和"阿的"都各自产生了词汇演变的现象。

4.1 "兀的""兀那"和"阿的"的词汇演变现象

（i）"兀的"[例（11）]，在14世纪末、15世纪初都演变成了"这的"[例（12）]，到了18世纪又变成了"这"[例（13）]。

（11）兀的二两半钞。(古本)
（12）这的一百个钱。《谚解》《翻译》
（13）这一百钱。《新释》《重刊》

有2个"兀的"[例（14）]，从14世纪末、15世纪初起就演变成了"那"[例（15）]。

（14）兀的东壁上有个稍房子空者里。{古本}
（15）那东边有一间空房子。《谚解》《翻译》《新释》《重刊》

（ii）"兀那"都演变为"那"[例（16）]和[例（17）]：

（16）兀那人家 {古本}
（17）那人家《谚解》《翻译》《新释》《重刊》

（iii）三例"阿的"之中，有1例"阿的"[例（18）]演变为"这的"[例（19）]，1例"阿的"[例（20）] 从14世纪末、15世纪起演变为"那个"[例（21）]，还有1例"阿的"[例（22）]在14世纪末、15世纪起演变为"这们的"[例（23）]，到了18世纪演变为"这样"[例（24）]。

"阿的"＞"这的"：

（18）阿的涯十年也坏不得。（古本）
（19）这的捱十年也坏不得。《谚解》《翻译》

"阿的"＞"那个"：

（20）阿的不李舍来也？（古本）
（21）那个不是李舍来了？《谚解》《翻译》《新释》《重刊》

"阿的"＞"这们的"＞"这样"：

（22）阿的般钞（古本）
（23）这们的好银子《谚解》《翻译》
（24）这样好银子《新释》《重刊》

4.2 "兀的""兀那"和"阿的"的功能

（i）在14个"兀的"中，有3例作主语（1个"兀的是……"，2例"兀的有……"），11例作定语。在11例定语中，有5例直接加名词，6例是["兀的"＋量＋名]。

例如作主语的"兀的"，从14世纪到18世纪的词汇变化情况之一：

"兀的有……"＞"这"＞"这是"[例（25）]＞[例（26）]＞[例（27）]。

（25）兀的有二两钞的酒。（古本）
（26）这二十钱的酒。《谚解》《翻译》
（27）这是二十钱的酒。《新释》《重刊》

（ii）"兀那"有8例，全部作定语，都是"主词＋名词"。14世纪（古本）《老乞大》的8例"兀那"[例（28）]从14世纪末、15世纪初起全都演变为"那"[例（29）]。

（28）兀那西南角上（古本）
（29）那西南角上《谚解》《翻译》《新释》《重刊》

只有一个例子的演变状况比较特别，在演变中，16世纪的版本指示代词和名词间加了量词，但在18世纪的版本中，量词又消失了：

"元那人家"（古本）>"那人家"《谚解》>"那个人家"《翻译》>"那人家"《新释》《重刊》

（iii）3例"阿的"中，有2例作主语（见[例（22）]），1例作定语直接修饰名词[例（24）]。

5 指示代词在《老乞大》五个版本的演变（14—18世纪）

在（古本）《老乞大》里，指示代词直接加名词的，到了18世纪的版本（《新释》《重刊》）就演变为指示代词加量词，再接名词："指+名">"指+'个'+名"。但实际上，跟Takekosi（竹越孝）先生（2007）所说的相反，这些例子并不多，只有6例。相反地，却有7例是朝着反方向演变的，也就是说由"指+'个'+名">"指+名"：

（i）"指+名">"指+'个'+名"：

在（古本）《老乞大》里，有6例"这+名"的例子，在18世纪的两个新版本《新释》和《重刊》里，演变为指示代词加上量词，再接名词。其中5例"这+'个'+名"。1例"那+'个'+名"的例子，一共有6例：

（古本）"这月">"这个月"《新释》，《重刊》

（古本）"这早晚">"这个时候"《新释》，《重刊》

（古本）"这伴当">"那一个火伴"《新释》，《重刊》

（ii）朝着反方向演变由"指+'个'+名">"指+名"的例子有7例：

（古本）"这＋个＋名"＞"这＋名"《新释》《重刊》
"这个马"＞"这马"（有3例）
（古本）"那＋个＋名"＞"那＋名"《新释》《重刊》
"那个伴当"＞"那火伴"（有4例）

（古本）《老乞大》中所有的"兀的"到了新时代的版本里，都演变为"这的"，然后又都演变为"这"（除了一例外）。

最重要的发展是（古本）的"这的是""兀的有"，到了《新释》和《重刊》演变为"这是"。也就是说到了18世纪的版本中，才出现了"近指代词＋系词"的例子。可是，在《老乞大》的五个版本里，跨越了五个世纪（从14到18世纪），一直都没有出现"那＋系词"的例子。

在《新释》《重刊》里"这＋系词'是'"的例子，[例（30）]和[例（31）]：

(30) 这是汉小厮们。
(31) 这是实在价钱。

6 小结：（古本）《老乞大》的指示代词

在（古本）《老乞大》中，近指示代词"这"比远指示代词"那"使用量多。在（古本）里，指示代词没有作宾语的例子，在15世纪以后的四个版本里才出现了几个作宾语的例子。不论是"这＋名"或"那＋名"，都比"这＋量＋名"或"那＋量＋名"多。加上量词的时候，用的几乎都是"个"。

总之，"这"跟"那"作主语的都比较少，都没有单用的例子。

7 闽南话《荔镜记》的近指代词"*tsit4* 只"和"*tse1* 这"[①]

《荔镜记》代表的是 14 世纪末南方方言闽南话，所表现的近指代词除了来自于古汉语的"*tshu2* 此"、一些不寻常的"*tsik4* 即""*tsuat4* 拙"，还有"*tsti8* 一"（大概不是本字）以外，主要的就是"*tsit4* 只"，"*tse1* 这"。我们讨论的重点，主要就集中在"*tsit4* 只"（请见 7.1）和"*tse1* 这"（请见 7.2），同时也观察早期闽南话其它的几个近指代词（请见 7.4）。

7.1 闽南话近指代词"*tsit4* 只"

《荔镜记》（1566 年重刊版）全本共 7335 字，"*tsit4* 只"在《荔镜记》就使用了 463 次，数量非常的多，使用率达 6.31%。而且几乎都作指示代词（456 个），[②]作指代词的比例高达 98.49%，"*tsit4* 只"无疑是 14 世纪到 19 世纪闽南话最重要的近指代词。在后三个版本《荔枝记》（*LZJ—1581*，*LZJ—1651*，*LZJ—1884*）中，使用率继续增加，分别是 8.32%，7.27%，6.59%（请见表一、表二）。

表一说明《荔镜记》和《荔枝记》的四个版本全书总字数、"*tsit4* 只"的出现次数和频率。表二说明"只"的使用次数和作为近指代词的数目和比例：

[①] 闽南话的注音系统仅按由西方传教士在 19 世纪奠基于我国厦门、台湾的 *Church Romanization*，20 世纪日本、中国台湾学者持续改进、增加词汇，现称 *Taiwanese Church Romanization*。我们参考使用的版本依照"《台日大辞典》"电子版，台北"中研院"提供。仅此深致谢意！

[②] 在《荔镜记》中，其他 7 个"*tsit4* 只"都作副词"只有"意。在《荔枝记》后三个版本中，情况也相同。

表一 闽南话近指代词"只"在《荔镜记》和《荔枝记》四版的使用率

	LJJ—1566	LZJ-1581	LZJ—1651	LZJ—1884
全书总字数	7335	4361	8208	9147
"只"使用次数	463	363	597	603
"只"使用率	6.31%	8.32%	7.27%	6.59%

表二 闽南话"只"在《荔镜记》和《荔枝记》四版作为近指代词与其使用率

	LJJ—1566	LZJ—1581	LZJ—1651	LZJ—1884
"只"使用次数	463	363	597	603
DEM"只"使用次数	456	355	595	591
DEM"只"使用率	98.49%	97.80%	99.66%	98%

在《荔镜记》里,"*tsit4* 只"作主语的只有35例。作主语时,连接的动词都是系词"*si7* 是"[例(32)],也可以在"*tsit4* 只"和"*si7* 是"的中间插入副词"正"(有11例)[例(33)]、"便"(有2例)[例(34)]、"也"(有1例)[例(35)]、"必想"(有1例)[例(36)]。

(32)只是相如弹琴。
 tsit4 si7 TsihooN7-ju5 tuaN5 khim5
(33)只正是月内个宫殿。
 tsit4 tsiaN3 si7 geh8 lai7 e5 kiong1-tiam7
(34)只便是哑娘个事。
 tsit4 pian7 si7 A-Niu5 e5 su7(This is really A-Niu5's problem.)
(35)只也是爱小妹你。
 tsit4 ia7 si7 ai3 si02-mue7 li2(This is also [because I]love you.)
(36)只必想是陈三画的。
 tsit4 pit8 siong2 si7 Tan5-Sam3 ue7 e5

7.2 闽南话近指代词"*tse1* 这"

在《荔镜记》里只有34个"*tse1* 这"。在《荔枝记》后三个版本(*LZJ—1581*, *LZJ—1651*, *LZJ—1884*)里,"这"濒临消失。以数字来观察演变情况如下:

34(*LJJ—1566*)＞5(*LZJ—1581*)＞6(*LZJ—1651*)＞6(*LZJ—1884*)。

在这34例"*tse1* 这"中,作主语的只有2例。这2例很明显地是北方汉语而不是当时的闽南话[例(37)]和[例(38)]。我们因此可以知道,"*tse1* 这"在早期的闽南话里不能作主语。

(37)这是实情了。(This is the truth.)

[例(37)]却是北方汉语因为闽南话的"*liau2* 了"直到今天还是只能用在完成意,而这个句子是典型的判断句,并不在表达事情的完成与否。

(38)这个也是替你开交。(This is also an excuse for you.)

总而言之,在闽南话《荔镜记》中,"*tsit4* 只"和"*tse1* 这"作主语的都是单用。这种情况和《老乞大》的五个版本(从14到18世纪)所表现出来的现象,差距很大。(古本)《老乞大》的近指示代词当主语的数量非常地少(3个"这的",3个"兀的",2个"阿的"),而且都不能单用。

7.3 "*tsit4* 只"和"*tse1* 这"当定语近指代词

在闽南话《荔镜记》中,作定语的"*tsit4* 只"有364例,346例直接加名词(包括"DEM+数词+名词")[例(39)],而"*tsit4* 只(+数词)+量词+名词"的例子有18例,数字"一"是唯一用来加在量词前的数词[例(40)]。

(39)只莺柳画得是好。
      tsit4 ing1 liu2 ui7 tik4 si7 ho2

（40）只一个莺因何不宿只柳枝上。

　　　tsit4 tsit8 e5 ing1 inl-ho5 m7 siok4 *tsit4* liu2 ki1 tshiooN7

在闽南话《荔镜记》中，作定语的"*tse1* 这"有 20 个例子 [例（41）]，这（数词）+ 量词 + 名词"的例子只有 2 例 [例（42）]。

（41）我将这锦袄共白马尽送谢你

　　　gua2 tsiong3 tse1 gim2 o2 ka7 peh8 be2 tsin7 sang3 sia7 li2

　　　（I offer [you] this satin coat and [this] white horse to thank you.）

（42）这一枝花障香。

　　　tse1 tsit8 ki1 hue1 tsiong3 hiaN1

7.4 闽南话《荔镜记》的其他近指代词

"*tshu2* 此"作定语，直接修饰名词：

（43）将此一张状，替我上案。

　　　tsiong3 *tshu2* tsit8 tiuN1 tsng7，thue3 gua2 tshiooN7 an

"*tsik4* 即"在闽南话《荔镜记》作指代词的时候，都作定语。可以直接加名词 [例（44）]，也可以加个体量词 [例（45）] 和 [例（46）]：

（44）小七，即零碎银乞你路上去买物食。

　　　Tsio2-Tshit8 tsik4 lan5 tshui3 gun5 khit4 li2 loo7 tshiong7 khi3 bue2 but8 tsia1

（45）益春：那！有即个，收去。

　　　Ik-tshunlna2 iu2 tsik4 e5，siu1 khi3（Here![I]have *this*，take it.）

（46）今即一位娘子，两目真真那看我

　　　kim1 tsik4 tsit8 iu1 niu5-a2，liang2 bak8 tsinl tsinl na2 kuan3 gua2

"*tsuat4* 拙"在闽南话《荔镜记》的 43 个用例之中，大约有 40 例都是定语指代词 [例（47）]。

（47）我今力拙话说乞你听。

　　　gua2 kiml liah8 tsuat4 ue7 seh4 khit4 li2 thiaN1（Now I tell you *this*.）

"*tsiong3* 障"是"只样"的合音词(黄汉君 & 连金发 2007,陈丽雪 2009),一共出现了 194 次,绝大多数作为状语指示词(adverbial demonstrative),只有 2 例作定语指代词[例(54)](没有主语指代词)。状语指示词并不列入我们讨论范围,仅举一例以作比较、观察:

(48)五娘:我苦了!一镜障好!去打破除,做侢说?
Goo7-niu5: gua2 khoo2 liauh8 tsit8 kiaN3 tsiong3 ho2 khi3 phah4 phua3 tu5 tsue3 tsai7 seh4

Goo7-niu5: I am sad! This mirror was so good!(Now that it) is broken, what could (I) say?

闽南话常有"音字脱节",有音无字,一字多音,一音多字的情况(董忠司 2011)。数词"*tsti8* 一"在《荔镜记》里出现的次数非常多(共 533 次),它本身没有指代词的功能,但有少数几例,我们认为是借音字。由于发音相同,只有调类不同,便意外地由数词"*tsit8* 一"被借为近指代词"*tsit4* 只"。[①] 在这种情况下,语义必须完全由语境来判断。[②]

8 闽南话《荔镜记》的远指代词 "*hi2* 许"和"*na2* 那"

《荔镜记》中的远指代词主要的有一个"*hi2* 许"。此外还有"*hiaN3* 向"和"*hi2* 彼",以及我们比较关注的"*na2* 那"。

8.1 远指代词"*hi2* 许"和"*na2* 那"作主语

"*hi2* 许"出现了 194 次。作为指示代词的有 190 个。作主语

[①] 这类由数词"*tsit8* 一"被借为近指代词"*tsit4* 只"的例子,我们认为有十个左右。

[②] 非常感谢台湾新竹清华大学连金发教授就此部分提供宝贵的意见。

的"hi2许"有28例,其中22例用的都是动词"是",毫无例外的都是单用作主语,[例(49)]:

(49)许是天妃妈变来。
hi2 si7 thian1-hui1-ma2 pian3 siong3 lai5

"na2那"在《荔镜记》中出现了221次,但我们认为大多数是连词"如果"等意思。而能够作为主语指代词的最多是18例[例(50)]。①

(50)那是一路在天边落递去受苦,做俩得好?
na2 tsit8 loo7 tsai7 thian1 piN1 lak8 te7 khi2 siu7 khoo2 taue3 tsai7 tik4 ho2

8.2 远指代词"hi2许"和"na2那"作定语

作定语的"许"有134例(包括"许时""许处")[例(53)]。其中带量词或单位词的只有6例,加上数词后直接加名词的也有7例[例(52)]。

(51)见许牡丹花含笑。
kian3 hi2 boo2-tan1-hue1 ham5 tshiau3
(52)看许一枝花向好。
khan2 hi2 tsit8 ki1 hue1 hiaN2 ho2

《荔镜记》中"na2那"作为定语指代词的,只有1例[例(53)]。

(53)元宵一刻值千金,那烦恼鼓转五更。
guan5 siau1 tsit8 khik8 ti7 tshian1 kim1 na2 huan5-lo2 koo2 tsuan2 goo7 kiN1

---

① 其中有三、四例虽然"na2那"都加了系词"si7是",但即使参照语境,仍带有歧义,除了可以作动词解,也可以理解为"就""如果"等意思。

8.3 闽南话《荔镜记》的远指代词"*hiaN3* 向"和"*hi2* 彼"

此外,《荔镜记》中属于闽南话的两个远指代词还有"*hiaN3* 向",共出现 59 次。"*hiaN3* 向"和"*tsiong3* 障"一样几乎都只有担任状语指代词(55 个例子)的功能。①其他的 4 例,除了 2 例是对象标记(goal marker)以外,只有 2 例作定语指代词的例子 [例(54)](没有主语指代词)。"*hi2* 彼"只出现了 3 次,都没有充当主语。

(54)阮今障边,恁向边。
gun2 kim1 tsiong3 piN1 lin2 hiaN3 piN1
(Now I am on this side, (and) you are on that side.)

9 闽南话《荔镜记》与《荔枝记》的指示代词

在稍晚的《荔枝记》其他三个版本(*LZJ—1581*,*LZJ—1651*,*LZJ—1884*)里,"指示词(+数词)+量词"的例子越来越多。根据黄汉君和连金发(2007)的统计,万历版的《荔枝记》(*LZJ—1581*),在"*tsit4* 只"和"*hi2* 许"的指示词当中"*tsit4* 只(+数)+名词"的有 110 例(其中 106 例"只+名")而"只(+数)+量(+名)"的有 46 例(其中 32 个是"只+数+量+名",[例(55)])。

(55)只一个简子是益春。(简子 = 丫环)
tsit4 tsit8 e5 kan2-a si7 Ik3-Tshun1

"*tsit4* 只"还有 9 例是作了主语指代词,[例(56)]:

---

① 远指代词"*hiaN3* 向"是"*hi2 iuN3* 许样"的合音(黄汉君 & 连金发,2007;陈丽雪,2009)。

(56) 阿娘，只是天生姻缘。
　　　A-Niu5，tsit4 si7 tian1-tshiN1 im1-ian5

万历版的《荔枝记》(1581)，远指的"*hi2* 许"有 24 例当主语[例(57)]，有 81 例作定语（其中有 65 例例子是"许+名"）[例(58)]。

(57) 益春，许是乜鸟啼？（乜 = 什么）①
　　　Ik3-Tshun1，hi2 si7 mih8 tsiao2 thi5
　　　Ik3-Tshun1，that is the calling of what bird?
(58) 许二人胆智真正大。
　　　hi2 nng7 lang5 tam2 ti3 tsin1-tsiaN3 tua7

10 小结：闽南话《荔镜记》与《荔枝记》的主语指代词都能独用

在闽南话《荔镜记》与《荔枝记》（代表 14 末到 19 世纪语言）里，近指示词的使用次数"只"(456 个例子)比远指示词"许"(190 例)的使用次数多很多。这个情形和差不多同一时期的北方汉语《老乞大》（代表 14 到 18 世纪语言）相同。定语指示词 adnominal demonstrative 的用法最多，而指示词一般的直接加名词。在《荔镜记》里，主语指示词少（35 个例子），可是 17 世纪与 19 世纪《荔枝记》的两个版本（*LZJ—1651, LZJ—1884*）里用例多一些（分别是 66 个和 56 个）。闽南话当主语的指示代词的都能单用。完全没有加语尾（"的"或"个/个"）②的例子。

---

① 有关"是乜"的讨论请参看连金发（2009）。
② "*e5* 个"在 1566 年重刊的《荔镜记》里，尚未出现。请参看连金发（1999），贝罗贝 & 林征玲（2010）。

11 结论

我们观察的结果，再次肯定了 Désirat 和 Peyraube 在 1992 年所提出的语言循环演变（cycle change）的假设。但这个循环演变的现象只限于北方汉语，在南方汉语的一些方言（如闽南话）指示词一直能单用作主语。

梅祖麟（1984）和曹广顺（1987）就元朝的情形（指示代词不能单用当主语），根据当时语言环境，提出了解释，认为这种现象是受了阿尔泰语（元代蒙古语）的影响。但这种假设是有局限性的。这种说法无法解释，为什么唐、五代"这"和"那"开始作主语的时候也都不能单用，都必须加上语尾？难道说是因为唐、五代的语言也受了阿尔泰语的影响吗？我们认为不太可能。《祖堂集》（952 年）是没有受到任何阿尔泰语影响的一部著作，但《祖堂集》里的指示代词都不能单用。此外，这个假设也不能解释为什么当定语的时候"这"和"那"就不需要语尾。

我们的观点如此下：

1）当"这"和"那"在 9 世纪到 10 世纪左右开始取代原有的"此"和"彼"时，"这"和"那"是口语词。修饰名词时，因为跟名词的关系密切，不需要双音节化，加或不加量词也都无所谓。当主语时，因为跟后边的动词的关系不密切，需要加上一个语尾（phonetic thickener）变成双音节。

2）到了元朝，因为跟阿尔泰语系语言的接触，通过类推机制，双音节指示词当主语又变得普遍了。

3）到了明朝，在指示词和名词之间开始有必要加上一个量词，而之前并没有这个必要。这就形成了相反的分工的倾向：当主语的指示词是单音节的，而当定语的指示词是双音节的。也就是说，分工之后，当主语的不需要再加什么语尾，而当定语的需要在指示词和名词之间多加一个量词或其他成分。

参考文献

贝罗贝（Peyraube, Alain）& 林征玲 2010 《老乞大》的个体量词和语言循环现象之关系，《汉语史学报》10：1—9。

曹广顺 1987 试说"就"和"快"在宋代的使用及有关的断代问题，《中国语文》4：288—294。

陈丽雪 2009 十六世纪闽南语指示词的语法化现象（Grammaticalization of Demonstratives in Sixteenth Century Southern Min.），《汉学研究》27—4：179—195。

董忠司 2011 汉字类型与词语探源——由现阶段台湾闽南话用字的发展说起，台湾：《台湾语文研究》6—1：1—20。

黄汉君 & 连金发 2007 万历本《荔枝记》指示词研究，《清华学报》27：561—577。

李泰洙 2003 《〈老乞大〉四种版本语言研究》，北京：语文出版社。

联经出版社 1978 《老乞大谚解、朴通事谚解》，台北：联经出版社。

吕叔湘著、江蓝生补 1985 《近代汉语指代词》，上海：学林出版社。

梅祖麟 1984 从语言史看几本元杂剧宾白的写作时期，《语言学论丛》第13辑，111—153。

梅祖麟 1986 关于近代汉语指代词，《中国语文》第6期，401—412。

梅祖麟 1987 唐五代"这""那"不单用作主语，《中国语文》第3期，205—207。

吴守礼 2001 《明嘉靖刊荔镜记戏文校理》，台北：从宜工作室。

吴守礼 2001 《明万历刊荔枝记戏文校理》，台北：从宜工作室。

吴守礼 2001 《清顺治刊荔枝记戏文校理》，台北：从宜工作室。

吴守礼 2001 《清光绪刊荔枝记戏文校理》，台北：从宜工作室。

叶友文 1988 "这"的功能嬗变及其他，《语文研究》第1期17—21。

郑光主编、梁伍镇、南权熙、郑丞惠编著 2000 《{原刊}〈老乞大〉研究》，北京：外语教学与研究出版社。

竹越孝（Takekosi）2007 论《老乞大》四种版本中所见的量词演变，

《佐藤进教授还历纪念——中国语学论集》164—173,东京:好文出版株式会社。

Désirat, Michel & Peyraube, Alain. 1992. Some Remarks on the Demonstratives in the Fuzhou Dialect with Reference to their Historical Evolution in Medieval and Modern Chinese. Taipei:《中国境内语言暨语言学》1:493—522。

Diessel, Holger. 1999. *Demonstratives: Form, Function and Grammaticalization.* Amsterdam: John Benjamins.

Lien Chinfa(连金发). 1999. Shape Classifiers in Mandarin and Taiwanese. *Journal of Chinese Linguistics* 13:189—221.

Lien Chinfa(连金发). 2009. The Focus Marker Si^7 是 and Lexicalization of $Si^7 Mih^8$ 是乜 into *What* Wh-work in Earlier Southern Min Texts. *Language and Linguistics* 10.4:745—764.

Peyraube, Alain. 1988. *Syntaxe diachronique du chinois: évolution des constructions datrves du 14e siècle av. J.-C. au 18e siècle.* Paris: Collège de France.

van der Loon, Piet. 1992. *The Classical Theatre and art Song of South Fukien.* Taipei: Nantian chubanshe.

汉语方位词的历时和类型学考察[*]

提要 方位词用于表达物体间的位置关系，属于一个封闭的小类。本文探讨汉语方位词系统在不同历史阶段演变的大致轮廓，包括方位词在汉语方言中的不同用法和含义。文章用原型模式揭示了汉语方位词从定向性＞泛向性的语义演变规律：即在重新解释的过程中，绝大部分方位词原有的特殊和原型意义都逐渐转变为一般意义。这种定向性＞泛向性的语义演变规律，同样适用于对现代汉语方言句法演变和语义演变的解释。

关键词 方位词 历时 类型学 原型 定向性 泛向性

1 引 言

汉语中有一类特殊的词语用来表示物体间的相对位置。它们形成一个封闭的类（或小类），有单音节和双音节两种形式。这就是"方位词"。方位词构成了一个与印欧语系显著不同的汉语空间表述系统。虽然如此，在汉语史中，不仅这些词的属性、功能、意义发生了变化，汉语方言和普通话中的方位词系统也有所区别。在本文中，我们将尝试梳理汉语发展不同时期（上古汉语，中古汉语，现代汉语）方位词的大致演变过程，探讨它们在区别于普通话中的汉语方言中的用法和意义。

---

[*] 本文与曹茜蕾合著。原注"本研究得到了澳大利亚研究理事会（ARC）Grant N° A00106262 项目的资助和法国高等教育研究部的支持。（Action Concertée Incitative no 03326.）"原文发表在徐丹主编《中国境内语言的空间表达》，世界图书出版公司 2013 年，pp. 17—39。又载《语言学论丛》第五十辑，北京：商务印书馆 2014 年。曹嫄译。译文经贝罗贝先生审阅，特此致谢。

2 处所词和方位词

为了认识汉语普通话中方位词的用法,我们有必要了解"处所词"这一概念。汉语中被 Chao Yuen Ren(赵元任 1968:519 及以下几页)称为"处所词"的一个特殊词类可定义如下:"处所词是可充当动词或处所前置词、位移前置词的宾语的实词,包括动词'来''到'或前置词'从''往'等。"(参见 Chao 1968:520 及以下几页;Peyraube(贝罗贝)1980:10 及以下几页)非处所词的实词一般不能占据这些位置。因此,在汉语里没有"到门去"这样的说法,但可以说"到中国去"或"到学校去"。因为"学校"或"中国"是处所词,而"门"不是。更准确地说,处所词可归类如下:

(1)地点名称或地理方位,如"中国"或"巴黎"。[①]

(2)有内在位置意义的名词即用作地点名称的名词,如"学校""饭馆儿"或"图书馆"。

(3)有空间指示功能的双音节方位词,如"里头""东边儿""旁边儿"。参看以下列表中的双音节方位词。

(4)一般名词后接单音节方位词或双音节方位词,如"桌子上""房子背后"。

(5)指示方位的代词,如"这儿""那儿""哪儿"。

大多数情况下,如果涉及动词或者地点和动作的前置词,处所词也可以是其他动词的宾语而非局限于这些动词或前置词。比如:我看不见门背后。

用于表达物体间相对位置的方位词根据单音节、双音节的

[①] 孙朝奋(2006)称处所词为"空间词",认为全部处所名称都为多音节,且包含前置词"在",的 NP 结构应有"多音节约束",即"在"需和多音节的空间名词同时使用。

不同而具有不同的功能，它们组成一个封闭的类（或小类）。单音节方位词包括：上，下，前，后，里，外，左，右，东，西，南，北，中，间，旁，内。双音节方位词主要由单音节方位词加上后缀（边儿、面儿、头）或前缀（以、之）组成。[①]

通常，单音节方位词位于一般名词之后从而形成处所词（见类4）。特别是方位词"上"和"里"，而对于其他方位词而言，这种组合在口语中的使用并不常见。这些方位词不能单独使用，除了文言文中的固定短语如："上有天堂，下有苏杭"，以及前置词"往""向""朝"的宾语，如"往里走"中的"往""朝""向"。参见文炼（1959：8），Chao（1968：525），Peyraube（1980：31）。

那么方位词和处所词属于哪类词呢？就方位词而言，学界差不多每一种观点都曾提出过：形容词（马建忠1898：第三章），副词（吕叔湘1947；黎锦熙和刘世儒1955），名词性后缀（Cartier 1972），与前置词共组成非连续性成分的后置词（Hagège 1975：220以及下几页；Peyraube 1980：53及以下几页），[②]空间附属词或语助词（孙朝奋，即出），甚至是代词（Rygaloff 1973：143）。然而，这些词通常还是被认为是名词中的子类，因为似乎没有必要区分单音节方位词和双音节方位词。所以，双音节方位词不仅可以像单音节方位词一样与名词组合表述位置，还能单独作处所词使用，充当主语或宾语。

尽管如此，依然有人对处所词是名词的子类这一说法持有

---

① 指所有可能的组合，包括两个单音节方位词组成的双音节方位词，参见贝罗贝（2003：184）。

② 格林伯格（1995）谈论过其他语言中的框式前置词，他指出具有框式前置词的语言十分罕见且存在时间短，处在由"具有前置词的语言"转变为"具有后置词的语言"，或由"具有后置词的语言"转变为"含有前置词的语言"的过程之中。

异议。他们认为，这类词是自足的词类，异于一般名词，它们不能被量词短语"数词+量词"修饰，但相反能作前置词"在"或"到"的宾语，或具有与一般名词相同的副词功能。李崇兴（1992）和储泽祥（1997，2006）就持有此观点，认为朱德熙（1982：42—45）已经倾向于将处所词、时间词和方位词视为自足的词类。

本文赞同储泽祥（2006）的观点，认为方位词和处所词一样组成名词中的子类，但仍然是自足的。然而，这并不是此文核心议题，我们的主要目的是梳理出方位词历史演变的大致轮廓。

3 从上古汉语（公元前 11 世纪）到中古汉语（公元 3 世纪）

3.1 上古汉语

上古汉语时期（公元前 1—2 世纪），方位词仅限于单音节形式而且使用也不如现代汉语频繁。主要原因就是它们无须跟在一般名词之后从而构成处所词。换句话说，古汉语中处所词和一般名词并没有本质的区别。这一时期的另一个特征是当处所词不是方位动词或动作动词的直接宾语时，必须由方位前置词（大多数时候是"于/於"）引入处所词。

方位词早在前上古时期（公元前 14 到前 11 世纪）就已出现在甲骨文中。赵诚（1988：269—272）对这些方位词做过总结："东""西""南""北""中""左""右"。"上"和"下"也被证实存在于甲骨文中，但它们的意思分别是"天"和"地"而非"上面"和"下面"。

在上古时期这七个方位词和表示"上面"和"下面"之意的"上""下"，"内""外"，后来的"前""后"，以及储泽祥

（1996）认为在公元4世纪或5世纪出现的"裏"同时使用。参见杨伯峻和何乐士（1992：89—92）。

除了极少的例外（如《墨子》[①]中的"外面"），这些方位词大多为单音节的，而且和现代汉语相反，可单独使用来表示地点。所以，作为处所词，可充当主语、宾语甚至状语。一则像现代汉语中的双音节词一样被用作处所词（见例1—4），二则接在名词后做方位词表示做位置词（或空间指示词）（见例5—9）。例如：

（1）瞻之在前，忽焉在后（《论语·子罕》）
（2）周公居东二年（《书经·金滕》）
（3）今拜乎上（《论语·子罕》）
（4）晋侯在外十九年矣（《左传·僖公二十八年》）
（5）王坐於堂上（《孟子·梁惠王上》）
（6）王立於沼上（《孟子·梁惠王上》）[②]
（7）则是方四十里为阱於国中（《孟子·梁惠王下》）
（8）孟孙立於房外（《左传·定公六年》）
（9）射其左，越於车下，射其右，毙於车中（《左传·成公二年》）

如果古汉语中的一般名词像现代汉语那样不一定要后接方位词来构成处所词，那必须具备以下两个条件：（1）这些一般名词必须是表地点或移动动词的宾语（例10）；（2）它们必须由方位前置词引介，如"于/於"，比较不常见的有"乎""诸"甚至"之"（李崇兴1992）认为"之"有时等同于"诸"（例11—13）。当然也有些例外，特别是当名词用作处所词充当主语（例14）或名词用于表方位和地点名称的情况（例15）。

[①] 此版本是公元前3世纪的，其中出现了一些独创的语言现象，同时期其他书籍中未见，参见 Peyraube（1988：101）、张万起（1998）。
[②] 5和6中方位词"上"表达一种模糊的位置而非"上面"的意思。

（10）不之尧之子而之舜（《孟子·万章上》）
（11）子张书诸绅（《论语·卫灵公》）①
（12）妇人笑於房（《左传·宣公十七年》）
（13）公甍於车（《左传·桓公十八年》）
（14）涂有饿莩而不知发（《孟子·梁惠王上》）
（15）树吾墓檟（《左传·哀公十一年》）②

即使当处所词由"名词+方位词"构成时，省去前置词"於"还是极少见的。一个特例如下：

（16）韩厥执絷马前（《左传·成公二年》）

只有当动词的宾语是第三人称代词或指示代词"之"时，前置词"於"才似乎可省去。如：

（17）子产使校人蓄之池（《孟子·万章上》）

然而，李崇兴（1992）做出了这样的假设：例（17）中，我们可以假定名词"池"之前所省略的方位前置词"於"和句中的"之"融合成了"诸"，即"诸"="之"+"於"。

3.2 前中古汉语

到了前中古汉语时期，也就是汉代（公元前206—公元220年），处所词和方位词的特征有所改变，总结如下：

（1）一般名词不再像上古晚期那样用作处所词。例如，《史记》（公元前1世纪）中处所词由"一般名词+方位词"构成，方位词不可省去，见例（18）—（20）。

（2）如果处所词不是表位地点或移位动词的宾语，则无须以方位前置词引入。见例（18）—（20）和例（22）—（23）。

---

① 诸＝之+於。
② 此为普通名词。即使"坟墓"不在前置词前也不在方位词后，普通名词也可视为有定位意义。

（3）虽然它们能表示物体的准确地点，然而方位词成为了功能词。另外，前中古汉语的晚期双音节方位词已开始使用。如：

(18) 桓公与夫人蔡姬戏船中（《史记·齐太公世家》）
(19) 孔子去曹适宋，与弟子习礼大树下（《史记·孔子世家》）
(20) 出朝，则抱以适赵盾所（《史记·晋世家》）

在最后一个例子中，人名赵盾前没有方位词，但用了一个名词来表达处所（"所"），这就表明人名不再用作处所词，不像之前上古的用法（参见例10）。如果把《史记》中的这一例和《左传》（公元前5世纪）中的类似用例相比较，会发现很明显赵氏用作了处所词。

(21) 出朝，则抱以适赵氏（《左传·文公七年》）[①]
(22) 西与秦将杨雄战白马（《史记·高祖本纪》）[②]
(23) 杀义帝江南（《史记·高祖本纪》）[③]

当然还有别的情况，方位前置词"於"和跟在名词后的方位词同时出现的情况，如：

(24) 种瓜於长安城东（《史记·萧相国世家》）

然而李崇兴（1992）认为，《史记》第八章《高祖本纪》中有80个处所词前面没加方位前置词，只有14个有方位前置词。这毋庸置疑和上古汉语晚期有很大的变化。这种变化主要由普通名词和处所词的分化造成。因为处所词现在是由名词后接方位词组成，方位前置词不再是必需的了。

[①] 另一个有趣的例子出自《史记》，可以和《左传》中的例子比较。我们可以说添加处所词可使名词变为方位词："树吾墓檟"。

[②] 本例中，地点名称作处所词。

[③] 处所词由方位词和一般名词构成。实际上《史记》同章节中的另一例也出现了前置词"於"："杀义帝于江南"，表明这只是一种趋势。

但这一时期方位词最重要的特征是第三点（见（3））也就是方位词逐渐转变为功能词使用，扮演重要的语法角色，主要的一个功能就是跟在名词后形成处所词。它们仍表示物体真实准确的位置，这被吕叔湘（1984：294）称为"定向性"（精准位置特性）："上""下""里""外""前""后""左"等等。但有些方位词比如"中""间"还是不能描述精准的位置。举例如下：

（25）是时桓楚亡在泽中（《史记·项羽本纪》）
（26）於空中作音乐（《道行般若经》卷十）
（27）不复还在世间（《人本欲生经》）

前中古时期的另外一个重要的变化是双音节方位词的出现。虽然出现的频率依然不高，但并不罕见，比如"上头"，就在郑笺（郑玄127—200）《诗经》注释中出现过几次。另外，公元2世纪的汉代晚期口语性汉译佛经也有一些，如：安世高译《长阿含十报法经》（《大藏经13》）中的"上头""后头"，康孟祥、竺大力译《修行本起经》（《大藏经184》）中的"左面"。

这些双音节方位词可单独充当主语或宾语，和现代汉语相同。例如：

（28）上头有（《长阿含十报法经》）

然而，双音节方位词不能用在名词之后。单音节方位词依然用在名词之后形成处所词。

4　中古汉语（公元3—13世纪）

六朝时期（公元220—581年），即中古汉语早期，仍有一般名词和单音节方位词组合构成处所词，和上古时期相同（参见例29—31），但这类情况变得极少了。处所词通常既可以是地点名称，也可以是方位词、前置词和普通名词组合（例32—36）。

(29) 载王於车而杀之（《世说新语·仇隙》）
(30) 上有万仞之高，下有不测之深（《世说新语·德行》）①
(31) 渊自督粮在后（《三国志·夏侯渊传》）②
(32) 太祖崩於洛阳（《三国志·夏侯尚传》）③
(33) 於本母前宴饮（《世说新语·方正》）④
(34) 在船中弹琴（《世说新语·言语》）
(35) 王母夫人在壁后听之（《世说新语·文学》）
(36) 可掷著门外（《世说新语·方正》）

以上的例子都是单音节方位词。但还有一些"名词＋双音节方位词"组成处所词的情况。我们发现同时期的佛经译本比如《出曜经》中就有很多例子（约公元4世纪）：

(37) 鼠在瓶里头（出曜经·卷五）
(38) 寻出门外头（出曜经·卷四）⑤

储泽祥（2006）认为出现频率最高的方位短语是"名词＋方位词"的组合。实际上他在《世说新语》中归纳出了199例"前置词＋无方位词的名词"，114例"前置词＋方位词＋名词"和261例"名词＋方位词"。我们将其与《史记》比较就可以发现其中的历时变化。作为前中古汉语早期的代表性著作，我们检索出了1507例"前置词＋名词"，219例"前置词＋名词＋方位词"

---

① 单音节方位词"上""下"可作处所词主语，更多例见《〈世说新语〉语言研究》，张振德等（1995）。
② 方位词"后"是动词"在"的处所词宾语。
③ 处所词"洛阳"是个地点名称。
④ 如本例，中世纪早期出现许多由前置词"於"引导的置于动词之前的方位性PP结构，这种用法真正始于汉代晚期，大约在公元200年左右。参Peyraube（1994）。
⑤ "外面"和"左面"的其他用例可在《贤愚经》（公元445年左右）找到。

和1126例"名词+方位词"。①

然而，在中古汉语早期，值得注意的是，一些方位词在逐步获得表达无差异方位功能上体现出毋庸置疑的潜力。早在前中古时期，一些方位词意义开始模糊化就表明了这一点（参见例25—27）。中古汉语早期时候这种趋势慢慢地增强。一些单音节方位词不再能描述"精确的位置"（"定向性"，吕叔湘1984：294）而是"模糊的定位"（"泛向性"）。方位词的语法功能完全覆盖了其基础的语义值。这也是方位词语法化的第二高潮：名词＞定向性或精准的方位词＞泛向性或泛指的方位词。"上"和"中"的例子尤其突出，也包括"前""下""边""头"等。参见李崇兴（1992），举例如下：

（39）长文尚小，载著车中……文若亦小，坐著膝前（《世说新语·德行》）
（40）虽长大犹抱著膝上（《世说新语·方正》）

例（39）和（40）表明早期中古汉语时期"前""上"可互换的表示相同的泛指位置。

（41）负米一斛，送著寺中（《六度集经》卷四）

虽然"中"可以表示"里面"，"中间"甚至"之间"这样

---

① 储泽祥指出在现代语言里，一个名词语料库中"N+P"共出现83次，"P+N+L"227次，"N+L"367次。如果我们将此现象和《红楼梦》（18世纪）中的第41章到60章比较可以发现，"N+P"出现的次数逐渐增加，从58次到348次再到528次。尽管如此，我们发现倒退（次数减少）的现象仍周期性地出现（有方位词无前置词的方位短语＞有前置词无方位词的方位短语），所以这有助于我们考察古代语言特别是古代汉语的特性。储泽祥（2004）在另一篇文章中补充说明，当名词位于修饰语（包括从句）之前且NP结构为多音节时，以前置词"在"开头的PP结构中的方位词可以省去。并且，他认为修饰语越长，附属部分省去的可能性越大。（另参见孙朝奋（即出），Chappell & Thompson（1992）对重NP结构中"的"的隐现这一相似模式的讨论）

的精准位置,但是"中"常用作表示无差异特征的方位词。意为"里面""中间""之间"的例句如下:

(42)口中含嚼,吐著掌中(《百喻经·小儿争分别毛喻》)
(43)时五百人中有一人最上智慧(《生经一》)

所以,中古汉语后期的主要特征是差不多所有单音节方位词用来表达处所时都没有差异,也即模糊的位置,这一点后来就不太常见,至今如此。

王锳(1995)曾研究过《唐诗别裁》(唐代:618—907)中1928首唐诗中的方位词。王锳对下面的单音节方位词及出现进行了考察:"上"(319),"下"(167),"前"(178),"后"(29),"里"(122),"内"(19),"外"(157),"左"(6),"右"(7),"中"(423),"间"(110),"东"(116),"南"(113),"西"(133),"北"(120),"旁"(25),"则"(6),"边"(103),"头"(96),"底"(23)。

双音节方位词并不常见:"上头"出现过3次,"前头"3次,"中间"5次("中央"1次),"东边"1次("东面"1次,"东头"1次),"南边"1次("南面"1次,"南头"1次,"西边"1次("西头"3次),"旁则"1次,"则旁"1次。

单音节方位词用作以下几种情况:(1)在动词后作副词,(2)在前置词后组成位置性的PP以用作副词或补语,(3)与名词结合成处所词。情况(3)在唐代最常见,这也就解释了为什么Ōta(1958)称处所词为"后助名词"。简而言之,唐代末期的这种情况和今天的现代汉语没有太大的区别。

在王锳的研究中,令人惊奇的是,他发现如果不是一个模糊定义的方位,几乎所有单音节方位词能表达无明显特征的方位。他赞同语言学家俞樾(1821—1907)在《曲园杂纂》中的观点。

445

因此，方位词"东"有时意为"外"，"西"有时用作"内"。

事实上，比较不同版本的文本，会发现使用不同的方位词。在王梵志的诗中，我们看到："前"用作"边"，"下"用作"内"，"西"代替"东"，"上"代替"头"，"边"代替"中"，"头"代替"里"，"前"代替"边"，甚至还有"上"代替"下"，"西"代替"东"，也即有些方位词能被其反义词代替！

在下面的例子中，例（44）"海南头"等于"海西头"，"林上"表示"林外"，"枥上"就是"枥下"。

(44) 节旄落尽海南头（西头）(《全唐诗》王维《陇头吟》)
(45) 林外（上）九江平（《全唐诗》王维《登辨觉寺》)
(46) 紫燕枥上（下）嘶（《全唐诗》李白《邺中赠王大》)

这种情况说明有些单音节方位词的含义因语法化而"漂白"（bleach），它们成为了真正的功能标记，指示模糊的位置，并兼有所依附的名词转化成处所词的直接句法功能。

与此同时，单音节方位词的"定向性"仍然保留。王锳描述了当时最常用的两个方位词——"边"和"外"：73个"边"表定向性，30个表达无明显特征方位的定位，108个"外"表定向性，49个表达无明显特征方位的定位。

Peyraube（2003）在讨论过 Klein 和 Nüse（1997）中的一些模型后，对这些情况给出了以下的解释。他认为每个方位词都有核心意义，能准确地描述一个精确的位置。然而，这个意义可以通过由上下文制约引起的语义操作而改变。其他的解释也以此为依据。很显然，Klein & Nüse（1997）提出的"基本含义模式"在中古汉语时期并不适用。汉语方位词不可能通过在一般意义或基本义上增加某些特征来获取具体的、特定的解读。

然而"上""下""前""后"等的词汇义是很具体的，其典型的解读是"上""下""前""后"。在特定语境中的其他用法都源自它的重新解释。如果"被关系者参照物"的空间特征(背景或界标)(就"上"来说,例如"在……之上""与……接触")和特定含义不一致,此时就需要重新解释,因为说话人对主题和参照物的概念化有所不同。这里的重新解释需要认知方面的工作。因为汉语方位词由"定向性"转为"泛向性",所以原型模式这一分析最为恰当。

5 方言中的方位词

在本文最后一部分中,我们将现代汉语方言有关空间句法和语义的共时变化发展历史的不同阶段联系起来,对历时关系不做讨论。从某种程度上来说,我们发现在一些现代汉语方言中某些方位词表达的无差异方位的反常现象。首先,官话中的方位词"上""下""里"常偏离其原型意义而表示模糊的定位。这通常视为方位词的派生义。先来看看官话中的例子:

(47)她在飞机上看书
(48)他住在乡下

所有语言都有这些派生的隐喻意。[①]

联系我们先前讨论的中古汉语时期,陕西的华县方言(中原官话)中的"下"就有"上"的意思,举两例:

(49)把书放到桌子下
(50)我住在楼下哩[②]

---

① 所以,和汉语一样,英语中的惯用表达是"on the train","on the plane",而法语习惯用"dans le train","dans l'avion"。下面是另一例有趣的英语和法语表达:"sur la route" = "on the road",但"dans la rue" = "in the street"。

② 为了表达"下面"之义,一般使用双音节词"底下"。参见黄伯荣(1996:113—115)。

四川江津方言（西南官话）根据物体的类别、外形和功能，用后置名词性方位词"高"来表示"里""上""关于""上面""顶上"。它可以表示：

（1）物体的平面上面或表面，像桌子、座椅、沙发和床
（2）容器内部或开口圆形物体的外部表面，像碗和浴盆
（3）薄的物体的表面，像纸、布和床单
（4）物体的顶部，像楼和山
（5）派生义，文章或报纸的内容和规模（参见黄伯荣1996：113—114）

吴语中的上海方言与此类似，一个无差异的方位词"拉"能用于变普通名称为处所词，不同于用来把名词转变为处所词的指示代词。具体而言，"拉"在保留领属意义的同时，可将领属意义的名词转变为处所词。举例如下（参见徐和唐1988：414—415；黄伯荣1996：114）：

(51) 上海方言（吴）　　　　　　官话
　　　小毛拉父　　　　　　　　小毛家里的爸爸
　　　ɕiɔ³⁴mɔ¹³　lA⁵³vu¹³
　　　（名字）方位词：所有格　父亲（名字）方位词：家庭　父亲
　　　（意义：在小毛处的父亲）（意义：小毛的父亲）

"拉"的用法和普通话中的"家里的"都用于表示家庭和亲属关系。用基于方位格结构的认识模式来表达所有格是众所周知的策略。和"拉"相比，上海方言中的指示词"伊面"，其功能接近于名词前的"那儿"和"那里"，就不能用来变所有格性的名词为方位性所有格：

(52) 上海方言（吴）　　　　　　官话
　　　老太婆拉儿子　　　　　　老太婆家里的儿子
　　　lɔ¹³t'a³⁴bu¹³lA⁵³ŋi¹³tsɿ

老太婆　方位词：所有格　儿子　老太婆　处所词所有格　儿子
（意义：老太婆的儿子）（意义：老太婆的儿子）
　　上海方言（吴）
　　*老太婆伊面儿子
　　*lɔ¹³t'a³⁴bu¹³i⁵³mi¹³tsɿ³⁴
　　*老太婆　方位词　指示　儿子

"拉"不能跟在非所有格名词性短语中的普通名词后面，相反，"伊面"却可以：

（53）上海方言（吴）　　　　　　　到台子伊面去
　　　*到台子拉去　　　　　　　　tɔ³⁴dɛ¹³tsɿ³⁴i⁵³mi¹³tɕ'y³⁴
　　　*tɔ³⁴dɛ¹³tsɿ³⁴lA⁵³tɕ'y³⁴　　到台子＋方位词＋go
　　　到台子＋方位词＋所有格＋go　到台子那里去

"拉"这一特例与前面提到的前中古汉语时期，当人名表示"在某人处"的方位意义时需要采用后置名词性，两者意义等同。参见例（20）。

关于共时部分中的语法化和语义改变这一话题，我们接下来要考察广东南部惠州地区的客家方言（惠州地区，广东南部），其中很多都是双音节方位词。它们单独使用充当名词、副词或跟在中心名词之后（Chappell 和 Lamarre 2005：88）。双音节方位词最早出现于前中古汉语时期，中古汉语晚期开始普遍使用（参见第四部分）。每种空间关系都有几个可选的形式，见例（54）：

（54）Sin-on 客家（惠州地区，广东南部）
　　　tang³ kau¹ 顶高　　　　kyok⁶ ha¹ 脚下
　　　šong⁴ kau¹ 上高　　　　tai³ ha¹ 底下
　　　men⁴ theu² 面头
　　　nui⁴ tu³ 内肚　　　　　ngoi⁴ men⁴ 外面
　　　sim¹ nui⁴ 心内　　　　 ngoi⁴ poi⁴ 外背
　　　ti¹ poi⁴ 背

449

  tu³ li¹ 肚里
  tshai⁴ nui⁴ 在内（肚）
  （tu³）

下面的例子显示双音节方位词可充当中心名词：

（55）在脚下放紧
  tshoi¹ kyok⁶ ha¹ fong⁴ kin³
  放在下面

它们也可直接充当动词的宾语：

（56）去奈里去个里
  hi⁴ nai⁴ li¹? hi⁴ kai⁴ li¹
  去哪里？去那里

  这表明"名词 + 方位词"已成为优选的结构，正如前面所提到的，前中古汉语时期、中古汉语早期颇为盛行并沿用至今的一个类似的模式。下面的例子选自 Chappell 和 Lamarre（2005：95），tshoil 的使用是任意的，单音节方位词和双音节方位词都可前置使用。

（57）（tshoi¹）tsok⁶ šong⁴ （在）桌上
  （OR：tsok⁶ shong⁴）
  （tshoi¹）then¹ tang³ （在）天顶
  （tshoi¹）tshui⁴ kai⁴ hat⁶ ha¹ （在）罪个辖下
  （tshoi¹）wuk⁶ poi⁴ （在）屋背
  （tshoi¹）ho² pen¹ （在）河边
  （tshoi¹）fong²tu³li¹ （在）房肚里
  （tshai⁴）mun² ngoi⁴ （在）门外

  另一个有客家方言的空间指示词非常有趣的发现也与语法化和语义变化有关联。例如，"背后"可和下面的附属词结合：

(58) šong⁴ poi⁴ 上背　　　　　　ti¹ poi⁴ □背
　　　ha¹ poi⁴ 下背　　　　　　ngoi⁴ poi⁴ 外背
　　　ha¹ poi⁴ kai⁴ 下背个

甚至"房顶"也能和此语素结合：nga³ poi⁴（tang³）瓦背，瓦背顶。

这表明语义演变的共同基本原则证实了我们在前中古汉语时期的客家语。"背"的核心意义是表示身体部位的具体名词，语法化为表示特定空间指示意义（通过隐喻表示"后面"）的功能词。之后，又发生了第二次一般化语义演变，意为"位置""边"。正如上述早期中古汉语的例，这两种语义演变就可概括如下：

（1）具有完全词汇意义的实词（身体部位）> 特定方位词（定向性）

（2）特定方位词（定向性）> 一般方位词（泛向性）

6　结　论

最后，我们通过以上的探究可得出如下结论。

古代汉语中作为处所词，方位词无须跟在一般名词和人名之后。但名词之后的处所词往往能表示准确且具体的定位（定向性）。当方位词不是方位性动词或动作动词的直接宾语时，处所词通常由方位性前置词引导。从前中古汉语时期开始，当一般名词或人名和方位词组合时不再用前置词"於"引介处所词的情况越来越多。双音节方位词也在前中古汉语末期开始使用。

我们发现在中古汉语早期一般名词用作处所词的情况渐渐变少，另外是一些单音节方位词开始表达无差异位置，即泛性的定位（泛向性）。在随后的中古汉语晚期，表达无差异位置的单音节方位词开始广泛使用,到唐朝影响到了几乎所有的方位词,最后则通常相互替换使用。

因此,我们认为汉语方位词的演变遵循了这样的一个方向:定向性>泛向性。换言之,在重新解释的过程中,每个方位词原有的特殊且原型的意义逐渐转变为一般意义。Peyraube(2003)详细论述了这一过程,并认为是原型模式,而不是基本含义模式,可用于解释方位词语义演变的过程。最后,我们发现,在现代汉语方言的句法演变和语义演变中存在着类似的过程,这也是值得学者关注并进一步研究的领域。

参考文献

储泽祥 1996 汉语空间方位短语历史演变的几个特点,《古汉语研究》第1期,7—61页。

储泽祥 1997 现代汉语的命名性处所词,《中国语文》第5期,326—335页。

储泽祥 2004 汉语"在+方位短语"里方位词的隐现机制,《中国语文》第2期,112—122页。

储泽祥 2006 汉语处所词的词类地位及其类型学意义,《中国语文》第3期,216—224页。

黄伯荣 1996 《汉语方言语法类编》,青岛:青岛出版社。

黎锦熙、刘世儒 1955 《中国语法教材》,北京。

李崇兴 1992 处所词发展历史的初步考察,胡竹安、杨耐思、蒋绍愚编,《近代汉语研究》,北京:商务印书馆,24—63页。

吕叔湘 1947 《中国文法要略》,上海:商务印书馆。

吕叔湘 1984 《汉语语法论文集》,北京:商务印书馆。

马建忠 1898/1983 《马氏文通》,北京:商务印书馆。

王 锳 1995 唐诗方位词使用情况考察,《吕叔湘先生九十华诞纪念文集》,北京:商务印书馆,207—213页。

文 炼 1959 《处所,时间和方位》,上海:上海教育出版社。

许宝华、汤珍珠 1988 《上海市区方言志》,香港:Joint Publishers。

杨伯峻、何乐士 1992 《古汉语语法及其发展》,北京:语文出版社。

张万起 1998 量词"枚"的产生及其演变,《中国语文》第3期,208—217页。

张振德等 1995 《〈世说新语〉语言研究》,成都:巴蜀书社。

赵　诚 1988 《甲骨文简明词典》,北京:中华书局。

朱德熙 1982 《语法讲义》,北京:商务印书馆。

Cartier, Alice 1972 Les indicateurs de lieu en chinois. *La linguistique* 2. 8.

Chao Yuen Ren 1968 *A Grammar of Spoken Chinese*. Berkley and Los Angeles : University of California Press.

Chappell, Hilary & Sandra A. Thompson 1992 The semantics and pragmatics of associative de in Mandarin discourse. *Cahiers de Linguistique Asie Orientale* 21 : 199-229.

Chappell, Hilary & William McGregor (Eds.) 1995 *The Grammar of Inalienability. A Typological Perspective on Body Parts Terms and the Partwhole Relation*. Berlin : Mouton de Gruyter.

Chappell, Hilary & Christine Lamarre 2005 A Grammar and Lexicon of Hakka : Historical materials from the Basel Mission Library. Collection des *Cahiers de Linguitique Asie Orientale* 8. Paris : École des Hautes Études en Sciences Sociales.

Greenberg, Joseph H. 1995 The diachronic typological approach to language. M. Shinatani and T. Bynon (Eds.), *Approaches to Language Typology*. Oxford : Clarendon Press. 145-166.

Hagège, Claude 1975 *Le probèlem linguistique des prépositions et la solution chinoise*. Louvain : Peeters.

Heine, Bernd and Ulrike Claudi 1986 On the metaphorical base of grammar. *Studies in Language* 10-2 : 297-335.

Heine, Bernd, Ulrike Claudi & Friederike Hünnemeyer 1991 *Grammaticalization : A Conceptual Framework*. Chicago : University of Chicago Press.

Klein, Wolfgang & Ralf Nüse 1997 La complexité du simple-I' expression de la spatialité dans le langage humain. M. Denis (Ed.), *Langage et cognition spatiale*. Paris : Masson. 1-23.

Legge, James 1861 *The Chinese classics*. Taipei : Southern Material Center, Inc., 1983.

Ōta, Tatsuo 1958 *Chunggokogu Rekishi Bunpo* [Historical Grammar of

Chinese]. Tokyo: Konan Shoin.

Peyraube, Alain 1980 *Les constructions locatives en chinois moderne.* Paris: Langages croisés.

Peyrauble, Alain 1988 *Syntaxe diachronique du chinois: évolution des construction datives du 14ᵉ siècle av. J-C. au 18ᵉ siècle.* Paris: Collège de France.

Peyraube, Alain 1994 On the history of Chinese locatives prepersitions. *Zhongguo jingnei yuyan ji yuyanxue*《中国境内语言及语言学》2: 361-387.

Peyraube, Alain 2003 On the history of place words and localizers in Chinese: a cognitive approach. In Yen-hui, Audrey Li & Andrew Simpson(Eds.), *Functional Structure(s): Form and Interpretation.* London & New York: Routlegde Curzon. 180-198.

Rygaloff, Alexis 1973 *Grammire élémentaire du chinois.* Paris: PUF.

Sun, Chaofen. 2006 Historical geography, phonology, word order and the Chinese locatives. International Conference celebrating the publication of the complete works of Li Fang-kuei and the publication of the Bulletin of Chinese Linguisitics. Taiwan, Academia Sinica.

Sun, Chaofen(即出)Spatial mapping and grammaticalization in Chinese.

History of the passive constructions in Chinese until the 10th century *

Abstract : This paper is mainly on the origin and the development of the passive bei-sentences, but the different types of other passive constructions are also traced according to their chronological order.

The verb bei "to receive, to suffer, to undergo, to be affected" begins to be used, under the Han period, in the "V1 + V2" serial verb construction [where V1 = bei], by analogy with the "V1 jian + V2" structure which is common since late Archaic Chinese, and where jian is an auxiliary verb marking the passive. Like jian, bei has then a verbal status and V2 is the object of V1. There has been a single lexical replacement : V jian > V bei.

As for the "bei + Agent + V" form which becomes common only from Sui-Tang times, the "wei + Agent + V" form, widespread since the Han, could also have served as a model, but there has no single lexical replacement. A grammaticalization process intervened changing the verb bei into the preposition bei. This mechanism took place in the "V1 bei + NP-Agent + V2" serial verb construction.

0 Introduction

The following study will concentrate on the origin and the

---

* I thank Liu Jian and Mei Tsu-lin for their comments on an earlier version of this paper which was presented at the 7th Workshop in Chinese Linguistics (POLA, Berkeley, March 1988). I also thank the Institute of History and Philology of the Academia Sinica of Taipei which provided me the computarized lists of all the occurrences of bei sentences in Shi ji and Han shu ; my special thanks are to Wei Peiquan for his valuable comments on another earlier version of this paper. Reprined from *Journal of Chinese Linguistics* 17-2, pp. 335-372.

development of the passive form in bei 被 which had established itself to be the most frequently used form in Standard Chinese. The different stages of other passive constructions will also be traced according to their chronological order so that we can better understand the origin of the bei form. In Contemporary Chinese, the bei form has the following structure: NP-Patient + bei(+ NP-Agent) + V + C, where C is a postverbal constituent(resultative, directional or locative complement; aspectual particle, etc.)

The term "passive construction" will be used here for structures syntactically marked with some device denoting passivity(yu 于, bei 被 etc.). This excludes what are usually called semantic passives of which, in the absence of any syntactic marker, the passivity is expressed by the verb or by the patient's preverbal position, as in the sentence neiben shu chuban le(this-book-publish-LE) "This book has been published". However, it is not certain that in this case we are dealing with passive forms. They are perhaps simply topic-comment constructions in which the subject of the verb is not present, as it is supposed by C. N. Li & S. A. Thompson (1981, p. 89).

1 Passive Forms in Archaic Chinese

I will distinguish two stages of development: Early Archaic (9th-6th centuries B. C.), Late-Archaic (5th-3rd centuries B. C.).

1.1 Early Archaic Chinese (EAC)

There is no passive syntactical marker in the jiaguwen. The first examples of passive constructions appear in the bronze inscriptions (jinwen). Pan Yunzhong(1982), following Yang Wuming(1980), finds two forms :

-V + 于 + Agent

1. 叔勉锡贝于王姒（叔勉方彝）

Shumian-offer-shell-YU-King-concubine

The shell was offerd to Shumian by the king's concubine.[①]

- 见 + V + 于 + Agent

Two examples of this form are cited by Yang Wuming(1980). They are questioned by Tang and Zhou(1985)who show that the passive interpretation is doubtful and it is better to consider that "见 + V + 于 + Agent" is not a passive form in EAC. Moreover, we cannot find any such example in Shang shu, Shi jing or Zhou Yi.[②] Only the "V + yu + Agent" passive form is attested there. E. g. :

2. 忧心悄悄，愠于群小（诗经·邶风·柏舟）

worried-heart-sad-upset-YU-inferior

My worried heart is saddened, (I am)infuriated by the inferior.

One thus should admit that the only passive form which exists in EAC is the yu form.

1.2 Late Archaic Chinese (LAC)

Three fundamental forms are frequently used in LAC : "V + 于 + Agent", "为 (+ Agent) + V" and "见 + V(+ 于 + Agent)", also

---

① Thirteen other examples have been found by Tang Yuming & Zhou Xifu(1985).

② It is true that the "jian + V + yu + NP" form does exist in the bronze inscriptions and in Shang shu, but, as Yao Zhenwu(1988)points out, the NP is a patient and thus this is not a passive form.

attested are two other forms which are rarer: "为 + Agent + 所 + V" and "被 + V".

1.2.1 "V + yu + Agent"

This form remains the most frequent form in LAC. Of the 105 passives found by Tang and Zhou (1985) in a corpus of texts of the early Warring States period: <u>Zuo zhuan</u>, <u>Guoyu</u>, <u>Lunyu</u> and <u>Mozi</u> (Corpus of texts no. 1), there are 52 "V + yu + Agent" sentences. Of the 293 passives extracted from <u>Mengzi</u>, <u>Xunzi</u>, <u>Zhuangzi</u>, <u>Hanfeizi</u> and <u>Zhan guo ce</u> (corpus of texts no. 2 of the second half of the Warring States period), there are 169 "V + yu + Agent" sentences. E. g.:

3. 郤克伤于矢（左传：成.2）

    Xi Ke-wound-YU-arrow

    Xi Ke was wounded by an arrow.

4. 治于人者食人，治人者食于人（孟子：滕文公.上）

    rule-YU-other-the one who-feed-other-rule other-the one who-feed-YU-other

    Those who are ruled by others feed others, those who rule are fed by others.

Verbs used in this construction seem not to be limited by severe contraints as shown in the following example where the verb position is filled by a predicative noun:

5. 物物而不物于物（庄子：山木）

    treat as things-things-and-negation-treat as things-YU-things

    Treat things as things and not to be treated as things by things.

Everyone would agree that <u>yu</u> which introduces the agent is here, preposition①. However, a question must be raised: is the passivity expressed by the preposition yu or by the verb? C. Chu (1987) thinks that the verb plays a decisive role in the passive, interpretation and that the preposition only has a margina function, for many verbs not followed by "yu+ Agent" still acquire a passive interpretation and many sentences with "yu, NP" following a verb are not passive. It is true that those PP introduced by yu can also be locative as well as dative comparative, agentive etc. and that the interpretation of these PP depends often on the preceding V. Nonetheless, the preposition yu plays a non-negligible role in these passive sentences, at least in distinguishing actives from passives as in 4 and 5②. In my opinion, M. Hashimoto (1987) is correct when he assert that in LAC, the active/

---

① Nobody would argue that yu is here a verb, although yu could also be interpreted as a verb ("to go") in EAC. See E. G. Pulleyblank (1986).

② Many other examples of the same kind can also be cited here:
(i) 劳心者治人劳力者治于人（孟子：滕文公.上）
labour-mind-the one who-rule-others-labour-physical force-the one who-rule-yu-others
Those who labour with their mind rule others, those who labour with their body are ruled by others.
(ii) 君子役物小人役于物（荀子：修身）
gentleman-master-thing-small-minded people-master-yu-thing
The gentlemen master things, the small-minded people are mastered by things.
(iii) 通者常制人穷者常制于人（荀子：荣辱）
agile-minded-the one who-often-control-other-slow-spirited-the one who-often-control-yu-other
Those who are agile-minded often control others, while those who are slow-spirited are often controlled by others.
(iv) 夫破人之与破于人也（战国策：赵策一）
thus-ruin-others-part, -and-ruin-yu-other-part.
Thus, ruin others and be ruined by others.

passive opposition cannot be made by the verb itself, but by the particle tied to the verb.

1.2.2 "wei(+ Agent) + V" and "jian + V(+ yu + Agent)"

These two forms did not exist in EAC. Of the 105 passives in the no. 1 text corpus, one can find 45 wei(of which 17 are followed by an agent) and 8 jian; of the 293 passives of the no. 2 text corpus, there are 60 wei(of which 52 are with agent) and 41 jian, as well as two examples of "wei + V + yu + Agent", one of "wei + Agent + jian + V" and eleven of "jian + V + yu + Agent" (cf. Tang & Zhou, 1985).

These figures indicate that jian, as a passive marker probably appeared later than wei, and that wei was first used without agent but later on was used mostly with an agent[①], and lastly, that "jian + V + yu + Agent" developed when "jian + V" was already frequently employed. Some examples:

-wei + V

6. 臣已为辱矣（吕氏春秋：忠廉）

I-already-WEI-humiliate-final part.

I was already humiliated.

-wei + Agent + V

7. 道术将为天下裂（庄子：天下）

dao-doctrine-future-WEI-world-tear-into pieces

The doctrine of the dao will be torn into pieces by the world.

-jian + V

---

① In later works of the Warring States period, i.e. Zhuangzi, Han Fei zi, Zhan guo ce, one can find 42 "wei + Agent + V" out of 49 passive forms in wei.

8. 盆成括见杀（孟子：尽心. 下）

Pen Chengkuo-JIAN-kill

Pen Chengkuo was killed. ①

9. 昔者弥子瑕见爱于卫君（韩非子：说难）

in the past-Mi Zixia-JIAN-love-YU-Wei-prince

In the past, Mi Zixia was loved by the Prince of Wei.

A first question may be raised here : Why was there a need to have two new passive forms in wei and jian when there was already the form in yu? One may suppose that the latter was not totally satisfactory, probably for several reasons. Firstly, passives in yu were often ambiguous, indeed, the proposition yu could introduce a locative PP, a directional PP, a dative PP, a comparative PP etc. Secondly, the passive forms in yu did not allow the expression of a passive without agent. As Wang Li(1979)has already shown, one cannot delete the object of the preposition yu, while one can delete, for instance, that of the prepositions yi 以 and wei 为. Therefore, when it is preferable not to mention the agent, the only solution is to delete the entire agentive PP, which then make the passive interpretation depend solely on the verb. This reason does

---

① Chang Wen-bin(1988)considers that jian is not a passive marker. If sentences like 8 must be interpreted as passive, it is because the verb sha itself acquires a passive interpretation.

This does not depend on jian. It is better to consider that it is the morpheme jian which renders sentence 8 to be passive, the more because in the pre-Han language, as Mei Tsu-lin(forthcoming)points out, the NP before the verb sha, which is a transitive verb, is agent, which is different from that which precedes the verb si 死, an intransitive verb, which is patient. Hei also considers that jian is clearly a passive marker.

conform to the fact that jian and wei (at least at the beginning) are not compatible with an agent. [1]

A second question can also be raised : Why were wei and jian chosen? Probably by analogy with other "auxiliary V + V" forms where the auxiliary verb can either be ke 可 or zu 足 and where the passive interpretation is evident. [2] E. g.

10. 晋楚之富不可及也（孟子：公孙丑．下）

Jin-Chu-det. part. -wealth-negation-can-reach-part.

The wealth of Jin and Chu cannot be equalled.

This obviously supposes that jian and wei have to be considered as auxiliary verbs (see the discussion on this subject below).

There is also a third question : why was there a need to have two new markers? We know that when a new form appears, different synonymous items may be inter-changeable for the same function. Thus, when the dative structure "V_1 + V_2 + IO + DO" (where V_1 is a verb [+ give], IO=indirect object and DO=direct object) appeared under the Han (coming from the classical form "V + IO + DO"), there were at least three synonymous verbs filling the V_2 position ; yu 与, yu 予 and wei 遗 (cf. A. Peyraube, 1986). When the "V_1 + O + V_2" construction (where V_2 is a verb meaning "to finish") appeared under the Six Dynasties period, one could find also many

---

[1] When wei is followed by an agent, the " V + yu + Agent" and "wei + Agent + V" forms can also be differenciated as follows : In the first form, the new information is represented by "yu + Agent" and the old information by the verb ; in the second form, the new information is given by the verb while the old information is given by the "wei + Agent" phrase.

[2] Cf. Mei Tsu-lin (forthcoming) who shows clearly that in Archaic Chinese, the NP which precede "ke + V" are patient while those which precede "neng 能 + V" are agents.

synonymous verbs in the V_2 position: yi 已, qi 讫, bi 毕, jing 竟, and then liao (cf. Mei Tsu-lin, 1981). For the passive form in Middle English, the following prepositions can be used to introduce the agent: with, of, by (cf. T. Fraser, 1987).

But one can also suppose that wei, shortly after its appearance as a passive marker, could be followed by an agent and thus failed the last which was initially assigned to it to express a passive without agent. Another auxiliary verb, jian, then came to fill this function. This hypothesis conforms to the chronological evolution of the different forms: first "wei + V", then "wei + Agent + V" and finally "jian + V".

Last but not least is this following question: What is the syntactic nature of wei and of jian? Opinions differ greatly on this point. Jian is generally considered to be a verb. [①]This seems to be reasonable. Indeed, when it is used in couplets, it occupies the position which verbs should normally fill (see example 24 below).

Many linguists are puzzled by the verb jian of which original meaning is "to see". How did it become an auxiliary V marking the passive. It is interesting to indicate here that in several Roman languages (French, Spanish, Portuguese), the verb "to see" is also used as an auxiliary verb in passive sentences, just like the verb "to be". Some e. g. in French:

11. Il s'est vu attaqué par trois personnes à la fois.
12. Elle s'est vue frappée par sa fille.
13. Il s'est vu embarqué par la police à la fin de la manifestation.

---

① Pan Yunzhong (1982, p. 250) thinks however that jian is a prefix.

As for wei, the problem is more complicated. In LAC, wei is already either a verb (= "to be", "to become", "to make") or a preposition ("for, by"). Cheung Yat-hsin (1976) and C. Chu (1987) consider that it is a verb, while Tang & Zhou (1985), Wei Peiquan (1985) take it to be a preposition.

I think that wei, in the "wei + V" form, before the possible presence of an agent between wei and V_1, should preferably, be treated as an auxiliary verb. That wei could be a preposition when it is immediately followed by a verb seems doubtful.

14. 妻子为戮（国语：越语）

   wife -child-WEI-massacre

   The wife and the child were massacred.

One can of course argue against the verb-hypothesis by saying that the object of wei was deleted since the preposition wei often accepts the deletion of its object. However, this assumption cannot account for the anteriority of the "wei + V" form to "wei + NP + V" form.

The following example also supports the wei = V solution：

15. 厚者为戮，薄者见疑（韩非子：说难）

   serious-the one who-WEI-massacre-slight-the one who-JIAN-suspect

   Those whose (cases) were serious were massacred, those whose (cases) were slight were suspected.

If jian is really a verb, the respect of symmetry should require wei to be a verb as well.

Lastly, if wei in "wei + V" were a preposition, it would be unlikely that the main verb itself could also be followed by an agentive PP introduced by the preposition yu:

16. 身死为僇于天下（墨子：法仪）

   body-die-WEI-jeer-YU-world

   After he died he was jeered by the world.[①]

These sentences contain two passive markers: One verbal auxiliary which marks the verb (wei), and one preposition which marks the NP-agent (yu).

One should therefore consider wei in "wei + V" to be an auxiliary verb.

The problem, however, will be different when an agent is inserted explicitly between wei and the verb. E. g.:

17. 战而不克，为诸侯笑（左传：襄公.10）

   fight-and-negation-win-WEI-feudal lords-mock

   (If one) fights and not wins, (one) will be mocked by the feudal lords.

18. 止，将为三军获（左传：襄公.18）

   stop-will-WEI-three-army-capture

   (If you) stop, you will be captured by the Three Armies.

E. G. Pulleyblank (1987) proposes the following analysis: X wei san jun [san jun huo]$_N$ "X will be for the Three Armies that the Three Armies capture X". We are there fore dealing with a double-object construction where wei is a verb and where the second-object is an embedded sentence. The subject and the object of the embedded sentence are then deleted because they are identical to the dative

---

① For the same reason, it is because jian is a verb in "jian + V" that the V can sometimes be followed by an agentive PP introduced by yu. Cf. e. g. 9.

object of wei and to its subject, thus producing wei san jun huo. This derivation seems semantically satisfactory, but it cannot account for cases where the verb of the embedded object, preceded by the passive marker jian, receives a passive interpretation, as in the following example:

19. 烈士为天下见善矣（庄子：至乐）

   martyr-WEI-world-JIAN-praise-part.

   The martyrs are praised by the whole world.

If wei is treated as a preposition which introduces the NP-agent, the verb can itself be marked by a passive auxiliary verb. There are therefore two passive markers as in 9 and 16 : One is prepositional, marking the agent, the other is verbal, marking the verb.

It is thus not impossible that the verb wei has undergone a reanalysis and has been grammaticalized into a preposition. Two phenomena could have ignited the reanalysis : (i) the fact that the agent of the passives was usually introduced by a preposition (yu) and not by a verb ; (ii) the fact that there were already several PP introduced by the preposition wei (causal PP, benefactory PP, etc.). Wei Peiquan (1985) compares the passive marker wei and the causal preposition wei when they introduce nouns. The cause and the agent are both analysed as a starting point. If the wei which introduces the cause is a preposition, it must be the same for the wei which introduces the agent.

I will accept this hypothesis that wei in "wei + Agent + V" may be a preposition. However, the syntactic change which has grammaticalized [+ V] > [+ Prep] is not of course obligatory. The wei of the "wei + Agent + V" form could have remained verb in several cases. We have here an illustration of the two first heuristic principles of P. A. Hopper(1988): "Layering" (When new layers are emerging, the old layers are not neceasarily discarded) and "Divergence" (When a lexical form undergoes grammaticization, the original lexical form may remain as an autonomous element).

Thus, it is probably better to consider <u>wei</u> as a verb in the following example:

20. 为天下之大僇（荀子：正论）

WEI-world-ZHI-big-mock

(He) was the big mockery of the world.

In this example, if <u>zhi</u> is really a nominalizer, <u>wei</u> can only be a verb.[①]

1.2.3 Two other new forms appeared under the Warring States period, but they occurred later and remained relatively rare. They are "<u>wei</u> + Agent + <u>suo</u> + V" and "<u>bei</u> + V". Tang and Zhou (1985) find four cases of "<u>wei</u> + Agent + <u>suo</u> + V" and five cases of "<u>bei</u> + V" in the entire no. 2 corpus of texts[②]. E. g.

21. 楚遂削弱，为秦所轻（战国策：秦策.4）

Chu-then-become weak-WEI-Qin-SUO-despise

---

① E. G. Pulleyblank(1987) notes that in pivotal constructions, the pivotal noun does not allow the insertion of <u>zhi</u> 之 between itself and the subordinate noun. Moreover, if this pivot is pronominalized, we always have <u>zhi</u> 之 and not <u>qi</u> 其. It is the same for the form "<u>wei</u> + Agent + V". If it is true that the agent-NP is always pronominalized by <u>zhi</u> and not by <u>qi</u>, example 20 indicates that the nominalizer <u>zhi</u> can be posited between the noun following <u>wei</u> and the verb.

② The five <u>bei</u> can be found in later texts: three in <u>Han Fei zi</u> and two in <u>Zhan guo ce</u>.

Chu then got weaker and was despised by Qin.

22. 今兄弟被侵……（韩非子：五蠹）

now-brother-undergo-attack

(If his) brothers have now to undergo an attack...

Too few examples of these two forms can be found in LAC to allow us to suppose that they are unquestionably dated in the Warring States period.

Thus, in LAC, three fundamental forms are attested with the following respective percentages (cf. Tang Yuming, 1987): "V + yu + Agent", 58%; "wei (+ Agent) + V", 24%; "jian + V", 11%. Two other forms also exist but much less commonly: "wei + Agent + suo + V", 0.9%; "bei + V", 1.1%.

2 Han or Pre-Medieval Chinese (206 B.C.-220 A.D.)

2.1. LAC classical forms

They continue to exist but their proportion decreases whereas that of the form "wei + Agent + suo + V" increases. Under the Former Han (206 B.C.-25 A.D.), still according to Tang Yuming (1987), the situation is as follows: "V + yu + Agent", 27%; "wei (+ Agent) + V", 21%; "jian + V", 20% (for 21% of "wei + Agent + suo + V" and 1.2% of "bei + V"). Under the Late Han (25-220), the percentages are: 11% of yu, 7% of wei and 19% of jian (for 52% of "wei... suo" and 51% of bei). Examples:

23. 帝年八岁，政事壹决于光（汉书：霍光传）
   Emperor-age-eight-year-administration-affair-uniquely-decide-by-Guang
   The Emperor was eight years old and Guang took charge of all administrative affairs.

24. 或成器而见举持，或遗材而遗废弃（论衡：辛偶）
   or-become-able person-and-JIAN-recommend-or-to be left overable person-and-to suffer-abandon
   Either (one) becomes an able person and be recommended or to be forgotten as an able person and be abandonned.

   As in LAC, jian and wei are verbs in "jian + V" and "wei + V", but wei may be a preposition when it is followed by an agent in "wei + Agent + V".

2. 2. "wei + Agent + suo + V"

This form comes from the "wei + Agent + V" form. The nature of this suo is difficult to determine, but one can consider, as Wang Li (1958, p. 424) does, that "suo is (a particle) used with transitive verbs which are often not followed by objects. Since verbs in passive forms should be transitive and may not be followed by their objects, it is natural that in the passive forms with wei, suo could be inserted before the verb." E. g.:

25. 后则为人所制（史记：项羽纪）
   late-then-WEI-other-SUO-control
   (If I react) late, I will be controlled by others.

26. 卫太子为江充所败（汉书：霍光传）
   Wei-Crown Prince-WEI-Jiang Chong-SUO-defeat

The Crown Prince of Wei was defeated by Jiang Chong. ①

One can therefore consider that after the introduction of an agent between wei and the verb, the verb no longer had a passive marker (since wei, which became a preposition, was used to mark the agent). The presence of suo before the verb can therefore again mark the verb. The "wei + Agent + suo + V" passive form is clearer in the sense that it has two markers: one for the verb (suo), another for the agent (wei).

This analysis of suo allows us to consider wei as a preposition, since the "suo + V" phrase remains a verb and is not nominalized, and we can therefore account for the following examples (27 and 28) which can hardly be interpreted if we take wei to be the verb and "suo + V" to be a nominalized constitutent:

27. 为匈奴所闭道（史记：大宛列传）

    WEI-Xiongnu-SUO-block-road

    (They) had the road blocked by the Xiongnu.

28. 乃为鸟所盗肉（汉书：黄霸传）

    and-WEI-crow-SUO-steal-meat

    And (you) were stolen your meat by the crow.

There are even examples of the form "wei + Agent + zhi (之) +

---

① Another interpretation of suo is given by E. G. Pulleyblank (1987). He proposes that the "wei + Agent + suo + V" form should be analyzed, likd the "wei + Agent + V" form, as a double-object construction. The second object, instead of being an embedded clause (which is the case of the "wei without suo", cf. note p. 467 ①) is actually a headless relative. We know that when the head noun of a relative is equivalent to the object of the main verb, this object is replaced, in the embedded clause, by suo preceding the main verb, the head noun being able to be deleted, Example 26 is analyzed as follows:

Wei taizi wei Jiang Chong [[Jiang Chong bai Wei taizi] zhi [ren]] ---> Wei taizi wei Jiang Chong [Jiang Chong suo bai] ---> Wei taizi wei Jiang Chong suo bai.

suo + V" for which it is difficult to uphold that wei is a verb. E. g. :

29. 夏则为大暑之暴炙，冬则为寒风之戾薄（汉书：王吉传）
summer-then-WEI-big-heat-ZHI-SUO-violent-burn-winter-then-WEI-cold-wind-ZHI-SUO-freeze
In summer, (you) are scorched by the great heat, in winter, (you) are frozen by the cold wind.

It is possible that zhi could be explained here, as Tang Yuming does (1987), as serving uniquely to enforce the passive marker suo and that zhi suo = suo. It seems that zhi could not be a nominalizer, in which case wei must not be treated as a verb. ①

Another form derived from "wei + Agent + suo + V" is the following: "wei + Agent + suo + jian + V". E. g.

30. 而臣兄弟独以无辜为专权之臣所见批诋（寇荣：上恒帝书）
however-I-brother-only-as-innocent-WEI-power-det. part.-official-SUO-JIAN-slander
However, only my innocent brother was slandered by officials in power.

I think Wu Jinhua (1983) is right when he admits that suo and jian are both passive markers and that suo = jian. He notices also that almost all the verbs after suo + jian are dissyllabic.

One last form involving wei and suo is the following: "wei + suo +

---

① Another solution consists of treating zhi as a "phonic thickener". In later texts as in Yan shi jia xun (6th century) or Bai yu jing (5th century) where the structure in often used, zhi + suo always precedes dissyllabic verbs, whereas monosyllabic verbs are only preceded by suo. Thus, in Bai yu jing there are 24 cases of "wei ... zhi suo" against 25 cases of "wei ... suo". All the verbs of the first form are dissyllabic, those of the second one are monosyllabic without exception. I thank Ren Xiaobo for having indicated me these figures.

V". E. g.

31. 其射猛兽，亦为所伤云（史记：李将军列传）
he-shoot-fierce-animal-also-WEI-SUO-wound
He shot wild animals and was also wounded.

It is perhaps better to consider that the "wei + suo + V" form does not come from the "wei + V" form (where wei is a verb) but is issued from "wei + Agent + suo + V" by deleting the agent; the main reason in that almost all the attested examples where wei and suo co-exist are with an agent.

To conclude, we admit that wei in "wei + Agent + suo + V" is essentially a preposition, as it is in the form "wei + Agent + V". However, it may be the case that some wei have not yet been grammaticalized and remain verbs.

2. 3. "bei + V"

This form also appeared under the Han, but it is still not very common and does not permit any agent between bei and the verb. In this sense, it is rather similar to the "jian + V" form from which it probably comes as Wang Li (1958) supposes. The following examples show clearly that bei and jian have similar functions and that bei must be considered as a verb since jian is a verb:

32. (屈平)……信而见疑忠而被谤（史记：屈原贾生列传）
(Qu Ping)-honest-but-JIAN-suspect-loyal-but-BEI-slander
(Qu Ping)... was honest but was suspected, he was loyal but was slandered.

33. 曾子见疑而吟伯奇被逐而歌（论衡：感虚篇）
Zengzi-JIAN-suspect-but-recite poem-Boqi-BEI-exile-but-sing
Zengzi recited poems when he was suspected, Boqi sang when

he was exiled.

The verb bei is undoubtedly a better candidate than jian to express the passive meaning. Originally, bei is a noun meaning "blanket", later on it acquires the meaning of "to cover" "to wear", then the passive meaning "to receive", "to suffer", "to be affected". But this passive meaning of bei is still uncommon under the Han.

I have looked at all the occurrences of bei in Shi ji and Han shu. There are 149 bei in Shi ji (not including the 117 in the notes) of which 56 are nouns and 88 are verbs. 48 of these verbs are single transitive verbs followed by a NP-object, of which only 21 have the meaning of "to roceive" "to suffer". E. g.

34. 辛被五刑（史记：屈原贾生列传）

finally-suffer-five-punishment

(He) finally suffered the five punishments.

Of the 40 remaining verbs, 8 are used in serial verb constructions "$V_1 + V_2$" where V_1 = bei and always signifies "to suffer" "to be affected". E. g.

35. 错卒以被戮（史记：酷吏列传）

Cuo-finally-because of-suffer-slaughter

Because of (this), Cuo was finally slaughtered.[①]

As P. A. Bennett (1981) notices, it ia sometimes difficult to determine if the element which follows bei is a noun or a verb, because in Late Archaic Chinese, as in the Han language, many nouns have verbal functions and vice versa. No matter what is the

---

[①] In this example, bei is preceded by a preposition whose NP-object has been deleted. This indicates that bei should be analyzed as verb and not as preposition; it is not likely that two prepositions without NP-object one following the other can precede a verb.

case, "bei + NP" and "bei + V" should be analyzed in the same way. The element which follows bei, be it nominal or verbal, is the object of bei, which is a verb. The serial verb construction "V_1 bei + V_2" is therefore a V-O construction.

However, in Shi ji, there is also the "$V_1 + N_1 + V_2 (+ N_2)$" form where V_1 = bei and where V_1 and V_2 are in coordination relationship. There are 27 examples of this form, of which 21 employ the verb bei which means "to cover", "to wear". The structure is "V_1 bei + $N_1 + V_2 + N_2$". E. g.

36. 被甲上马（史记：廉颇蔺相如列传）

    put on-armour-mount-horse

    He put on the armour and mounted the horse.

There are only three cases where the verb bei = "to suffer" "to be affected" is used. The noun between V_1 and V_2 is always xing "punishment" and the V_2 is never followed by any N_2, thus producing the form "V_1 bei + N + V_2":

37. 人皆以斯极忠而被五刑死（史记：李斯列传）

    people-all-consider-Si-extremely-loyal-but-suffer-five-punishment-die

    Everyone considered Li Si to be extremely loyal, but he suffered the five punishments and died.

38. 身被刑戮（史记：魏豹彭越列传）

    body-suffer-punishment-kill

    (He) physically suffered the punishment and got killed.

39. 其母被刑戮（史记：蒙恬列传）

    his-mother-suffer-punishment-kill

    His mother suffered the punishment and got killed.

In these three cases, bei is a verb and we have two actions, one expressed by the V_1 bei and the other expressed by the V_2. It would be odd to interpret examples 37-39 as involving only one action expressed by the final V, and bei as a passive marker "by" which would render for instance, sentence 38 to be read as: "He got killed by the punishments". Moreover, sometimes, there is a conjunction er between "V_1 + N" and V_2, which shows that V_1 and V_2 are in coordination relationship. E. g.:

40. 被汙恶言而死（史记：酷吏列传）

 suffer-vicious-slander-and-die

 (He) suffered vicious slandering and died.

Under the Late Han perlod, the verb bei meaning "to suffer" "to be affected" became more common. Of the 309 bei found in Han shu (not including the 195 in the notes), there are 74 nouns and 235 verbs. Most of these verbs are still used as single transitive verbs followed by a NP-object. We observe, however, that in such a usage, the verbs bei "to suffer" are slightly more numerous than the verbs bei "to wear" "to cover". The "$V_1 + V_2$" form where V_1 = "to suffer, to be affected" is also in remarkable increase. We also have almost 20 cases of serial verb construction "V_1 bei + N_1 + V_2 + N_2" where bei = "to cover, to wear" and five cases of serial verb construction "V_1 bei + N + V_2" where bei = to suffer. E. g.:

41. 我不意当老见壮子被刑戮也（汉书：酷吏传）

 I-negation-wish-be-old-see-strong-son-BEI-punishment-kill-part.

 I, being old, do not wish to see my strong son undergo a punishment and get killed.

"bei + NP" and V can also be coordinated by the conjunction er, as in:

42. 夫贤人有被病而早死（论衡：治期）

thus-sage-there to be-suffer-illness-and-young-die

Thus there are sages who suffer illness and die young.

One can conclude that there is not yet any example of "bei + NP + V" where the NP is the agent of V.

3　Passive Forms in Medieval Chinese

We can distinguish two stages: Early Medieval (3rd-6th centuries) and Late Medieval (7th-13th centuries).

3.1. Early Medieval Chinese (EMC)

The EMC corresponds to the Wei-Jin-Nan-Bei-Chao period (221-589). The most common passive form is still "wei + Agent + suo + V". According to Tang Yuming (1987), in a corpus of vernacular texts comprising Shi shuo xin yu (5th century), Luoyang qielan ji (6th century), Sou shen ji (5th century), Yan shi jia xun (6th century, Bai yu jing (5th century) and the Chu yao jing (4th century), there is 0.6% of "V + yu + Agent" forms, 2% of "wei (+ Agent) + V" forms, 4% of "jian + V" forms, 65% of "wei (+ Agent) + suo + V" and 18% of "bei + V" forms.[①] The three classical forms in yu, wei (without suo) and jian are henceforth very rare,

---

① Zhan Xiuhui (1973) found in Shi shuo xin yu 4 passive uses of yu, 12 of jian, none of wei, 38 of wei...suo and 29 of bei. Zhang Lili (1987), in the eleven first chapters of San guo zhi (3rd century), found 6 passives in yu, 5 in wei, 28 in jian, 79 in wei...suo and 8 in bei.

3.1.1. "wei ... suo"

This form has become predominant. E. g.:

43. 昆王仓库为火所烧（洛阳伽蓝记.5）

Kun-prince-grain storage-WEI-fire-SUO-burn

The grain storages of Prince Kun were burnt by fire.

44. 庾太尉少为王眉子所知（世说新语：赏誉）

Yu-minister-young-WEI-Wang Meizi-SUO-know

Minister Yu was known to Wang Meizi when he was young.

45. 颖军为羌所围数重（后汉书：方术列传）

Yin-army-WEI-Qiang-SUO-surround-several-roand

Yin's army was surrounded by Qiang in several rounds.

As it was the case for the Han period, we also have examples of "wei + suo + V" (without any agent), and of "wei + Agent + zhi + suo + V". (cf. Wei Peiquan, 1985); (Tang Yuming, 1987).

3.1.2. The "bei(+ Agent) + V" form

The bei form begins to become widespread, but it is still limited to "bei + V". Few cases with an agent inserted between bei and the verb are attested. In Shi shuo xin yu, of the 29 passive sentences in bei, there are only 2 "bei + Agent + V"; in Luoyang qielan ji, 5 "bei + V" and no "bei + Agent + V"; in Bai yu jing, 6 "bei + V" and only one "bei + Agent + V". Of the 509 bei sentences found out by Tang Yuming (1987) in different works of the period, only 35 cases of the form "bei + Agent + V" are attested and there are also two cases of "bei + Agent + suo + V". We can conclude from all these that the "bei + Agent + V" form is not yet a form of EMC. It hardly begins to emerge and is marginal.

The passive meaning of bei "to receive" "to suffer" "to be

affected", which was still rare under the Han, in comparison with the meaning of "to cover" from which it was derived, now becomes predominant.①

But the "bei + V" forms of EMC are not much different from those of the Han period and should therefore be analyzed in the same way. Examples of "bei + V":

46. 孔融被收中外惶怖（世说新语：德行）

Kong Rong-suffer-put under custody-interior-exterior-frighten

Kon Rong was put under custody and everyone inside and outside the household was frightened.

47. 既被鞭已……（百喻经.16）

as soon as-suffer-flog-finish

As soon as he had finished being flogged...

The "bei + NP + V" forms are of two types: the first type consists of serial verb constructions "V_1 + NP + V_2" where the verbs V_1 (bei) and V_2 are in a coordination relationship, as under the Han; and we also sometimes have the conjunction er between "V_1 + N" and V_2. E. g.:

48. 被妻而死（贤愚经.10）

suffer-poison-and-die

(He) suffered poisoning and died.

The second type appeared in EMC: the NP is the agent of V_2 and the

---

① It is the same development for two other verbs which are also passive verbs by nature: meng 蒙 and shou 受. As Zhang Lili notices (1987, p. 165), bei is almost exclusively used to express an adverse situation, one in which something unfortunate has happened, whereas meng and shou are neutral, meng being even more likely used to express a glorious event.

sentence NP + V₂ is the object of V₁. E. g.：

49. 亮子被苏峻害（世说新语：方正）

  Liangzi-suffer-Su Jun-kill

  Liangzi was killed by Su Jun.

50. 举体如被刀刺（颜氏家训：归心篇）

  entire-body-be like-suffer-knife-pierce

  (His) entire body was as if being pierced by a knife.

51. 汝今何故被此疮害（百喻经.19）

  you-now-what-reason-suffer-this-sore-torment

  Why are you now tormented by this sore?

In the above examples, we may wonder if <u>bei</u> is still a verb with its full lexical meaning, or if it has already become a preposition as it is in Contemporary Chinese. I think that <u>bei</u> here is still a verb and will remain so at least till the Tang period, some reasons for which I will provide later.

Let us lastly point out several rare examples of "<u>bei</u> + Agent + <u>suo</u> + V" and "<u>bei</u> + Agent + V + C":

52. 常被元帝所使（颜氏家训：杂艺）

  often-suffer-Yuan-emperor-SUO-order

  He was often ordered around by Emperor Yuan.

53. 桶衡被魏武谪为鼓吏（世说新语：言语）

  Yong Heng-suffer-Wei Wu-degrade-as-drum-official

  Yong Heng was degraded by (Emperor) Wu of Wei to be drum official.

54. 被他打头（百喻经.5）

  suffer-he-hit-head

  (He) was hit by him on the head.

3. 2. Late Medieval Chinese (LMC)

The LMC corresponds to the Sui and Tang period (6th-10th centuries). The LAC classical forms become rare as the language becomes more vernacular. The form in "wei ... suo" is also rapidly disappearing since Sui times. In Fo ben xing ji jing which is dated at the end of the 6th century, one can only find eight "wei + Agent + V", 28 "wei + Agent + suo + V" for 19 "bei + Agent + V" and 13 "bei + Agent + suo". On the other hand, the bei form asserts itself everywhere since the Tang period and is henceforth no longer limited to "bei + V"; the cases of "bei + Agent + V" are more numerous. In Dunhuang bianwen ji, I have found 2 forms in yu, 7 forms in "wei... suo" and 147 passive forms in bei of which 82 have the form "bei + Agent + V"; in Liu zu tan jing, only one "wei + Agent + V" and 8 bei of which one "bei + V" and 7 "bei + Agent + V"; in Han shan zi shi ji, according to Qian Xuelie (1983), there are 17 passives of which 14 are in bei; lastly, in Zu tang ji (952 A. D.), we have, according to Tang Yuming (1988), 5 "wei ... suo", 16 "bei + V", 53 "bei + Agent + V" and 4 "bei + Agent + suo + V".

3. 2. 1. "wei + Agent + suo + V"

This form, which was the most widespread passive form in EMC is henceforth be replaced by bei.[①] It has become a classical form and is used mainly in literary texts. It is rare in vernacular writings. E. g. :

[①] Thus, while Han and Six Dynasties commentators most, frequently used "wei ... suo" and, more rarely jian, for closing yu-passive forms of LAC, those of the Tang period, after the 8th century, invariably used bei, with or without agent.

55. 司为文王所害（敦煌变文集：孝子传）

   Si-WEI-Wen-Emperor-SUO-kill

   Si was killed by Emperor Wen.

Why has this form fallen into disuse? Some have put forward a hypothesis (P. A. Bennett, 1981 ; Wei Peiquan, 1985 ; Shi Cunzhi, 1986) that the phenomenon is related to the appearance of various post-verbal constituents in the passive forms of the Tang period which can only be fitted into forms with bei. This hypothesis could be treated with caution : under the Han, where the form "wei + Agent + suo + VP" is predominant, the VP can very well be constituted of a verb followed by another constituent (object or complement) as is shown in examples 27-28. (Cf. also e. g. 45 for the EMC.) I would rather think that the decline of "wei ... suo" is simply due to the fact that the form "bei + Agent (+ suo) + V" has become, under the Tang, a passive form where bei has gradually lost its verbal characteristics in order to become a preposition introducing the agent. The form in "wei ... suo" where wei is also a preposition introducing the agent has then become obsolete, only having the function of indicating a more or less archaic style.

3. 2. 2. "bei + V"

These forms which are used to express a passive meaning without any agent have almost entirely replaced the forms "jian + V". As it was under the Han or in EMC, they are serial verb constructions "V_1 + V_2" where the V_2 is the object of the verb V_1 bei = suffer. However, we have more and more often dissyllabic verbs in V_2 :

56. 遥知父被勾留（敦煌变文集：伍子胥变文）

   far-know-father-suffer-retain

   (He) knew from afar that his father was retained.

57. 鸿鹤好心却被讥刺（敦煌变文集：鷰子赋）

   big-bird-good-heart-but-suffer-mock

   The big bird was well-intentioned but was mocked.

The verb can be followed by a constituent. The latter can be an object or a locative, directional or resultative complement, etc. E. g. :

58. 阿娘被向来由（敦煌变文集：目连缘起）

   mother-suffer-ask-cause

   The mother was asked the cause.

59. 胡蝶被裹在于其中（敦煌变文集：庐山远公话）

   butterfly-suffer-envelope-be at-at-interior

   The butterfly was enveloped in the interior.

   3. 2. 3. "bei + Agent + VP"

This form which has hardly emerged in EMC, becomes predominant under the Tang to be the most common passive structure. E. g. :

60. 子胥被妇认识（敦煌变文集：伍子胥变文）

   Zixu-BEI-wife-recognize

   Zixu was recognized by his wife.

61. 枉被平王诛戮（敦煌变文集：伍子胥变文）

   wrongly-BEI-Ping-prince-slaughter

   (They) were wrongly slaughtered by Prince Ping.

62. 王被妇人顾问（敦煌变文集：欢喜国王缘）

   Emperor-BEI-lady-ask

   The emperor was asked by the lady.

This form is likely to be generated by analogy with the form "wei + Agent + V" which was common in LAC and was maintained under the Han and in EMC. Similarly, the form "wei + Agent + suo + V" has probably served as a model for the "bei + Agent +

suo + V" form which can be found, as Tang Yuming (1988) thinks, from EMC onward but is important above all since Sui times as proved by the numerous examples found in the Fo ben xing ji jing. E. g. :

63. 我被烦恼箭所射（佛本行集经. 24）

 I-BEI-worry-arrow-SUO-shoot

 I was shot by an arrow of worries.

64. 心都被符所损（敦煌变文集：叶净能诗）

 mind-even-BEI-amulet-SUO-damage

 The mind was damaged by the amulet.

65. 其弟今被贼所杀（敦煌变文集：搜神记）

 his-younger brother-now-BEI-bandit-SUO-kill

 His younger brother now is killed by the bandits.

The following example, cited by Tang Yuming (1987) does show that bei and wei have similar usages :

66. 不为怨敌之所侵害……不被怨敌之所侵扰（大宝程经. 不动如来会第六之二. 菩萨众品 .4）

 negation-WEI-hateful-enemy-ZHI-SUO-attack... negation-BEI-hateful-ennemy-ZHI-SUO-bother

 (He) was not attacked by hateful ennemies... not bothered by hateful ennemies.

Therefore, as Wang Li (1958, p. 427) says, bei, which was similar to jian in the sense that it was directly followed by a verb, became similar to wei which permits an agent to be inserted between wei and the verb. This supposes that bei, which was a verb like jian has henceforth a prepositional status like wei in "wei + Agent + (+ suo) + V".

 The existence of forms in which the VP of "bei + Agent + VP" is composed of a verb followed by an object effectively incites us to think that bei has become a preposition[①]. E. g. :

67. 旋被流沙剪断根（敦煌变文集：王昭君变文）
    soon-BEI-moving-sand-cut-broken-root
    Soon (its) roots were cut by the moving sand.

68. 母在家中被严贼数十人以绳贯母掌（敦煌变文集：孝子传）
    mother-to be at-home-in-BEI-fierce-bandit-several-ten-person-with-cord-tie-mother-hand
    (My) mother was at home when several tens of fierce bandits tied her hands up.

69. 刘家太子被人篡位（敦煌变文集：前汉刘家太子传）
    Liu-family-Crown Prince-BEI-other-usurp-place
    The Crown Prince of the Liu family was usurped of his place by others.

70. 娘子被王郎道丑貌（敦煌变文集：丑女缘起）
    lady-BEI-Wang-master-say-asp. part. -ugly-face
    The lady was considered by Master Wang to have an ugly face.

This post-verbal constituent which can be found frequently in passive sentences from Tang times on, is not limited to an object which has a possessive relation with the surface subject of the passive sentence. It can also be a locative complement, a resultative or directional verb, etc. E. g. :

71. 早被妻儿送坟墓（敦煌变文集：大目乾连冥间救母变文）
    early-BEI-wife-son-send-tomb
    He was sent to the tomb by his wife and children a long time ago.

---

① Similarly, wei was considered as a preposition in examples 27 and 28 in Pre-Medieval Chinese.

72. 皮袋被贼盗去（张鹭：朝野佥载）

   leather-bag-BEI-bandit-steal-dir. verb

   The leather bag was stolen by bandits.

In several of the above examples, it has become more difficult to interpret bei as a real verb (with the meaning of "to suffer" "to be affected by (the fact that)"), even when the VP is composed of a single verb as in examples 60 and 62. The meaning of bei seems to be weakening increasingly and become delexicalized.

The following example is also a perfect case of symmetry whereby bei should proferably be analysed as a preposition, just as you:

73. 带醉由人插，连阴被叟移（薛能诗）

   with-drunkenness-YOU-other-guide-with-shadow-BEI-old man-move

   Drunk, (I) let myself guided by the other; (I), with my shadow was moved by the old man.[1]

Lastly, we find examples where the verb is itself preceded by an auxiliary verb, the passive marker jian; this leads to the supposition that bei is prepositional (cf. the earlier analysis of example 19 where wei and jian co-occur).

74. 今被平王见寻讨（敦煌变文集：伍子胥变文）

   now-BEI-Ping-prince-JIAN-search-ask for

   (I) am now being searched and asked for by Prince ping.

One could reconsider here the following analysis which consists

---

[1] This examples is cited in Wang Li (1958, p. 429) and in Shi Cunzhi (1986, p. 213) without further references. I did not manage to find the poem.

of making the NP + VP following the matricial verb <u>bei</u> a sentential object of <u>bei</u> :

[e_i [bei [[[[Ping Wang] [jian xun tao e_i]]]]]
S   VP NP S NP   NP VP   VP S NP VP S

 However, there are also reasons which lead us to think that <u>bei</u> is still a verb which has a sentential object composed of the NP-agent followed by VP. First, as Wei Peiquan (1985) emphasizes, there are numerous examples where <u>bei</u> is used symmetrically with <u>zao</u> 遭, <u>meng</u> 蒙, or <u>shou</u> 受 which are naturally passive verbs. E. g :

75. 时时爱被翁婆怪，往往频遭伯叔嗔（敦煌变文集：父母恩重经讲经文）

 often-tend to-BEI-father-in-law-mother-m-law-reproach-often-frequently-ZAO-elder uncle-younger unclc-blame

 (I) have to be subjected to the reproaches of my in-laws and the blame of the uncles all the time.

 We also find examples of "(NP$_1$) + <u>bei</u> + V + NP$_2$ + V + <u>zhi</u> 之 " where the pronoun <u>zhi</u> which is the object of V is co-referential to the surface subject NP$_1$. It is preferable, as suggests Wei Peiquan, that in such examples, <u>bei</u> should be analyzed as a matricial verb. E. g.:

76. 被池主见之（敦煌变文集：搜神记）

 BEI-pond-master-see-they

 (They) were seen by the master of the pond.

77. 被舍利弗化火遮之（敦煌变文集：祇园因由记）

 BEI-Sāriputra-transform-fire-cover-he

 (He) was covered by the fire transformed by Sariputra.

 Under such conditions, it seems reasonable to think that the verb <u>bei</u> has been divested of its full meaning and has become a prepositional marker introducing the agent of the passive sentence. However, this diachronic change has not been obligatory and bei could thus remain a verb in many cases. We have here again an illustration of the two first principles of P. Hopper (1988) mentioned earlier on the grammaticalization of wei.

Some think that bei has always been, and still is, a verb (C. Chu, 1987; M. Hashimoto, 1987), because (i) bei does not behave like a preposition in passive sentences with complex predicates and (ii) it can immediately precede the verb, while prepositions of Contemporary Chinese are necessarily followed by a NP.

However, it seems preferable to me to admit that bei really has become a preposition, the essential reason being that bei is very different from the other V_1 of the pivotal constructions "V_1 + N_1 + V_2 (+ N_2)" on three fundamental points: (i) bei cannot be followed by any aspectual marker; (ii) bei cannot be reduplicated; (iii) the construction in bei cannot allow the V_2 to be preceded by a negation.① One can in fact account for bei in passive sentences with complex predicates by considering that bei, which has become

---

① The usual pivotal verbs do not have these limitations:
(i) 他请了我去看电影儿
   he-invite-LE-I-go-see-picture
   He invited me to go to see a picture.
(ii) 他请不请我去看电影儿
   he-invite-negation-invite-I-go-see-picture
   Will he invite me to go to see a picture?
(iii) 他请我不要去看电影儿
   he-ask-I-negation-go-see-picture
   He asks me not to go to see a picture.

a preposition, has nonetheless retained certain characteristics of its verbal origin. This is a good illustration of the third heuristic principle of P. Hopper called "Persistence : When a form undergoes grammaticization from a lexical to a grammatical function, so long as it is grammatically viable some traces of its original lexical meanings tend to adhere to it, and details of its lexical history may be reflected in constraints on its grammatical distribution". Lastly, nothing obliges us to consider bei as a preposition when it is immediately followed by a verb. This bei is still a verb and has not been grammaticalized. [①]

When did the grammaticalization V > Prep take place? Most of those who think that bei is a preposition date its emergence as a preposition to the Late Archaic or the Han period (cf. Tang Yuming, 1985 ; Pan Yunzhong, 1982 ; Shi Cunzhi, 1986 ; Wang Li, 1958). Others (Cheung Yat-hsin, 1986 ; P. A. Bennett, 1981) hesitate to date the change.

I think that the grammaticalization could not have occurred before the "bei + Agent + V" became widespread, i. e. the Sui-Tang period. On the other hand, the derivation bei [+ V] > bei [+ Prep] probably took place before the development of post-verbal constituents which can be dated in the mid-Tang period.

As for the process of grammaticalization itself, I would lastly

---

① Thus, there is no [e] (empty category) governed by a preposition. For the reasons why bei cannot be a preposition governing an empty category in the sentence ta bei da le "He has been beaten", cf. J.C.T. Huang (1988). However, Classical Chinese seems not to respect the rule according to which a preposition cannot govern an empty category : wei accepts the deletion of its object. I therefore considered wei as a preposition in the wei + suo + V form. (Cf. e.g. 31.)

like to propose the hypothesis according to which it intervened in serial verb constructions. This hypothesis has already been put forward by C. N. Li & S. Thompson (1974) : "S + V + O + V" > "S + case marking particle + O + V". But, as they did not provide convincing data, their analysis has been rejected, particularly by J. H-Y. Tai (1976), Huang Shuan-fan (1978) and P. A. Bennet (1981) who emphasizes that : "bei as a V does not occur in the required S V O V serial sentences, rather it occurs in simple S V O sentences. So the Li-Thompson account of the grammaticalization of bei is untenable".

If it is true that the verb bei is only a single transitive verb in LAC, it can also be the V_1 of a "V_1 + NP_1 + V_2 (+ NP_2)" serial verb construction since the Pre-Medieval period. Two types of serial verb constructions are attested : a) those where V_1 and V_2 are in a coordination relationship have existed since the Han (cf. e. g. 37- 39, 41) ; b) those, similar to the pivotal constructions, where NP_1 + V_2 (+ NP_2) is a sentential object of V_1 have existed since the EMC.

The development of bei could have been analogous to that of ba 把. Since we have several examples of the structure "NPo + V_1 ba + NP_1 + V_2 + NP_2" (where NP_2, the object of V_2, is the pronoun zhi 之, coreferential to NP_1, object of V_1), I have proposed the following synchronic derivation : NPo + V_1 ba + NP_1 + V_2 + NP_2 → NPo + V_1 ba + NP_1 + V_2 has been prior to the diachronic derivation which has changed the verb ba into preposition ba : NPo + V_1 ba + NP_2 + V_2 > NPo + Prep ba + NP_1 + V (cf. A. Peyraube, 1989).

Similarly, in serial verb constructions where V_1 = bei, there are examples where the V_2 is followed by the pronoun zhi, coreferential to NPo : NPo + V_1 bei + NP_1 + V_2 + NP_2 zhi. This structure must be analyzed as follows :

NPo [V_1 [NP_1 [V_2 NP_2]]]
     VP   S   S VP

See e. g. 76, 77 and the following examples :

78. 昔有李子敖……被鸣鹤吞之（敦煌变文集：搜神记）

once-there to be-Li Zi'ao-BEI-calling-crane-swallow-he

Once there was a Li Zi'ao ... who was swallowed by a calling crane.

79. 则亦被匈奴禽之而去（汉书·卫青霍去病传.颜师古注）

then-also-BEI-Xiongnu-seize-he-and-go

(He) would then also be seized and (be taken) away by the Xiongnu.[①]

Thus, a synchronic derivation first took place : "NPo + V_1 bei + NP_1 + V_2 + NP_2" ---> "NPo + V_1 bei + NP_1 + V_2" by identity NP deletion. After this synchronic derivation, the following diachronic change took place, through a process of grammaticalization : "NPo + V_1 bei + NP_1 + V_2" > "NPo + Prep, bei + NP_1 + V".

Conclusion

The historical development of bei is as follows :

A. The verb bei which means "to suffer, to undergo, to be affected", begins to be used, under the Han, in the serial verb

---

① This example is also dated in the Tang period, it is found in a commentary and not in the text. For similar examples in EMC, cf. Tong zhiqiao (1986).

construction "$V_1 + V_2$" (where V_1 = bei), by analogy with the "V_1 jian + V_2" structure which is common since LAC, and where jian is an auxiliary verb marking the passive. Like jian, bei has then a verbal status and V_2 is the object of V_1. If this analysis is correct, one can probably legitimately speak of a single lexical replacement : V jian > V bei.

B. As for the "bei + Agent + V" form which becomes common since the Sui-Tang period, the analogy with the "wei + Agent + V" form, widespread under the Han, could also have played a role. But the origin of the passive bei-agentive is elsewhere. There has been no single lexical replacement. A grammaticalization process intervened which changed the verb bei into the preposition bei . This process took place in the "V_1 bei + NP_1-agent + V_2" aerial verb construction.

The mechanism of grammaticalization "bei 被 [+ V]" > "bei [+ Prep]" is similar to that which has transformed "ba 把 [+ V]" into "ba [+ Prep]". It also took place around the 8th century. Other analogous phenomena also occurred in the same period : "bi 比 [+ V] 'to compare' " > "bi [+ Prep] 'more than' " (see A. Peyraube, forthcoming); "yu 与 [+ V] 'to give' " > "yu [+ V] 'to' " (see A. Peyraube, 1988). I think that all these changes must be inter-related. This coincidence in time is not merely an accident. There must have been a substantial radical change in mid-Tang Medieval Chinese which led to a restructuration of the syntactic structure, perhaps a sudden mutation in terms of the catastrophe theory of R. Thom who believes that "the global evolution of a system is a succession of continuous evolutions, but they are often separated by sudden leaps (jumps) of a very different qualitative nature (R. Thom, 1963, p. 60).

As we do not know the causes of the grammaticalization, we do not know the causes of the mutation. Grammaticalization may tell us what are the <u>mechanisms</u> of the syntactic change but cannot furnish the <u>causes</u> of such a change ; it does not explain why a reanaiysis intervenes (cf. M. B. Harris, 1984). However, if grammaticalization is a vital mechanism of internal syntactic change in Chinese, as I do believe, it would be unlikely that external borrowing from other languages could be an important cause of syntactic change, as it has often been assumed during the past few years.

Bibliographical References

Bennett, P. A. 1981. The Evolution of Passive and Disposa Sentences. *JCL* 9. 61-89.

Chang Wen-bin. 1988. 'Jian' zi bu ju zhidai zuoyong shuo. Pape presented at the 2nd International Conference on Teachin Chinese. Taipei.
张文彬,"见"字不具指代作用说。

Cheung Yat-hsin. 1976, Word Order Change in Chinese. UCSD Ph. D Dissertation.

Chu, C. 1987. *Historical Syntax Theory : An Application to Chinese.* Taipei : The Crane Book Co.

Fraser, T. 1987. The Establishment of 'by' to Denote Agency in English passive construction. Papers from the 7th International Conference on Historical Linguistics. Amsterdam John Benjamins Co. 239-249.

Harris, M. B. 1984. On the Causes of Word Order Change. *Lingua* 63 2. 175-204.

Hashimoto, M. 1987. Hanyu beidong shi de lishi quyu fazhan. *ZGY* 1. 36-49.
桥本万太郎.汉语被动式的历史区域发展

Hopper, P. H. 1988. Some Heuristic Principles in Grammaticizaton Paper Presented at the Symposium on Grammaticalization Eugene (OR, USA).

May 1988.

Huang, J. C. -T. 1988. Hanyu zhengfan wenju de mozu yufa. *ZGYW* 4 247-264.

黄正德. 汉语正反问句的模组语法

Huang shuan-fan. 1978. Historical Change of Prepositions an Emergence of SOV Order. *JCL*. 6-2, 212-242.

Li, C. N. & Thompson, S. A. 1974. An Explanation of Word Orde Change: SVO > SOV. *Foundations of Language* 12. 201-214.

Li, C. N. & Thompson, S. A. 1981. *Mandarin Chinese: A Functional Reference Grammar*. Berkeley &. Los Angeles: U. C. Press.

Mei Tsu-lin. 1981. Xiandai hanyu wancheng mao jushi he ciwei de laiyuan. *Yuyan yanjiu* 1. 65-77.

梅祖麟. 现代汉语完成貌句式和词尾的来源

Mei Tsu-lin. Forthcoming. Cong Handai de 'dong. sha' 'dong. si' lai kan 'dong. bu' jiegou de fazhan. *Yuyanxue luncong*.

梅祖麟. 从汉代的"动·杀""动·死"来看"动补"结构的发展

Pan Yunzhong. 1982. *Hanyu yufa shi gaiyao*. Henan: Zhong zho shuhua she.

潘允中. 汉语语法史概要

Peyraube, A. 1986. Shuang binyu jiegou—cong Han dai zhi Tan dai de lishi fazhan. *ZGYW* 3. 204-216.

贝罗贝. 双宾语结构——从汉代至唐代的历史发展

Peyraube, A. 1988. *Syntaxe diachronique du chinois: évolution des constructions datives du 14e siècle avant J. -C. au 18e siècle*. Paris: Collège de France.

Peyraube, A. 1989. Zaoqi 'ba' zi ju de jige wenti. Yuwen yanjiu 1.1-9.

贝罗贝. 早期"把"字句的几个问题

Peyraube, A. Forthcoming. History of the Comparative Constructio from the 5th century B. C. to the 14th century A. D. *Proceedings of the Second International Conference on Sinology*. Taipei: Academia Sinica. 597—620.

Pulleyblank, E. G. 1986. The Locative Particles 'yu', 'yu' and 'hu', *JAOS* 106-1. 1-12.

Pulleyblank, E. G. 198. Some Notes on Embedding Constructions in

Classical Chinese. *Wang Li Memorial Volume.* Hong Kong : Joint Publishing Co. 359-376.

Qian Xuelie. 1983. Hanahan shi yufa chu tan. *Yuyan jiaoxue yu yanjiu* 2/3. 109-126 ; 142-153.

钱学烈.寒山诗语法初探

Shi Cunzhi. 1986. *Hanyu yufa zhi gangyao.* Huadong shifan daxue chubanshe.

史存直.汉语语法史纲要

Tai, J. H. -Y. 1976. On the Change from SVO to SOV in Chinese. *Papers from the Parasession on Diachronic Syntax.* Chicago Linguistics Society. 291-304.

Tang Yuming. 1987. Han Wei Liu Chao beidong shi de lue lun. *ZGYW* 3. 216-223.

唐钰明.汉魏六朝被动式略论

Tang Yuming. 1988. Tang zhi Qing de bei zi ju. *ZGYW* 6. 459-463.

唐钰明.唐至清的"被"字句

Tang Yuming & Zhou Xifu, 1985. Lun xian-Qin hanyu beidong shi de fazhan. *ZGYW* 4, 281-284.

唐钰明.周锡馥.论先秦汉语被动式的发展

Tong Zhiqiao. 1986. Zhongshi hanyu zhong de san lei teshu jushi. *ZGYW* 6, 453-459.

董志翘.中世汉语中的三类特殊句式

Thom, R. 1983. *Paraboles et catastrophes, Entretiens sur les mathematiques, la science et la philosophie.* Paris : Flammarion.

Wang Li. 1958. *Hanyu shi gao*, Beijing : Kexue chubanshe.

王力.汉语史稿

Wang Li. 1979. *Gudai hanyu changshi.* Beijing : Renmin jiaoyu chubanshe.

王力.古代汉语常识

Wei Peiquan. 1985. *Song yiqian beidong shi de fazhan.* Taipei : Academia Sinica, Institute of History and Philology. Ms.

魏培泉.宋以前被动式的发展

Wu Jinhua. 1983. Sni lun 'R wei A suo jian V' shi. *ZGYW* 3. 207-210.

吴金华.试论'R 为 A 所见 V'式。

Yang Wuming. 1980. Xi Zhou jinwen beidong jushi jian lun. Paper presented at the Conference on Chinese Ancient Script. Chengdu, September 1981.
杨五铭. 西周金文被动式简论

Yao Zhenwu. 1988. Gu hanyu 'jian V' jiegou zai yanjiu. *ZGYW* 2. 134-142.
姚振武. 古汉语"见 V"结构再研究

Zhan Xiuhui, 1973. *Shi shuo xin yu yufa yanjiu*. Taipei : Student Book Co.
詹秀惠. 世说新语语法研究

Zhang Lili. 1987. *A Study of the Language of San Guo-Jr*. Taiwan : Furen Catholic University M. A. Thesis.

提要：本文主要讨论"被"字被动句的渊源和发展，亦按着发展的先后次序讨论其他各种不同的被动句。

有"受"意思的动词"被"在汉代开始，用于"$V_1 + V_2$"连动式中（其中 $V_1 =$ 被），这个用法是通过与"V_1 见 $+ V_2$"结构同类现象而实现的。而"V_1 见 $+ V_2$"式已普遍见于上古后期的汉语中，而其中"见"是表示被动的助动词，与"见"一样，"被"是动词，而 V_2 是 V_1 的宾语。发生的现象是单一的词汇替代：V 见 > V 被。

从隋唐后才开始普遍的"'被' + Agent + V"式，亦可能是以在汉代已常见的"为 + Agent + V"式为模范而演变出来的。但发生的并不是单一的词汇替代，而是将动词"被"转化为介词"被"的语法化过程。这个规律性的变化产生在"V_1 被 + NP. Agent + V_2"连动式结构中。

History of the Comparative Construction in Chinese from the 5th Century B. C. to the 14th Century A. D.*

This study deals with the evolution of comparative structures from Late Archaic Chinese (i. e. from the Warring States period, 5th-3rd centuries B. C.) to pre-modern Chinese (Yuan dynasty, 13th-14th centuries A. D.). I will first briefly discuss, in the introduction, the situation of the comparative construction in Contemporary Chinese, relying basically on Yuen-Ren Chao (1968), Li-Thompson (1981) and Paris (1986).

I Introduction: Comparatives in Contemporary Chinese

Generally, comparatives are separated into a superlative degree and relative degrees. I shall not deal with the superlative degree marked by the adverb **tzuei** 最 "the most" which is already frequently

---

* I wish to thank Christoph Harbsmeier, Liu Jian and Mei Tsu-lin for their valuable comments on a preliminary version of this paper. Reprinted from *Proceedings on the Second International Conference on Sinology.* Academia Sinica. Taipei, June 1989.

used in Archaic Chinese[①]. As for the relative degrees, we can distinguish between Implicit and explicit comparisons.

The basic pattern of the relative comparative construction is as follows: "X + Comparative morpheme + Y(+ Adverb) + Dimension" where X and Y are the two terms of the comparison. In the case of the implicit comparison, the second term of the comparison is deleted, and it is often the same for the comparative morpheme itself; e. g. :

1. 这 道儿 更 小 啊
   this-route-more-small-exclamative particle
   This route is even smaller.
2. 还是 这 个 好
   still- this-Classifier-good
   It is still this one which is better.
3. 这 张 桌子 高 五 尺
   this-Cl. table-tall-five-foot
   This table is five feet taller.

I shall also not discuss here the implicit comparative and I shall concentrate my study on only those explicit relative comparatives that one can divide into three degrees: superior,

---

① **Tzuei** 最 is placed immediately before an adjective or before a verb. E. g. :
  (ⅰ) 今天 最 热
       today — most — hot
       It is today which is the hottest.
  (ⅱ) 这 件 事 最 能 说明 问题
       this — classifier — event — most — can — explain — problem
       This event is the most revealing.
Another adverb is also frequently used as a superlative in Archaic Chinese: **jr** 至. But **tzuei** has considerably gained ground, at the expanse of **jr**, from the first century A. D. Things thereafter have undergone little change until Contemporary Chinese.

equal, inferior.

-comparative of superiority

The comparative morpheme is **bi** 比, e. g. :

    4. 他 比 我 高
       he-more than-me-tall
       He is taller than me.

The negation of this superior degree is obtained by putting an adverb **of** negation before the morpheme **bi** :

    5. 他 不 比 我 高
       he-negation-more than-me-tall
       He is not taller than me.

In Chinese, as in English, this sentence can have two meanings : (ⅰ) "**He is as** tall as me" (comparative of equality); (ⅱ) "He is smaller than me" (comparative of inferiority).

-comparative of equality

The comparative morphemes are **gen** 跟 **yiyang** 一样 or **you** 有…**name** 那么. **E.g.** :

    6. 他 跟 我 一样 高
       he-with-me-the same-tall
       He is as tall as me.
    7. 这里 的 冬天 也 有 我 家乡 那么 冷
       here-determinative particle-winter-also-have-I-hometown-that-cold
       Winter here is as cold as my hometown.

-comparative of inferiority

The comparative morphemes are "**meiyou** 没有 ... **name** 那么" or "**bu ru**...(Adjective)". E. g. :

8. 他　没　有　你　那么　忙
   he-negation-have-you- that-busy
   He is not as busy as you are(=He is less busy than you are).
9. 你　不　如　他
   you-negation-compare-he
   You are not as good as him.

Here, in 8 and 9, we have the opposite of the degree of equality and not that of the degree of superiority.

Lastly, let us look at two other explicit comparative structures. The first one contains no comparative morpheme ; the second element in the comparison (Y) being present, we still have an explicit comparison. E. g. :

10. 我　大　你　五　岁
    I-old-you-five-year
    I am five years older than you. [①]

The second one is a structure with **bi** 比 as a main verb :

11. 你　不　能　跟　他　比
    you-negation-can-with-he-compare
    You cannot be compared with him.

The above is in brief the situation in Contemporary Chinese. Now let us look more precisely at the evolution of the comparative construction from the 5th century B. C. to the 14th century A. D. I

---

① This sentence is hardly acceptable in Standard Mandarin. It is accepted only by speakers of Mandarin in some Meridional regions. Under the Yuan (or the Ming), this structure was frequent :

　　我　长　你　五　岁　我　可　三　十　岁　也
I— old —you —five —year —I —emphatic auxiliary —thirty —year —final particle
（元曲《合汗衫》）
I am five years your senior, I am thirty years old.

will divide the development which follows into three parts : (i) Late Archaic (5th-3rd centuries B. C.) and Pre-Medieval or Han Chinese (2nd century B. C.-3rd century A. D.); (ii) Early Medieval and the first part of Late Medieval Chinese, that is the Six Dynasties and Tang periods, from the 3rd century to the 10th century ; (iii) the second part of Late Medieval Chinese and Pre-Modern Chinese, during the Sung and Yuan dynasties, i. e. from the 10th century to the 14th century.

II Late Archaic and Pre-Medieval Chinese

The Late Archaic Chinese (which is the language of the Warring States period and the classical Chinese par excellence) and the Pre-Medieval Chinese (which covers the Han period) are two different stages of the language but they are studied here as one unity because the behaviour of the comparative structures remains the same in this span of time.

As Harbsmeier (1981, p. 101) has noted, the notion of comparative construction itself is systematically redundant in the grammatical system of Ancient Chinese. No comparative morpheme needs to be present, especially for interrogative comparatives. E. g. :

    12. 子 与 管 仲 孰 贤 (《孟子·公孙丑上》)
        you-and-Guan Jung-who-superior
        Who is superior, you or Guan Jung?

However, there are truly comparative structures, like for instance the famous sentence in *Motz* 墨子:

13. 一 少 于 二 （《墨子·经下》·41）
   one-less-more than-two
   One is lesser than two.

Let us now look successively at the degrees of superiority, of equality and of inferiority, and then the different usages of the verb **bi** 比 "to compare".

1. The Degree of Superiority

The syntactic structure is as follows: "X + Adjective + Comparative Morpheme + Y". X and Y are the two terms of the comparison and the comparative morpheme is a preposition. What we have is thus a totally normal syntactic structure since the prepositional phrases (PP) are usually post-verbal in Archaic Chinese.

-X + ADJ + **yu** 于 + Y:

The comparative morpheme is the preposition **yu** 于 "more than".[①] E. g.:

14. 季 氏 富 于 周 公 （《论语·先进》）
    Ji-family-rich-more than-Jou-Duke
    Ji family was richer than the Duke of Jou.

15. 冰 水 为 之 而 寒 于 水 （《荀子·劝学》）
    ice-water-made-it-and-cold-more than-water
    Ice is made of water and colder than water.

16. 穰 侯 之 富 富 于 王 室
    Rang-Marquis-det. part, -wealth -wealthy-more than-Prince-family
    （《史记·穰侯列传》）
    As for the wealth of the Marquis Rang, he is wealthier than the

---

① As was pointed out by Li-Thompson (1980), the gloss "more than" for **yu** 于 is semantically preferable to "compared to" or "in relation to" for the simple reason that a comparison of inferiority, that is, one which expresses a "less than" relationship, does not use **yu**.

family of the Prince.[1]

The negative form of this degree of superiority is the following: "**mo** 莫 (or **wu** 无) + ADJ + Y". E. g. :

17. 功　　莫　　大　　于　　高　皇帝 (《史记·孝文本纪》)
achievement-negation-great-more than-Gau-Emperor
There is no achievement greater than that of the Emperor Gau.

Sometimes the comparative preposition **yu** can be deleted, especially, as Liou Jingnung (1958, pp. 202-204) has observed, when the basic term of the comparison is disyllabic, e. g. :

18. 相　如… 退　而　让　颇　名　重　太　山
Shiang-ru-retreat-and-concede-Po-reputation-great-Tai-mount
(《史记·廉颇蔺相如列传》)
Shiang-ru... retreated and conceded to Po, his reputation was greater than that of Mount Tai.

-X + ADJ + **guo** 过 + Y :

Some linguists, like Ōta Tatsuo (1958, p. 174), consider that **guo** may be a comparative morpheme, a preposition which plays the same role as **yu**, probably because **guo** is now used as a comparative morpheme in some Southern dialects like Cantonese. So, the sentence 19 is analysed as follows :

19. 由　也　好　勇　过　我 (《论语·公冶长》)
You-particle-like-dare-more than-I
You is fonder of daring than I am.

---

[1] On this matter, let us point out that the comparative PP in **yu** 于 remains post-verbal under the Han, whereas the other PP in **yu** have often become pre-verbal in this period, Cf. Chen Shiang-ching (1984, p. 176).

The comparative sentences with **guo** are very rare, much rarer than those with **yu**. And it seems more appropriate, for this kind of example, to analyse **guo** as a verb :

You-particle-daringness-exceed-I

As for you, his daringness exceeds me.

Thus, we will submit that the only comparative morpheme of superiority is **yu** 于.

Lastly, let us say a word on the morphemes **ru** 如 and **ruo** 若 which are never used as the expression of the degree of superiority as they will be later on. The comparative structure "X + ADJ + 如（若）+ Y" does not exist in Late Archaic and Han Chinese as an expression of the degree of superiority. This can easily be understood because the two morphemes **ru** and **ruo** are used to express the degree of equality, as we are going to see next.

2. The Degree of Equality

The most frequently used syntactic structure is the same as that of the degree of superiority, i. e. "X + ADJ + Comparative Morpheme + Y." The comparative morpheme can be **ru** 如, **ruo** 若 or **sz** 似 "like", "as". E. g. :

20. 君子 之 交 淡 若 水 小 人 之
    gentleman-det. part.-friendship-insipid-as-water-small-people-det.part.
    交 甘 若 醴 (《庄子·山木》)
    friendship-rich-as-wine
    Friendship between gentlemen is as insipid as water, friendship between small minded people is as rich as wine.
21. 猛 如 虎 很 如 羊 贪 如 狼 (《史记·项羽本纪》)
    powerful-as-tiger-ferocious-as-ram-greedy-as-wolf

503

(Be) as powerful as a tiger, as ferocious as a ram, as greedy as a wolf.

The adjective can be absent, which leads to "X + Comparative Morpheme + Y".

The comparative morpheme is then a verb which has the meaning of "to be as", "to be like". These are in fact the most frequently seen examples, E. g. :

22. 孟 施 舍 似 曾 子 (《孟子·公孙丑上》)
    Meng shr-she-be like-Tzeng-Master
    Meng Shr-she is like Master Tzeng.
23. 其 颡 似 尧 (《史记·孔子世家》)
    his-forehead-be like-Yau
    His forehead is like (that of) Yau.
24. 则 臣 视 君 如 腹 心 (《孟子·离娄下》)
    then-minister-consider-Prince-be like-belly-heart
    (His) ministers then regard their Prince as their belly and heart.
25. 其 仁 如 天 其 知 如 神 (《史记·五帝本纪》)
    his kitidness-be like-sky-his-knowledge-be like-god
    His kindness is like that of the sky, his knowledge is like that of the gods.
26. 其 夜 若 有 光 (《史记·孝武本纪》)
    that-night-be like-there is-light
    That night it was as if there was light.

Another verb has the same meaning of "to be as", "to be like": **you** 犹,① e. g. :

27. 今 之 诸侯 取 之 于 民 也 犹 御
    today-det. part. -prince-take-it-from-people-particle-be like-robber
    (《孟子·万章下》)

---

① This verb **you** 犹 cannot be negated.

Today's princes loot their people, they are like robbers.①

Another structure of the degree of equality can be seen in Late Archaic Chinese: "X + **yu** 与 + Y + **tung** 同". E. g.:

28. 王 子 宫室 车 马 衣服 多 与 人 同
 Prince-son-house-carriage-horse-clothe-mostly-with-other-same
 (《孟子·尽心上》)
 The house, the carriage and horses, and the clothes of the Prince's son are mostly the same as those of other peopled.②

3. The Degree of Inferiority

The inferior degree is the opposite of the equal degree. It therefore employs the same syntactical structures as that of the equal degree, but the comparative morpheme in it is preceded by an adverb of negation.

-X + **bu** 不 + **ru** 如 + Y:

29. 尽 信 书 则 不 如 无
 totally-believe-Book of History-then -negation-comparable-have
 书 (《孟子·尽心下》)
 not-Book of History
 If one totally believes in the Book of History, it is better not to have it.

30. 千 羊 之 皮 不 如 一 狐 之
 thousand-lamb-det. part. -skin-negation-comparable-one-fox-det. part. -
 腋 (《史记·赵世家》)
 armpit

---

① We can also find some instances of **you ru** 犹如 (verb + preposition) in the *Shr ji* 史记.
② For other examples of this structure "X + yu + Y + tung" in *Shr ji*, cf. Chen Shiang-ching (1984, p. 130). The opposite of this structure is "X + yu + Y + yi 异", where **yi** means "different", e. g.:
 陛 下 取 天下 与 周 室 异
 Your Majesty — take — Empire — with — Jou — family — different
 (《史记·刘敬叔孙通列传》)
 Your Majesty took the Empire differently from the way that the Jou did.

505

The skins of a thousand lambs are not worth the armpit of one fox.

-X + **bu** 不 + **sz** 似 + Y：

31. 望 之 不 似 人君 (《孟子·梁惠王上》)
look-he-negation-be like-Prince
(I) looked at him (and I found that he) did not look like a Prince.

-X + **bu** 不 + **ruo** 若 + Y：

32. 指 不 若 人 (《孟子·告子上》)
finger-negation-be like-other
(When a man's) finger is not like those of other people...

It is rare that an adjective (or more generally a VP) is present to indicate the nature of the comparison. When such an adjective (or VP) is there, the form is rather "X + Negation + Comparative Morpheme + Y + Adjective (or VP)" than "X + Adjective + Negation + Comparative Morpheme + Y"[①]. E. g.：

33. 仁 言 不 如 仁 声 之 入
kindness-word-negation-comparable-kindness-reputation-part.-penetrate-
人 深 也 (《孟子·尽心上》)
man-deep-particle
The words of kindness are not worth the reputation of kindness in penetrating deeply into the (hearts of) **man**.

Let us now look at the different usages of the comparative verb

---

① Let us remind ourselves that in affirmative sentences (i. e. for the degree of equality) the order is "X + Adjective + Comparative Morpheme + Y". Certain cases of "X + Comparative Morpheme + Y + Adjective" can however be found in Late Archaic Chinese or in Han Chinese, especially when the adjective is **ran** 然 "same", e. g.：

其 游 如 父 子 然 (《史记·魏其传》)
his — relation — be like — father — son — same
Their relation is like that between father and son.

bi 比 "to compare".

4. The Comparative Verb Bi 比 "to Compare"

Bi is used in Late Archaic Chinese as a verb. There are several stuctures:

-X + **bi** + **yu** 于 + Y, e. g.:

  34. 窃 比 于 我 老 彭 (《论语·述而》)
      I-campare-to-we-Lau Peng
      I compare myself with our Lau Peng.

But it is not certain that **bi** does mean "to compare" here. Perhaps it simply means "to be like" or sometimes "to imitate" and the sentence 34 may be "I am like our Lau Peng".

-**bi** + X + **yu** + Y:

  35. 尔 何 曾 比 予 于 管 仲 (《孟子·公孙丑上》)
      you-why-compare-me-to-Guan Jung
      Why should you ever compare me with Guan Jung?

-X + **bi** + Y:

  36. 夫 世 愚 学 之 人 比 有 术 之
      thus-world-stupid-study-det. part. -people-compare-have-knowledge-det. part.-
      士 也 犹 蚁 垤 之 比 大 陵 也
      scholar-be like-anthill-part. -compare-big-mountain-part.
      (《韩非子·奸劫弑臣》)
      Thus, (if one) compares in the **world** people of trivial learning with scholars of veritable knowledge, it is like comparing an anthill with a big mountain.

-X + Y + **bi**:

  37. 美 恶 从 而 比 焉 (《韩非子·饰邪》)
      good-bad-hereafter-compare-on this

Hereafter one can compare the good and the bad on this matter.

-X + **yi** 以 + Y + **bi** :

where **yi** is a preposition introducing the second compared element :

> 38. 必 以 先 王 之 法 为 比
> necessarily-YI-former-king-det. part. -law-make-compare
> (《韩非子·有度》)
> One has to compare with the law of the kings of Antiquity. ①

-X + **yu** 与 + Y + **bi** :

> 39. 取 食 之 重 者 与 礼 之
> take-eat-det. part. -important-that which-with-rite-det. part.
> 轻 者 而 比 之 (《孟子·告子下》)
> trivial detail-that which-and-compare-they
> (If one) compares the important aspects of eating with the trivial details of the rite...

5. Conclusion

The following observations sum up the situation of comparative constructions of Late Archaic and Han Chinese :

a) There is a comparative morpheme **bi**, but it is always a verb ("to compare with" or "to be like", "to imitate") and is never a preposition. The grammatical morphemes used in comparative structures are **yu** 于, **sz** 似, **ru** 如 and **ruo** 若.

b) For the expression of the superior degree, we have the following form : "X + Adjective + **yu** + Y". The morphemes **ru**, **ruo** or **sz** are never used for the superior degree.

---

① In this last example, **bi** is perhaps the object of **wei** 为 "to do". In such a case one should interpret it as a noun ("comparison") rather than as a verb.

c) For the expression of the equal degree, we have the following forms: (i) "X + Adjective + **ruo** (or **ru** or **sz**) + Y" (the adjective is often absent in this kind of structure); (ii) "X + **yu** 与 + Y + **tung** 同".

d) Lastly, for the expression of the inferior degree, we can find the form "X + **bu** 不 + **ru** 如 (or **ruo** 若 or **sz** 似) + Y". If an adjective is present, which is rare, it follows the second compared element rather than precedes the comparative morphemes **ru**, **ruo** or **sz**.

III Six Dynasties and Tang Medieval Chinese

Medieval Chinese is the language which continues from the third century A. D. to about 1250 A. D. We can generally distinguish an Early Medieval (3rd-6th centuries) and a Late Medieval (6th-13th centuries) Chinese, but this periodization is rather unimportant in what I am going to discuss, for I shall deal here with the Six Dynasties and Tang period, i. e. from the third century to the tenth century. In this section, I will follow the same plan as the one I have adopted for Late Archaic and Pre-Medieval Chinese.

1. The Degree of Superiority

We find the same form for the superior degree, i. e. "X + Adjective + Comparative Morpheme + Y". The morphemes of comparison may be **yu** 于 or **guo** 过, which is new.

-X + ADJ + **yu** 于 + Y:

40. 闾　丘　冲　优　于　　满奋郝隆
    Liu Chiou-chung-good-more than-Man Fen-Hau Lung
    (《世说新语·品藻》)
    Liu Chiou-chung is better than Man Fen and Hau Lung.

509

41. 昔 日 贫 于 我 (《寒山诗》)
   past-day-poor-more than-I
   In the olden days, (he was) poorer than me.

As in Late Archaic Chinese, the comparative morpheme **yu** can be deleted:

42. 刘 尹 知 我 胜 ( ) 我 自 知 (《世说新语·赏誉》)
   Liou Yin-know-me-better-　I-myself-know
   Liou Yin knows me better than I know myself.

43. 夫 冀 北 马 多 ( ) 天下 (韩愈《送温处士序》)
   thus-Ji-north-horse-many-Empire
   Thus, in the Northern part of the Ji region, there are more horses than, in the entire Empire.

-X + ADJ + **guo** 过 + Y :

44. 贫 于 杨 子 两 三 倍 老 过 荣
   poor-more than-Yang-Master-two-three-time-old-more than-Rung-
   公 六七 年 (白居易诗)
   Master-six-seven-year
   Two or three times poorer than Master Yang, six or seven years older than Mr Rung.

In this last example, the first compared element (X) is absent and a quantified expression is present after the second compared element (Y).

Ōta Tatsuo (1958, p. 175) considers that there exists another form of comparative of superiority:

-X + ADJ + **sz** 似 (or **ru** 如) + Y :

This form does not exist in Late Archaic nor in Pre-Medieval Chinese for the superior degree. It is valid only for the degree of equality. In Medieval Chinese, according to Ōta, it expresses the superior degree well, e.g.:

45. 本　寺　远　于　　　日　新　诗　高　似　　　云
this-temple-far-more than-sun-new-poem-high-more than-cloud
（姚合诗《赠供奉僧次融》）
This temple is farther away than the sun, the new poems are higher than clouds.

In this example, it is not obvious that **sz** should be considered as a comparative of superiority. It could be a comparative of equality as well (with the meaning: "like", "as"), in such case the translation should be "The new poems are as high as the clouds". The presence of the comparative morpheme of superiority **yu** 于 in the first part of the sentence, however, may suggest that **sz** 似 is also a comparative of superiority. The strict parallelism in the poetry should have been a good reason for such a supposition, even though we cannot be absolutely sure.

The following example which contains the comparative morpheme **ru** 如 is still more debatable:

46. 虽然　诗　　胆　大　如　　　斗（陆龟蒙诗）
though-poem-temerity-big-more than-bushel
Though his poetic temerity is bigger than one bushel...

We could equally well understand the sentence as "Though his poetic temerity is as big as one bushel...", where **ru** is not "more than" but "like", "as".

These two examples (45 and 46) pose some problems. Contrary to what Ōta Tatsuo believes, it is not at all certain that we are dealing with comparatives of superiority here. These may well be comparatives of equal degree.

A careful look into all the "X + ADJ + **ru** (or **sz**) + Y" forms in Du Fu's poems leads me to conclude that it is better to consider that we are still dealing with comparatives of equal degree. E. g. :

    47. 或 黑 如 点 漆 (《北征》)
        or-black-as-dot-lacquer
        Or as black as a dot of lacquer.

    48. 鹅儿 黄 似 酒 (《舟前小鹅儿》)
        goose-yellow-as-wine
        Goose is as yellow as wine.

Only a few examples are doubtful, like e. g. 45 and 46 and the following line taken also from a Du Fu poem :

    49. 锦 石 小 如 钱 (《秋日夔州咏怀寄郑监》)
        colourful-pebble-small -more than (as)-coin
        Two interpretations are possible : (i) "The colourful pebble is smaller than a coin" ; (2) "The colourful pebble is as small as a coin".

In the texts in *Duen huang bian wen ji* 敦煌变文集 and in the *Liou tzu tan jing* 六祖坛经, all the "X + ADJ + **ru**(or **sz**) + Y" are of the degree of equality.

    In my opinion, it was only under the Sung period that the "X + ADJ + **ru** (or **sz**) + Y" form began to become a comparative of superiority.

2. The Degree of Equality

    As in Late Archaic and in Pre-Medieval Chinese, the more frequent form is still "X + Comparative Morpheme + Y". The comparative morphemes (which are here, in the total absence of a VP, the main verbs) can be **ru** 如, **ruo** 若, **sz** 似, even **you** 犹:

50. 面 如 凝脂 眼 如 点 漆 (《世说新语·容止》)
    face-like-lard-eye-be like-dot-lacquer
    (His) face is like lard, (his) eyes are like dots of lacquer.

51. 心 如 明 镜 (《六祖坛经》6)
    mind-be like-clear-mirror
    The mind is like a clear mirror.

52. 在 寺 不 修 如 西方 心 恶 人
    be in-temple-negation-practise-be like-west-mind-evil-people
    (《六祖坛经》36)
    (If you) are in a temple but do not practise, (you) are like the evil-minded people of the West.

53. (阿) 巢 颊 似 镇 西 (《世说新语·排调》)
    A Chau-cheek-be like-Jen Shi
    A Chau's cheeks are like (those of) Jen Shi.

54. 王 敬 伦 风姿 似 父 (《世说新语·容止》)
    Wang Jing-luen-elegance-be like-father
    Wang Jing-luen's elegance is like that of his father.

If there is an adjective, the form is "X + ADJ + **ru** (or **sz**) + Y", as in Late Archaic and Han Chinese. Cf. e. g. 47 and 48, or the following example, where **you** 犹 is an adjective:

55. 世 人 性 犹 如 青天 惠 如 日
    world-man-nature-be like-as-blue-sky-wisdom-be like-sun-
    智 如 月 (《六祖坛经》20)
    knowledge-be like-moon
    (The purity of) the nature of the man in this world is like the blue sky; wisdom is like the sun; knowledge is like the moon.

Lastly, there is, as in Late Archaic and in Pre-Medieval Chinese, another form of equal comparative: "X + **yu** 与 + Y + **tung** 同", e. g.:

56. 汝 与 吾 同 (《六祖坛经》48)
    you-and-me-the same

513

You will be the same as I.

Sometimes, **deng** 等 is used instead of **tung**:

57. 修行 者　　法 身 与 佛 等　　也
    practise-the one-Dharma-body-and-Buddha-the same-particle
    (《六祖坛经》24)
    The Dharma body of the practiser is the same as that of Buddha.

Now let us turn to the comparative of inferiority.

3. The Degree of Inferiority

It is obtained by the negation of the different forms of comparatives of equality.

-X + **bu** 不 + **ru** 如 + Y.[①] E. g.:

58. 江 左 地 促 不 如 中 国
    river-left-land-narrow-negation-comparable-middle-state
    (《世说新语·言语》)
    The land of the left bank of the river is narrow; it is not as good as that of the Middle States.

-X + **yu** 与 + Y + **bu** 不 + **tung** 同, e. g.:

59. 獦獠 身 与 和尚 不 同 (《六祖坛经》3)
    barbarian-body-and-monk-negation-the same
    (Although) my barbarian's body and your body are not the same...

-"X + **bu** + **tung** + Y" or "X + **bu** + **tung** + **yu** 与 + Y", where **tung** is a verb: "to be like", "to be the same as", e. g.:

60. 汝 等 不 同 馀 人 《六祖坛经》45)
    you-plural-negation-be like-other-people

[①] Sometimes, in the place of **bu ru**, we find **bu ji** 不及 (which already exists in *shr ji* 史记) or **bu dai** 不逮.

You are different from the other people.

61. 太子　德　更进　茂　不　同　于　故
dauphin-virtue-further-consolidate-negation-be like-preposition-former time
(《世说新语·方正》)
The virtue of the dauphin has further consolidated, it is different from the virtue of former time.

Let us now look at the behaviour of the comparative morpheme **bi** 比 "to compare".

4. The Comparative Morpheme Bi 比

The comparative morpheme **bi** is always a verb which means "to compare(to)", following the tradition of Late Archaic and Pre-Medieval Chinese. E. g.:

62. 王　比　使君　(《世说新语·品藻》)
Wang-compare-you
(If one) compares Wang(Duen) to you...

The form is "X + **bi** + Y". It can be also "**yi** 以 + X + **bi** + Y", e. g.:

63. 王　夷甫　以　王　东海　比　乐　令
Wang Yi-fu-YI-Wang Dung-hai-compare-Le Ling
(《世说新语·品藻》)
Wang Yi-fu compares Wang Dung-hai to Le Ling.

64. 时　论　以　颖　比　邓　伯　道　(《世说新语·品藻》)
time-opinion-YI-Yin-compare-Deng Bo-dau
The opinions of the time compared Yin to Deng Bo-dau.

This last form, where **yi** introduces the first term of the comparison, is slightly different from that of Late Archaic and Pre-Medieval Chinese where **yi** was preceded by the first term of the comparison and followed by the second one: "X + **yi** + Y + **bi**."

515

Under the Six Dynasties and Tang period, we can also find the form "X + **bi** + Y + VP", which does not exist in Late Archaic or Han Chinese. After the second element of comparison (Y), there may be a VP which indicates the quality and the nature of the compared things, e.g.:

65. 周顗 比 臣 有 国士 门 风
    Jou Yi-compare-me-have-stateman-family-behaviour
    (《世说新语·品藻》)
    Jou Yi, compared to me, has more familial tradition of statesman.

66. 阿奴 比 丞相 但 有 都 长
    old chap-compare-Chancellor-only-have -endowment of elegance
    (《世说新语·品藻》)
    Old chap, compared to the Chancellor, you only have the greater endowment of elegance.

This structure "X + **bi** + Y + VP" first appears in Early Medieval Chinese. It has the form "NP_0 V_1 NP_1 V_2 N_2" where V_1=**bi** and where NP_0 and NP_1 are the two terms of the comparison. Its origin is as follows: it was generated by analogy with other serial verbal constructions which had been quite well developed since the Late Han period and whose first occurrences can be traced back to the Former Han or even the Warring States period (for more details on this subject, see Peyraube 1984).

One question nonetheless still persists: should we still consider **bi** as a verb or should we already analyse it as a preposition, as in Contemporary Chinese? The translation of e.g. 65 by R. B. Mather (1976) indicates that he considers **bi** as a preposition since he translates it as "more than": "Jou Yi has more familial tradition of statesman than me".

It is difficult to answer this question with absolutely convincing arguments in favour of one or the other solution. However, I conjecture that we are still dealing with a verb here. There are two reasons:

(i) It is doubtful that only the verb **bi** has become a preposition "more than" (or "compared to") while the other V_1 or V_2 of the serial verbal constructions "V_1 + Object$_1$ + V_2 + (Object$_2$)" still remain as verbs, especially **yu** 与 "to give" or also **ba** 把 "to take" (cf, Peyraube, 1984, 1985).

(ii) The examples of "V_1 **bi** + (O_1 + V_2 + O_2" are still rare in Early Medieval Chinese, and the position of V_2 is exclusively occupied by the verb **you** 有 (cf. e. g. 65 and 66); we still cannot find adjectives in the V_2 position, although this is generally the case of comparative constructions in Contemporary Chinese.[①]

There is in fact one example in the *Shr ji*—which was pointed out to me by Liu Jian—where we can find the "V_1 **bi** + O_1 + V_2" form in which the V_2 position is filled by an adjective: 故其比诸将最亲(《史记·樊哙列传》)[thus he-compare-plural-general-most-close] "Thus, compared to the other generals, he had the closest relationship (with Liou Bang)". We will nevertheless admit that it is only in the Tang period, around the 9th century, i. e. in Late Medieval Chinese, that the V_2 position

---

① Let us remind ourselves on this subject that the VP of comparative constructions in Contemporary Chinese "X + **bi** + Y + VP" is limited to scalar adjectives or to verbs which can be preceded by the adverb of quantity **hen** 很, i. e. to adjectives and verbs which describe relative or quantifiable properties(cf. Li-Thompson 1981 and Paris 1986).

can be filled regularly by a predicative adjective. E. g. :

 67. 若 比 李 三 犹 自 胜（白居易诗）
  if-more than-Li San-still-myself-better
  If I am still better than Li San...
 68. 官 职 比 君 虽 较 小（白居易诗）
  mandarin-function-more than-you-although-relatively-small
  Though my function is lower than yours...
 69. 色 比 琼 浆 犹 嫩（郎士元诗）
  colour-more than-best wine-still-soft
  The colour is still softer than the best of wine.

We can notice that the adjectives in the VP position are always preceded by an adverbial.

 Nothing can structurally differentiate these examples of Late Medieval Chinese from the usual comparative construction of Contemporary Chinese. Therefore, I would like to propose a hypothesis according to which the grammaticalization of the verb **bi** "to compare (to)" into the preposition **bi** "more than" or, "compared to" (but the first gloss seems to me better for the same reason as that given in footnote 3) occurred during the Tang period.

 This hypothesis may be supported by the fact that the other processes of "bleaching" which transform verbs into prepositions also took place in the same period, particularly the change which affected the verb **yu** 与 "to give" 〉the preposition **yu** "to" (cf. Peyraube, 1984), or the one which, from the verb **ba** 把 "to take" 〉the preposition **ba** serving now as a marker of pre-verbal objects (cf. Peyraube 1985).

 The comparative structure "X + **bi** 比 + Y + VP" therefore cannot be dated in the 15th century as Li-Thompson (1980) try to argue.

Examples like those of 67—69 may still not be frequent during the Tang, but they will become more and more numerous in Pre-Modern Chinese, as we shall see.

5. Conclusion

We notice the appearance in Early Medieval Chinese of a new comparative structure of superiority which coexists with the other traditional forms: "X + **bi** 比 + Y + VP". In this new form, **bi** is still a verb ("to compare") and we have verbal expressions in series. In Late Medieval Chinese, where the same form is realized with an adjective taking the place of the VP, **bi** was divested of its full meaning and became a preposition "more than." We have here the origin of the comparative structure of superiority in Contemporary Chinese.

IV Sung and Yuan Dynasties Chinese

Let us now examine the comparative constructions in Late Medieval and Pre-Modern Chinese from the 10th century to the 14th century (under the Sung and Yuan dynasties).

1. The Degree of Superiority

The classical construction "X + ADJ + **yu** 于 (or **guo** 过) + Y", which was frequent in Archaic Chinese and was retained until the Tang, becomes extremely rare. On the other hand, the structure "X + ADJ + **ru** 如 (or **sz** 似) + Y", is frequently used. E. g.:

70. 东 风 寒 似 夜来 些 （贺铸《浣溪沙》）
east-wind-cold-more than-yesterday-somewhat
The eastern wind is somewhat colder than yesterday.

71. 今 年 衰 似 去 年 些（刘克庄词）
    this-year-bad-more than-last-year-somewhat
    This year is somewhat worse than last year.

72. 试 着 春 衫 羞 自 看 窄 似 年
    try-put on-spring-dress-shy -myself-look-small-more than-last-
    时 一 半 （赵长卿诗）
    year-one-half
    (I) try on spring dresses and shy to look at myself: (the dresses are) half the size of last year.

It is obvious that here **sz** is not a comparative of equality; the presence of a quantified expression behind the second compared term (Y) confirms this. Thus, I consider that the form "X + ADJ + **sz** 似 (or **ru** 如) + Y" expresses the superiority beginning from the Sung period. Under the Yuan, the examples are more and more numerous, e. g.：

73. 这 担 轻 如 你 底 （《元刊杂剧三十种·任风子》）
    this-load-light-more than-you-det. part.
    This load is lighter than yours.①

74. 人 的 勾 当 都 无 大 似 孝
    man-det. part. -undertaking-all-negation-big-more than-filial piety-
    的 事 （《孝经直解》）
    det. part. -affair
    No more undertaking is more important than that which concerns filial piety.

---

① The Yuan dramas that I have consulted are taken from *yuan kan tza jiu san shr jung* 元刊杂剧三十种 which is the unique collection of dramas which have not been rearranged under the Ming. Neither are the following considered as subsequent to the 14th century, according to Mei Tsu-lin (1985): **Liou Chian bing da du jiau niou** 刘千病打独角牛, **Sha gou chiuan fu** 杀狗劝夫, **Huan men tz di tsuo li shen** 宦门子弟错立身, **Shiau Suen tu** 小孙屠. For the rest of my corpus, I have taken **Lau Chi da** 老乞大 and **Piau tung shr** 朴通事 handbooks, and **Shiau jing jr jie** 孝经直解. I have also consulted the collection of steles by Tsai Mei-biau (1955).

Thus there has been a radical change in the meaning of the same form "X + ADJ + **sz** 似 (or **ru** 如) + Y"; it has changed from a comparative of equality into one of superiority. The reasons for such a change are not clear but I will try later to propose some explanation.

When preceded by an adjective, the morphemes **sz** and **ru** lose their original meaning of "(being) like" and thereafter mean "more than". If they are not preceded by an adjective, they retain their original meaning, as in the expression of the equal degree.

Under the Yuan, we find this structure "X + ADJ + **sz**(or **ru**) + Y" mostly in the recitative of the operas. But there is also a similar form —which existed already under the Sung[①]—in the spoken dialogues; this form involves the adjectives or verbs **chiang** 强, **sheng** 胜 or **guo** 过, e.g. :

75. 食 楚 江 萍　　　胜 似　　　梁 肉
    eat-Chu-river-water lentil-better-more than-millet-meat
    (《元刊杂剧三十种·竹叶舟》)
    Eating water lentils of the Chu river is better than eating millet and meat.

76. 说　家　法　过　如　　司马 (《错立身》3)
    speak-family-rule -better-more than-Szma
    (If we) speak about the family's rules, it is better than those of Szma.

77. 这　一　所　强　如　　那　一　茅庐
    this-place-better-more than-that-one-hut
    (《元刊杂剧三十种·博望烧屯》)

---

① Jeng Yu-yu (1985) quotes some examples of **chiang sz** 强似 and of **sheng ru** 胜如 in the Sung period :

　　日　　强　　似　　一　　日 (《朱子语类》69)
　　day — better — more than — one — day
　　(One is) better from one day to another

521

This place is better than that hut.

78. 今 年 强 似 去 年 (《元刊杂剧·替杀妻》)
this-year-better-more than-last-year
This year is better than last year.

79. 吃 了 些 酸醇 糯 胜 如 玉液 琼浆
eat-asp. part, -some -fermented-rice wine-better-more than-best-wine
(《元刊杂剧三十种·遇上皇》)
(I) have taken some fermented wine which was better than the best of wine.

In all these examples, the morphemes which precede **ru** 如 (or **sz** 似) form with **ru** (or **sz**) one entity for expressing the meaning of "better than", the equivalent of **bi** 比 ... **hau** 好 in Contemporary Chinese. These forms undeniably come from the structures "X + V (or ADJ) **ru** (or **sz**) + Y". There has been a process of lexical weakening of certain adjectives or verbs; they lost their fall lexical meaning and were associated with the prepositions **ru** or **sz** to express a quasineutral meaning of the degree of superiority: "better than". However, there was no grammaticalization process like the one we have seen for **bi** 比. **Chiang** 强, **sheng** 胜 or **guo** 过 are not entirely divested of their full meaning to become grammatical empty morphemes. Followed by **ru** or **sz**, they remain adjectives or verbs. It is thus better to call the procedure a simple lexical weakening and not a grammaticalization process.

The reasons for such a lexical weakening are difficult to determine. One can however suppose that before disappearing completely to give the form "X + **bi** 比 + Y + VP", as we will see later, the superior comparative form "X + ADJ (or V) + **ru** (or **sz**) + Y" continued to require certain adjectives and verbs, and fixed them with morphemes such as **ru** or **sz** which followed to express a comparative meaning of superiority without mentioning the nature of the superiority in question. This meaning corresponds exactly to the negation of the degree of inferiority, expressed in Archaic Chinese, in Medieval and also in Pre-Modern Chinese by **bu ru** 不如 in the structure "X + **bu ru** + Y".

But the most frequent comparative form for the superior degree, under the Yuan dynasty, is the following: "X + **bi** 比 + Y + VP", e. g.:

80. 王 陵 比 我 会 沽 酒
Wang Ling-more than-me-know-sell-wine
(《元刊杂剧三十种·气英布》)
Wang Ling is better than me at selling wine.

In this example, a VP(V + NP) occupies the VP position, but, most of the time, this VP position is filled in by an adjective or an adjective phrase:

81. 比 李 公 佐 等 所 述 尤 更 详细
more than-Li Gung-tzuo-etc. -det. part. -narrate-even-more-detailed
(《三朝北盟会编》107)
(It) is even more detailed than the narrations of Li Gung-tzuo and the others.

82. (这 桥) 比 在 前 十分 好 (《老乞大》)
this-bridge-more than-at-before -very-good
(This bridge)... is much better than before.

83. 他 和 我 近 我 和 他 亲 你 比 他 疏
he-and-I-close-I-and-he-dear-you-more than-he-distant
(《元刊杂剧三十种·疏者下船》)
He is close to me, and I am dear to him, you are more distant to him (than I am).

As has been already admitted for the Tang Late Medieval Chinese, **bi** 比 is here a preposition. The structure "X + **bi** + Y + VP" is identical to that in Contemporary Chinese. It was still rare in Late Medieval Chinese. But it became extremely frequent under the Yuan dynasty. However, we cannot find such examples either in *Shiau jing jr jie* 孝经直解, or in Tsai Mei-bia's steles (1955). On the contrary, it is the only comparative form of superiority that one can find in *Lau Chi-da* 老乞大.

The negation of this comparative structure is as follows: "X + **bi** + Y + **bu** 不 + VP", e. g.:

84. 这 盏儿 呵 比 俺那 使磁 瓯 好 不 自在
    this-cup-particle-more than-I-that-ceramic-bowl-very-negation-handy
    (《元刊杂剧三十种·七里滩》)

    This cup... is less handy than the ceramic bowl that I use.[①]

2. The Degree of Equality

The classical forms "X + **ru** 如 + Y" and "X + **sz** 似 + Y" are always frequently used. The forms "X + **ruo** 若 + Y" and "X + **you**

---

① This structure "X + **bi** + Y + **bu** + VP" does not exist in Contemporary Chinese where the negation of "X + **bi** + Y + VP" is "X + **bu** + **bi** + Y + VP". In Yuan works, when the negation is present, it appears before the VP and not before the comparative morpheme **bi**. I have found only one example where **bi** is preceded by **bu**, in a Yuan opera (which may have been rearranged under the Ming):

这 雁儿 啊 不 比 那 雕 梁
this — wild goose — part. — negation — be like — that — sculpture — beam
燕 语 不 比 那 锦 树 莺 鸣
swallow — murmur — negation — be like — that — luxuriant — tree — oriole — sing
(元曲《汉宫秋》)

This wild goose ... is not like the murmur of the swallow under that sculptured beam, it is not like the song of the oriole in luxuriant trees.

Notice that **bi**, here, has the meaning of "be like".

犹 + Y" have become, on the contrary, extremely rare, or almost non-existent, e. g.:

85. 雄纠纠 的   公人 如   虎 狼
    arrogant-det. part. -policeman-be like-tiger-wolf
    (《元刊杂剧三十种·魔合罗》)
    The arrogant policemen are like tigers and wolves.

86. 咱 三 人 结义 为 兄弟 似 刘 关 张 三 人
    we-three-people-swear-be-brother-be like-Liou-Guan-Jang-three-people
    (《杀狗劝夫》)
    We three vow to become foster brothers, like Liou, Guan and Jang.

We also find the same forms with the mention of an adjective or a verb behind the second compared elemept, i. e. the form "X + **ru** 如 (or **sz** 似) + Y + ADJ" which did not exist in Late Archaic and Han Chinese (with a few exceptions, when the adjective was **ran** 然, "the same") and neither in Six Dynasties nor Tang Medieval Chinese. E. g.:

87. 仰 视 见 开 孔 如 井 大 (《太平广记·旌异记》)
    upward-look-see-open-hole-as-well-big
    He looked upward and saw that the open hole was as big as a well.

88. 金 气 如何 似 铁 恁地 硬 (《朱子语类》4)
    golden-breath-how-as-iron-so-hard
    How come the golden breath is as hard as iron?

89. 脸 如 红 杏 鲜 妍 (《小孙屠》)
    face-as-red-apricot-fresh-beautiful
    (His) face is fresh and beautiful like a red apricot.

90. 俺 便 似   片 闲 云 自在 飞
    I-then-as-Classifier-idle-cloud-freely-float
    《元刊杂剧三十种·陈搏高卧》)
    I then would float freely like an idle cloud.

These forms with adjectives and verbs are nonetheless undeniably less frequent than the simple structures "X + **ru** + Y" or "X + **sz** + Y", but they are very interesting because the adjective is found after the second compared element and the comparison is that of equality and not of superiority. So, the form "X + ADJ + **su**(**sz**) + Y" having become a form of comparison of superiority, the form "X + **ru**(**sz**) + Y + ADJ" began to express the comparison of equality.

Lastly, one can find forms with **yi-ban** 一般 "same" behind the second compared element (Y) and before the VP when it is present. This gives the form "X + **ru**(or, **sz**) + Y + **yi-ban** + ADJ". E. g.:

91. 布　价　如　往　年　的　　价钱　一般　（《老乞大》）
    cotton-price-as-past-year-det. part. -price-the same
    The price of cotton is the same as past years.
92. 父　母　的　　恩　便　似　官里　的　　恩
    father-mother-det. part, -kindness-then-as-government-det. part. -kindness-
    一般　　重　（《孝经直解》）
    the same-great
    The kindness of one's parents is as great as that of the government.[①]

As Jeng Yu-yu (1985) pointed out, we have the forms "**ru**(or **si**)... **yi-ban**" under the Tang (in *Duen-huang bian-wen* 敦煌变文 texts) and "**ru**... **shiang-sz** 相似" at the end of the Tang dynasty in some Buddhist texts and under the Sung (for instance in the *Ju tz yu lei* 朱子语类), e. g.:

---

① Sometimes, **shr** 是 is in the place of **sz** 似, e. g.:
　　咱们　便　是　自　　家　　里　一　般　（《老乞大》）
　　we — then — as — own — family — in — the same
　　We are like of the same family.

526

93. 似 无 手 足 一般 (《敦煌变文·维摩诘经讲经文》)
as-negation-hand-leg-the same
As if (one has) no hand nor leg.

94. 如 蛇 虺 相 似 只 欲 咬 人 (《朱子语类》4)
as-snake-viper-the same-only-think-bite-people
Like snakes and vipers (he) only thinks of biting people.

These structures with the adjective at the end of the sentences (**yi-ban**, **shiangsz** must be considered as adjectives) have replaced the classical structure of the comparative of equality "**ru** 如 ... **ran** 然" (where **ran** is also an adjective ; cf. footnote 8). There has been a single lexical replacement of the classical morpheme **ran** by the vernacular **yi-ban** or **shiang-sz**.

The following form, found in *Lau Chi-da*, where **he** 和 "and, with" took the place of **ru** or **sz**, is closer still to Contemporary Chinese. E. g. :

95. 却 和 这里 井 绳 酒子 一般 取 水 (《老乞大》)
but-and-here-well-rope-bucket-the same-get-water
But (the method of) getting water with a rope and a bucket is the same as here.

The comparative morpheme **bi** can also appear and we have the structure "X + **bi** 比 + Y + **yi-ban** 一般 + Y". E. g. :

96. 他们 高丽 地面 守 口子 渡江 处 的 官司 比咱门
they-Korea-territory-guard-post-river-place-det. part, -officer-as-we-
这里的 一般 严 (《老乞大》)
here-det. part.-the same-severe
The customs officers who guard the rivers in Korea are as severe as

ours here.[①]

How can we explain the following changes for the superior and equal degrees?

(i) The "X + ADJ + **ru**(or **sz**) + Y" form, which was a comparative of equality until the Sung becomes a comparative of superiority from the Sung onwards.

(ii) The form "X + **ru**(or **sz**) + Y + ADJ" is used for the comparative of equality instead of the "X + ADJ + **ru**(or **sz**) + Y" form.

We can put forward two hypotheses (one being the inverse of the other):

1) The form for the comparative of equality has been changed from "X + ADJ + **ru**(or **sz**) + Y" to "X + **ru**(or **sz**) + Y + ADJ", because the former ("X + ADJ + **ru**(or **sz**) + Y" form) was used for the comparative of superiority.

And why did this become a form of comparative of superiority? Perhaps it was due to an analogy with the form "X + ADJ + **yu** 于 (or **guo** 过) + Y" which was the canonical form in Classical Chinese for the expression of the superior degree and which became obsolete since the preposition **yu** was no longer employed in vernacular Chinese.

2) It is because the form "X + **ru**(or **sz**) + Y + ADJ" became

---

[①] **Bi** 比 is never used in Contemporary Chinese for the degree cf equality. It seems on the contrary that this usage of **bi** for the expression of the equal degree is present also in Medieval Chinese, or even in Pre-Medieval Chinese. Jeng Yu-yu (1985) quotes several examples in Tang "bian-wen" texts and in *Shr ji*. However, she points out that **bi** is never employed with **yi-ban** 一般 (**ru** or **sz** can co-occur with **yi-ban**). The example 96 is then an exception.

a comparative of equality that "X + ADJ + **ru**(or **sz**) + Y" changed from a comparative of equality into a comparative of superiority, occupying thereby a structure which was left vacant.

But how can we explain the movement of the adjective from "X + ADJ + **ru**(or **sz**) + Y" > "X + **ru**(or **sz**) + Y + ADJ" for the expression of the equal degree?

a. There were already some forms with final adjective for the comparative of equality in Six Dynasties and Tang Chinese and also in Late Archaic and Han Chinese: those with **ran** 然 "the same" in Late Archaic and Han Chinese (cf. p. 506 footnote ①) or with **yi-ban** 一般 "the same," since the Tang period. **Ran** and **yi-ban** must be considered as adjectives.

b. The negative form of the comparative of equality already had an adjective in final position since Late Archaic Chinese (cf. e. g. 33). Thus, it must be by analogy with these structures that the adjective has been moved to a final position. And the form "X + ADJ + **ru**(or **sz**) + Y" was then vacant to be filled by the comparative of superiority.

I think that this second hypothesis is preferable to the first one.

3. The Degree of Inferiority

For the degree of inferiority, one always uses the classical form "X + **bu** 不 + **ru** 如 + Y", ①e. g. :

97. 濯 足 而 待 宾 我 不 如 你 脚 上
wash-foot-and-receive-guest-I-negation-comparable-you-foot-on-

---

① As in Pre-Medieval and in Medieval Chinese, **bu ji** 不及 sometimes replaces **bu ru** 不如.

粪　　草　（《元刊杂剧三十种·气英布》）
excrement-grass
(You) receive your guest while washing your feet, I am not worth the dirt of your feet.

Sometimes, though it is rare, the quality of the comparison is expressed by a VP: "X + **bu** + **ru** + Y + VP":

98. 肥　羊　法　酒　不　　如　俺　庄　农　家
    fat-mutton-law-wine-negation-comparable-I-farm-peasant-house-
    的　茶饭　倒　好 （《刘千病打独角牛》）
    det. part.-meal-actually-good
    Fat mutton and government controlled wine are not as good as meals that we peasants have at home.

This form with **bu** + **ru** is the negation of the comparative of equality and of the comparative of superiority expressed by the morphemes **chiang** 强 (or **sheng** 胜 or **guo** 过) + **ru** 如 (or **sz** 似).

Another form of the inferior degree is expressed by the negation of the superior degree: "X + **bi** 比 + Y + **bu** 不 + VP"; cf. above ex. 84.

4. Conclusion

Several important changes occurred between the Six Dynasties and Tang period and the Sung-Yuan period. The form "X + ADJ + **ru** (or **sz**) + Y" which already existed before the Sung but only for the equal degree is now employed for the superior degree. And for expressing the equal degree, we find the form "X + **ru** 如 (or **sz** 似) + Y + ADJ" where the adjective follows the second compared element. Thus, there has been an adjective movement probably motivated by the fact that there was already such a structure "X + **ru** (or **sz**) + Y + ADJ" (for the equal degree) in Late Archaic Chinese (with the adjective **ran** 然) and during the Six Dynasties and Tang period (with either **ran** or **yi-ban** 一般).

Then, the structures "X + ADJ + **ru** (or **sz**) + Y" which no longer expresses the equal degree are taken for expressing the superior degree, maybe by analogy with the form "X + ADJ + **yu** (or **guo**) + Y" which becomes obsolete under the Sung-Yuan period.

For the superior degree, besides the forms with **ru** or **sz**, those with **bi** 比, which were still rare under the Tang, develop considerably. They are even used for the degree of equality, as **ru** and **sz**, with **yi-ban** 一般 following the second compared term.

Under the Yuan, modern structures begin to formulate. They assert themselves more and more at the expense of the classical structures which disspear little by little. Only a few modifications will take place later, like the lexical replacement of **yi-ban** 一般 by **yi-yang** 一样 (and of **he** 和, **bi** 比, or **ru** 如 by **gen** 跟) or the movement of the negation from its pre-verbal position to a pre-prepositional position.

V Conclusion

After having traced the history of the different explicit relative comparative constructions from the Late Archaic period to the Pre-Modern period, one can extricate the important changes and movements which have occurred:

1. The classical structures "X + ADJ + **ru** 如 + Y" and "X + ADJ + **sz** 似 + Y" were maintained until the pre-modern period. However, from the 10th century, in the Sung dynasty, they became comparative

structures of superiority being similar to the canonical structures "X + ADJ + **yu** 于 + Y" or "X + ADJ + **guo** 过 + Y", whereas they had been comparative structures of equality during the Late Archaic period.

2. The structures "X + **ru** + Y + ADJ" and "X + **sz** + Y + ADJ" appeared at the same time (in the Xth century) to express the degree of equality.

3. A new structure came into being in the period of the Six Dynasties (3rd-6th centuries): "X + **bi** 比 + Y + VP". **Bi** 比 is still being used as a verb here. Towards the end of the Tang dynasty (9th century), **bi** began gradually to lose its full verbal meaning and became a preposition. This grammaticalization process is the origin of the comparative form expressing superiority in Contemporary Standard Chinese : "X + **bi** (Preposition) + Y + ADJ". It is therefore not true, as Li-Thompson (1980) try to argue, that the comparative form in **bi** appeared only after the 15th century.

4. The comparative structure with prepositional **bi** became more and more prevalent in the Yuan dynasty (13th century), being used both for the expression of superiority and equality. But the old structures involving the use of the morphemes **ru** or **sz** continued to exist, no matter whether the adjective was present or not. For the expression of the equal degree, the second compared element was thus usually followed by **yi-ban** 一般 "the same".

References

Chao Yuen-Ren 1968 *A Grammar of Spoken Chinese*. Berkeley and Los Angeles : University of California Press. p. 846.

Cheng Shiang-ching 程湘清 1984《两汉汉语研究》. 济南：山东教育出版社. 424页.

Couvreur S. 1895 *Les quatre Livres*. Ho Kien Fou : Imprimerie de la mission catbolique. p. 745.

Harbsmeier C. 1981 *Aspects of Classical Chinese Syntax*. London : Curzon Press. p. 303.

Jeng Yu-yu 郑毓瑜 1985《比较句中"如""似""比"的问题》,《幼狮学志》. 18（4）: 页143-159.

Li C. N. and Thompson S. A. 1980 "Synchrony and Diachrony : the Mandarin Comparative". *Folia Linguistica Historica* I-2. pp. 231-250.

Li C. N. and Thompson S. A. 1981 *Mandarin Chinese : A Functional Reference Grammar*. Berkeley and Los Angeles : University of California Press. p. 691.

Liou Jing-nung 刘景农 1958《汉语文言语法》. 北京：中华书局. p. 252.

Mather R. B. 1976 *A New Account of Tales of the World*. Minneapolis : University of Minnesota press. p. 726.

Mei Tsu-lin 梅祖麟 1985 从语言史看几本元杂剧宾白的写作时期,《语言学论丛》. 14 页 111-152.

Ōta Tatsuo 太田辰夫 1958《中国语历史文法》. 东京：江南书店, p. 439.

Paris M. C. 1986 'Quelques aspects de la gradation en Mandarin'. *Actes du Colloque de Paris 48ur la comparaison*. Paris : Université de Paris IV.

Peyraube A. 1984 *Syntaxe diachronique du chinois : évolution des constructions datives in 14e siècle av. J. -C. au 18e siècle*. Thèse de Doctorat d'Etat, Université de Paris VII.

Peyraube A. 1985 'Les structures en ba en chinois vernaculaire mediéval et moderne.' *Cahiers de Linguistique Asie Orientale*, vol. XIV-2, pp. 193-213.

Tsai Mei-biau 蔡美彪 1955《元代白话碑集录》. 北京：科学出版社. p. 133.

Motion events in Chinese: A diachronic study of directional complements[*]

Abstract: This article examines the status of Mandarin Chinese in relation to the dichotomy proposed by Talmy and the trichotomy proposed by Slobin for classifying languages according to how they treat motion events. It is shown that Talmy was right when he suggested that Mandarin must be considered as a satellite-framed language. There is no reason to accept the hypothesis of Slobin who has argued that Chinese is an equipollently-framed language. Mandarin codes path by means of "satellites" known as directional complements in Chinese linguistics. These directional complements, after having undergone a process of grammaticalization, are functional words. A detailed analysis of the historical development of the directional constructions is also provided in the core of this analysis. It is shown that Chinese has undergone, some ten centuries ago, a typological shift from a verb-framed language to a satellite-framed language.

Introduction

The expression of a basic motion event in natural languages involves several semantic components. These are the following :
– Figure (or target) : the object to be located
– Ground (or landmark) : the reference object

---

[*] 本文原载 Maya Hickmann & Stéphane Robert eds. *Space in Languages* : *Linguistic systems and cognitive categories*. Amsterdam : John Benjamins, 2006. pp.121-138.

- Path
- Manner
- Cause

Three of these are major components across languages: the manner of motion, the path of motion, and the ground (landmark). Let us first compare two examples from English and Mandarin Chinese:

> (1) Greg (figure) climbed (manner of motion) down (path of motion) from the tree (ground-1) to the floor (ground-2).
>
> (2) 他跑进屋里来了
> ta paojin wu li lai le
> he run + into room in come aspectual-marker
> He ran into the room.
> [ta = figure; pao = manner of motion; jin = path of motion; wu = ground]

In examining the nature and history of directional verbs and complements in Chinese, I will show that contemporary Mandarin codes path by means of "satellites" known as directional complements in Chinese linguistics. I will also describe the evolution of several main directional constructions in the core of this analysis and show that Chinese shifted from a verb-framed language to a satellite-framed language some ten centuries ago.

1 Talmy's dichotomy

Talmy (1985, 1991, 2000) suggested that languages can be divided into two groups in terms of the way in which they encode the core feature of a motion event, i.e. a motion along a path: verb-framed languages and satellite-framed languages. V-languages typically convey path information by encoding it in the main verb of the clause (the lexicalization of the path is in the main verb), while S-languages encode path using various particles, prefixes or prepositions, called satellites, associated to the main verb.

Examples:

> *Entrer*, *sortir*, *monter*, *descendre* in French, which is a V-language.
> *Go in*, *go out*, *go up*, *go down* in English, which is a S-language. Romance languages (French, Spanish, Italian, Portuguese, etc.), but also Semitic languages (like Hebrew), Turkic languages (Turkish), Japanese or Korean are considered to be V-framed languages. Germanic languages (English, German, Dutch, Swedish, Icelandic, etc.), Slavic languages (Russian, Polish, Serbo-Croatia, etc.) are considered to be S-framed languages. Mandarin and many other Sino-Tibetan languages are also claimed to be S-framed languages. Here are some further examples in Mandarin:

(3) *Jinlai* 进来 /*jinqu* 进去 "come in, go in"; *chulai* 出来 / *chuqu* 出去 "come out, go out"; *shanglai* 上来 / *shangqu* 上去 "come up, go up"; *xialai* 下来 / *xiaqu* 下去 "come down, go down".

This dichotomy allows the main verb of the clause in S-languages to be available to encode other dimensions of motion events, for instance, the manner of motion. Thus, unlike V-languages, S-languages typically conflate motion information with manner information in the main verb of the clause. Compare the following two sets of verbs in English, French and Mandarin:

> *Run in*, *run out* in English;
> *Entrer en courant*, *sortir en courant* in French;
> *Paojinlai* 跑进来 (run + into + come) / *paojinqu* 跑进去 (run + into + go)

"run in"; *paochulai* 跑出来 (run + out + come)/ *paochuqu* 跑出去 (run + out + go) "run out" in Chinese.

If one takes the manner of motion as a starting point, instead of its path, it also appears that languages vary considerably with regard to this dimension, with V-languages paying much less attention to manner than S-languages. This is evident in the following examples from Spanish and French, both V-languages:

Sale un hubo (Spanish); *D'un trou de l'arbre sort un hibou* (French).

By contrast, many S-languages use a manner verb together with a path satellite, as in Chinese:

(4) 飞出一只猫头鹰
Feichu yi zhi maotouying
Fly + out one Classifier owl
An owl flew out.

According to Talmy (2000: 222-223), Chinese is clearly a S-framed language like most Indo-European languages apart from Romance. He noticed that Mandarin is a serial-verb language in which each verb in the series is morphologically unmarked. He then considers the manner verb to be the main verb and the path verb to be the satellite, because path verbs often do not function as full verbs and because there is a small closed set of path verbs. He also suggests that path verbs in serial-verb languages often show evidence of grammaticalizing into path satellites, that is, losing some features of independent verbs. There are some problems with this classification. The Chinese satellites *chū* or *chūlái* are optional. Path can very well be expressed by the main verb. Moreover, those satellites are very different from English particles : for instance, they can still function as independent verbs.

2 Talmy's model revised: Slobin's trichotomy

Many studies have been undertaken to show that Talmy's dichotomy is not fully comprehensive. [1] Several revisions of Talmy's typological model have then been proposed, especially by Slobin (2000, 2003, 2004, also in this volume) who has shown that examining the manner of motion is probably more useful to rank languages along a cline of manner salience than allocating them to one or the other of Talmy's typological categories. Slobin has also observed that in Chinese and other serial-verb languages both path and manner receive equal weight. The proposal has then been made, first, to treat such languages as "complex verb-framed languages" (Slobin & Hoitin 1994). At present, Slobin holds that it may be appropriate to have a third typological category, following the suggestion of Zlatev and Yangklang (2004) who showed that languages like Thai cannot be labelled verb-framed or satellite-framed languages (see also Zlatev 2003). He then proposes a "equipollently-framed

---

[1] According to Ibarretxe-Antuñano (2003), Basque is probably closer to S-languages than to those akin to its group (V-languages). Ohara (2003) showed that although Japanese is a V-language, it is indeed very rich in manner of motion information unlike Spanish and other Romance languages. Kopecka (2003) also noticed that there are different ways of talking about motion in French and that French should not be entirely considered as a verb-framed language. Dene (an Althapaskan language) shows a large range of conflation patterns and fells outside the scope hypothesized by Talmy (see Rice 2003). A discussion on Chinese can be found in Lamarre (2003).

languages" category to include serial-verb languages (most of East Asian and Southeast Asian languages like Sino-Tibetan, Tai-Kadai, Austro-Asiatic, Hmong-Mien, Austronesian, but also some African and Amerindian languages) in which both manner and path are expressed by "equipollent" elements, that is elements that appear to be equal in force and significance (Slobin 2004).

Slobin concludes that the limitations of a binary typology have become evident and that it is necessary to revise the definitions of verb-framed and satellite-framed by adding a third type. The following trichotomy has thus been proposed :

(i) Verb-framed languages

The preferred means of expressing path is a verb, with subordinate expression of manner. The typical construction type is PATH VERB + SUBORDINATE MANNER VERB. Languages such as Romance, Semitic, Turkic, Japanese, Korean are V-languages.

(ii) Satellite-framed languages

The preferred means of expressing path is a nonverbal element associated with a verb. The typical construction is : MANNER VERB + PATH SATELLITE. Germanic, Slavic, Finno-Ugric languages are S-languages.

(iii) Equipollently-framed languages

Path and manner are expressed by equivalent grammatical forms. The typical construction types depend on the language :

– MANNER VERB + PATH VERB for serial-verb languages (Niger-Congo, Hmong-Mien, Sino-Tibetan, Tai-Kadai, Austronesian) ;

– [MANNER + PATH] VERB : bipartite languages (Algonquian,

Althabaskan, Hokan, Klamath-Takelman);

— MANNER PREVERB + PATH PREVERB + VERB:
Jaminjungan languages.

Is Chinese a satellite framed-language, a complex-verb framed-language, or an equipollently-framed language? To answer this question fully, it is necessary to have a precise description of the Chinese directional complements in contemporary Chinese, but also a detailed analysis of the historical development of this construction.

3 Contemporary Chinese

Contemporary Chinese has two broad types of directional complements: simple and complex.

First, simple directional complements involve the two *directional verbs*: *lai* 来 "come, hither" and *qu* 去 "go, thither, away". They fill the V_2 position in $V_1 + V_2$ compounds such as in *zoulai* 走来 (walk + come) "walk to my direction", *zouqu* (walk + go) 走去 "walk away", *nalai* 拿来 (take + come) "bring", *naqu* 拿去 (take + go) "take away". The V_1 are "verbs of movement"[①] (Va), other verbs signalling manner of motion ("walk", "run", "fly", etc.) or simple transitive vebs that inherently imply a change of location of their direct objects ("take", "send" "throw", etc.).

The verbs of movement (Va) belong to a closed list, limited to the following seven verbs: *shang* 上 "go up, ascend", *xia* 下 "go

---

① These verbs are allpath-verbs, although *qi* "rise, go up", also includes information about posture change.

down, descend", *jin* 进 "enter, go in", *chu* 出 "exit, go out", *hui* 回 "return, come back", *guo* 过 "pass, go through", *qi* 起 "rise, go up".

Second, complex directional complements are formed by a combination of a verb of movement (Va) followed by one of the two directional verbs, *lai* or *qu*. They are also involved in V_1 + V_2 compounds, filling in the V_2 position. The V_1 are still verbs of motion or simple transitive verbs implying motion of their objects, *but* not the verbs of movement Va, already present in the V_2. The V_2 of the complex directional constructions are: *shanglai, shangqu, xialai, xiaqu, jinlai, jinqu, chulai, chuqu, huilai, huiqu, guolai, guoqu, qilai* (interestingly there is no *qiqu* in contemporary Chinese). Some examples follow to illustrate this type:

(5) 爬上来 *pa-shanglai* (climb + go-up + come) "climb up"; 跑出去 *pao-chuqu* (run + go-out + go) "run away"; 走进来 *zou-jinlai* (walk + come-in + come) "walk in"; 拿回来 *na-huilai* (take + come-back + come) "take back, bring back".

Finally, there are "motion resultative constructions", formed by a V_1 (the same verbs that fill the V_1 position for the complex directional constructions) followed by a V_2 which is one of the seven verbs of movement detailed above (Va). As there is no directional verb (*lai* or *qu*) in this construction, it is better not to consider it as a directional construction at all: [①]

(6) 走进 *zou-jin* (walk + go-in) "walk in"; 拿回 *na-hui* (take + come-

---

① Hendriks (1998) made an interesting distinction between French motion verbs expressing a deictic path, such as "venir" (come) and "partir" (go), and motion verbs expressing a directional path, such as "monter" (go up) or "descendre" (go down).

back) "take back".

Is Contemporary Chinese a satellite-framed language, a verb-framed language, or an equipollently-framed language as Slobin claims? The answer to this question depends on the kind of analysis and interpretation that can be provided for the directional complement constructions.

The argumentation for each of these solutions would be as follows:

First, it is a verb-framed (or complex verb-framed) language if compounds like *paojin* (run + enter) or *paochulai* (run + exit + come) are understood as "enter in running" or "come running out". Such an interpretation is given, for instance, by Li and Thompson (1981: 58). This means that the main verb is then the last one of the series, implying that there are no satellites in such sentences.

Second, it is a satellite-framed language if the same compounds *paojin* or *paochulai* are interpreted as "run in" or "run out", as suggested by Chao (1968: 458-464). The manner of motion is then expressed by the main verb (*pao*) and the path by a satellite (*jin* or *chulai*).

Third, it is an equipollently-framed languag if the compounds *paojin* and *paochulai* are interpreted as "run and enter" or "run and exit". Both the manner of motion and the path of motion are considered in this framework as verbs with their full lexical meaning, the manner verb being the first one, the path verb the second one.

I would like to suggest that the second hypothesis (Contemporary Chinese is a satellite-framed language) is the best one, following Talmy's suggestion. The main reasons are as follows:

The directional verbs *lai* and *qu* are still used as main verbs in Chinese, but besides being main verbs meaning "come", and "go", they only indicate, respectively, motion toward or away from the speaker when they are used in directional complement constructions.

The same is true for the seven verbs of movement (Va) when they are involved in directional constructions. They are no longer main verbs meaning "go up" (for *shang*), "go down" (for *xia*), "enter" (for *jin*), "exit" (for *chu*), "rise" (for *qi*), "return" (for *hui*), "pass" (for *guo*), but complements meaning respectively "up, on", "down", "in(to)" "out", "up", "back", "over".

These directional complements (either simple or complex) might still be considered as verbs, but it is obvious that they are no longer fully lexical words (with their original meanings). They have become function words or grammatical elements, after having undergone a process of grammaticalization.

The directional complements (simple or complex) form one lexical unit or one word with the preceding verb. This is because the Verb + Directional complement construction expresses only one action.

All these reasons tend to show that there is no real motivation for denying directional complements the status of satellites.

The process of grammaticalization has taken several centuries to be completed, but it can be considered now as final. This means of course that Chinese has not always been a satellite-framed language. It has undergone a typological shift from a verb-framed language to a satellite frame-language. A study of this historical shift will provide more arguments in favor of the hypothesis that Chinese is today a satellite-framed language. I set out to show this in Section 4.

4 Archaic Chinese (Classical Chinese)

The "NP-subject + Verb + Directional Verb" (NP-subject + V + Vd) structure can be traced back to Early Archaic Chinese (11th-6th c. BC) gaining currency in Late Archaic Chinese (the Classical Chinese *par excellence*, 5th-2nd c. BC). For example:

> (7) 牛羊下来（诗经）
> niu yang xia lai (*Shi jing*, 8th-6th c. BC)
> cow sheep go down come
> Cows and sheep are going down (and they) are coming.

In such a sentence, *xia* and *lai* are two separate lexical units, and the construction is typically a serial-verb construction $V_1 + V_2$. *Lai* has its full lexical meaning of "to come". As for *qu*, its meaning in Classical Chinese is "to leave", and not "to go", as in:

> (8) 纪侯大去其国（战国策）
> Ji hou da qu qi guo (*Zhan guo ce*, 2nd c. BC)
> Ji marquis great leave his country
> The marquis of Ji left his country in a great manner.

We also have two separate actions when the V_2 of the $V_1 + V_2$ serial-verb construction is a verb of movement (Va) instead of a directional verb, as in:

> (9) 走出门（韩非子）
> zou chu men (*Han Feizi*, 3rd c. BC)
> run go-out gate
> (He) ran (and) went out of the gate.

(10) 孔子趋出。(荀子)
　　Kongzi qu chu
　　Kongzi hurry-up go-out (*Xunzi*, 3rd c. BC)
　　Kongzi hurried up (and) went out.

The fact that a coordinate conjunction can be inserted in between the two verbs clearly shows that we are dealing with two separate actions:

(11) 子路趋而出。(荀子)
　　Zilu qu er chu (*Xunzi*)
　　Zilu hurry-up and go-out
　　Zilu hurried up and went out.

Finally, in Classical Chinese, there are very few instances where a Locative Phrase (LP) is used with a $V_1 + V_2$ serial-verb construction with $V_2 = $ *lai* or *qu*. We assume that the V + *lai* / *qu* 来 / 去 + LP construction is not a construction typical of Classical Chinese.

5 Late Han-Six Dynasties period (1st-6th c. AD)

Under the Late Han (1st-3rd c. AD) and the Six Dynasties period (3rd-6th c. AD), the following three structures A, B, and C are attested:

A. NP-subject + V + Vd and V + Vd + NP-subject

The second of these structures (V + Vd + NP-subject) appeared for the first time at the end of the Late Han period (2nd c. AD). It obviously evolved from the first one, after the NP-subject has been moved from a pre-verbal position to a post-verbal one: NP-subject + V + Vd > V + Vd + NP-subject.

The motivations for such a diachronic word order change are unclear. However, one can assume that they were mainly pragmatic: the change probably involved putting some emphasis on the NP-subject by placing it in a position which is not its normal one. For example:

> (12) 生出此榖（论衡）
> sheng chu ci gu (*Lun Heng*, 2nd c. AD)
> give-birth-to come-up this mulberry-tree
> That mulberry-tree emerged.

In this sentence, the verb *chu* does not probably have its original prototypical meaning of "coming out". It already has the derived meaning of "generate".

Examples of this sort become widespread after the Six Dynasties period:

> (13) 即便生出二甘蔗（佛本行集经）
> ji bian sheng chu er ganzhe (*Fo ben xing ji jing*, end of 6th century AD)
> at-that-moment then give-birth-to come-up two sugarcane
> At that moment, two sugarcanes then sprang up.

> (14) 飞来双白鹄（古辞）
> fei lai shuang bai hu (*Gu ci*)
> fly come two white swan
> Two white swans flew in.

> (15) 忽然自涌出二池水，一冷，一暖（佛本行集经）
> huran zi yong chu er chi-shui, yi leng yi nuan (*Fo ben xing ji jing*)
> suddenly naturally surge come-out two pond-water one cold one warm
> Suddenly two ponds surged up, one cold one warm.

In all these examples, we are still dealing with two separate lexical entities, one V and one Vd, but we can assume that this is just the beginning of the process of grammaticalization which will cause the two verbs to merge into one lexical unit, a directional complement (see Li Fengxiang 1997).

B. V + *lai* / *qu* 来 / 去 + LP and V + LP + *lai* / *qu* 来 / 去

At the end of Pre-medieval (Han times), we find many instances of either V + *lai* / *qu* + LP or V + LP + *lai* / *qu*. At the beginning, the LPs follow *lai* or *qu*, but during the Six Dynasties period, most instances are with the LP inserted between the two verbs. The historical derivation is as follows: V + *lai* / *qu* + LP > V + LP + *lai* / *qu*. Examples of V + LP + *qu* follow:

(16) 便出宫去（生经）
    bian chu gong qu (*Sheng jing*, end of 3rd c.)
    then go-out palace leave
    Then (he) went out from the palace (and) left.

(17) 此人上马去（搜神后记）
    ci ren shang ma qu (*Sou shen hou ji*, 10th c.)
    that man go-up horse leave
    That man mounted the horse (and) left.

(18) 弘于是便下床去（志怪）
    Hong yushi bian xia chuang qu (*Zhi guai*)
    Hong that-moment then come-down bed leave
    At that moment, Hong then came down from the bed (and) left.

Two separate actions are still probably involved in these sentences, as there are examples where a coordinative conjunction *er* 而 "and" can still be inserted between the two verbs, as in:

(19) 出国而去（中本起经）
  chu guo er qu (*Zhong ben qi jing*, beginning of 3rd c.)
  go-out country and leave
  He left the country.

Thus, *qu* cannot yet be considered as a directional complement.

However, in the following example, taken from a Buddhist vernacular text of the end of 6th century, *qu* 去 has probably lost its syntactic autonomy and has already become a function word, a grammatical element.

(20) 移他处去（佛本行集经）
  yi ta chu qu (*Fo ben xing ji jing*, end of 6th century)
  move he place to
  (He) moved to his place.

How did the grammaticalization process of *qu* occur in the V + LP + *qu* pattern? Probably through a meaning shift. *Qu* 去 has now acquired the meaning of *wang* 往 "go to" and no longer the original meaning of *li* 离 "to leave", as in (8) above.

In the following example *qu* 去 also has the meaning of "to go":

(21) 汝何处去？（百喻经）
  ru he chu qu (*Bai yu jing*, end of 5th c.)
  you what place go
  Where are you going?

In fact, *qu* acquired the meaning of "to go" when the LP was moved after the V + *qu* constituent. This meaning shift from "to leave" to "to go" is easily understandable as "to go" is "to leave" from a place, to depart from a place. (See Lakoff 1987; Zhang Min 1998;

Peytaube, Wu, & Liang 2005.)

We also have many examples of both VP + *lai* 来 + LP and VP + LP + *lai* 来:

> (22) 入来洛阳（志怪）
> ru lai Luoyang (*Zhi guai*)
> enter come Luoyang
> We entered Luoyang.
>
> (23) 还入城来（杂宝藏经）
> huan ru cheng lai (*Za bao zang jing*, end of 5th c.)
> return enter city come
> (He) returned and entered the city.

C. $NP_1 + Vt + NP_2 + lai / qu > NP_2 + NP_1 + Vt + lai / qu$

What is interesting to note about this construction is that under the Wei-Jin-Nan-Bei-Chao period (3rd-6th c. AD), the NP patient-object is between the two verbs, i. e. before *lai* or *qu*. It is rarely after *lai* or *qu*. It may also be moved before the NP subject-agent:

$NP_1 + Vt + NTP_2 + lai$ 来 $/ qu$ 去 $> NP_2 + NP_1 + Vt + lai$ 来 $/ qu$ 去

where NP_1 = agent, NP_2 = patient, and Vt = transitive verb.

For example:

> (24) 舍中财物，贼尽持去（百喻经）
> she zhong caiwu zei jin chi qu (*Bai yu jing*)
> house in belongings thief all hold go
> A thief has robbed all (our) belongings in the house.
>
> (25) 好甜美者，汝当买来（百喻经）
> hao tian mei zhe ru dang mai lai (*Bai yu jing*)
> good sweet beautiful the-one-that you must buy come
> You must buy the ones that are good, sweet and beautiful.

549

In these last two examples, *lai* and *qu* seem to have lost their full lexical meaning and start to be grammaticalized, to become function words or grammatical elements (see Sun Xixin 1992). In both examples, the NP_2-object is in a topic-position.

In fact, as early as the Early Han (2nd c. BC-1st c. AD), the "Verb (transitive) + V of movement (also transitive)" construction can be used in sentences with a patient topic. Example :

(26) 晋人也逐出之（史记）
  Jin ren ye zhu chu zhi (*Shi ji* 1st c. BC)
  Jin people particle chase go-out they
  (They) chased the people of Jin.

In this example, the NP *Jin ren* is the topic. The sentence should be understood as "As far as the people of Jin are concerned, they chased them", where "them" and "people of Jin" are co-referential.

What is new under the Six Dynasties period is that the Vi (intransitive verbs) *lai* and *qu* following Vt (Vt + *lai* or *qu*) can also co-occur in the patient-topic construction. This was probably triggered by analogy with the patient-topic sentences involving a Vt + V as in the movement construction.

In conclusion, three new structures appeared under the Six Dynasties period :

1. V + Vd + NP, derived from NP + V + Vd after the NP has been moved into the post-Vd position ;
2. V + LP + Vd, derived from V + Vd + LP, after moving the LP between the verb and the Vd ;
3. NP_2 + NP_1 + Vt + *lai* / *qu*, derived from NP_1 + Vt + NP_2 + *lai* / *qu*, after the NP_2 has been moved into a topic position.

When all these NP movements were complete, a reanalysis of the serial-verb constructions $V_1 + V_2$ took effect and the V_2 started to be grammaticalized and to become a function word or a grammatical element, more precisely a directional complement.

The condition for *lai* and *qu* to become real function morphemes were for the LP to express the resultative point of the action.

6 Late Medieval(Tang-Song times), 7th-13th c.

Beginning in the Late Medieval period, the simple directional complement construction that hesitantly appeared during the Early Medieval period consolidates and becomes quite widespread. New kinds of sentences involving directional complements appear, including ones that were not attested before, such as subject-patient sentences(NP-subject-patient + Vt + *lai* or *qu*)or passives. For example:

> (27) 米送来（入唐求法巡礼行记）
> mi song lai(*Ru Tang qiu fa xun li xing ji*, mid-9th c.)
> rice send come
> Rice has been sent in.
>
> (28) 何不早说，恰被人借去了也？（五灯会元）
> he bu zao shuo qia bei ren jie qu le ye(*Wu deng hui yuan*, 12th c.)
> why not early say just by someone borrow away asp.-marker particle
> Why you did not say it earlier, (it)has just been borrowed by someone?

In these examples, *lai* and *qu* are directional complements without a doubt and no longer act as full lexical verbs. The possibility for the Vt + *lai* / *qu* to take a subject-patient is in fact one of the main criteria to decide when we do have real directional complement constructions (see Liang Yinfeng 2003).

Such subject-patient sentences come from topic patient sentences through a reanalysis of the compound Vt + *lai* / *qu*. In topic-patient sentences, a subject-agent can be inserted between the topic and the Vt. The Vd *lai* and *qu* can express the directional movement either of the topic-patient or of the subject-agent. Sentences may have two interpretations. In subject-patient sentences, it is impossible for a subject-agent to appear after the subject-patient. The Vd *lai* and *qu*, therefore, can only express the direction of the movement of the subject-patient.

The historical evolution has been as follows :

(29) Han-times   WJNBC-period   Tang-times
T + Vt + Vdt   Sp + Vt + Vdt T   Sp + Vt + *lai* / *qu*
                    + Vt + *lai* /*qu*
[T = Topic ; Vt = transitive verb ; Vdt = transitive directional verb ; Sp = subject-patient]

Yet another structure appears under the Tang : Vt + *lai* / *qu* Object. Although this structure is attested during the Six Dynasties period, it is very rare. Beginning from the Tang, however, we do find many examples, such as :

(30) 差人送来绢一疋（入唐求法巡礼行记）
chai ren song lai juan yi pi (*Ru Tang qiu fa xun li xing ji*)
send people offer come silk one classifier
(He) sent people to offer (us) one piece of silk.

(31) 我已取来三日香稻（白衣金幢二婆罗门缘起经）
wo yi qu lai san ri xiang dao (*Bai yi jin chuang er po luo men yuan qi jing*, beginning of 11th c.)
I alread take come three day fragrant rice
I have already taken fragrant rice for three days.

Before the Tang-Song period, the object is between the Vt and *lai* and *qu*, as in the following example, also from a Buddhist text, but dated at the end of the 4th century :

(32) 我已并取明日米来（中阿含经）
wo yi bing qu mingri mi lai (*Zhong a han jing* ca. 397-398)
I already at-the-same-time take to-morrow rice come
I have already taken at the same time the rice for to morrow.

The complex directional complements also appeared at the end of the Tang or during the Five Dynasties period (907-979). Several examples of V + Vd_1 + Vd_2 can already be found in the *Zu tang ji*, dated 952. The structure comes directly from the simple directional complement construction. Examples :

(33) 师便打出去（祖堂集）
shi bian dachuqu (*Zu tang ji*, 10th c.)
Master then hit + out + go
The Master hit (it).

We also find instances of V + NP + Vd_1 + Vd_2 (derived-from V + NP + Vd) or V + Vd_1 + NP + Vd_2 (also derived from V + NP + Vd) where a NP-object is inserted between V and Vd_1 or between Vd_1 and Vd_2 (see Peyraube, Wu, & Liang 2005). For example :

(34) 我与你扶它起来。（张协状元）
wo yu ni fu ta qilai (*Zhang Xie zhuang yuan*, before 1310)

553

I with you straighten-up it get-up
　　With your (help), we will straighten it up.

Hence, by the 13th century, all the directional constructions used today in Contemporary Chinese are in existence.

7　Conclusion

The study of the historical development of the directional complement constructions allows us to propose the following three conclusions :

1. First, Archaic Chinese (Classical Chinese) encoded the path information of the motion events in the main verb of the clause. It was a verb-framed language.
2. Second, at the end of the Wei-Jin-Nan-Bei-Chao period, that is, around the 5th century AD, Chinese started to use directional complements and to undergo a shift from a verb-framed language to a satellite-framed language. Chinese became a mixed language using both strategies.
3. Third, some five centuries later, around the 10th century, the shift from a V-language to a S-language was achieved. Languages can move along a dine over time. The movement of Chinese from a V-language to S-language is not unique. It has been reported that the change for Italian, a V-framed language moving in the direction of a S-framed language, may be stimulated by contact with German, especially in Northern Italy. A similar evolution is reported for Brussels French, under the influence of Dutch (see Slobin 2004).

References

Chao Yuen-Ren 1968 *A grammar of spoken Chinese*. Berkeley and Los Angeles : University of California Press.

Hendriks, H. 1998 Comment il monte le chat? En grimpant. *Aile*, 11, 147-190.

Ibarretxe-Antuñano, I. 2003 Path in Basque : Some problems for the verb-framed and satellite-framed language typology. Paper delivered to the 8th International Cognitive Linguistics Conference (ICCL-8), Liogroño, Spain, July 20-25.

Kopecka, A. 2003 From spontaneous to caused motion : Ditterent ways of talking about mootion in French. Paper delivered to the 8th International Cognitive Linguistics Conference (ICCL-8), Logroñno, Spain, July 20-25.

Lakoff, G. 1987 *Women, Fire, and Dangerous Things : What Categories Reveal about the Mind*, Chicago, IL : The University of Chicago Press.

Lamarre, C. 2003 Hanyu kongjian weiyi shijian de yuyan biaoda. *Contemporary Research in Modern Chinese (Japan)* 2003 (5), 1-18.

Li, C. N., & Thompson, S. A. 1981 *Mandarin Chinese. A Functional Reference Grammar*. Berkeley and Los Angeles : California University Press.

Li Fengxiang 1997 Cross-linguistic lexicalization patterns : Diachronic evidence from verb-complement compounds in Chinese. *Sprachtypologie und Universalienforschung (STUF)*. Berlin 50 (3), 229-252.

Liang Yinfeng 2003 Lun hanyu quxiang buyu chansheng de jufa dongyin (On the syntactic motivations havang generating the directional complements in Chinese). Paper delivered at the International conference on Chinese historical development, Hangzhou, December.

Ohara K. Hirose 2003 Manner of motion in Japanese : Not every verb-framed language is poor in manner. Paper delivered to the 8th International Cognitive Linguistics Conference (ICCL-8), Logroño, Spain, July20-25.

Rice, S. 2003 Beyond Talmy's motion event taxonomy : Conflation patterns in the Dene Suline verb. Paper delivered to the 8th International Cognitive Linguistics Conference (ICCL-8), Logroño, Spain, July 20-25.

Slobin, D. I. 2000 Verbalized events : A dynamic approach to linguistic relativity and determinism. In S. Niemeier & R. Driven (Eds.), *Evidence for Linguistic Relativity* (pp. 107-138). Amsterdam : John Benjamins.

Slobin, D. I. 2003 The mental representation of manner of movement across languages. Paper delivered to the 8th International Cognitive Linguistics Conference (ICCL-8), Logroño, Spain, July 20-25.

Slobin, D. I. 2004 The many ways to search for a frog : Linguistic typology and the expression of motion events. In S. Strömqvist & L. Verhoeven (Eds.), *Relating Events in a Narrative : Typological and Contextual Perspectives* (pp. 219-257). Mahwah, NJ : Lawrence Erlbaum Associates.

Slobin, D. L, & Hoiting, N. 1994 Reference to movement in spoken and signed languages : Typological considerations. *Proceedings of the Berkeley Linguistics Society*, 20, 487-505.

Sun Xixin 1992 *Hanhyu lishi yufa yaolue*. Shanghai : Fadan daxue chubanshe.

Talmy, L. 1985 Lexicalization patterns : semantic structure in lexical forms. In T. Shopen (Ed.), *Language Typology and Lexical Description*, Vol. 3. *Grammatical Categories and the Lexicon* (pp. 36-149). Cambridge : Cambridge University Press.

Talmy, L. 1991 Paths to realization : A typology of event conflation. *Proceedings of the Berkeley Linguistics Society*, 17, 480-519.

Talmy, L. 2000 *Toward a cognitive semantics*, Vol. II, *Typology and Process in Concept Structuring*. Cambridge, MA : The MIT Press.

Zlatev, J. 2003 Serializing languages : Neither 'Verb-framed' nor satellite-frramed. Paper delivered to the 8th International Cognitive Linguistics Conference (ICCL-8), Logroño, Spain, July 20-25.

Zlatev, J., & Yangklang P. 2004 A third way to travel : The place of Thai and serial verb languages in motion event typology. In S. Strömqvist & L. Verhoeven (Eds.), *Relating Events in a Narrative : Typological and Contextual Perspectives* (pp. 194-199). Mahwah, NJ : Lawrence Erlbaum Associates.

Zhang Min 1998 *Renzhi yuyanxue yu hanyu mingci duangyu*. Beijing : Zhongguo shehui kexue chubanshe.

Has Chinese changed from a synthetic language into an analytic language?
汉语从综合型语言变为分析型语言了吗？*

1 引 言

罗杰瑞（Norman 1988：ix）指出："汉语是极少数文献记载的历史可以追溯到公元前2世纪的语言之一。"造成这种情况的主要原因有两个：其一，尽管不同历史时期所建立的政权有所不同，但中国文化是完整统一的。其二，文字的使用不依赖于其所代表的语言的语音形式。使用汉字有其优势，同样也有其不足，即它隐藏了词的读音，使我们不能使用一些形态上的鉴定手段（尤其是衍生和曲折词缀）。

众所周知，汉语的形态不发达，其语法过程几乎完全体现在句法上。根据形态的不同，汉语通常被视为分析语或孤立语。分析语的主要特征之一是没有屈折，也就是说，名词和形容词、动词不配对，汉语的情况正是如此。由于古汉语的语素基本上都是

---

* 本文原载何志华、冯胜利编《承继与拓新：汉语语言文字研究》，香港商务印书馆2016年，pp. 39-66。袁健惠译。

单音节的，很多词都是单音节语素。因此有人认为，古汉语中缺乏形态标记的情况比当代汉语更严重。

然而，也有人持与此相反的观点。他们认为，上古汉语（公元前11世纪至公元前2世纪）尤其是上古汉语晚期——中国古代最卓越的时期（公元前5世纪至公元前2世纪）已经有衍生的甚至是屈折的词缀。此时的汉语在综合性上比其后的汉语要强。[1] 从语言事实来看，语素和词一一对应的纯粹的分析语很少见。所谓的"分析语"和"综合语"实际上是相对而言的，没有绝对性。举例说来，诸如英语之类的语言屈折形式相对较少，它比同属印欧语的其他语言，如梵语、西班牙语、波斯语、希腊语、法语等所表现出的分析性更强，因此被划分为分析语。

也有这样的可能性，即一种语言中不存在屈折形态，但却存在大量的衍生后缀。以印度尼西亚语为例，该语言只有两个屈折词缀，但它们却有25个衍生语素。虽然只有两个屈折词缀，但印度尼西亚语却被认为是综合语类型。实际上，语言在类型上是一个连续统：即孤立语（分析语）、综合语、多式综合语。通常人们会引用如下用例：孤立语：汉语；半孤立语/半分析语：英语；在一定程度上是综合性的语言：日语；综合性很高的语言：芬兰语；多式分析语：用一个词来表达非多式分析语中由一个完整的句子来表达的内容。以莫霍克语（Mohawk）中的"Washakotya' tawitsherahetkvhta' se"为例。它是一个词，意思是"他破坏了她的裙子。（他制造出一个东西，当别人穿上时，显得很难看。）"

黄正德（Huang 2005，2010）指出，现代汉语表现出很高的

---

[1] 上古汉语中衍生词缀和屈折词缀不容易区分。这一点我们在下文还会看到。衍生词缀指的是帮助一个词用另一个词来构成的词缀。衍生词跟原词通常不属于同一词类。跟不改变词类的屈折词缀相比，衍生词缀通常具有更多的意义。

分析性，其原因在于：(1) 有轻动词结构；(2) 需要显性的量词（它有一套概括化的量词体系）；(3) 需要显性的方位词来构造处所词等。与此相对，古汉语（公元前500年至公元200年）是综合性语言，它既没有轻动词、显性的量词，也没有显性的处所标记。基于对分析性和综合性的理解，其他一些学者也提出假设，他们认为从上古（公元前11世纪至公元前2世纪）到中古（公元3世纪至公元12世纪），汉语的分析性经历了一个由不太强到越来越强的过程。

本文将讨论这一假设。我们认为，从综合性占绝对优势到分析性占绝对优势的发展变化有充分的依据。此外，霍奇（Hodge 1970）对"螺旋"发展的假设做了很好的讨论。他驳斥了叶斯柏森（Jespersen 1922）所提出的观点，即运动方向总是沿着单向性直线发展的方向进行的。我们认为，汉语如果不是循环发展的话，那么它可能是一个螺旋发展的范例。汉语在发展过程中，先是综合占优势，然后是分析占优势，分析之后又是新一阶段的综合，新一阶段的综合之后又是新一阶段的分析，如此交替，循环往复。

我们认为，晚期上古汉语（公元前5世纪至公元前2世纪）在向中古汉语（公元3世纪至公元14世纪）发展的过程中经历了一个由分析性较弱到分析性较强的过程。从中古到现代（公元14世纪至公元18世纪）再到当代（公元18世纪以后），汉语经历了一个由综合性较弱到综合性越来越强的过程。

2 古代汉语

2.1 实词和虚词

古汉语的词一般分为两类。一类是实词，另一类是虚词。前者具有词汇意义，形成开放的词类，名词、动词、形容词都属于此类。后者是功能词或语法词，通常用来表达一定的语法关系，包括代词、副词、介词、连词、小品词。①

汉语的名词主要用来充当主语或宾语。在一定的情况下，它们也可以具有动词的功能，用来充当谓语，如例（1）、例（2）；或者具有副词的功能，充当状语，如例（3）。

（1）君君、臣臣、父父、子子。（《论语·颜渊》）
（2）物物而不物于物，则胡可得而累邪？（《庄子·山木》）
（3）豕人立而啼。（《左传》）

汉语的动词在本质上是谓词性的，这一点有别于名词。名词的否定形式用副词"非"，动词的否定形式用副词"不"。古汉语中不及物动词有一种特殊的用法，即使动。"活"的使动用法是"使……活"，"行"的使动用法是"使……前进"，"饮"的使用用法是"使……喝"。如：

（4）不如先斗秦赵。（《史记·项羽本纪》）

上述特征显示：古汉语在很大程度上是分析性的，其分析性的程度高于名词、动词和形容词区别性较大的当今汉语。但如果采用其他参数，也可能显示出相反的情况。

2.2 形态手段

尽管形态手段不具有充分的能产性，但古汉语中存在形态构词手段。其中一些构词方式，如组合、重叠等跟当代汉语相同。也有一些词缀构词方式，如派生词缀或者屈折词缀在当代汉语中很罕见，甚至根本不存在。

2.2.1 组合

古汉语中并非所有的词都是单音节的，也存在双音节的合成

---

① 详见贝罗贝（Peyraube 2004）。

词。大多数合成词没有完全词汇化，它们通常包括两个能够独立使用的自由语素。也有一些例外——当整个组合的意义不能通过其组成语素推断出来时，固定的组合就产生了。"君子"便是一个很好的例子。该词由"君"和"子"两个语素组成。但此处的"子"已经不再是"孩子"的意思，而是发展成一个名词标记了。

从汉代开始，汉语发展出越来越多的合成词。语言的发展需要新术语，随着衍生构词手段的消亡，合成构词成为新词新义产生的主要方式。古汉语中也存在一些双语素单音词。它们是由两个语素融合而成的。表示否定的"弗"就是这种情况。一般认为，"弗"是由否定副词"不"和第三人称代词"之"融合而成的。

2.2.2. 重叠

重叠是另一种能产的形态手段。上古汉语中存在大量的全部重叠和部分重叠现象。重叠形式多半是描写性的形容词或副词。完全重叠是将相同的音节重复两次，如"微微"，部分重叠则只是将第一个音节的韵母部分重叠，如"螳螂"。

2.2.3 附加

跟常见的观点相反，古汉语的形态手段并非只限于组合和重叠，附加也不可或缺。附加可能是一个更古老历史时期的遗留，彼时附加具有相当大的能产性。人们现在已经为上古汉语重构了一些前缀、后缀和中缀。这些词缀大都是衍生的。它们改变了词的意义，或部分改变了其所黏附的词的语音。其中一些可以被视为屈折词缀（请参考本书第 559 页脚注①）。

前缀

上古汉语中前缀 *N- 是无声的塞音。中古时期，当 *N- 用于动词（或有些情况下的名词）之前时，变成了有声塞音，使原先的词变成了不及物动词或形容词。如：

*kens 见（看见）> *N-kens（出现）。

很多用例表明，当前缀 *k- 用于动词或名词之前时，会产生一个表意具体的可数名词。如 Sagart（1999）所指出的 *juj-s（害怕）> *k-juj-（魔鬼）。有些情况下，当 *k- 用在动词之前时，以 *k- 开头的形式用来指称在特定时间框架内发生的具体动作。如：

*ljuk（养育）> *k-ljuk（人乳喂养）。

跟 *k- 相反，前缀 *t- 通常用来产生衍生的集合名词。如：

*ljuk（养育）> *t-ljuk（大米粥）

前缀 *s- 用来从非使动动词或名词（表示"小"的后缀）中产生出使动动词。如 Mei（1998）所指出的：*m-lun-s（顺从）> *s-lun（使……顺从）。

后缀

后缀 *-s 是中古汉语去声的来源。当它用在形容词或动词之后时，会产生衍生的名词。如：*tsrek（要求偿还）> *tsrek-s（债务）。有些类别的形容词也有相对应的名词形式。在这些形式中，后缀 *-s 的功能跟英语的 th 接近。[①] 如英语中成对出现的 "deep（深）/depth（深度）"，"wide（宽）/width（宽度）"。有些情况下，*-s 后缀可以从形容词和不及物动词中产生及物动词，或从 [+ 接受] 义与格动词中产生 [+ 给予] 义与格动词。如：

*dju（接受）> *dju-s（给予）；*tsjAK（借来）> *tsjAk-s（借走）

InfixeS

中缀

上古汉语中有两个中缀可以被重构。中缀 *-J- 的确切的功能难以界定，但是有带 *-j- 中缀和不带 *-j- 中缀的形式在语义上表现出一定的关联。据 Sagart（1993），就名词而言，中缀 *-r- 用

---

① 详见 Downer（1959），Mei（1980）。

以产生名词复数或集合名词；就动词而言，中缀 *-r- 用来表达重复、持续或显示影响。

中古汉语、现代汉语和当代汉语中都不存这些重构的词缀。这种情况说明上古代汉语的综合性比其后各时期都强。这一点在融合上也可以得到印证。因为融合是综合性语言类型的语言的基本特征。上古汉语晚期，融合现象消失了。

2.3 联合和分裂

联合

汉语中也存在两个单音节凝缩到一个单音节，写成一个汉字的情况。这跟当代的凝缩形式"别"由"不要"产生的情况象似。这种形式的凝缩在上古汉语（上古晚期）可以找到。如：第三人称代词"之"和"于"凝缩成"诸"，"不"和第三人称代词"之"凝缩成"弗"，"毋"和第三人称代词"之"凝缩成"勿"，"于"和第三人称代词"之"凝缩成"焉"；"胡"和"不"凝缩成"盍"。用例如下：

（5）子曰："孰谓微生高直？或乞醯焉，乞诸其邻而与之。"（《论语·公冶长》）

（6）一箪食，一豆羹，得之则生，弗得则死。（《孟子·告子下》）

（7）百亩之田，勿夺其时，数口之家可以无饥矣。（《孟子·梁惠王上》）

（8）故汤之于伊尹，学焉而后臣之。（《孟子·公孙丑下》）

（9）盍各言尔志？（《论语·公冶长》）

凯巴斯基（Kiparsky 2012）认为，诸如上述由两个词凝缩成一个词的例子不是类推变化的样例。它们自发地出现，没有任何特定的模型，是在独立于语言偏好，追求语言结构经济性的驱动下产生的：即在相同的情况下，能用一个词表达就不要使用两个。而作为相反的过程，将一个词分裂成两个词一般都有样例依据。它是由特定的现存的结构类推而来的。

分裂

实际上,从中古前期(约公元前1世纪)开始,所有上述凝缩的例子就消失了,分裂的过程开始形成。这无疑是一个从综合到分析的过程。如:

"诸＞之＋于","弗＞不＋之","勿＞ 毋＋之","焉＞于＋之","盍＞胡＋不"。

2.4 上古汉语中没有量词和方位词

上古汉语以前(公元前14世纪至公元前11世纪)中有度量衡单位。这些词在上古晚期(公元前5世纪至公元前2世纪)使用比较普遍。它们起初用于名词性成分之后的位置上,后来进入到名词之前的位置上,此时,"数词＋度量衡"结构的谓语被重新分析成名词的修饰语。

上古汉语中不存在个体量词。在量词短语中,名词直接位于数词之后,如"三牛"、"二羊"。汉代早期或至早公元前2世纪左右的上古末期,个体量词出现。它们在中古早期(公元3世纪至公元6世纪)得以传播。大多数个体量词来源于名词,也有少由动词或形容词语法化而来。这个演变过程很漫长,直到中古末期(公元6世纪至公元12世纪),大多数个体量词才最终形成。此时,大多数量词短语都要使用量词。[①]

从没有量词的语言发展到具有量词系统的语言,这一过程可以被视为从综合性语言发展为分析性语言的另一个例证。这一点黄正德(Huang 2006)已经有所注意。他认为,有"纯粹的名词"是现代汉语的特征之一。

表达事物相关位置的单音节方位词是一个封闭的类别,由

---

① 详见贝罗贝(Peyraube 1998),张赪(Zhang 2012)。

上、下、前、后、里、外、左、右、东、西、南、北、中、间、旁、内等构成。绝大多数情况下，单音节方位词用在普通名词之后，将普通名词变成处所词。如方位词"上"用在普通名词"桌子"之后，构成"桌子上"。这种情况在方位词"上"和"里"上有充分的体现。而只要考虑到口语，其他方位词的多样性就会弱化很多。

古汉语中，普通名词之后不需要出现方位词就可以变为处所词，这一点跟当代汉语不同。古汉语中的普通名词和处所词之间没有根本的区别。但它必须由"于""乎""诸"等介词引介。下面我们来看例（11）到例（13）。①

（10）不之尧之子而之舜。(《孟子·万章上》)
（11）子张书诸绅。(《论语·卫灵公》)
（12）妇人笑于房。(《左传·宣公十七年》)
（13）公薨于车。(《左传·桓公十八年》)
（14）途有饿莩而不知发。(《孟子·梁惠王上》)
（15）数吾墓槚。(《左传·哀公十一年》)

关于这一变化的其他用例在冯胜利（Feng 2012）中也有体现。

汉代开始，普通名词如果要变成处所词，其后必须出现方位词。这也可以作为汉语从分析性程度不高的语言变为到分析性程度较强的语言的例证。

古汉语跟当代汉语在对事件的表达上也很不一样。下面我将更为详细地讨论二者的类型学差异。尽管古汉语更多地表现出"动词框架"的语言的特点，但当代汉语基本属于"卫星框架"的语言。

---

① 引自 Chappell and Peyraube（2008）。

3 汉语是动词框架的语言还是卫星框架的语言？

泰尔米（Talmy 1985，1991，2000）指出，根据对运动事件核心特征的编码方式的不同，以动作发生的路径为例，语言可以分为两类：一类是动词框架的语言，另一类是卫星框架的语言。前者一般表达途径信息通过句子的主要动词（途径的词汇化存在于主要动词中）。而后者在对表达路径时使用多种小品词、前缀或介词。它们就像卫星一样跟主要动词相联系。如：

（16）格雷格（人物）从树上（背景1）爬（运动方式）到地上（背景2）
（17）他跑进屋里来了。

贝罗贝（Peyraube 2006）在研究汉语趋向动词和趋向补语的本质和历史演变时指出：当代汉语通过卫星框架即人们所熟知的趋向补语来表达路径。基于这种分析，我们描写了几个主要的趋向结构的历史演变。我们认为，大约在10世纪之前，汉语从动词框架结构占优势的语言转变为卫星框架占优势的语言。术语"动词框架"和"卫星框架"是相对的而非绝对的。其使用跟上文所讨论的两个术语即分析性和综合性象似。

当代汉语中有进来、进去、出来、出去、上来、上去、下来、下去等趋向动词。

3.1 上古汉语

上古汉语是动词框架而非卫星框架的语言。"名词（主语）+动词+趋向动词"结构可以追溯到上古汉语早期（公元前11世纪到公元前6世纪）。上古汉语晚期（公元前5世纪到公元前2世纪）中，该结构的使用频率增加。如：

（18）日之夕矣，羊牛下来。(《诗经·君子于役》)

此类句子中，"下"和"来"分别是两个独立的动词。其所构成的"下来"是一个连动结构，"来"具有完整的词汇意义。

在由动词"V_1"和"V_2"构成的连动结构中，有时候"V_2"不是趋向动词，而是表示位移的动词。如：

（19）子之相燕，坐而伴言曰："走出门者何白马也？"(《韩非子·七术》)

汉语中两个动词之间可以插入一个并列连词。这种情况显示：我们所要处理的是两个独立的动作。如：

（20）子路趋而出，改服而入，盖犹若也。(《荀子·子道》)

3.2 东汉至六朝（公元1世纪至公元6世纪）

东汉（公元1世纪至公元3世纪）和六朝时期（公元3世纪至公元6世纪），我们仍然有两类独立的词汇单位，一类是动词，另一类是趋向动词。但我们推测：这种情况仅仅是语法化的初始阶段。两类动词最终将合成一类，充当趋向补语。如：

（21）即便生出二甘蔗，芽渐渐高大。(《佛本行集经》)
（22）飞来双白鹄，乃从西北来。(《古乐府·飞鹄行》)

3.3 中古晚期

从中古晚期（公元7世纪至公元12世纪）开始，出现于中古早期且使用频率不高的简单的趋向补语结构得以强化，其使用频率也变得频繁起来。使用趋向补语的新的句型出现。其中包括受事主语句或被动句。如：

（23）生料米十硕送来。(《入唐求法巡礼行记》)
（24）何不早说，恰被人借去了也？(《五灯会元》)

上述例子中，"来"和"去"无疑都是趋向补语，它们都不再作为带有其独立词汇意义的动词。至十三世纪，当代汉语中所使用的所有趋向结构都已为人们所接受。

趋向补语历史演变史的研究使我们得出如下结论：

1. 首先，上古汉语将运动事件的途径信息表达通过句子的主要动词。它是一种动词框架占绝对优势的语言。

2. 其次，魏晋南北朝末期，即大约公元5世纪左右，汉语开始使用趋向补语。这促使其由动词框架语言向卫星框架语言转变。但彼时的汉语两种编码策略都使用，将其视为混合语比较合理。

3. 再次，五个世纪之后，大约在公元十世纪左右，汉语从动词框架的语言到卫星框架的语言的转变即使没有完成，该发展趋势至少也是必然的了。汉语最终变为卫星框架占优势的语言。众所周知，语言在一定的历史时期会表现出沿一定的方向发展的趋势。因此，汉语从动词框架的语言发展为卫星框架的语言并不罕见。有报告指出，意大利语受与其接触的德语的影响，由动词框架语言向卫星框架的语言转变。这种情况在意大利北部尤为突出。斯洛宾（Slobin 2003）指出了一个相似的演变过程，即布鲁塞尔法语在荷兰语影响下，也由动词框架的语言发展为卫星框架的语言。

这对于说明语言的分析性和综合性有何意义呢？我们可以从中得到合理的推理，即动词框架的语言在综合性上比卫星框架的语言强，但在分析性上不如卫星框架的语言。据此，我们可以得出结论：古汉语是动词框架的语言，其综合性比当代汉语强。这实际上支持了我们上面所讨论的汉语的一个历时演变，即汉语由一种综合性比较强的语言变成了综合性比较弱的语言。

4 语言中是否存在一个包含综合性和分析性的循环

20世纪初,一些语言学家发现古代的印欧语(如梵语、拉丁语、希腊语等)具有复杂的形态特征,在综合性上比当代的印欧语要强。他们认为,在这种形态形成的前期,印欧语是分析性占绝对优势的语言。这也是19世纪中期比较语法的奠基人葆扑(Franz Bopp)的观点。因此,他们提出假设,认为这种循环是综合性和分析性两种类型之间的重复交替:即由分析性占优势到综合性占优势再到分析性占优势。[①]

考虑到帮助我们证实假设的文献的写作时代(公元前2世纪),我们选择了在分析性上可能比古代印欧语更强的希泰语(Hittite)。实际上,希泰语的形态相对较少。斯特蒂文特(Sturtevant 1933:30—31)指出:"希泰语的动词系统极其简单,而古代印欧语在呈现语气和时态的复杂性上很一致。"然而正如本维尼斯特(Benveniste 1962:20)所言,希泰语也有可能失去了原语言的复杂性。如果Benveniste所说属实的话,那么我们仍然可以得到如下循环性变化链:高度综合性 > 综合性较弱/分析性较强(希泰语)> 综合性较强 > 分析性较强。

与此相反,叶斯柏森(Jespersen 1922:425)驳斥了循环发展的观点。他指出,任何已知语言的历史演变史都显示:语言的发展是单向性的,即都是由形态丰富的综合性语言向分析性占优势的语言发展。"演变的方向是向着无屈折的语言(如汉语,或从某种程度上说现代英语)"[②]。他提出假设说,"原始语言单位"

[①] 本文得益于霍奇(Hodge 1970)的研究。它使我们得以重新对起源于20世纪前半段的争论问题做很好的讨论。感谢王士元(William S-Y)教授提供给我这篇文章。

[②] 转引自Hodge(1970)。

比我们所熟知的古代印欧语复杂得多。

叶斯柏森关于语言变化的概念受到严峻的挑战。哈库利嫩（Hakulinen 1961：68）指出，芬兰乌戈尔语（Finno-Ugric）增加了这种挑战的例证。跟普通印欧语的模式相反，芬兰乌戈尔语有五种格标记，而当今的拉普兰语（Lapp）有八种格，莫尔多瓦语（Mordvin）有十种格，切列米斯语（Cheremis）有十三种格，沃恰克语（Votyak）有四种格，匈牙利语有二十一种格。正如霍奇（Hodge 1970）所言，"芬兰语及其相关语言中都没有证据来证明语言在结构上一般是朝着分析性越来越强的方向发展的。"霍奇（Hodge 1970）引证了拉维拉（Ravila 1941：122）关于原乌拉尔语以及鲍培（Poppe 1965：177—196）关于大西洋语的例证，说明了语言是沿着综合性较弱到分析性较强的方向发展的。

下面我们再来看上文所说的循环演变。由于希泰语和古代印欧语在说明循环演变方面并不是很有说服力的例证，霍奇（Hodge 1970）只讨论了历史跟印欧-希泰语中比较接近或比其更悠久的埃及语和汉语。他把埃及语分为六个历史时期：上古埃及语、古埃及语、中古埃及语、晚期埃及语、口语和埃及古语。基于科罗斯托夫（Korostovcev 1963）的研究，霍奇指出："古埃及语中，带后缀组合的综合性动词在晚期埃及语中向分析性动词演变，最终变成科普特语（Coptic）中带前缀组合的综合性动词。这一变化的过程是：综合＞分析＞综合。

就汉语而言，基于亚松托夫（Jaxontov 1965：36—37）和肯尼迪（Kennedy 1940, 1951）的研究，霍奇（Hodge 1970）指出："古代汉语无疑是分析性占优势的语言。"但现代汉语表现出使用较多的组合和其他有定形式的变化。而且，有语料证明，早期汉语的形态化程度比古汉语高。"这样我们就得到了一个循环变化，即：

综合性（上古汉语以前）>分析性（上古汉语）>分析性较弱/综合性较强。

这一假设跟我们的分析不一致。我们的研究显示，与中古汉语相比，古汉语（晚期上古汉语）的综合性比较强，但分析性比较弱。值得注意的是，晚期上古汉语之前，即早期上古汉语（公元前11世纪至公元前6世纪），尤其是上古以前（公元前14世纪至公元前11世纪的甲骨文时期），汉语中并不存在形态上的词缀或组合。这种断言跟我们上文所说的上古汉语中词缀手段具有很大的能产性，它可能是更古老的时代的遗迹的观点相冲突。但在上古以前，如公元前14世纪以前，我们并无文献记载，因此，我们可以说，原始汉语的综合性比上古之前的汉语要强。

因此，我们可以得出如下假设，即语言中的确存在循环发展的情况。这种情况甚至超出了霍奇（Hodge 1970）从其对希泰语和埃及语的研究中所得出的结论。

(25) 综合性占绝对优势（原始汉语）>分析性增强（上古汉语以前和早期上古汉语）>综合性增强（上古汉语或晚期上古汉语）>分析性增强（中古汉语和现代汉语）>可能分析性更强（当今汉语）。

5. 结 论

我们所提供的材料和讨论支持这样一个假设，即从上古汉语（公元前5世纪至公元前2世纪）到中古汉语（公元5世纪至公元14世纪）乃至现代汉语时期，汉语从一种分析性较弱的语言演变为一种分析性较强的语言（或者说从一种综合性较强的语言发展为综合性较弱的语言）。从中古至当代（公元18世纪以后），汉语的综合性由弱变强。

如果假设原始汉语是综合性占绝对优势的语言,那么我们还可以得到一个比较完整的循环如下:

综合(原始汉语)>分析(上古汉语以前和早期上古汉语)>综合(上古汉语或晚期上古汉语)>分析(中古汉语和现代汉语)>分析性较强(当今汉语)

尽管汉语表现出循环发展的趋势。但我们无法从中推断出该趋势是否是各种语言所共有的现象,因此也无法证实其是否适用于其他的语言。

参考文献

Benveniste, Emile. 1962 *Hittite et Indo-Européen*; *etudes comparatives*. Paris: A. Maisonneuve.

Chappell, Hilary M. & Alain Peyraube. 2008 Chinese localizers: diachrony and some typological considerations. Xu Dan(ed.). *Space in Languages of China*. Springier Verlag 15-36.

Downer, Gordon B. 1959 Derivation by tone-change in Classical Chinese. *Bulletin of the School of Oriental and African Studies* 22: 258-290.

Feng, Shengli. 2012 Xian-Qin liang Han yufa yaodian(Grammatical issues in the Xian-Qin and Han periods). *Paper delivered at the Symposium on Classical Chinese*. Beijing, Chinese Academy of Social Sciences, November 2012.

Hakukinen, Lauri. 1961 *The Structure and Development of the Finnish Language*. UAS 3. Bloomington: Indiana University. The Hague: Mouton(1969).

Hodge, Carleton T. 1970 The linguistic cycle. *Language Sciences*. Bloomington: Indiana University-Research Center for the Language Sciences, December.

Huang, James C. -T. 2005 *Syntactic Analyticity and the other End of the Parameter*. LSA Summer Institute. Harvard University & MIT.

Huang, James C. -T. 2006 The macro-history of Chinese syntax and the theory of change. *Chinese Linguistic Workshop*, University of Chicago.

Huang, James C. -T. 2010 Macro- and micro-variations and parametric theory: principlesand-parameters and minimalism. *Summer Institute*. Beijing University.

Jaxontov, Sergei E. 1965 *Drevnekitajskij jazyk (Ancient Chinese)*. Moscow: Nauka.

Jespersen, Otto. 1922 *Language: Its Nature, Development and Origin*. New York: Henry Holt and C°.

Kennedy, George A. 1940 A study of the particle yen: B. Its form. *Journal of the American Oriental Society* 60. 193-207.

Kennedy, George A. 1951 The monosyllabic myth. *Journal of the American Oriental Society* 71. 161-166.

Kiparsky, Paul. 2012 Grammaticalization as Optimization. D. Jonas, J. Whitman & A. Garrett eds. *Grammatical Change: Origins, Nature, Outcomes*. Oxford: Oxford University Press. 15-51.

Korostovcev, Mihail A. 1963 *V vedenie v egipetskuju filologiju (Introduction to Egyptian Philology)*. Moscow: Izdateljstvo Vostocnoj Literatury.

Liang, Yingfeng, Wu Fuxiang & Alain Peyraube. 2008 Hanyu quxiang buyu jiegou de chansheng yu yanbian (Origin and evolution of the directional complements in Chinese), *Lishi yuyanxue yanjiu* 1: 164-181.

Mei, Tsu-lin. 1980 Sisheng bieyi zhong de shijian cengci (Chronological strata in derivation by tone-change). *Zhongguo yuwen* 6: 427-443.

Mei, Tsu-lin. 1989 The causative and denominative functions of the *s-prefix in Old Chinese. Proceedings of the 2nd International Conference on Sinology. Taipei: Academia Sinica. 33-51.

Norman, Jerry. 1988 *Chinese*. Cambridge: Cambridge University Press.

Peyraube, Alain. 1996 Recent Issues in Chinese Historical Syntax. J. Huang & A. Li eds. *New Horizons in Chinese Linguistics*. Dordrecht: Kluwer Academic Publishers. 161-214.

Peyraube, Alain. 1998. Shanggu zhonggu hanyu liangci de lishi fazhan (Historical development of classifiers in Archaic and Medieval Chinese). *Yuyanxue luncong* 21: 99-122.

Peyraube, Alain. 2004. Ancient Chinese. R. Woodard ed., *Encyclopedia of the World's Ancient Languages*. Cambridge : Cambridge University Press. 988-1014.

Peyraube, Alain. 2006 Motion events in Chinese : A diachronic study of directional complements. M. Hickmann et S. Robert eds., *Space in Languages : Linguistic Systems and Cognitive Categories*. Amsterdam : John Benjamins, 2006. 121-138.

Poppe, Nicholas. 1965 *Introduction to Altaic Linguistics*. Wiesbaden : Otto Harrassowitz.

Pulleyblank, Edwin G. 1995 *Outline of Classical Chinese Grammar*. Vancouver : University of British Columbia.

Ravila, Paavo. 1941 Uber die Verwendung der Numeruszeichen in den uralischen Sprachen. *FUF*27. 1-136.

Sagart, Laurent. 1993 L'infixe-r-en chinois archaïque. *Bulletin de la Société Linguistique de Paris* 88 : 261-293.

Sagart, Laurent. 1999 *The Roots of Old Chinese*. Amsterdam : John Benjamins

Slobin, Dan I. 2003 The mental representation of manner of movement across languages. *Paper delivered to the 8th International Cognitive Linguistics Conference (ICCL-8)*, Logroño, Spain, July 20-25.

Sturtevant, Edgar H. 1933 A comparative Grammar of the Hittite Language. *William Dwight Whiteney Linguistc Series*. Philadelphia : Linguistic Society of America.

Talmy, Leonard. 1985 Lexicalization patterns : semantic structure in lexical forms. T. Shopen ed. *Language Typology and Lexical Description, vol. 3 : Grammatical Categories and the Lexicon*. Cambridge : Cambridge University Press. 36-149.

Talmy, Leonard. 1991 Paths to realization : A typology of event conflation. *Proceedings of the Berkeley Linguistics Society*, 17 : 480-519.

Talmy, Leonard. 2000 Toward a cognitive semantics, vol. II, *Typology and process in concept structuring*. Cambridge, MA : The MIT Press.

Zhang, Cheng. 2012 *Leixingxue shiye de hanyuhanyu mingliangci yanbian shi (The historical evolution of nominal classifiers from a typological perspective)*. Beijing : Beijing daxue chubanshe.

History of some coordinative conjunctions in Chinese
汉语并列连词的历史*

> **提要** 本文分析汉语并列连词的历史发展，同时指出汉语语法化程度的重要性。语法化定义如下："一种从词汇成分到语法成分或者从虚化程度较低的语法成分到虚化程度较高的语法成分的演变过程"（Kurylowicz 1965）。

把两个及两个以上的 NP 连接起来的并列连词并不是直接来自动词，而是来自介词，而介词是来自动词。换言之，一共有两个语法化过程：首先是由动词转为介词，然后是由介词转为连词的两个过程。因此，连词比介词语法化程度更高。这个情形在汉语发展各个阶段中皆如是：上古、中古、近代、现代汉语。

本研究描述和分析 NP 并列从上古汉语到近代汉语的历史过程。众所周知，简单并置，即，没有外在的连词，是上古汉语两个以上 NP 并列的基本方式。在现代汉语这仍是一种普遍方式。然而，还有大概从远古汉语（甲骨文时期，公元前 14—前 11 世纪）既已存在的并列连词（或连接词）。[①]

这些连词有哪些以及它们来自哪里？这是我们通过沿着汉语

---

* 本文与刘坚合著。初稿发表于第一届汉语语言学国际会议，新加坡，1992年6月24—26日。原载 *Journal of Chinese Linguistics* 22—2，1994, pp.179—201。张文译。

① 有关甲骨文中并列连词存在的讨论，请参看高岛谦一（1989）。

不同阶段追溯其历史试图解决的主要问题。首先,我们得弄清楚随时会遇到的连词和介词之间的显著区别问题。

1 连词和介词间的区别

众所周知,在现代汉语,"和""跟"和"同"既是连词(连接名词或名词短语)也是介词。例如:

(1)我跟他借钱了。
(2)他们昨天参观了凡尔赛跟罗浮宫。

例(1)中"跟"是介词,例(2)中是连词。

有时候很难区分,特别在伴随介词的情况下(表达"和"或"陪伴"的意思),如:

(3)我和他经常在一起。
(4)你跟他是朋友。
　　(i)你与他是朋友。
　　(ii)你是他的朋友。

例(3)中,"和"看作介词,而在例(4)中,可以理解为连词(i),或是介词(ii)。

朱德熙(1982:176)给出了区分连词和介词的两条标准:a)如果"和"("跟"、"同")所连接的成分可以互换,即,具有平等地位,则是连词而不是介词;b)如果"和"("跟""同")前面可以插入修饰性状语,则是介词。

正如陶红印(Tao 1991)所指出的,在上古汉语,对于"及"或"与",必须同样地区分是连词还是介词。[①] 他提出了与朱先生同样的两条标准并补充了第三条:"当 NP_1 比 NP_2 显示出

---
① 并不总是进行区分的,例如王力(1958, P.332)。

更高的话题性或移情时,使用伴随格。换句话说,NP_1和NP_2在伴随情况下话语角色不同,而在并列时则没有。"

然而,在上古汉语这些标准并不总是适用的,至少比现代汉语弱一些。葛瑞汉(A. C. Graham 1968)提出另一种使他可以界定连词的方式,如下:"连词(是)必须被排除出它所插入的任何一个单位成分"。这一定义让他把"与"区分为连词和介词。

这最后一条标准在上古汉语是最有可能清楚区分的,这一区分当然也是最令人满意的。的确,"与"作为介词还是连词毫无疑问是不同的,在下面例(5)("与"是介词)和例(6)中("与"是连词)可以清楚地显示出来:

(5)邹人与楚人战。(孟:梁惠王上)
(6)在君与子矣。(孟:滕文公上)

为了区分这点,我们现在考察连词的历史演变。我们将划分三个主要时期:上古、中古和近代汉语。①

2 上古时期(公元前11—3世纪)

上古汉语晚期(公元前5—3世纪)使用的两个连词是"及"和"与"。它们在上古汉语早期(公元前11—前6世纪)也已经出现。②

---

① 这里使用的分期依据贝罗贝(1988)。
② 参看徐萧斧(1981)。在上古汉语早期,也使用"以"和"越",如:
尔邦君越尔多士(书:大诰)
多布森(Dobson 1960—61)认为上古汉语晚期的"及"源自上古汉语早期"越"的一对一的词汇替换。这一来源很不确定。然而,"及"在上古汉语早期极少用作连词(它仍保有其动词意义"追上,赶上")而"越"在上古汉语晚期,不再是连词而是动词"追上,超过,胜过"了。
还存在第三个连词:而,但是正如薛凤生(1991)所证明的,"而"仅是句法意义上的小句连词,并且其语义功能是它之前的小句从属于其后的小句。因此,"而"并非并列连词。

例如:

(7) 夫子之言性与天道,不可得而闻也。(论:公冶长)
(8) 周、冶杀元咺及子适、子仪。(左:僖三十)

它们的用法很难区分。某些文本明显倾向用"与"(《孟子》《论语》《庄子》,其他用"及"或"与"没有任何区分(《左传》)① 相比高本汉(Karlgren 1929)认为的不同方言的原因,更可能是多布森(Dobson 1967)指出的不同时期的问题。

周生亚(1989)发现可以区分出"及"和"与"的六个方面,但蒋宗许(1990)对其进行了逐一辩驳。他们之间辩论所保留的是当被"及"或"与"连接时并列成分之间的关系大概是不同的。在用"及"的情况下,第一个成分比第二个成分重要,第二个成分是次要的,而用"与"时两个成分的地位是平等的。这可以解释为何被"及"连接的 NP 更难改变次序。

这里我们又一次遇到现代汉语提出的区分连词和介词的标准之一。实际上,上古汉语问题的复杂性也来自"及"和"与"既用作连词也用作介词的事实。在下例中,"及"和"与"是介词:

(9) 及尔同死。(诗:邶风·谷风)
(10) 故可以与之死,可以与之生。(孙子兵法·计)

然而,"及"用作介词仅限于某些动词,而"与"没有(参看徐萧斧,1981)。汉代以后,情况更加明显:"及"几乎毫无例外地用作连词而"与"可以是连词也可以是介词。在中古早期,连词"与"越来越少(参看 Tao Hongyin, 1991)。

这两个连接词是如何产生的?"及"和"与"最初是动词,前者意义是"追上,达到",后者意义是"给与"。周生亚提出

---

① 具体使用数据,请参看徐萧斧(1981)。

一个有趣的假设：连词"与"并非直接来自动词"与"而是产生自本身来自动词的介词。因此，我们得到：动词"与"＞介词"与"＞连词"与"。这一派生无疑是有历史动因的。徐萧斧（1981）所给出的数据显示介词"与"在连词"与"之前。介词和连词之间的语义派生也是明显的（反之，动词和介词之间的语义派生根本不明显）。

然而，对于连词"及"，周生亚似乎并不认为是相同的两步派生这一假设。而是，他认为直接来自动词，认为1）"及"的介词用法总是很少的，2）动词（意义为"赶上"，"参与"）和连词之间存在直接的语义关联。

蒋宗许（1990）肯定"与"的两步派生，并假设，在某些情况下，"及"也是同样的派生：动词"及"＞介词"及"＞连词"及"。

我们同意后一种观点。"及"用作连词或介词的确非常相似，例如：

（11）狐偃及秦晋之大夫盟于郇。（左：僖二十八）
（12）（今兹）周王及楚子皆将死。（左：襄二十八）

当然，"及"用作介词并不如它用作连词普遍（参看徐萧斧，1981），但这并不意味着介词出现晚于连词。

实际上，连词"及"可能并非来自伴随介词而是来自源自"追上，赶上"义动词的时间介词"及"（在……时）。这一来源在很多语言中是非常普遍的，特别在英语，时空意义有一种强烈发展出"逻辑连接"意义的趋势，如，and, but, since, 等。[①]

因此，我们承认在（"与"和"及"）两种情况下，存在两种派生（动词＞介词＞连词），即，两个语法化过程。这当然意

---

① 参看 Traugott（1986）。

味着连词比介词语法化程度更高。我们后面将会回到这一重要的"语法化程度"现象。

3 中古时期（3—13世纪）

为了方便，我们将划分两个阶段：中古汉语早期（EMC），3—7世纪；中古汉语晚期（LMC），7—13世纪。

3.1

在中古汉语早期，表达逻辑"与"最常用的方式仍是简单并置（根据 Tao，1991，5世纪的《世说新语》中95%名词并列是这种类型），例如：

（13）厷后看老庄。（世说新语·文学）
（14）王刘听林公讲。（世：赏誉）

上古汉语连词"及"和"与"也仍使用，但可能比例减少。"与"和"及"的例子：①

（15）冀州刺史杨淮二子乔与髦俱总角为成器。（世：品藻）
（16）时诸人士及林法师并在会稽西寺讲。（世：文学）

陶红印（Tao 1991）注意到显性标记"及"主要和非实指的NP一起出现。它也和离散的NP一起出现但频率低些。结果，概念上整体性所指的NP（通常是实指的）并不用显性的连词连接。因此，他提出一个连词如何获得显性连接的层级：

非实指 > 离散 > 整体性

---

① 根据陶红印（Tao 1991），这是《世说新语》中并列连词"与"唯一的例证，5世纪佛经文献《百喻经》也反映了同样的情况。陶红印认为"与"在中古汉语早期大概总是伴随介词而非连词。

3.2

在中古汉语晚期（7—13世纪），简单并置仍是名词并列的主要方式。根据陶红印（Tao 1991），《敦煌变文》（8—10世纪）82%的情况如此。然而，显性标记在增加：在《敦煌变文》中18%名词并列用显性连词表示。

那时最常用的连接词仍是"及"，如：

（17）父母及儿三人知余人不知。（变文 P. 290）

连词"与"和"并"也出现了，如（18）和（19）所示：

（18）终日忧怜男与女。（变文 P. 689）
（19）…便布施五百个童身五百个童女五百头犉牛并犊子…（变文 P. 813）

陶红印（Tao 1991）在《敦煌变文》中发现了65例"及"，22例"与"，11例"并"和1例"共"，[①] 注意到中古汉语晚期的连词也用于连接语境和概念上可再分的名词，即，所连接的成分大概经常被归属为一个范畴。

而"和"和"共"从中古汉语晚期第二部分，宋（10—13世纪）以后，作为最常用的连词又如何呢？"共"最初是一个意义为"（和……）分享"的动词，例如：

（20）愿车马衣…与朋友共。（论：公冶长）

在上古汉语末期，这一动词被语法化为一个意义为"一起"的副词，例如：

（21）与光武帝共击破王寻、王邑。（后汉书：15·王常传）

---

① 他所引用的连词"共"的例子也可以理解为介词。

这一副词转而语法化为介词"和",在中古汉语早期已出现,和"与"交替出现:

(22)共多人众坐于屋中。(百喻经)

"共"的这一介词用法在唐宋继续普遍使用,例如:

(23)…共子争妻,可不惭于天地。(变文 P2)
(24)须说与已共南朝约定与了燕京。(燕云奉使录,三朝北盟会编)

另一方面,似乎"共"的连词用法更晚。大概仅追溯到宋代(参看刘坚,1989)。《敦煌变文》(但请参看本书第 582 页脚注①)和《祖堂集》(10 世纪)中没有一个连词"共"的例子,而我们可以发现 120 例连词"与"(和 109 例介词"与"),54 例连词"及"和 12 例"并"。《祖堂集》中出现的 63 例"共",40 例是介词,20 例是副词,3 例是动词。

宋代以后连词"共"的例子:

(25)吾…来救孙子,俺爷共袁达。(七国春秋平话,卷下)

之后,"共"既用作介词也用作连词,直到明末(16 世纪)被"和"整体替代。

换言之,可能中古汉语晚期存在一个类似于我们之前为上古时期所界定的几步的演变,即:

动词"共">副词"共">介词"共">连词"共"。

如我们所知,介词用法在连词用法之前,我们当然可以认为连词通过介词语法化而来。它也可以直接来自动词(也同样通过语法化),但如果我们承认语法化的不同程度,语义派生则更令人满意。

我们现在回到"和"的演变。王力(1958)已经注意到"和"所来源的动词意义首先是"拌和"然后是"连带"。他没提到动词＞连词发生的时间。根据潘允中（1981）的研究，大概追溯到宋元时期。刘坚（1989）认为"和"唐以后已经变为连词，介词晚一些，在宋以后。换言之，因为没有任何可以作为来源的介词，连词直接来自动词。

这一观点现在看来是有问题的。首先，"和"唐以后仍本质上是动词，如：

（26）以肉汁和饭饲之。（南史：卷74·孝义列传）

《祖堂集》中"和"没有一个用例作为介词或连词；仅有15例动词"和"。《敦煌变文》中的情况几乎是一样的，仅可以发现一个"和"为非动词的用例（参看例29）。

相反，在唐诗中，很多"和"似乎都是非动词性的，例如：

（27）远雪和霜积。（卢纶诗）

此处，"和"仍可以理解为动词（意义是"拌和"）但下面的例子作为动词理解是不可能的：

（28）山头日日风和雨。（王建诗）
（29）雀儿和燕子合作开元歌。（变文 P. 262）[①]
（30）祇有醉和吟。（郑谷诗）

因此，似乎中唐左右"和"已是连词。

我们现在考虑到它也是一个介词。Ōta（1958）既已指出"和"自从唐初已是介词，但意思是"包括"。当时意义是"同"的介词仍非常少。我们仍然可以给出一些例子：

（31）见客入来和笑走。（韩偓诗）

---

① 在这个位置可以促发"和"作为连词的理解是因为同一文本中可以发现下例：
雀儿及燕子皆总立王前（变文 P. 262）

下例也是介词而非连词（如刘坚，1989所理解的）：

（32）烟和魂共运，春与人同老。（韩偓诗）
（33）南人采之，和其皮叶煎之。（刘恂：岭表录异，卷中）

因此，"和"的历时演变非常类似"共"，即，正在进行中的一个语法化过程，动词"和"转变为介词，并且，同时，介词变为连词是语法化的第二个过程。这一分析证明如下：

1. 从语义角度看，认为动词是连词的直接来源的派生比两步走派生较不令人满意。

2. "和"作为动词已用于连动类型表达"V_1 和 + N_1 + V_2（+ N_2）"并且我们知道这些结构总是动词转变为介词的语法化的起点（参看贝罗贝，1988）。

4 近代汉语（14—18世纪）

在近代汉语，"和"与"共"继续普遍地用作连词或介词。另一方面，"与"和"及"变得更少，特别是"及"在中古汉语晚期后半时期已失去其优势。

其他语法成分在近代汉语也开始出现，同样，在现代汉语（普通话和方言中）仍普遍使用的是："同"和"跟"。

"同"唐以后首次作为介词出现：①

（34）白云同鹤飞。（寒山诗）
（35）人同黄鹤远，乡共白云连。（卢照邻诗）

"同"最初的意义是动词性的，"与……相同"。这一意义上

---

① 关于"同"作为介词第一次出现，请参看马贝加（1993），她认为"同"变为介词是通过已从动词转变为介词的"共"的类推。

古汉语出现。然后，"同"作为动词意义是"与……共同"（类似"共"），并且此后为"偕同"。从后一语义它已语法化为一个介词"同"。这一语法化过程发生在唐代。马贝加（1993）引用了很多唐诗和历史文献中介词"同"的例子。

然而，在《敦煌变文》或《祖堂集》中没有一例"同"用作介词。更为奇怪的事实是宋代和元代也没有发现用例（例如在《老乞大》或《朴通事》中）。介词"同"第一次出现是在明代以后，在《金瓶梅》（16世纪），《醒世姻缘传》中普遍使用。

(36) 吴月娘留他同众堂客在后厅饮酒。（金瓶梅：26回）
(37) 拣了三月十六日，同珍哥由旱路回去。（醒世姻缘传，7）
(38) 你先同你宝叔叔过去罢。（红楼梦：11）

总之，无论动词"同" > 介词"同"语法化发生的时间，[①]似乎可以确定："同"在近代汉语不用作连词。它作为连词仅出现在现代汉语，即，从19世纪开始。另一方面，"同"是近代汉语经常使用的介词，的确比那时主要用作连接词的"和"要多得多（早在《金瓶梅》中，"和"就是最普遍的并列连词）。

因此并列连词"同"也可能从介词"同"发展出来而并不直接来自动词。这里再次出现了两步语法化。

类似的发展还有"跟"的情况。动词"跟"（"跟随"）最早出现在《老乞大》和《朴通事》（14—15世纪）。在《金瓶梅》中，它总用作动词，例如：

(39) 你昨日跟了你爹去。（金：21）

在《金瓶梅》中，"跟"没有一个例子用作介词或连词。同

[①] 直到18世纪"同"仍是动词性的，与介词用法交替出现。实际上仍有很多例子后接体后缀（"了"或"着"），如：

媳妇也同了他去（红：29）

样地,在《醒世姻缘传》中,"跟"总仅是动词性的,例如:

(40)晁书先跟了小和尚回家。(醒:30)

"跟"用作介词的第一个例子出现在《红楼梦》中:

(41)秋菱收拾了东西跟我来。(红:80)

自然,"跟"仍经常用作动词,如:

(42)要醉了,就跟着我睡罢。(红:8)

然而,类似"同","跟"那时并非是一个连词。"跟"作为连词追溯至19世纪,即现代汉语之后。类似"同"的情况,"跟"在18世纪首先语法化为介词,然后一种新的语法化介入,从介词产生了连词。

5 结 论

我们已展现了多个连词的情况("及""与""共""和""同""跟"),它们并非直接来自其动词性的本源,而是通过语法化过程来自介词性的派生来源。

没有一个是一些学者(如冯春田1991)所提出的词汇替代的情况。

这种两个阶段的派生证实了普通语言学有关语法化的一些新的发现,如海涅等(Heine, Claudi & Hunnemeyer 1991)所说。

1. 它证实了语法化程度假说,即,一些语法成分比另一些语法化程度更高。这种情况是,例如,英语中,原因CAUSE是比目的PURPOSE语法化程度更高的格表达范畴;或者介词 *with* 在表达工具INSTRUMENT时比表达伴随COMITATIVE语法化程度更高。

2. 它也证实了介词比连词语法化程度更低的历时观点。

3. 它也证实了单向性原则是语法化的内在属性。

4. 它最后也证实了这一假设:"如果两个语法范畴仅通过如下事实相区别,一个典型地意味着表人的参与者而另一个意味着非生命的参与者,则后者更加语法化"(Heine, Claudi & Hunnemeyer 1991: 156)。可以连接非生命 NP 的连词,比仅意指有生参与者的介词语法化程度更高:

我们总结以强化这样的观点:汉语中更多有关语法化的研究,尤其是有关语法化程度的研究对于普通历时句法中的语法化理论研究是非常重要的。

正如很多非洲语言一样,汉语的语法化过程比印欧语言更清晰和明确,这些研究将使我们可以更好地理解句法变化的机制。

法国语言学家梅耶(Antoine Meillet)开创了现代语法化研究,在 1912 年,第一次介绍了语法化的术语,实际上,语法化的概念首次是在西方学术界之外发现的。至迟,在 10 世纪,中国学者已经区分了"实"和"虚"这些语言学符号,并且周伯琦(元代,13—14 世纪)已经认为今之虚字皆古之实字。

参考文献

高岛谦一 1989 甲骨文中的并联名词仂语,《古文字研究》第 17 辑: 338—356。

蒋宗许 1990 《并列连词"与、及"用法辨析》质疑,《中国语文》第 2 期: 141—144。

刘 坚 1989 试论"和"字的发展——附论"共"字和"连"字,《中国语文》第 6 期: 447—453。

马贝加 1993 介词"同"的产生,《中国语文》第 2 期: 151—152。

潘允中 1982 《汉语语法史概要》,郑州:中州书画社。

王　力　1958　《汉语史稿》，北京：科学出版社。

徐萧斧　1981　古汉语中的"与"和"及"，《中国语文》第5期374—383。

薛凤生　1991　试论连词"而"字的语义与语法功能，《语言研究》第1期：55—62。

周生亚　1989　并列连词"与"、"及"用法解析，《中国语文》第2期：137—142。

朱德熙　1982　《语法讲义》，北京：商务印书馆。

DOBSON, W. A. C. H. 1960-61. Towards a Historical Treatment of the Grammar of Archaic Chinese : Early Archaic Chinese *yueh* > Later Archaic Chinese *chi*, *Harvard Journal of Asiatic Studies* 23 : 5-18.

DOBSON, W. A. C. H. 1967. Authenticating and Dating Archaic Chinese Texts. *T'oung Pao* LIII. 4/5 : 233-242.

GRAHAM, A. C. 1968. Some Basic Problems of Classical Chinese Syntax. *Asia Major* XIV. 2 : 192-216.

HEINE, B., U. CLAUDI & F. HUMMEMEYER. 1991. *Grammaticalization. A Conceptual Framework*. Chicago : The University of Chicago Press.

KARLGREN, B. 1929. The Authenticity of Ancient Chinese Texts. *Bulletin of the Museum of Far Eastern Antiquities* 1 : 165-183.

Ōta, Tatsuo 太田辰夫 1958. *Chungokugo Rekishi Bunpo*. Tokyo: Konan Shoin.

PEYRAUBE, A. 1988a. *Syntaxe diachronique du chinois : évolution des constructions datives du 14e siècle av. J. -C. Au 18e siècle*. Paris : Collège de France (IHEC).

PEYRAUBE, A. 1988b. Syntactic change in Chinese : On Grammatcialization, *The Bulletin of the Institute of History and Philology* LIX-III : 617-652.

TAO, Hongyin. 1991. NP Coordination in Medieval Chinese : A Discourse Approach. *Cahiers de Linguistique-Asie Orientale* XX. 1 : 85-106.

TRAUGOTT, E. C. 1986. On the origin of 'and' and 'but' connectives in English. *Studies in Language* 10. 1. 137-150.

TRAUGOTT, E., & B. HEINE eds. 1992. *Approaches to Grammaticalization*. Amsterdam : John Benjamins. 2 vols.

Problems relating to the history of different copulas in Ancient Chinese
上古汉语不同系动词的历史及其相关问题*

0 引 言

王力（1958）指出，一般说来，上古汉语中没有系动词。据此，Gernet（1982）等很多人草率地得出结论，认为汉语是模糊不清的，它不能表达抽象的概念。但正如 Ghiglione（1993）所认为的，动词"是"跟表达抽象概念相关的观点在今天看来实际上并无任何基础。而且，说古汉语中没有系动词的观点并无充分的证据。本文所讨论的内容包括两方面：其一，从上古汉语之前开始，古汉语中一直存在系动词。其二，尽管不带有强制性，但系动词使用得很频繁。

根据哲学（逻辑学）、语言学以及所讨论的语言本身等不同的角度，术语"系动词"有多种界定。就汉语而言，我们主张

---

* 本文与 Thekla Wiebusch 合著。原载 M. Y. Chen & O. J. -L. Tzeng（eds）, *Linguistic Essays in Honor of William S. -Y. Wang*. Taipei：Pyramid Press，1995，pp. 383-404。袁健惠译。

做如下界定：汉语中的系动词是一个显性的词，当它用于等式句（equational sentences）中时，用以连接主语和名词性谓语。[①]它在语义上没有意义，可以表达类属（实体关系）、特征或类别（集合中成员之间的关系）[②]。

现代标准汉语中有系动词"是"，这是公认的事实。如：

(1) 我们校长是他爸爸。
(2) 他是医生。（属性意义）[③]

那么，系动词"是"是从哪里产生的？其最初出现时间又是什么呢？下面我们将尝试着对上述两个问题做出回答。首先，我们将证明系动词"是"产生的时间不是自王力（1958）以来，人们所认同的中古以前（东汉，即公元1世纪）。我们认为，系词"是"在战国时期（公元前5世纪至公元前3世纪）的汉语中就已经存在了。其次，我们将讨论系动词"是"的来源。我们认为，系动词"是"来源于指示代词"是"的传统观点比当前存在的一些观点更可取，如系动词"是"来源于形容词"是"或来源于表示肯定或焦点的标记。最后，我们将从上古之前到上古早期、上古晚期、中古以前和中古早期三个时期

[①] 这一界定很标准，但是它排除了形容词谓语。汉语中的形容词谓语属于谓词性成分，而非体词性成分。

[②] 这样的界定也排除了系词表示存在或处所的功能。这些功能在其他语言特别是印欧语中都有体现，如动词"to be"。由此看来，这里所使用的"等式句"这一术语指的是表达两个名词性短语之间的身份或成员/类别关系的句子（详见 Li & Thompson 1977）。对于二者的区别，可参看 Desclées（1987）中 Frege 的相关论述。身份或成员/类别都可以被概括为属性。

[③] 属性类型可以被概括如下："从语义上来看，名词性短语 NP_1 具有名词性短语 NP_2 的特征，包含在名词性短语 NP_2 之中。但名词性短语 NP_2 对名词性短语 NP_1 起限定作用，因此，名词性短语 NP_1 只是集合中的一个成员。"（详见 Yue-Hashimoto 1969）。

来分别研究从上古汉语之前到早期中古汉语中不同系动词的历史演变。①

一、上古之前和早期上古汉语中的系动词

1. 上古之前

上古之前（公元前14世纪至公元前11世纪）的汉语包括甲骨文、早期上古汉语中的金文，以及《诗经》和《尚书》两部文献。

甲骨文时期，表示肯定的系词句一般使用"叀"和"隹"两个系动词。如：

（3）壬寅贞伐卯叀羊。（《粹编》500）
（4）王其伐若乙丑允伐右卯众左卯隹匕牛。（丙编153）

上述用例取自 Takashima（1990）。Takashima（1990）认为，"叀"是表示情态的、非说明性的系动词；"隹"则是表示非情态的、说明性的系动词。因此，例（3）和例（4）中系动词的语义有差别。例（3）中，"叀"的意思是"应该是"，而例（4）中"隹"的意思是"是"。显而易见，上古以前的汉语中，"叀"和"隹"在语义上存在着上述区别，但在都是系动词这一点上并无争议。②

---

① 我们对历史时期的划分采用 Peyraube（1988）的观点：
上古汉语以前或甲骨文时期的语言：公元前14世纪至公元前11世纪。
早期上古汉语：公元前11世纪至公元前5世纪。
晚期上古汉语：公元前5世纪至公元前3世纪。
中古以前的汉代汉语：公元前3世纪至公元3世纪。
早期中古汉语：公元3世纪至公元6世纪。
② Takashima（1990）在 Takashima（1973）研究的基础上，提出了鲜明的观点。他从分析其前的观点开始，指出："我以前认为甲骨文时期没有简单的等式句……我必须纠正我自己。因为等式句在甲骨文中的确存在。"她引用了只能被解释为系动词的"叀"和"隹"的用例来说明自己的观点。

当然，也许有人会认为，那时的"叀"和"隹"都不是系动词，而是焦点标记。① 因为在一些情况下，它们实际上的确起着焦点标记的功能。如：

(5) 父乙隹伐祟。(丙编 197)
(6) 叀黑羊用有大雨。(《甲骨文合集》30300)

但是，在使用"叀"和"隹"的句子中，并非所有情况下二者都可以被视为焦点标记。除了上文所说的例（3）和例（4）之外，我们也发现，在一些句子中，"叀"和"隹"的系词性功能更显赫。② 如：

(7) 兹雨隹囚。(《粹编》799)
(8) 只隹鸟七。(《金》742)

而且，在上古汉语之前，系动词"隹"还有一个与之相对应的否定形式"非"。"非"具有否定的功能，但据朱歧祥（1990），至迟从第四个时期的甲骨文开始，"非"已经具有了系动词功能。如：

(9) 日月又食，非若？(佚 374)
(10) 兹雨非囚。(《簠天》37)

副词"不"也可以用于系动词"隹"之前表示否定，但不能用在"叀"之前。

---

① Peyraube（1995）指出，"叀"和"隹"在甲骨文中绝对不能被简单地理解为位于动词之前的宾语标记。而是比较标记。黄德宽（1988）、张玉金（1988）、Djamouri（1987：274）都持相同观点。Djamouri（1987）对 5500 个用例进行分析，从中找出了 350 个在动词之前出现受事宾语的例句。其中使用"叀"和"隹"的只有 173 例。

② 下面三个用例摘自 Djamouri（1987：246）。Djamouri 认为，这无疑不是复数功能，而是相同的。

由此可见，甲骨文中有三个系动词，一个表示否定，另外两个表示肯定。表示肯定的系动词在使用上并不具有强制性，但只用两个并列的名词性成分而不使用系动词的等式句很少见。换句话说，在上古汉语之前的等式句中，系动词"叀"和"隹"的使用频率比较高。

"隹"和"叀"的另一个区别是，在上古汉语末期，"隹"在连接或焦点标记的功能方面取代了"叀"。

连接和焦点标记这两种功能可能是分别是从对方衍生出来的。对于这种观点，有两种不同的看法。一种认为，"叀"和"隹"的连接性用法是从焦点用法衍生而来，如 Ito（1981）、陶红印（1991）。另一种认为"叀"和"隹"表示比较的功能从其连接功能衍伸出来的，如 Takashima（1990）。

虽然对这两种看法做出令人信服的判断比较困难，但我们认为第二种观点更可取。理由如下：首先，在绝大多数使用同一个动词"是"来表示焦点标记和系动词的语言中，焦点标记一般是由系动词发展而来的。法语、英语、德语和印欧语中的其他一些语言都是这样。其次，当我们追溯到甲骨文时期时，"隹"取代了"叀"，其作比较标记的使用频率也相应地增高，而"隹"则失去了其连接的功能。这种情况在甲骨文中的第五个时期和最后一个时期表现得尤为突出。[①] 这使我们有理由做出推断：与连接功能相比，焦点功能是后起的，因此焦点功能是从连接功能发展而来的。[②]

---

① Djamouri（1987：294）。

② "隹"越来越倾向于成为引介短时间表达的介词。Djamouri（1987：297）指出，在甲骨文时期的后期，"隹"的这种新功能占其用例总数的40%，而在青铜器时代（早期上古汉语），所占比例达 66.8%

2. 早期上古汉语

从对"隹"(金文写作"唯",《尚书》写作"惟",《诗经》写作"维"。)的考察情况来看,早期的上古汉语跟上古之前的汉语差别不大。但从其他方面,尤其是系动词和强调标记的功能来看,早期的上古汉语中,"隹"做强调标记的功能增加了。跟前期相比,"隹"在做系动词的必要性上也有所减弱。下面我们来看金文、《尚书》、《诗经》中使用系动词"隹"的例子。

(11) 女有隹小子。(《师簋》)
(12) 淮海惟扬州。(《尚书·禹贡》)
(13) 吉梦维何?(《诗经·小雅·斯干》)

"隹"做焦点标记的例子有:

(14) 予惟闻汝众言。(《尚书·汤誓》)
(15) 维子之故,使我不能餐兮。(《诗经·郑风·狡童》)

在上古汉语中,虽然"隹"做焦点标记的功能比较常见,但其无疑是系动词。下面我们再多举几个例子:

(16) 吉日维戊。(《诗经·小雅·吉日》)
(17) 四月维夏。(《诗经·小雅·四月》)
(18) 三百维群。①(《诗经·小雅·无羊》)

毋庸置疑,这并不是说"隹"是早期上古汉语中唯一的系动词。使用否定系词"非"的情况仍然比较常见,② 在"隹"之前添加

---

① 其他大量用例详见谢纪锋(1984)。他认为《诗经》中的 256 个"隹"绝大多数是系动词。

② 可能的情况是:"非"最初是"隹"的否定对应形式,后来它也可以被理解为"不隹"(详见蒲立本 1959)。但这一点仍然需要进一步验证。"不隹"和"非"不是等价的。前者具有描述性,而后者具有推测性、辩论性。这一点可以用来解释为何"非"经常使用于表示假设或让步的句子中(Djamouri1991)。如:后非众,罔与守邦。(《尚书·大禹谟》)

否定副词"不"的用例变得越来越少。根据我们对系动词的定义,《诗经》中所使用的"伊"和"也"也可以被视为系动词。如:

(19)其带伊丝,其弁伊骐。(《诗经·国风·鸤鸠》)
(20)叔兮伯兮,何多日也?(《诗经·国风·旄丘》)

用在句末的小品词"也"首次出现在《诗经》中(它在金文和《尚书》中都不存在)。虽然这种用法的"也"在上古汉语晚期很常见,但它在早期上古汉语中的使用很受限制。据我们统计,《诗经》中"也"共出现77次,其中用于句中的有25例,用于句末的有62例。

王力(1958)、周法高(1988)、Graham(1967)等都认为,"也"不是系动词,而是用在句末表示判断的语气词。[①]这是一种比较极端的看法。虽然语素"也"没有出现在主语和谓语之间,但它仍然用于等式句中,起着连接主语和名词谓语的作用。当然,我们也必须承认,在绝大多数情况下,"也"通常跟非名词性谓语一起出现。如:

(21)尔还而入,我心易也。(《诗经·小雅·何人斯》)

虽然存在上述情况,但我们认为,当"也"用以连接名词性主语和名词性谓语时,不管它是不是用在陈述句中,都应被视为系动词。[②]这跟现代汉语中"是"的情况一样。现代汉语中,当"是"用来连接两项名词性成分时,是系动词,但做系动词并不是"是"的唯一用法。

正如 Gassmann(1980:128)所指出的,在名词句中,"也"

[①] Graham(1967)认为,"是"是"将陈述变为判断的句末小品词"。
[②] 人们采用肯定形式或采用否定形式做出判断的行为,并非如此,只能用陈述句来表达。Frege对陈述句的内容和断言的行为做出了清晰的区分(详见 Runggaldier 1990),我们赞同他的观点。

的主要功能是对一个名词性成分的谓语性做标记。由此可见，"也"的功能跟印欧语中系动词的功能一致。

二、晚期上古汉语中的系词

上古汉语晚期即战国时期（公元前475至公元前221年）的汉语是古汉语中的一个卓绝时代，出现了为数众多的文献作品。该时期也是中国古代文学的辉煌时代，可用来研究系动词的文献很多。本文所使用的语料主要有《论语》（公元前5世纪）、《左传》（公元前4世纪）、《孟子》（公元前4世纪末）、《荀子》（公元前3世纪）、《韩非子》（公元前3世纪）和新发掘的出土文献。

1. 小品词"也"

该时期，在系词句（copulative sentences）句末使用小品词"也"的用例占绝对优势。如前所述，我们认为此类"也"是系动词。跟早期上古汉语不同，绝大多数系词句都是使用名词谓语的陈述句。在名词谓语之后使用"也"的疑问句比较罕见。《论语》中出现了469个"也"。其中有307个用于陈述句（充当谓语的有名词、动词和形容词三类）。用于疑问句的只有21例（剩下的141例都是停顿标记）。[①]

正如王力（1958）、周法高（1988）所观察到的，使用"也"的系词句的基本结构模式是："名词性短语$_1$+者+名词性短语$_2$+也"。

王力（1958）认为，该结构中的"者"是小品词或用来回指名词性短语$_1$的代词。Graham（1967）和冯胜利（1994）认为，"者"是用于名词性短语之后的一个简单的停顿标记。[②] 如：

---

① 这些数据都引自杨伯峻（1980）。
② 在晚期上古汉语中，《论语》跟其他更晚的一些文献之间有差别。《论语》中使用"名词性短语1+者+名词性短语2+也"结构的句子比较少。

（22）彼后王者，天下之君也。(《荀子·非相》)

当名词性短语 NP_1 是代词时，"者"一般不出现，这种情况显示："者"具有回指的功能。如：

（23）彼丈夫也，我丈夫也。(《孟子·滕文公下》)

但当系词句中只出现"也"时，代词位于名词性短语 NP_1 的位置上不受任何限制。如：

（24）麻冕礼也。(《论语·子罕》)

当标记词"者"出现时，句末语气词"也"的出现与否没有强制性，但省略的情况比较少。在系词句中，也会有标记词"者"和"也"都不出现的情况，但这种情况更为少见。如：

（25）君子之德风，小人之德草。[①](《论语·颜渊》)

大多数情况下，"也"是出现的。使用"也"的句子在系词句中占绝大多数。据阎征（1987）统计，在《孙子》（公元前5世纪左右）一书共有1055个句子，其中系词句有92个，其分布情况如下：

类型	用例数	百分比
名词性短语 NP_1（+者）+名词性短语 NP_2	11	12[②]
名词性短语 NP_1：（+者）+名词性短语 NP_2+也	57	62
名词性短语 NP_1+名词性短语 NP_2+是+也	6	6.5
名词性短语 NP_1+为+名词性短语 NP_2	18	19.5

---

① 一个世纪以后，我们在《孟子》一书中也能看到了相同的用例，但是在句末使用了"也"。

② 《孙子》一书中，这些句子所占的比例不到12%。实际上，阎征（1987）所给出的很多用例都在句末使用了"也"，但他只注意到了其所引证的句子的前一部分。

大致说来,在同时代的其他文献中,各类型的系词句的分布情况基本与此相同。我们认为,上古汉语晚期中,绝大多数系词句是通过系词"也"来表达的。①

2. 其他系词:

除了"也"之外,我们也在小范围内考察了上古汉语晚期中的其他系词,如"非""乃""则""即"。

上古汉语晚期,绝大多数的"非"跟现代汉语中表示否定的系动词"不是"相当。所有文献,尤其是《左传》《论语》《孟子》《韩非子》中的情况都是如此。根据杨伯峻(1980),《论语》中的33例"非"都是"不是"的意思。《孟子》中,使用"非"的句子共有145例,其中119例的意思是"不是"。如:

(26)我非生而知之者。(《论语·述而》)

否定系词"非"无疑具有动词的地位。这一点从下列"非"本身受否定副词"不"来否定的例子中可以得到证明。如:

(27)牛不非牛,马不非马。(《墨子·经说下》)

有时"非"用于假设句,意思是"如果不是"。如:

(28)非祭肉不拜。(《论语·乡党》)

"非"也可以用以表示简单的否定,跟"不"等同。如:

(29)非徒无益而又害之。(《孟子·公孙丑上》)

直到上古汉语晚期,"乃"、"则"、"即"等系动词都比较少见。特别是"则"和"即"更为少见。但中古前期,这些系动词

---

① 这就是那些认为"也"不是系动词的学者得出晚期上古汉语中没有系动词的结论的原因。

变得比较常见,尤其是"乃"和"即"。如:

(30)是乃仁术也。(《孟子·梁惠王下》)
(31)民死亡者非其父兄,即其子弟。[①](《左传·襄公八年》)
(32)则卫国之愿也。(《左传·隐公四年》)

正如《孙子》一书所显示的,除了"也"之外,上古汉语晚期,最广泛使用的系动词仍然是"为"。当然,"为"也不仅仅只充当系词,它可以是动词,意思是"做"、"遵循"、"认为"等,也可以是介词。但"为"做系词的用例不可忽视。《论语》中有170例"为",做系动词的有33例。《孟子》中有469例"为",做系动词的有70例。由此可见,正如洪诚(1957)所言,在早期上古汉语中,"为"取代了"维",如:

(33)子为谁?(《论语·微子》)
(34)尔为尔,我为我。(《孟子·公孙丑上》)
(35)曲为曲,直为直。(《韩非子·说林下》)
(36)是为是,非为非。(《荀子·强国》)

后三个用例是等式句,其所表达的都是实体间的关系。由此看来,在这种情况下,有一个系动词位于主语和名词谓语之间的位置上,比不出现任何标记词的情况可取,甚至比句末出现"也"的情况也更可取。

3."是"

"是"在早期上古汉语中已经存在。它通常作为指示代词,意思是"这""那""前面所述的""正在讨论的"。同时,"是"也可以是形容词,意思是"对""正确的"。此外,"是"还可以作为位于动词前直接宾语之后的标记词。《尚书》中的31例

[①] Graham(1967)指出,"即"是个表示身份的特殊的系动词。他认为,早期的哲学家几乎都没有使用它。相反,僧人和宋代的儒家学派后来却使用很频繁。

"是"几乎都是指示代词。《诗经》中"是"作形容词的有 2 例，作指示代词的有 58 例，作动词之前直接宾语标记的有 32 例。①

晚期上古汉语中，"是"变得越来越常见，但做指示代词用法仍然占绝对优势。据敖镜浩（1982）的观察，《左传》中几乎所有的"是"都是指示代词。《论语》中的情况与之相似。该书中，指示代词"是"有 43 例，作动词前直接宾语标记的有 3 例。据杨伯峻（1980，1981）的数据，《论语》中有 5 例"是"跟系动词类似。这一点我们将在后文讨论。《孟子》中，"是"做指示代词的有 112 例，做形容词的有 9 例，做动词前直接宾语标记的有 4 例，还有 84 例用于主语和谓语之间，起连接作用。由此可见，"是"作形容词或动词前直接宾语标记的用法是次要的。下面我们来看如下用例：

（37）是亦为政。（《论语·为政》）
（38）无是非之心非人也。（《孟子·公孙丑上》）
（39）周有大赉善人是富。（《论语·尧曰》）②
（40）无父无君是禽兽也。（《孟子·滕文公下》）

例（37）至例（40）分别是"是"做指示代词、形容词、动词前直接宾语标记和类似系动词的用例。那么诸如例（40）之类的例子中"是"是系动词还是指示代词呢？显然，这类"是"绝大多数还是用来连接主语和谓语的。它仍然保留了指示代词的特征，同时还具有回指的功能，用以指称其前的主语。这在以下用例中有清晰的表现：

---

① 那时候，动词之前的形容词标记"是"也许还是指示代词。换句话说，"形容词 + 是 + 动词"结构是从"动词 + 是（指示代词）+ 宾语"结构衍生出来的。这两种结构在语义上是等同的。直到后期，"是"才变成一个简单的标记。（详见敖镜浩 1982）。

② "是"用在动词前做宾语标记的大多数例子都取自早期上古汉语时期《特别是《诗经》），由此我们推测，这种用法后来消亡了。

（41）知之为知之，不知为不知，是知也。(《论语·为政》)
（42）富与贵是人之所欲也。(《论语·里仁》)
（43）千里而见王，是我所欲也。(《孟子·公孙丑上》)
（44）然后从而刑之，是罔民也。(《孟子·梁惠王上》)
（45）取诸人以为善，是与人为善者也。(《孟子·公孙丑上》)
（46）知之而使之，是不仁也。(《孟子·公孙丑下》)

在上述所有例子中，将"是"理解为"这是"比简单地理解为"是"更可取。实际上，在绝大多数情况下，当主语很复杂，即它不是由简单的名词性短语或代词来充当时，才使用"是"。出现在这种等式中的"是"仍然具有回指代词的特征。

这种情况并不奇怪。如同 Desclées（1987）所言，在古阿拉伯语和古土耳其语等有回指标记的语言中，用来表达身份关系的并不是系动词，而是回指标记。

值得注意的是，此类句子都有话题-陈述结构。"充当话题的短语或从句位于句首，陈述则由指示代词'是'和名词性谓语两部分构成。"[①]

王力（1958）、周法高（1988）、Li & Thomspon（1977）等认为，这种话题-陈述结构是使用系动词"是"的现代结构的起源。系动词"是"来源于指示代词"是"。指示代词被重新分析为系动词，话题语法化为主语，话题-陈述结构变为主语-谓语结构。其演变机制如下：

（47）话题　　+　　陈述　　>　　主语　　+　　谓语
　　名词性短语 NP_1　是+名词性短语 NP_2　名词性短语 NP_1　是+名词性短语 NP_2

位于陈述部分的"是"意思是"这"、"那个"，指的是话

[①] 详见 Li & Thompson（1977）。

题。而位于谓语部分的"是"是系动词。这一假设显示：系动词不是衍生的。不是如冯春田（1984）或Yen（1986）分别所说的那样，经过了一个由形容词或表示肯定的小品词语法化而演变为系动词的过程，也没有如陶红印（1991）所说的那样，由焦点标记演变而来。

冯春田（1984）对王充的《论衡》（中古前期的文献，成书于公元100年前后）进行考察。他在分析该文献中163个使用"是"的句子的基础上，根据"是"的词性对其进行分类。他指出，其中意思是"对"、"正确"的形容词有87例，意思是"真正的"的副词有53例。他认为，副词"是"来源于形容词"是"，系动词"是"出现于东汉初期，它是由副词"是"发展而来的。换句话说：

是（形容词）>是（副词）>是（系动词）[①]

Yen（1986）持相似观点。他认为，系动词"是"最初是一个表示肯定的小品词。它跟表示否定的"非"相对应。为了支持自身的假设，Yen（1986）指出，在《论衡》中，表示肯定的"是"和表示否定的"非"非常明晰地配对出现。因此，他也将系动词的产生时代追溯到王充的《论衡》时代。[②]

陶红印（1991）支持Yen（1986）的观点，认为"是"的系词性功能来源于其表示肯定/焦点的功能。但他不赞同Yen（1986）关于系动词出现时间的观点，认为系动词的出现只是由"维"到"是"的简单的词汇替换。

[①] 他也注意到了在汉代之前，如晚期上古汉语中，有几个"是"在功能上很像系动词。但在解释的时候，他仍然将其视为用来加强确认的表示强调的标记。

[②] 冯胜利（1994）批评了Yen的观点。他从《论衡》中找出了10个例句，其中有1例是"是"和"非"配对使用的情况。冯胜利认为这些用例中的"是"都是系动词。

我们赞同系动词"是"是由指示代词发展而来的观点。理由很简单,因为有数据支持。如果这一观点成立的话,那么汉语中系动词"是"的出现可以追溯到战国末期或先秦时期(公元前3世纪末)。这一结论将排除系动词"是"产生于非指示代词"是"的可能性。

众所周知,要发生语法化的结构以得到"频繁和普遍的使用"[①]为特征。从《论语》和《孟子》所显示的数据来看,"是"主要用作指示代词。指示代词"是"在上述两种文献中所占的比例跟后期的其他文献,如《韩非子》等大致相同。《韩非子》中,纯粹的指示代词占45%;用于主谓之间的占43%,其中包括7%的使用"则是"组合的情况;形容词"是"占8%,其义是"正确的""对";跟"非"相对的,表示肯定的小品词占8%;还有4%左右的"是"难以界定。

通过对其中的一些指示代词,特别是那些位于主谓之间,具有肯定/焦点功能的指示代词"是"做重新解释,我们可以对这些数据加以验证。[②]陶红印(1991)认为,系动词的出现要比汉代早很多世纪。这一观点带来了很多问题。其中一个比较严重的是,如何解释在晚期上古汉语中,当主语不是代词或简单的名词性短语时,表示肯定/焦点的"是"主要出现在主语和谓语之间的问题。

因此,我们肯定,例(47)所发生的变化,来源于两种类推现象。其一,早期上古汉语中存在系词"维",它在上古汉

---

① 详见 Bybee & Pagliuca(1985)。
② 这是冯春田(1984)对《论衡》的研究结果。他统计了形容词"是"和副词"是"的出现频率。认为在用例"予是所嫁妇人之父也"中,"是"是副词。冯胜利(1994)也引用了此例。但他认为用例中的"是"是系动词。我们同意冯胜利的观点。我们认为,从文献来看,无需将此类的"是"理解为焦点副词。因为在《左传·宣公十五年》中,该用例也出现过,但当时并没有使用"是"。

语晚期中仍然存在,且跟"是"所处的句法位置相同,"维"最终变成了系动词。其二,出现了一个将具有回指功能或至少是显示停顿功能的"者"置于主语和名词性谓语之间的新结构。①

"是"是支持从指示代词到系词演变假设的基本因素。下面,我们再回到系动词"是"的出现时间这一问题上。

"是"的系词性功能并非如王力(1958)、冯春田(1984)、Yen(1986)等所言,产生于汉代晚期。在汉代早期,特别是在公元前1世纪的《史记》中,大量无争议的例子就已经出现了。如:

(48)其是吾弟欤?②(《史记·刺客列传》)
(49)此必是豫让也。③(《史记·刺客列传》)
(50)客人不知其是商君也。(《史记·商君列传》)

上述例子中,所有的主语都是代词,因此,"是"不可能是指示代词。

实际上,诸如例(47)之类的变化在战国时期很常见。尽管《论语》中有27%的"是"出现在"主语–是–谓语"的结构中,但在该书中,我们很难发现有说服力的证据来证明"是"是系动词。然而公元前4世纪以后,出现了很多"是"不必再被理解为指示代词的用例。这些情况下的"是"可以被视为系动词词。

最主要的情况是,位于"是"之前"主语"位置的"是"不

---

① 冯胜利(1994)的想法与之相同。他提出了几个论点来支持其观点,即在主语和谓语之间实际上存在一个语音停顿的假设。
② 冯春田(1984)对该用例的解释是"这当然是我弟弟。"单从该例句是疑问句的角度来看,这样的解释也是不合理的。此例中的"是"至多算副词,意思是"真正的"。但从上下文来看,这种理解并没有必要。
③ 副词"必"出现于"是"之前,这意味着我们不能将此处的"是"理解为语义是"真正的"的副词。值得提及的是,此例在几个世纪之前的《战国策》中已经出现,但到时并没有使用"是"。

再是短语或从句。如：

(51) 韩是魏之县也。(《战国策·魏策》)

此类用例中，"是"不是用来回指其前的名词短语。也有一些用例中，"是"之前出现副词。如：

(52) 钧是人也。(《孟子·告子上》)

洪诚（1957）指出，当"是"之前出现副词时，标志着它开始失去回指功能。冯胜利（1994）也注意到副词在促使"是"发生变化的过程中起重要作用。但我们仍然无法确定这种情况下的"是"已经具有了系词的功能，特别是，使用比较普遍的使用副词"则"的情况。我们认为，这只能说语法化的过程即将开始。①

综上所述，汉语中存在"是"之前出现指示代词或人称代词的用例。这种情况下，"是"只能被理解为系词。如：

(53) 今是何神也。(《国语·周语上》)
(54) 今是长乱之道。(《左传·襄公二十九年》)
(55) 此是何种也？(《韩非子·外储说左上》)
(56) 此必是也。(《说范·权谋》)

我们必须承认，这样的例子很少，但在秦代，这种用例使用频率增多。

---

① 冯胜利（1994）注意到，《孟子》中副词"则"是唯一用在"是"之前的副词。但大多数情况下，其后面的谓语都是名词性的。《韩非子》中的情况与之相同。《韩非子》中，使用"则是"的有27例，但其中只有少数几例中的"是"可以被理解为系动词。而且，正如洪诚所强调的，这些用例中的"则是"后面通常还会出现连接词，因此不能用来说明此类用例中的"是"是系词。此外，洪诚也指出了几个"则是"和"则此"共现的用例，而"此"从未做过系动词。上述条件限制说明，副词"则"用于"是"之前不是用来证明"是"已经变为系动词的有力论据。

606

无论从哪种程度来说,在公元前 2 世纪,"是"已经变为系词。下列用例取自 20 世纪 70 年代马王堆汉墓帛书。①

(57) 是是帚彗,有内兵,年大孰。(《马王堆三号汉墓帛书》)
(58) 是是竹彗,人主有死者。②(《马王堆三号汉墓帛书》)

显而易见,上述用例中的两个"是"都不是指示代词,这意味着,其中一个"是"一定是系词。③

在竹书和近来的考古发现中出土的一些可以追溯到公元前 180 年到公元前 170 年的文献中,也有类似的例子。如:

(59) 是是烈鬼。(《睡虎地秦墓竹简》)
(60) 是是哀乳之鬼。④(《睡虎地秦墓竹简》)

由此我们可以得出结论:例(47)所反映的变化最迟发生在公元前 180 年左右的秦代,其上限最早可以追溯到战国末期。

三、中古以前和中古早期的汉语系词

上古晚期的系词"也""维""是"等在汉代(中古以前)和六朝时期(中古汉语早期)仍然使用。但"也"和"维"先后失去了其重要性,"是"逐渐被人们接受。

西汉时期,"是"还不是一个使用频繁的系动词。虽然《史记》中出现了几个"是"做系动词的用例,但该文献中,"也"和"维"仍然是占绝对优势的系词。但东汉时期,情况发生了

---

① 详见席泽宗(1978)、裘锡圭(1979)。
② 从公元前 168 年开始,还有 5 个相似的例子在《马王堆汉墓帛书》中出现过。
③ 认为此类例句中的第二个"是"是强调标记的观点根本不成立。
④ 还有 4 个其他的用例,详见唐钰明(1991)。

变化,^①越来越多的系动词"是"出现在东汉时期的佛经文献中,如:

(61)吾真是佛。(《中本起经》)

唐钰明(1992)的研究也能够用来说明这种变化。他对西汉时期的十本文献进行考察,只有四本使用系动词"是",使用"也"的系词句仍然占80%。但在他所考察的12部东汉文献中,使用系动词"是"的有10部,"也"的使用频率不超过28.8%。^②

在中古汉语以前,还有一个现象也值得提及,即从东汉开始,系动词"是"的否定形式不再由其对应的反义词"非"来表达,而是使用"非是"。"非"最终变为一个简单地否定副词。如:

(62)其子曰:"非是正道。"(《阿阇世王经》)

在早期中古汉语中,系动词"是"无可辩驳地成为语言系统的一部分。唐钰明(1992)所选取的魏晋南北朝时期的十部文献中都使用了系动词"是",而"也"的使用频率下降到了19%。

虽然"名词性短语 NP_1 + 是 + 名词性短语 NP_2"和"名词性短语 NP_1 + 是 + 名词性短语 NP_2 + 也"两种形式仍然出现,但后一种形式逐渐变得不重要,仅仅用于文学表达中。"也"处于即将完全消失的过程中。如:

(63)此是我真女婿也。(《搜神记》)
(64)我妇久死,汝是阿谁?(《百喻经·妇诈称死喻》)

---

① 在《孟子注》中,赵岐(?—201)在原来只包括"也"的句子中加入了"是"。郑玄(127—200)把《诗经》中使用"维"的地方改成了"是"。(详见唐钰明1991)

② 这12部文献中很多都是用白话写成的佛经翻译。

（65）汝是我子，何故作反逆事？①（《法显传》）

否定的表达也可以通过"非"和"不"这两个否定副词来实现，②但到目前为止，"非"的使用频率仍然比较高。

（66）此二小儿非是鬼魅。（《法句譬喻经·卷四》）

唐钰明（1992）统计了《贤愚经》（公元5世纪）。其结果是，使用"非是"的用例有5个，使用"不是"的用例有2个。

直到中古晚期，"不"的使用频率才完全压倒"非"。在《敦煌变文集》（公元850年至公元1015年）中，"非是"出现了16例，"不是"出现了59例。《祖堂集》（公元前952年）中，"非是"只出现了6例，"不是"出现了206例。③

据袁宾（1992），中古晚期还出现了一个新的系动词"系"，但该系词在汉语中从未取代过"是"。目前，它只在一些南方方言如广东话中使用。

四、结 论

从有文献记载开始，古汉语中就存在系动词。甲骨文时期的系动词有"叀"和"隹"。早期上古汉语中，除了"隹"之外，还发现了在句末使用"也"的用例。我们认为，这种"也"也是系词。在晚期上古汉语中，"也"在系词句中仍然占绝对优势，但同时期使用的系动词还有"为""维""是"。

"是"是现代汉语中唯一的系动词，它出现于上古汉语晚

---

① 其他大量用例参看柳世镇（1992）。
② 有时候，"是"也被"未"否定，但在意思上跟"还没有"，而不是"不"更接近。
③ 这些数据也是据唐钰明（1992）得出的。

期,至迟在公元前180年左右。它是由指示代词"是"经过语法化演变而来的。在演变的过程中,也经历了一个由"话题-陈述"结构到"主语-谓语"结构的演变。相同的变化在希伯来语(Hebrew)、巴勒斯坦阿拉伯语(Palestinian Arabic)或斯韦语(Zway)等语言中也存在。

"是"是由指示代词变为系动词的。对系动词起源的这一认识比目前所存在的,即认为系动词"是"是由形容词"是"、副词"是"或肯定/焦点标记"是"演变而来的等观点更可取。从对系动词"是"发生变化的文献材料的细致考察来看,上述观点几乎没有疑问。

直到后来,焦点标记才从系动词中产生出来。这种变化在其他语言,如Hengeveld(1990)所说的巴布亚的Wambom语中也出现过。

On the history of place words and localizers in Chinese: a cognitive approach*

1 Introduction

The study of spatial reference is important not only from a pure linguistic point of view, as it is a crucial domain of language, involving syntactic, semantic and pragmatic factors of a rare complexity, but also because it can shed light on a fundamental category of human cognition : the space. The general claim is that the mind is in some sense compartmentalized ; that is that human conceptual understanding about space, for instance, is likely to be quite different in character, structure, and development from understanding about language. See Wellman & Gelman (1992).

The evolution of Chinese place words (*chusuoci*) and localizers (*fangweici*) shows interesting episodes on the problem of lexical

---

* This research has benefited from the National Science Foundation Grant SBR-9421410. I am also indebted to Audrey Y. Li and Jim C. Huang for their valuable comments on a very preliminary version of this chapter, when delivered at the Symposium on Diachronic and Synchronic Studies on Syntax of East Asian Languages, held at the University of Southern California, November 6-8, 1998. 本文原载 Yen-hui Audrey Li and Andress Simpson eds. *Functional Structure (s) Form and Inter Pretation*. Routledge 2003. pp. 180—198。

polysemy, which is probably the most difficult problem of spatial reference.

After briefly presenting a general framework of the expression of spatial and locative configurations in human languages (Section 2) and sketching an analysis of place words and localizers in Contemporary Chinese (Section 3), this chapter will focus on the historical evolution of these words from Archaic Chinese (Section 4) to Late Medieval Chinese (Section 7), through the different stages of the Pre-Medieval (Section 5) and Early Medieval periods (Section 6).

2 The components of spatial reference

Klein and Nüse (1997) identify three main components of spatial reference: structure of space, semantic content and contextual dependency.

2.1 Structure of space

There exists an ordinary perceptive space, at work in daily perceptions and behaviors, which can be characterized by three properties:

(i) it is made from smaller units called 'sub-spaces';

(ii) a 2-dimensional structure can be defined for a sub-space, the simple topological structure, i.e. the sub-space can be—totally or partially—included in another sub-space. The topological relations are, for instance, the following: IN, PARTLY IN, IN CONTACT WITH, PART OF THE SURFACE, etc.;

(iii) there is also a 3-dimensional (vertical, horizontal, transversal) structure, to which correspond the following dimensional relations: ABOVE-BELOW, RIGHT-LEFT, IN

FRONT OF-BEHIND, etc.

2.2 Semantic content

This second component refers to the meaning of spatial expressions in language. There is a spatial relation between two objects, the first of which, called 'theme', is localized in relation to the latter, called 'relatum'. The spatial relation between these two objects is expressed by a relation-word (a locative preposition or a localizer, in the Chinese case), which is, most often, polysemic.

How can the different meanings of this relation-word be analyzed, as polysemy is the most difficult problem to solve? Three different approaches can be suggested :

- Infinite polysemy. One can consider that there is no uniform meaning, and thus all the occurrences of the word have to be listed one by one.
- Total contextualization. Isolated words do not have an autonomous meaning, for the meaning is entirely dependent of the context.
- Nucleus and operations. One assumes that there is a 'nucleus meaning' which can be precisely described and which is modifiable through semantic operations. Often motivated by textual constraints, they lead to a specific usage. On can suppose that this nucleus meaning corresponds to a specific but frequent and typical usage, a kind of prototype.

The hypothesis I will adopt here is the 'nucleus + operations' one. There is a nucleus meaning from which specific interpretations can be derived in context. This derivation can nevertheless take two different ways :

a. the proper lexical meaning, basic meaning, is general. In a specific utterance, contextual information adds specifications which lead to the correct and particular interpretation. For instance, the crucial question for the Chinese *shang* 'on' will be to know if the object (relatum) has or has not a contact surface : this question is a very general one, compatible with all possible interpretations of *shang*.

b. The lexical meaning itself is specific. It represents a typical interpretation, a prototypical meaning. The specific meaning in context is then given through reinterpretations. The crucial question for *shang* will be to know if the spatial features of the relatum [ABOVE, IN CONTACT WITH, ...] are in accordance with the specific meanings. If not, a reinterpretation of the meaning will be required, implying a cognitive effort.

These two models (prototype and basic meaning) operate with two elements : the nucleus meaning of the relation-word (as it is stocked in the memory of the speaker) and the relative conceptualization of the objects, i. e. how the speaker conceptualizes the theme and the relatum.

They can be characterized as follows :

	Nucleus	Operations
Prototype-Model	Specific meaning (Prototype)	Reinterpretations
Basic meaning-Model	General meaning (Basic meaning)	Additions

The basic meaning model is obviously not the right one to account for the localizers in Chinese, especially in Medieval Chinese, as we will see. Yet it is preferred in cognitive psychology. Chronometric experiments measuring the cognitive efforts have been made, the results of which are not compatible with the prototype model. See Klein and Nüse (1997).

2.3 Contextual dependency

The interpretation of an utterance is always the result of some kind of interaction between two types of information : the semantic content of individual words on one hand, and contextual information on the other. This interaction needs to be clarified.

For instance, the semantic content of the word *zheli* 'here' is delimited by a sub-space which includes the position of the speaker, itself coming from the context. For other expressions such as *qianmian* 'in front of', *houmian* 'behind', *zuobianr* 'on the left of' or *youbianr* 'on the right of', it is more complicated. The meaning does not depend only on the position of the speaker, but also on his point of view.

3 Place words and localizers in Contemporary Chinese

3.1 Place words (*chusuoci*)

Place words are substantives which can be objects of verbs, or of prepositions of place or movement, such as the verbs *lai* 'come to', *qu* 'go to', *zai* 'to be at', *dao* 'arrive at', or the prepositions *zai* 'at', *dao* 'to', *cong* 'from', *wang* 'toward', etc. See Chao (1968, 520 sq.), Peyraube (1980, 10 sq.). Substantives which are not place words usually cannot occupy such positions. Thus, one cannot say* *dao men qu* [to door go] 'go to the door', but one can

615

say *dao xuexiao qu* [to school go] 'go to the school'. While 'school' is a place word, 'door' is not.

Place words can be :
(i) place names, such as *Zhongguo* 'China', *Taibei* 'Taipei';
(ii) nouns with a locative value, i. e. nouns for places used as place names, such as *xuexiao* 'school', *fanguanr* 'restaurant', *tushuguan* 'library';
(iii) dissyllabic localizers or position words (*fangweici*), such as *litou* 'inside', *youbianr* 'the right side', *zhongjianr* 'middle';
(iv) ordinary nouns followed by monosyllabic or disyllabic localizers, such as *zhuozi shang* [table on] 'on the table', *shan beihou* [mountain back] 'at the back of the mountain';
(v) locative pronouns such as *zher* 'here', *nàr* 'there' and *nâr* 'where'.

If, most of the time, place words are related to verbs or prepositions of place or movement, they are not restricted to such verbs or prepositions. They can be objects of other verbs as well. For example, *wo kanbujian men beihou* [I cannot-see door behind] 'I can't see behind the door'.

3.2 Localizers (*fangweici*)

They express the relative position of things. They can be monosyllabic or disyllabic. They form a closed subclass.

3. 2. 1. The monosyllables consist of the following localizers : *shang* 'up', *xia* 'down', *qian* 'front', *hou* 'back', *li* 'inside', *wai* 'outside', *zuo* 'left', *you* 'right', *dong* 'east', *xi* 'west', *nan* 'south', *bei* 'north', *zhong* 'middle', *jian* 'in, middle', *pang* 'side', *nei* 'inside, within'. As place words,

they only occur in certain fixed phrases based largely on Classical Chinese (as in *Shang you tiantang, xia you Su Hang* [above there-is heaven below there-is Suzhou Hangzhou] 'Above there is heaven, below there are Suzhou and Hangzhou'), or as objects of the prepositions *wang, xiang* or *chao* 'to, toward', as in *wang li zou* [to inside move] 'move forward'. See Wen Lian (1959, 8), Chao (1968, 525), Peyraube (1980, 31).

Most of the time, monosyllabic localizers follow ordinary nouns, changing them into place words. See (iv) above. This is especially the case for the two localizers *shang* and *li*, the versatility of the others being quite low in the spoken language. Thus, they are sometimes considered as adjectives (*Ma shi wen tong*, chapter 3), adverbs (Lü Shuxiang 1947), adverbs (Li Jingxi and Liu Shiru 1955), suffixes (Cartier 1970, 1972) or even pronouns (Alleton 1973, Rygaloff 1973). Usually they are treated as a subclass of nouns. Some linguists, however, call them postpositions, as they are translatable into prepositions, though substantive in form (Hagège 1975, 220 sq., Peyraube 1980, 53 sq).

3.2.2. Disyllabic localizers are formed by adding a suffix (usually *bianr, mianr* or *tou*) or a prefix (*yi* or *zhi*) to the monosyllables. Almost everybody would agree that disyllabic localizers are a subclass of nouns. Different from the monosyllables, they can be used alone as place words and they can be subjects or objects, or combined with nouns to express the position. The following Table 7.1—where the combinations in brackets are either belonging to a literary style or mainly used to express something else than the place or the position—shows the different combinations.

Table 7.1 Localizers

	bianr	mianr	tou	yi	zhi	two-localizers	other-comb.
shang	+	+	+	( )	( )	(shangxia)	
xia	+	+	+	( )	( )	(shangxia)	dixia
qian	+	+	+	( )	( )	(qianhou)	tourli
hou	+	+	+	( )	( )	(qianhou)	beihou
li	+	+	+			(liwai)	
wai	+	+	+	( )	( )	(liwai)	
zuo	+	+				(zuoyou)	
you	+	+				(zuoyou)	
dong	+	+	+	( )	( )	dongxi	
						dongnan	
						dongbei	
xi	+	+	+	( )	( )	xinan	
						xibei	
						dongxi	
nan	+	+	+	( )	( )	dongnan	
						xinan	
bei	+	+	+	( )	( )	dongbei	
						xibei	
zhong					( )	zhongjian	dangzhong
							dangzhongjian
jian					( )	zhongjian	dangjian
							dangzhongjian
pang	+						
nei				( )	( )		

What is the historical evolution of place words and localizers since the Archaic period? The next sections will try to draw the general outlines of such an evolution through the different stages of the Chinese language.

4 Archaic period

In Archaic Chinese (Early Archaic, 11th-5th centuries BC. and Late Archaic, 5th-2nd c. BC., which represents the Classical

Chinese par excellence), place words and localizers have the following characteristics : (i) there are no fundamental differences between or dinary nouns and place words ; (ii) localizers are only monosyllabic ; (iii) a preposition (most of the time *yu*) is generally needed to introduce a place word when the place word is not a direct object of a verb of place or movement.

4.1 No differences between ordinary nouns and place words

In Classical Chinese, substantives which are not subcategorized as place words (as above in 3.1) can be objects of verbs or prepositions of place or movement. Examples :

(1) *bu zhi Yao zhi zi er zhi Shun*
    negation go Yao det. -part. son but go Shun
    '(The princes) went not to the son of Yao, but to Shun'

(2) *Zi Zhang shu zhu shen*
    Zi Zhang write it + at sash
    'Zi Zhang wrote them (these words) on his sash. '
    [*zhu* = *zhi* 'it' + *yu* 'at']

(3) *tu you e piao er bu zhi fa*
    road there-be hungry body and negation know start
    'There are people dying from famine on the road and you don't even know how to start (issuing the stores of your granaries). '

(4) *furen xiao yu fang*
    princess laugh at room
    'The princess laughed in (her) room. '

(5) *gong hong yu che*
    prince die at chariot
    'The prince died in the chariot. '

In other words, the ordinary nouns *zi.* 'son' (1), *shen* 'sash' (2), *tu* 'road' (3), *fang* 'room', (4) or *che* 'chariot' (5) can be used in Classical Chinese as place words without being followed by any localizer.

Thus, there is no significant difference in Classical Chinese between ordinary nouns and place words. The same situation prevails for the pronouns. Demonstrative pronouns and locative pronouns have the same form : *ci* 'this, here' and *bi* 'that, there' (in Contemporary Chinese, we have *zhe* 'this' and *na* 'that' for the demonstratives, and *zheli* or *zher* 'here' and *nàli* or *nàr* 'there' for the locatives).

There are also, of course, cases of place words which are, as in Contemporary Chinese, formed by ordinary nouns followed by localizers. Examples :

(6) *wang zuo yu tang shang*
king sit at hall aloft
'The king was sitting aloft in the hall.'

(7) *wang li yu zhao shang*
king stand at pond on
'The king was standing by a pond.'

(8) *ze shi fang si shi li wei jing yu guo zhong*
thus this square four ten li be pitfall at kingdom middle
'Thus those forty square li are a pitfall in the middle of the kingdom.'

(9) *Meng Sun li yu fang wai*
Meng Sun stand at room outside
'Meng Sun was standing outside the room.'

(10) *she qi zuo yue yu che xia she qi you bi yu che zhong*
shot-(an arrow) his left pass at chariot under shoot his right die at chariot inside '(He shot (the one who was on) his left and he fell down under the chariot, he shot (the one who was) on his right and he died inside the chariot.'

However, as observed by Li Chongxing (1992), when such monosyllabic localizers occur after nouns, they express a real and needed meaning of position. The need is semantic and not syntactic. In examples (6) to (10), the localizer cannot be dropped out for obvious semantic reasons. If we compare (4) and (9), for instance, we realize that the localizer *wai* 'outside' in (9) could be dropped, but the meaning would then be very different : 'Meng Sun was standing in the room', instead of 'Meng Sun was standing outside the room. ' In example (6) - whose translation has been taken from Legge (1861) as well as the one for ex. (7) -, if one deletes the localizer *shang* 'aloft' , the meaning will be 'The king was sitting in the hall. '

4.2 Localizers are only monosyllabic

Localizers exist in Chinese since the Pre-Archaic period (14th-11th c. BC.), i. e. the language of the oracle bone inscriptions. Zhao Cheng (1988, 269-272) makes an inventory of seven of them; *dong* 'east' *nan* 'south' , *xi* 'west' , *bei* 'north' , *zhong* 'middle', *zuo* 'left' and *you* 'right' . *Shang* and *xia* are also attested in the language of the oracle bone inscriptions, but their meaning is probably respectively 'Heaven' and 'earth' , and not 'above' and 'below' .

These seven localizers are still used during the Early Archaic and Late Archaic periods, together with some others, namely *shang* and *xia*, meaning then 'above' and 'below' , *nei* 'inside' , *wai* 'outside' and, to a less extent, *qian* 'front' and hou 'back' , which appeared later, though not as late as *li*, which Chu Zexiang (1996) dates back to the 4th or 5th c. AD. See also Yang Bojun and He Leshi (1992, 89-92).

Apart from very rare and marginal exceptions (for instance two examples of *waimian* 'outside' in the *Mozi* [but this text dated to 3rd c. B. C. displays several original phenomena not attested in other texts of the same period ; see Peyraube 1988, 101, and Zhang Wanqi 1998]), these localizers are always monosyllabic and, contrary to Contemporary Chinese, they can be used alone to express the place (*chusuo*). Thus, they can be subjects, objects or even adverbials. They axe used both (i) as place words like the disyllabic localizers in Contemporary Chinese (see ex. 11-14), and (ii) as position words following nouns (see examples above, 6-10). Examples :

(11) *zhan zhi zai qian hu yan zai hou*
　　look them be-at front suddenly then be-at behind
　　'Looking at them, they are in front of me, but suddenly they then appear behind. '
(12) *Zhou gong ju dong er nian*
　　Zhou prince live east two year
　　'Prince Zhou lives in the east since two years' .
(13) *jin bai hu shang*
　　now worship at above
　　'Now, the practice is to worship above (the hall). '
(14) *Jin hou zai wai shi jiu nian yi*
　　Jin prince be-at outside ten nine year part.
　　'The Prince of Jin has been outside for nineteen years. '

4.3　The place words are often introduced by a preposition

If the ordinary nouns in Classical Chinese do not need to be necessarily followed by a localizer to be place words, as it is the case for Contemporary Chinese, there are nevertheless two conditions for ordinary nouns to be used as place words : (i) they must be objects of verbs of place or movement, and/or (ii) they must be introduced by a locative preposition, *yu*, or less often *hu*, *zhu* or even *zhi* (*zhi* can be considered sometimes as an equivalent of *zhu*, according to Li Chongxing 1992), as shown in the examples 1, 2, 4, 5 above. There are some exceptions, especially when the nouns used as place words are subjects (as in example 3) or in some other cases when the nouns are taken to have a locative value and are used as place names, as in :

> (15) *shu wu mu jia*
> plant my tomb catalpa
> 'Plant catalpas in front of my tomb.'

Even when the place words are formed of nouns + localizers, it is still rare to have the preposition *yu* deleted. An exception is :

> (16) *Han Jue zhi zhi ma qian*
> Han Jue take strap horse in-front-of
> 'Han Jue took a strap in front of the horses.'

Only when the verb has the third person or demonstrative pronoun *zhi* as its object, the preposition yu seems not needed, as in :

> (17) *Zichan shi xiao ren mu zhi chi*
> Zichan order filed-officer man keep it pond
> 'Zichan ordered his field-officer to keep it (the fish) on the pound.'

However, as hypothesized by Li Chongxing (1992), one can assume, in these cases, that a locative preposition *yu* has been deleted before the noun *chi* 'pond' (in ex. 17), or even consider that *zhi* might be an equivalent of the fusion word *zhu* = *zhi* 'it' + *yu* 'to'.

5 Pre-Medieval periold

In Pre-Medieval Chinese, which roughly corresponds to the Han period (206 BC-220 AD), the characteristics of place words and localizers have changed. These changes can be summmarized as follows : (i) ordinary nouns are no longer used as place words, or, at least, it is not as easy as it was in Late Archaic ; (ii) the locative preposition *yu* is no longer needed to introduce a place word which is not the object of a verb of place or movement ; (iii) localizers become functional words though they still express a clear and precise position of things. Moreover, disyllabic localizers start to be used at the end of the period.

5.1 Less and less ordinary nouns used as place words

Starting in Pre-Medieval, place words tend to differ from ordinary nouns. Ordinary nouns simply cannot freely be used as place words : a localizer after the noun is more and more necessary to change it into a place word. Consequently localizers are increasingly frequent as time goes on.

Place names and nouns for places used as place names, however, do not need to be followed by a localizer to count as place words.

Some examples of place words in the *Shi ji* (1st c. BC.) which are formed by Nouns + Localizers and which probably could not have been used as place words without a localizer are :

(18) *Huang gong yu furen Cai Ji xi chuan zhong*
        Huang prince and spouse Cai Ji have-fun boat in
        'The prince Huang and his spouse Cai Ji had fun in a boat. '

(19) *nai qiu Chu Huai wang sun Xin min jian*
   then seek Chu Huai king grandson Xin people among
   'Then, (Xiang Liang) sought Xin, grandson of the king Huai of Chu, among the people.'

(20) *Kongzi qu Cao shi Song yu dizi xi li da shu xia*
   Kongzi leave Cao go Song with disciple practice rite big tree under
   'Kongzi left Cao and went to Song to practice the rites with his disciples under a big tree.'

(21) *chu chao ze bao yi shi Zhao Dun suo*
   leave court then carry-in-the-arms with go Zhao Dun place
   '(She) left the court and then, carrying (her child) in her arms, went with (him) at Zhao Dun.'

In this last example, there is no localizer after the personal noun Zhao Dun, but a noun expressing a place (*suo* 'residence'), which shows that the personal name can no longer be used as a place word, as it was before (see ex. 1). It is obvious if one compares this example taken from the *Shi ji* with the similar one extracted from the *Zuo zhuan* (5th c. B. C.), where the personal name Zhao (Dun) is used as a place word:

(22) *chu chao ze bao yi ski Zhao ski*
   leave court then carry-in-the-arms with go Zhao family
   '(She) left the court and then, carrying (her child) in her arms, went with (him) at Zhao.'

5.2 The locative preposition is no longer necessary to introduce place words

In Archaic Chinese, when ordinary words were used as place words, they were either objects of verbs of place or movement, or introduced by the locative preposition *yu*. As, beginning in the Han period, ordinary nouns are no longer freely used as place words without being followed by a localizer, the preposition *yu* is often not needed. Examples :

> (23) *Xi yu Qin jiang Yang Xiong zhan Bai Ma*
> Xi and Qin general Yang Xiong fight Bai Ma
> 'Xi and the general of Qin, Yang Xiong, fought at Bai Ma.'
> [In this example, the place word is a place name]
>
> (24) *sha Yi Di jiang nan*
> kill Yi Di river south
> '(He) killed Yi Di at the south of the river.'
> [The place word is a noun followed by a localizer. Actually there is another example in the same chapter of the *Shi ji* where the preposition *yu* is present : *sha Yi Di yu jiang nan*]

There axe still cases, of course, where both the locative preposition *yu* and a localizer following the noun are present, as in :

> (25) *zhong gua yu Chang'an cheng dong*
> plant melon at Chang'an city east
> '(He) planted melons on the eastern side of the Chang'an city.'

However, according to Li Chongxing (1992), in chapter 8 of the *Shi ji* (*Gao zu ben ji*), there are 80 place words which are not introduced by the locative preposition *yu*, and only 14 which are introduced by *yu*. If one compares this situation to the one prevailing in Late Archaic Chinese, there is no doubt that there has been some change. Such a change, as said before, is mainly due to the fact that ordinary nouns and place words are now differentiated. As the place word is now formed by a noun and a localizer, the locative preposition is not necessarily needed.

5.3 Localizers become functional words and some disyllabic localizers start to be used

Localizers in Pre-Medieval start to play an important grammatical role, as one of their main functions is to follow nouns and transform them into place words. They tend to behave like functional words though they still express a real and precise position, having what Lü Shuxiang (1984: 294) calls a 'precise position character' (*dingxiangxing*): 'on', 'under', 'in', 'outside', 'in front of', 'behind', 'left', etc. In the case of the localizers *zhong* or *jian* 'in', this meaning of a precise position is somewhat blurred. Examples:

> (26) *shi shi Huan Chu wang zai ze zhong*
> that time Huan Chu take-refuge (be)-at marsh in
> 'At that time, Huang Chu took refuge in the marsh.'
>
> (27) *yu kong zhong zuo yinyue*
> at air in make music
> '(They) made music in the air.'
>
> (28) *bu fu huan zai shi jian*
> negation again return at world in
> '(He will) not return to the world any more.'

In the following example, *shang* does not mean 'bank' as would be the case in the Classical Chinese of the Archaic period, but simply 'on (the surface of)':

> (29) *zhi jiang jiang shang you yi yu fu cheng chuan*
> arrive-at river river on there-be one fish man steer boat
> 'Arrived at the river, there was a fisherman steering a boat on the river.'

Another important change which began in Pre-Medieval is the

appearance of disyllabic localizers. They are still not frequent, but their occurrences are not so rare. *Shangtou*, for instance, is used on several occasions in Zheng Xuan's (127-200) commentaries of the *Shi jing*. There are also several examples of disyllabic localizers in Late Han vernacular Buddhist translations of the 2nd c. AD: *shangtou* in *Chang a han shi baofa jing* (Taisho 13) translated by An Shigao, *shangtou* and *houtou*, but also *zuomian* in *Xiu xing benqji jing* (Taisho 184) by Kang Mengxiang and Zhu Dali.

These disyllabic localizers are used alone as subjects or objects, as in Contemporary Chinese. Example :

(30) *shangtou you*
above there-be
'There are (some) above.'

Disyllabic localizers are not yet used after nouns. Monosyllabic localizers are still preferred to follow nouns and transform them into place words.

6 Early Medieval period

During the Six Dynasties period (220-581), i. e. in Early Medieval Chinese : (i) there are less and less ordinary nouns used as place words ; (ii) some monosyllabic localizers start to express a 'vague position' meaning (undifferentiated localization) ; (iii) locative pronouns start to be different from demonstrative pronouns.

6.1 Place words
They can be place names (or nouns for place used as place names), monosyllabic or disyllabic localizers, ordinary nouns followed by

localizers or pronouns. Examples:

(31) *Taizu beng yu Luoyang*
Taizu pass-away at Luoyang
'Taizu passed away at Luoyang.'
[The place word *Luoyang* is a place name]

(32) *shang you wan ren zhi gao xia you bu ce zhi shen*
above there-be ten-thousand ren det. -part. height below there-be negation fathom det. -part. depth
'Above there is a height of ten thousand ren, below there is an unfathomable depth.'
[The monosyllabic localizers *shang* and *xia* are used as place word subjects. For more examples see Zhang Zhende et al. 1995]

(33) *Yuan zi du liang zai hou*
Yuan personally take-charge-of provision (be)-at rear
'Yuan personally took charge of the provisions in the rear.'
[The localizer *hou* is a place word object of the verb *zai*]

An example of an ordinary noun used as a place word is:

(34) *zai wang yu che er sha zhi*
carry king at chariot and kill him
'(He) carried the king in the chariot and killed him.'

However, this land of example become quite rare. Usually, for being qualified as place words, ordinary nouns must be followed by a localizer, as in the following examples:

(35) *yu Ben mu qian yanyin*
at Ben mother in-front-of feast
'(They) feast in front of Ben's mother.'
[As shown by ex. 35 there are many locative PPs introduced by *yu* in Early Medieval which are preverbal, a situation which really began in the Late Han period, ca. 200 AD. See Peyraube 1994]

(36) *zai chuan zhong tan qin*
    (be)-at boat in play lute
    '(He) was in the boat and played the lute.'
(37) *mu Wang furen zai bi hou ting zhi*
    mother Wang lady (be)-at wall behind listen them
    '(His) mother Lady Wang was behind the wall listening to them.'
(38) *ke zhi zhe men wai*
    can throw to door outside
    '(It) can be thrown out of the door.'

In all the above examples, the localizers are monosyllabic. However, there are now few cases of place words formed by nouns + disyllabic localizers; one can find several examples in the Buddhist translations of the period, for instance in the *Chu yao jing* (ca. 4th c.):

(39) *shu zai ping litou*
    mouse be-at bottle inside
    'The mouse is in the bottle.'
(40) *xun chu men waitou*
    search go-out door outside
    '(He) went outside to search.'

Some other examples of *waimian* and *zuomian* can be found in the *Xian yu jing* (ca. 445)

There are also examples of compound localizers formed by two monosyllabic localizers (see Liu Shizhen 1992):

(41) *zai ta xibei yi bai bu*
    (be)-at pagoda northwest one hundred step
    'It is one hundred steps away from the northwest of the pagoda.'

6.2 Localizers expressing an undifferentiated localization

In the Pre-Medieval period, the meaning of some localizers began to be blurred (see ex. 26-28). In Early Medieval Chinese, this tendency strengthens considerably. Several monosyllabic localizers no longer express any longer a 'precise position' (the *dingxiangxing* of Lü Shuxiang 1984, 294) but a 'vague position' (*fanxiangxing*). The grammatical function of the localizer then completely overrides its original semantic value. This is the second tide of the grammaticalization of position words : Noun > *dingxiangxing* localizer > *fanxiangxing* localizer. The cases of *shang* and *zhong* are particularly prominent, but also involved are cases of *qian* 'in front of', *xia* 'under', *bian* 'on the side of', *tou* 'at the head of', etc. See Li Chongxing (1992). Examples :

>(42) *Changwen shang xiao zai zhe che zhong ... Wenruo yi xiao zuo zhe xi qian*
>Changwen still tiny carry at carriage in ... Wenruo also tiny sit at knee in-front-of
>'Changwen was still tittle and was carried in the carriage ... Wenruo, who was also tittle was seated on (his) lap.'
>
>(43) *sui chang da you bao zhe xi shang*
>even-so grew big still hold at knee on
>'(And) even so (he) was fully grown, (he) still used to hold (him) on his lap.'

Qian and *shang* are used in 42 and 43 to express the same 'vague position'.

>(44) *fu mi yi dou song zhe si zhong*
>carry-on-the-back rice one dou deliver to temple in
>'(He) carried one dou of rice on his back and delivered (it) to the temple.'

Zhong is especially often used as an undifferentiated localizer,

631

though it may still have a 'precise position' meaning : 'inside' or 'among' or even 'between', as in :

(45) *kou zhong han jiao tu zhe zhang zhong*
mouth in keep-in-the-mouth chew spit at palm inside
'(He) chewed it inside the mouth and then spat it out into his palms.'

(46) *shi wu bai ren zhong you yi ren zui shang zhihui*
this five hundred people among there-be one man most top intelligence
'Among these five hundred people, there (must) be one who is most intelligent.'

(47) *you ren yu yan sheng si zhi zhong wu chang ku kong wu wo*
there-be people say say live dead det. -part. between negation constant bitterness emptiness negation I
'Somebody said that between being alive and dead, there is no constant bitterness and emptiness, nor is there the self.'

6.3 Locative pronouns

In Early Medieval, the demonstrative pronouns *ci* 'this' and *bi* 'that' -and their variants-are still often used to express the place, thus having the meaning of respectively 'here' and 'there', especially when the locative pronoun is an object of the locative verb *zai* 'to be at'.

However, and this is indeed a new situation starting, there are also cases where the demonstrative *ci* is followed by either a noun meaning 'place' or a monosyllabic localizer, in order to acquire a locative meaning: *ci di* [this place], *ci chu* [this place], *ci zhong* [this in] or *ci jian* [this in], all meaning 'here'. Examples :

(48) *ci chu you bai mei xiao ta*
this place there-be hundred classifier small pagoda

'Here there are one hundred of small pagodas.'

(49) *ci zhong kongdong wu wu*
 this in empty negation thing
 'Inside this, it is empty without anything.'

7. Late Medieval

The Late Medieval period (6th–13th c.) is mainly characterized by (i) the appearance of the locative pronouns *zheli* 'here' and *nali* 'there', which are still common today in Contemporary Chinese, and (ii) the use of almost all the monosyllabic localizers to express an undifferentiated localization, i. e. a very 'vague position', which later became uncommon and is still unusual today.

7.1 Zheli and nali

The demonstrative pronouns *zhe* 'this' and *na* 'that' started to be used around the 9th century, at the end of the Tang dynasty (See Wu Fuxiang 1996). But, unlike *ci* and *bi*, they have never been used as locative pronouns at the same time. The localization is still expressed by either *ci* 'here', *bi* 'there' or *he* 'where' – or their variants– as well as their combinations with a noun meaning 'place', for instance *chu*, like in the preceding period. Examples:

(50) *junzi shi hechu zhi ren*
 you be what + place det. -part. people
 'Where are you from?'

(51) *min duo yu shichu qi qiu yuze*
 people most at this + place pray ask-for rain
 'The people (then) mostly (came) here to pray for rain.'

However, very shortly after the appearance of *zhe* and *na*, the locative pronouns *zheli* 'here' and *nali* 'there' emerged to express the localization. Examples :

 (52) *Shitou yue wo zheli you daozi*
  Stone say I here have knife
   '(Monk) Stone said : I have knives here. '
 (53) *zheli you er san bai shiseng*
  here there-be two three hundred monk
   'There are two or three hundred monks here. '
 (54) *heshang you shenme shi dao zheli*
  monk have what affair come here
   'Why did you (the monk) come here?'

In the *Zu tang ji* (dated 952), from where the above examples are taken, the locative pronouns *zheli* and, to a lesser extent, *nali*, are already common : 126 occurrences of *zheli* and 10 occurrences of *nali* for only 12 occurrences of *ci* and 13 occurrences of *bi* used as locative pronouns (see Li Chongxing 1992, Wu Fuxiang 1996).

7.2 Localizers under the Tang dynasty (618−907)

The following considerations and analysis are mostly taken from Wang Ying (1995) who has studied the use of localizers in 1928 Tang poems included in the anthology *Tang shi bie cai.*

The following monosyllabic localizers are attested, with the number of their occurrences : *shang* (319), *xia* (167), *qian* (178), *hou* (29), *li* (122), *nei* (19), *wai* (157), *zuo* (6), *you* (7), *zhong* (423), *jian* (110), *dong* (116), *nan* (113), *xi* (133), *bei* (120), *pang* (25), *ze* (8), *bian* (103), *tou* (96), *di* (23).

Disyllabic localizers are not yet frequent : only 3 occurrences for *shangtou*, 3 for *qiantou*, 5 for *zhongjian* (and 1 for *zhongyang*), 1 foi *dongbian* (and 1 for *dongmian*, 1 for *dongtou*), 1 for *nanbian* (1 for *nanmian* and 2 for *nantou*), 1 fox *xibian* (and 3 for *xitou*), 1 for *pangze* and 1 for *zepan*.

The monosyllabic localizers are used (i) as adverbials before a verb, (ii) after a preposition forming with it a locative PP used as adverbial or as complement, (iii) after nouns, transforming them into place words, (iii) is by fax the most common use of the localizers under the Tang, which explains why Ōta (1958) calls the localizers 'postauxiliary nouns' (*houzhu mingci*).

7.3 The undifferentiated localization of the monosyllabic localizers

What is very interesting in Wang Ying's analysis is that he notices that almost all monosyllabic localizers can express an undifferentiated localization, a very vague position, a phenomenon already noticed by the Qing philologist Yu Yue (1821−1907).

Thus, for instance, the localizer *dong* 'east' is sometimes used to express the meaning of *wai* 'outside', or *xi* 'west' is used for *nei* 'in'.

As a matter of fact, if one compares the different editions of some texts, it is not rare to find different localizers in different editions. In Wang Fanzhi's poems, we find : *qian* 'in front of' used for *bian* 'at the side of', *xia* 'below' for *nei* 'in', *dong* 'east' replaced by *xi* 'west', *tou* 'at the head of' replaced by *shang* 'on, above', *zhong* 'in, middle' replaced by *bian* 'at the side of', *li* 'in, inside' replaced by *tou* 'at the head of', *bian* 'at the side of' replaced by *qian* 'in front of' and even *xia* 'under, below' replaced by *shang* 'on, above' or *dong* 'east' replaced by *xi* 'west', i. e. some localizers are replaced by their antonyms!

Examples: *hai xitou* = *hai nantou* (sea west = sea south) in 55, *lin shang* = *lin wai* (forest on = forest outside) in 56, *li shang* = *li xia* (li-tree on = li-tree under) in 57.

(55) *jie luxing mao iuo jin hai nantou* (*xitou*)
bamboo-stick travel ox-tail-decoration fall entirely sea south (west)
'(He) traveled with his bamboo stick decorated with ox-tail (so much so that) the ox-tail decorations all fell on the southern (western) end of the sea. '

(56) *lin wai* (*shang*) *jiu jiang ping*
forest beyond (on) Jiu Jiang flat
'(The Jiujiang river was fiat beyond the forest. '

(57) *zi yan li shang* (*xia*) *si*
purple swallow li-tree on (under) cry-out
'Purple swallows cried out on (under) the li-tree. '

This situation shows that the concrete meaning of some monosyllabic localizers has often been, through a process of grammaticalization, completely bleached, and that these monosyllabic localizers have become real functional markers indicating a very vague position and having simply a syntactic function of transforming the nouns to which they are attached into place words.

The meaning of 'precise position' (*dingxiangxing*) of the monosyllabic localizers is, however, still kept. Wang Ying gives the following figures for the two most common localizers of the period, *bian* and *wai*: 73 of them express a precise position and 30 of them express an undifferentiated localization for *bian*, 108 expressing a precise position and 49 an undifferentiated localization for *wai*.

Such a situation can be accounted for in the following terms :

For each localizer, there is a nucleus meaning, which can be precisely described, the one corresponding to a precise position. This meaning, however, is modifiable through semantic operations, motivated or not by textual constraints. Other interpretations can then be derived.

As for the two models discussed in Klein and Nüse (1997) and detailed in Section 2, the basic meaning model is apparently not the right one complying with the medieval Chinese situation. It is not likely that Chinese localizers could obtain specific and particular interpretations by adding some features to a general or basic meaning.

Things seemed to have worked in the opposite way. The lexical meanings of *shang*, *xia*, *qian*, *hou*, etc. are to be considered as specific, representing a typical interpretation; 'up', 'down', 'front', 'back', etc. Other uses in context are then derived through reinterpretations. If the spatial features of the relatum (for instance ABOVE, IN CONTACT WITH, in the case of *shang*) are not in accordance with the specific meaning, a reinterpretation is needed, as the speaker conceptualizes differently the theme and the relatum. This reinterpretation implies a cognitive effort.

As the evolution of Chinese localizers has been 'precise position or specific meaning' (*dingxiangxing*) > 'vague position or general meaning' (*fangxiangxing*), the prototype model has been involved.

8 Conclusion

A few conclusive remarks can be made from the above sketch.

8.1 To be qualified as place words, common nouns or personal names do not need to be followed by a localizer in Classical Chinese. Localizers do exist after nouns, but they then always express a precise and concrete localization (*dingxiangxing*).

8.2 When they are not direct objects of locative verbs or verbs of movement, the place words are most often introduced by a locative preposition.

8.3 Beginning in the Pre-Medieval period, the preposition *yu* is often not needed to introduce place words, but localizers following ordinary nouns or personal names start to be necessary to qualify them as place words. Disyllabic localizers also start to be used towards the end of the period.

8.4 There are less and less ordinary nouns used as place words in the Early Medieval times. Moreover, some monosyllabic localizers express an undifferentiated localization, a vague position (*fanxiangxing*). Finally, demonstrative pronouns are not as frequently used as locative pronouns ; they often need to be followed by a noun indicating a place or a position.

8.5 The locative pronouns *zheli* 'here' and *nali* 'there', still used today in Contemporary Chinese, appear in the Late medieval period. Also during that period, the use of monosyllabic localizers which express an undifferentiated localization spreads out. It later concerns almost all localizers, which therefore can often be used one in place of another.

8.6 The evolution has been *dingxiangxing* > *fanxiangxing*, i.e. from a specific and prototype meaning of localizers to a general one through reinterpretations. The Prototype model instead of the

Basic meaning model has been applied.

References

Alleton, V. 1973. *Grammaire du chinois*. Paris : PUF.
Cartier, A. 1970. Les suffixes nominaux marquant le lieu. Paper delivered at the Congress of Sinologists. Senigalia, Italia.
Cartier, A. 1972. Les indicateurs de lieu en chinois. *La linguistique* 2. 8.
Chao, Yuen Ren 1968. *A Grammar of Spoken Chinese*. Berkeley and Los Angeles : University of California Press.
Chu, Zexiang 1996. Hanyu kongjian fangwei duanyu lishi yanbian de jige tedian. *Gu hanyu yanjiu* 1, 57-61.
Hagège, C. 1975. *Le problème linguistique des prépositions et la solution chinoise*. Louvain : Peeters.
Klein, W. & R. Nüse 1997. La complexité du simple : l' expression de la spatialité dans le langage humain, *Langage et cognition spatiale*, edited by M. Denis. 1-23. Paris ; Masson.
Legge, J. 1861. *The Chinese Classics*. Taipei : Southern Material Center, Inc., 1983 (Reprint).
Li, Chongxing 1992. Chusuoci fazhan lishi de chubu kaocha. *Jindai hanyu yanjiu*, edited by Hu Zhu'an, Yang Naisi and Jiang Shaoyu. 24-63. Beijing : Shangwu yinshuguan.
Li, Jingxi and Liu, Shiru 1955. *Zhongguo yufa jiaocai*. Beijing : Wushi nian chubanshe.
Liu, Shizhen 1992. *Wei-Jin Nan Bei chao lishi yufa*. Nanjing : Nanjing daxue chubanshe.
Lü, Shuxiang 1947. *Zhongguo wenfa yaolüe*. Shanghai : Shangwu yinshuguan.
Lü, Shuxiang 1984. *Hanyu yufa lunwen ji*. Beijing : Shangwu yinshuguan.
Ma shi wen tong 1898. Beijing : Shangwu yinshuguan (Reprint 1983).
Ōta, Tatsuo 1958. *Chungokugo Rekishi Bunpo*. Tokyo : Konan Shoin.
Peyraube, A. 1980. *Les constructions locatives en chinois moderne*. Paris : Langages croisés.

Peyraube, A. 1988. *Syntaxe diachronique du chinois-évolution des constructions datives*. Paris : Collège de France.

Peyraube, A. 1994. On the History of Chinese Locative Preposition. *Zhongguo jingnei yuyan ji yuyanxue* 2, 361-87.

Rygaloff, A. 1973. *Grammaire élémentaire du chinois*. Paris : PUF.

Wang, Ying 1995. Tang shi fangweici shiyong qingkuang kaocha . *Lü Shuxiang xiansheng jiushi huadan jinian wen ji*. 207-213. Beijing : Shangwu yinshuguan.

Wellman, H. M. & S. A. Gelman 1992. Cognitive development : foundamental theories of core domains. *Annual Review of Psychology* 43, 337-375.

Wen, Lian 1959. *Chusuo, shijian he fangwei*. Shanghai : Jiaoyu chubanshe.

Wu, Fuxiang 1996. Dunhuang bianwen de jin zhishici. *Yuwen yanjiu* 3, 30-36.

Yang, Bojun and He, Leshi 1992. *Gu hanyu yufa ji qi fazhan*. Beijing : Yuwen chubanshe.

Zhang, Wanqi 1998. Liangci mei de chansheng ji qi lishi yanbian. *Zhongguo yuwen* 3, 208-217.

Zhang, Zhende et al. 1995. *Shi shuo xin yu yuyan yanjiu*. Sichuan : Bashu shushe.

Zhao, Cheng 1988. *Jiaguwen jianming cidian*. Beijing : Zhonghua shuju.